ON BEING A THERAPIST(4TH ED.)

상담자가
된다는 것

On Being a Therapist, 4th Edition
by Jeffrey A. Kottler

ON BEING A THERAPIST(4TH ED.)

상담자가 된다는 것

Jeffrey A. Kottler 저 / 이지연 · 황진숙 공역

코틀러(Jeffrey Kottler)의 책을 번역하기로 한 것은 역자 중 한 사람이 캐나다에서 안식하는 기간이었다. 그동안 교수로, 상담자로, 슈퍼바이저로 여러 가지 역할과 책임을 감당해야만 했던 한국에서 거리상 멀어지면 심리적인 부담도 멀어질 거라 생각하면서 홀홀 떠나 버린 안식년에 다시 번역을 하겠다고 마음먹은 책이 오히려 상담자로 사는 것에 대해 더 심사숙고하게 한 'On being a therapist'가 된 셈이다. 열심히 일만 하던 사람이 안식하겠다고 가서 또 번역하느냐고 지인들은 놀려댔지만, 이 책의 내용이 내 마음을 사로잡았다. 게다가 오랜만에 타지에서 만난 이 책의 또 다른 역자인 옛 대학원 동료와 상담 이야기를 나누는 가운데 이 책을 한국의 상담에 관심 있는 다른 독자들에게도 소개하면 좋을 것 같아 의기투합하게 되었다.

상담을 하면서 어느 정도 안정감을 얻고 있지만 여전히 불안한 순간은 존재한다. 내담자의 자극하는 말들에서 내 삶의 어떤 부분을 돌아보아야 할 순간도 있었고, 내 스스로 내려놓았다고 생각했던 부분이 자극받고 건드려지고, 내담자 몰래 한숨짓는 순간도 있었다. 내담자에게 하는 말을 사실은 우리 자신도 평소에 잘 하지 못하고 있는 것이라는 것을 순간순간 감지하면서, 때로는 내담자가 돌아간 문을 바라보며 허탈해한 적도, 내 위선에 쓴웃음을 지은 적도 있었다.

책을 번역하면서 우리 두 사람은 인간 코틀러의 솔직함에 적잖이 놀랐다. 주로 상담하는 직업을 가진 독자들이 안전감을 느끼면서 자기 자신에 더 솔직해졌으면 하고, 또 자기 자신의 문제를 더 깊이 들여다보라고 격려하는 그 마음에 우리는 많은 안도감을 느꼈다. 여러 이론가와 상담자들의 한계를 들으면서 우울하고 참담하기도 했지만, 그들이 또 그 이론을 가지고 얼마나 자신의 삶을 고군분투했는지 알게 되면서 뜻 모를 연민과 동질감 또한 솟아났다. 책 속의 한 상담자의 말에 우리는 깊이 공감한다.

"내게 치료란 상담을 하는 겁니다. 내담자와 함께하기 때문에 저는 비로소 제 자신이 됩니다."

상담은 겸허한 태도로 계속해서 배워 나가는 과정이다. 우리는 스스로를 완벽하게 알지 못할 뿐만 아니라, 또 완벽하게 알 수도 없다. 그러므로 내담자를 통해서, 경험을 통해서 배워 나아갈 뿐이다. 상담자로 살아가면서 우리는 자신의 다양한 모습에 직면하게 되는 순간들을 맞이하게 된다. 이러한 모습은 우리가 알고 싶어 하지는 않지만, 우리의 성숙을 위해서는 매우 중요한 순간이다. 상담자의 역할은 자선적 욕구, 끝없는 호기심, 그리고 진실함에 대한 소망이 모두 통합되어 있는 것이고 이런 과정에서 충분히 자기다움이 나올 수 있을 때 가장 잘 도와줄 수 있다. 정신분석이나 상담, 심리치료에 대한 부정적인 생각에는 이처럼 말로 표현하기 힘든 만족감에 대한 무의식적 질투가 연결되어 있는 것 같다고 한 어느 정신분석가의 말이 떠오른다.

우리는 이 직업이 가지는 도전과 성장에 대한 자극 못지않게 이 직업이 주는 보람과 희열에 얼마나 많은 애정을 가지고 있는지 모른다. 바라건대 독자들도 이 책을 통해 상담자가 된다는 것, 상담자로 산다는 것에 성찰할 수 있는 시간을 가질 수 있기를 기대한다.

이 책을 완성하는 데 많은 도움을 준 제자들, 이옥희, 송은주, 김태선, 김주현, 그리고 한유리 선생 모두에게 감사한다.

2014. 8

이지연, 황진숙

이 책의 초판이 나온 25년 전에 일을 시작한 사람들이 미처 생각하지 못할 만큼 상담 분야는 드라마틱한 변화를 보이고 있다. 그때는 내담자들이 거의 백인, 여성, 상위 계층이고, 상담은 오랜 시간(수년이 아니라면 적어도 몇 달)이 소요되는 것이라고 믿었으며, 보험회사는 우리가 요구한 부분의 90% 이상을 지불하고, 시간이나 회기의 제한이 없었던 때였다.

이제 우리는 더 심각한 문제들을 나타내며, 가난하고 이민 온 노동자들을 더 많이 만나고 있다. 더구나 많은 케이스가 법정에 의해서 혹은 비자발적으로 의뢰된다. 그동안 상담이 소위 걱정이 많고, 신경증적인 중산층에 맞춰 프로이트의 주도하에 이끌어졌던 반면, 이제 우리는 더 다양한 대상, 즉 다양한 문화, 인종, 민족, 종교, 사회경제적 수준, 성적 지향을 가진 사람들을 만나고 있다.

우리는 또한 다양한 불평을 처리해야 한다. 특별히 교정이 되지도 않거나 상담에 반응하지 않는 문제, 즉 가정폭력, 신체적 폭력, 성폭력, 물질남용, 섭식장애, 성격장애, 자해, 해리장애 등을 다루게 되었다. 심지어 우리는 아주 놀랄 만큼 단기간에 뚜렷한 차도를 보여야만 한다.

의료보험관리는 우리가 치료자로서 더 제한된 일을 할 수밖에 없게 하는데, 시간에 대해서나 치료하는 행위에 대해서도 제한을 둔다. 대부분의 경우 치료 과정이 엄격하게 제한되어 있고, 방문 횟수를 늘리는 것도 반드시 승인을 받도록 되어 있다. 이제 모든 것은 책무성, 경험적으로 증명되는 증거 기반 치료, 측정되는 성과를 요구하며, 이 모든 것이 무척 구체적인 시간의 변수 내에 이루어져야 한다.

기술 또한 지난 수십 년 동안 이 영역에 혁명적인 변화를 가져왔으므로 앞으로는 단지 유형의 변화만이 일어날 것 같다. 점점 더 빈번하게 우리는 관리 의료 체제 안에서 소프트웨어를 이용하여 리포트와 계산서를 보내면서 각종 서류 업무를 대신하고 있을 뿐만 아니라, 진단이나 치료 계획을 세우고 있다. 상담자와 내담자 모두 웹을 통해서 즉각적인 자문을 하고 있고, 온라인상으로 치료를 받는다. 문자, 이메일, 트위터, 메신저는 선호하는 의사소통 채널이 되어 가고 있다. 우리는 더 많은 시간을 모니터 앞에서 보내며 면 대 면이나 사적으로 관계하는 데는 시간을 덜 쏟는다. 이것은 더 효율적이기는 하지만 우리의 직무와 삶의 속성을 확실히 변화시켰다. 모두 좋은 것만은 아닌 방식으로 말이다. 여러 가지 채널로 상담자와 더 접근이 용이해지고, 전원이 차단되는 시간은 짧아지면서 상담자의 삶은 스트레스가 많아지고 있다.

초판이 발행된 후 상담 접근 간의 경계는 허물어지기 시작했다. 우리는 하나의 특정 접근법―정신역동, 실존, 인지행동 혹은 다른 접근―의 추종자로서 자신의 정체성을 쉽게 세울 수 있었다.

이제는 거의 모든 사람이 절충적, 실용적 혹은 적어도 통합적이라고 한다. 우리는 우리 자신을 구성주의자, 여성주의자 혹은 인본주의자라고 부를 수도 있고, 정신역동, 인지, 게슈탈트, 내러티브 혹은 관계치료자로 묘사할 수도 있다. 그러나 현실은 우리가 자신의 기분에 따라서가 아니라 내담자들의 주 호소 문제, 맥락, 문화에 근거해서 다양한 접근법의 이론과 개념을 빌려 온다.

상담자가 되는 것의 신비

초판이 발간되고 나서 많이 변하지 않은 것 중 하나는 상담 과정이 두 방향으로 흐른다는 것이다. 하나는 명확히 내담자에게 영향을 준다는 것이다. 동시에 이것이 상담자의 개인적 삶에도 영향을 주는 것 또한 진실이다. 이 영향은 좋을 수도 나쁠 수도 있는데, 상담자가 되는 것은 영혼이 무척 충만해지는 것이기도 하지만 고갈시키기도 한다. 우리는 이 일의 결과로 성장한다. 우리는 도우려 노력하는 과정에서 배우고, 우리가 알고 이해하는 바를 우리 자신에게 적용한다. 또 우리 중 일부는 고갈되고 낙담한다. 시간이 지날수록 우리는 냉소적이 되거나 무감각해지거나 진부해진다.

우리는 내담자들이 겪을 법한 변화의 치료적 요인에 대해 오랫동안 자각해 왔다. 모델링, 카타르시스, 공감적 반응, 정확한 질문, 건설적 직면과 같은 요인들은 확장된 자기 수용과 성격 변화까지 가져올 수 있다는 것을 우리는 알고 있다. 그러나 이를 촉진하는 사람에게 이런 과정이 어떤 영향을 주는가? 상담자는 이런 영향 없이 치료적 과정에 적극적인 촉진자가 될 수 있는가? 절망, 갈등, 고통에 오랫동안 노출되는 것에 상담자가 항체를 만들 수 있는가?

다른 사람들의 삶에 대해 배우는 데 기인하는 필수적인 성장과 자각을 저항할 수 있는가? 우리는 변화되는 많은 사람들과 같이 시간을 보낸 후에도 여전히 이전과 같은 인간으로 변화 없이 남아 있을 수 있는가? 우리가 좋든 싫든 상담자가 되고자 한 결정은 우리 자신의 성장에 깊이 관여한다.

이 책의 내용

1986년도에 처음 초판을 발간할 당시 이 책은 조력 전문가들의 개인적인 부분을 다룬 것, 즉 이 직업이 얼마나 심오하고, 기대치 않지만 때로는 기쁘면서도 놀라운 방식으로 우리에게 영향을 주는지에 대해 다루었던 몇 안 되는 책 가운데 하나였다. 이 4판은 완전히 업데이트해서 독자와 대화하고, 최근 연구와 최신 사례들을 다뤘다. 상담 관계, 실패 다루기, 잘 이야기하지 않는 금지된 주제 등이 더해졌고, 체계적인 변화 촉진자나 억압받고 주변인으로 살아가는 사람들에 대한 상담자의 역할 등에 대해 새로운 장을 추가했다.

기존 판과 마찬가지로 이 책은 모든 실무자—사회사업가, 상담자, 심리치료사, 심리학자, 간호사, 가족치료사, 인간서비스 전문가, 목회상담자, 다른 정신건강 전문가—를 위해 쓰였다. 다른 전공의 학생들이라도 조력 기술을 배운다면 커리어를 준비하는 과정에 유용할 것이다. 내담자로서 상담을 경험했거나 이런 만만찮은 모험에 대해 고민하고 있는 사람들은 여기에서 특별히 흥미를 끌 만한 주제들을 발견할 수 있을 것이다.

1장은 상담자가 되는 것은 무엇을 의미하는지, 그것의 모든 기뺨, 혜택, 도전으로 이루어진 내적 여행에 대한 논의로 시작된다. 우리가 형성하고 유지하는 관계의 문화적, 정치·사회적 맥락뿐 아니라 상담자가 되고자 하는 개인적 동기를 탐색한다. 이 장은 또한 상담자로서 겪게 되는 상담의 내재적인 위험성을 정의하고 기술하면서 2장의 모델링과 영향력에 관한 아이디어를 탐색 가능케 하는 배경적인 틀을 제공한다. 본질적으로, 모든 상담은 상담자의 존재, 치료적 동맹, 회기 내 혹은 내담자의 삶에서 가지는 건설적인 위험 감수 등의 요소들을 포함하고 있기 때문에 효과가 있다.

3장은 개인적·전문적 효과성 간의 관계를 검토하는 데 하나의 모델로서 상담자의 역할에 대한 함의를 좀 더 이야기하고 있다. 전문적 기술은 개인 관계를 증진하는 데 도움을 주듯이 실제 생활의 경험은 상담에 매우 가치 있는 도구다. 이것은 이 분야의 가장 큰 부가혜택이다. 즉, 변화에 지속적으로 노출되는 것은 우리를 자극하고, 더 큰 개인적 성장을 북돋우며, 결국 더 강력한 모델로 우리를 성장시킨다.

4장은 어떻게 상담자가 내담자에 의해 사적으로, 또 전문적으로 깊이 변화받게 되는가에 대한 논의로 확대된다. 내담자는 그들 자신의 욕구에 좀 더 반응하도록 이끌어 가는데(만약 우리가 유연하고, 적응적이며 관심을 기울인다면), 우리의 가장 큰 스승이자 슈퍼바이저가 된다.

다음 장들에서는 상담자가 되는 것에 대한 구체적인 도전에 대해 탐색한다. 5장은 피로, 일방적 친밀감, 개인적 제약 등과 같은 이 일의 어려운 측면을 다룬다. 6장은 이 책에서 새로 추가한 장이다. 구체적으로 완벽하지 못함, 부정적 결과, 실망, 실패에 대한 갈등에 초점을 맞춘다. 개인적으로는 회복 탄력적으로, 전문적으로는 효능성을 지니도록 하는 가치 있는 피드백을 제공하는 방법에 대해 나눈다. 7장은 소위 어려운 내담자들, 즉 도전하고 좌절시키는 내담자들에 대한 이야기다. 8장은 소진, 권태에 대한 이슈인데, 어떻게 이것을 다루는지, 이를 처음부터 어떻게 예방하고 줄일 수 있는지에 대해 다룬다.

9장은 새로운 장으로, 종종 우리가 금기시하는 부분─실제로 우리 상담이 어떻게 진행되고, 왜 효과가 있는지에 대해 이해하지 못한다는 것, 때때로 우리는 기만하거나 위선자처럼 느껴진다는 것, 다른 사람들에게 비치는 것보다 머릿속으로는 더 비판적일 수 있다는 것, 회기 중에 우리가 말하는 것을 실제 자주 하고 있지 않다는 것 등─에 관한 것이다. 10장은 우리 자신이나 다른 사람에게 하는 거짓말이나 게임에 대해 다루고 있다.

이처럼 깊이 있지만, 때로는 불편한 주제들에 대한 균형을 맞추기 위해서 11장과 12장은 치료자가 스스로를 재생하고 더 잘 돌볼 수 있는 방법을 다루었다. 좀 더 개인적이고 전문적인 발달을 시도하고 창조적인 성장을 고무시키며, 우리 삶과 일에서 더 심오한 의미를 발견할 수 있는 구체적인 제안을 포함했다. 이 최신판에서 사회정의, 인권 그리고 체제 변화 등을 위한 치료자의 역할과 책무에 대해 더 다루고자 했다.

차 례

16

상담자의 길

On Being a Therapist

상담자의 길

치유자 중에는 상담자가 되고자 선택하는 것은 참 어리석다고 생각하는 사람들이 많다. 그들은 상담자 혹은 치유자가 되는 것은 소명이지만 위험과 부담이 따르는 소명이라고 믿는다. 내담자들은 상담자가 그들의 고통을 치유해 주고 유독성의 에너지들을 없애 줄 것이라 기대하면서 아픔과 절망 가운데 찾아온다. 그들은 상담자의 역량에 대한 비현실적인 기대를 가지고 있고 심리적으로 매우 불편한 상태에 있다. 그들은 자기 이야기를 하기 위해 우리에게 온다. 왜냐하면 누구도 그들의 말에 귀를 기울일 만큼 관심과 인내심을 갖고 있다고 느끼지 못하기 때문이다.

상담보다 더 성취감과 만족감을 줄 수 있는 직업은 없으며, 지속적인 배움과 성장의 기회를 제공하는 일도 드물다. 상담자가 되는 것은 참으로 오랜 일생 동안의 여정이며, 다른 사람들과 함께 걸어 가는 깨우침과 구원의 길이다. 가는 길에 많은 장애물이 있는 미지의 세계로의 여정인 것이다. 다른 여정과 마찬가지로 어려움이 있지만 많은 즐거움도 있다. 우리는 내담자와 맺은 관계를 통하여 무수히 많은 다른 형태의 삶을 살 수 있는 기회를 갖는다. 사람들의 뇌리에 계속해서 떠오르는 질문을 잠시 숙고할 기회를 갖게 된다. 거의 한 번도 경험하지 못했을 친밀감을 내담자와 경험한다. 우리는 두렵기도 하고, 마음을 사로잡는 드라마틱한 정서적 각성 상태에 놓이기도 한다. 탐정이 되어 일생 동안 내담자를 성가시게 굴었던 미스터리를 해결하도록 돕는다. 너무 놀라워서 텔레비전 쇼나 영화마저 지루해 보이는 그런 이야기들을 듣는다. 우리는 의미 있는 변화를 만들고 있는 사람의 친구가 되고, 우리 또한 변화된다. 어떤 의미에서 우리는 누군가의 삶에 변화를 만든 장본인이라 여긴다. 우리가 하는 일과 영적인 초월성 사이에는 많은 관련성이 있다.

상담자가 되려는 개인적 동기

우리 대부분은 다른 사람을 돕고, 세상을 구원하고자 하는 것이라기보다는 우리 자신을 구원하고자 상담자가 되었다. 상담자가 되려 하는 많은 동기는 무의식적이어서, 미해결 과제나 숨은 과제를 보지 못하는 개인상담이나 슈퍼비전을 통해서도 파악하기 어렵다(Sussman, 2007). 인정과 승인 같은 충족되지 않은 자기

도취적 욕구나 초기의 상실과 같은 오래된 갈등과 종종 연관되어 있다(Barnett, 2007). 대규모 조사 집단의 절반 정도가 상담자가 되고자 하는 선택과 그 이후의 진로의 방향이 자기 자신의 문제를 해결하고자 하는 결단에 의해 이루어졌다고 응답하였다(Orlinsky & Ronnestad, 2005). 자주 언급되는 한 가지 공통된 부분은 자신을 더욱 온전히 이해하고, 타인에게 이해받는 느낌을 갖고 싶다는 것이다.

심지어 겐트(Ghent, 1999)는 상담자들이 피학적 성애자이거나 처벌을 즐기는 사람이라고 주장한다. 그 밖의 어떠한 설명으로 인간이 경험하는 가장 어두운 측면을 기꺼이 탐색하는 데 많은 시간을 보내는 이유를 설명할 수 있겠는가? 겐트는 "어떤 직업이 그 일의 필요한 요소로 무력감, 어리석음, 상실 같은 것을 발달시키겠는가?"(p. 236)라고 묻는다. 이에 관해 해먼(Hamman, 2001)은 상담자들은 좀 더 진실하게 되고자 하는 바람에서 자신의 일에서의 시험과 시련을 기꺼이 받아들인다고 말한다.

상담자가 되고자 하는 또 다른 동기는 다른 사람에 대한 통제 욕구뿐만 아니라 나 자신에 대한 통제 욕구와도 관련된다. 경험 많은 한 상담자는 내키지 않지만 이것이 자신을 상담이라는 직업으로 이끈 동기였음을 인정했다. "우리가 늘 다른 사람의 문제에 관심을 집중한다면 우리 자신의 문제를 회피하기 쉽습니다. 사람들은 내가 타인뿐 아니라 나 자신에 대한 통제감을 갖고 있다고 생각합니다. 얼마 지나지 않아 그것은 진실이 아님을 알게 되더라도 우리는 그것을 믿기 시작할지 모릅니다. 내가 말하고 싶은 것은 상담자가 되는 것은 친밀감을 얻는 데 요구되는 통제감의 상실 없이 친밀감을 누릴 수 있다는 것입니다."

통제감 외에도 상담자가 된 다른 이유들이 있다(Corey & Corey, 2007; Kottler & Shepard, 2010; Norcross & Guy, 2007). 어린 시절에 돌보는 사람으로서의 역할이 주어졌고, 자연스럽게 훈련된 것을 단지 내담자와 같이하고 있는 것일 수도 있다. 바로 앞의 상담자가 언급했듯이 우리는 상처를 입지 않으면서 깊은 친밀감을 누릴 수 있기 때문이다. 관음증을 가지고 다른 삶을 대신 살아 볼 수 있다. 매주 내담자가 찾아와 굉장히 놀라운 이야기를 우리에게 들려준다. 물론 우리는 우리 자신의 미해결 과제를 해결하기 위해 노력을 기울인다. 게다가 미스터리한 인간의 상태를 다 알고 있는 사람인 양 신망과 존경을 받기도 한다.

미래를 내다보는 능력 키우기

상담자와 내담자 간의 상호작용 과정에서 중점 사항은 변화와 관련된 상대적인 연합에 있다. 성장의 촉진자로서 특히 상담자의 성격을 중요시한다. 한 사람의 인간으로서 상담자의 존재와 정신이 가장 극적인 변화를 자극한다고 볼 수 있다. 특별히 상담자와 내담자의 상호작용에서 상담자가 보이는 개인적인 태도가 그렇다. 누군가를 프로이트나 로저스, 프리츠펄즈, 버지니아 사티어, 앨버트 엘리스 혹은 다른 어떤 대가들과 함께 한방에 가두어 보라. 그러면 몇 시간 후에 내담자는 각기 다른 모습으로 나올 것이다. 가장 중요한 것은 상담자가 무엇을 했는가—해석을 했는가,

반영을 했는가, 직면을 했는가, 논박을 했는가, 혹은 역할놀이를 했는가─가 아니라 한 인간으로서 그가 어떤 사람인가 하는 것이다. 생기가 넘치는 영감을 주는 카리스마 있는 상담자, 진실한 애정으로 보살펴 주는 상담자, 지혜롭고 자신감 있으며 자신을 다스릴 줄 아는 상담자가 그의 이론적 배경에 상관없이 상담자 자신의 순수한 본성의 힘을 통해 영향을 줄 수 있다.

가장 중요한 변화의 요소는 상담자의 존재─그의 관심과 열정 그리고 인격의 힘이다. 롤로메이(Rollo May, 1983)는 다른 의미에서 상담자의 존재에 대해 내담자의 실존을 가능한 한 최대로 경험하는 것─그의 증상이나 문제가 아니라 그의 본질을 경험하는 것이라 설명하기도 했다. 상담자는 명료하고 개방적이며 평온한 가운데 관계를 시작하고, 고뇌에 찬 영혼을 마주할 온전한 준비를 한다. 내담자는 상담자를 멘토, 전문가, 의사, 친구 혹은 마법사로 기대하며 상담에 임한다.

때때로 상담이 내담자뿐만 아니라 우리 자신의 의식 변화를 가져오는 것을 볼 때 놀랍기 그지없다. 모든 것이 정말로 잘되어 갈 때, 고도의 집중과 접촉의 최고점에 있을 때 우리는 어떤 종류의 심리적인 공감과 통찰을 경험할 수 있다. 이는 우리를 최고의 자각 상태로 인도한다. 우리는 매우 민감하게 상담회기 안에서, 그리고 다른 사람 안에서 무슨 일이 일어나고 있는지 알 수 있을 뿐만 아니라 평범함을 초월하여 투명함과 명료함을 얻게 된다. 이것은 키니(Keeney, 2003)가 기술하는 나미비아 칼라하리 사막에 있는 오지 마을의 치유자에게 일어나는 것과는 다른 것이다. 그들은 제2의 눈을 발달시켜, 그것을 통해 다른 사람의 병을 실제로 보고,

냄새 맡고, 맛을 볼 수 있다고 말한다. 감정이입이 최고조에 달하여 최면 상태와 같은 관계에의 몰입이 이루어질 때, 그리고 거의 내담자의 마음을 읽을 수 있고, 무엇을 생각하는지, 느끼는지, 말하는지, 다음에 무엇을 할지 예측할 수 있을 때, 지각의 일치가 일어난다.

믿음의 힘

고유한 치료적 요소들은 모든 형태의 도움을 주는 시스템에서 한 부분을 차지하고 있다. 지역적·문화적 맥락에 관계없이 아마존이든 히말라야든 칼라하리든 혹은 대도시든 도움은 단지 절망감만을 느끼고 있는 사람에게 희망을 심어 주는 형태로 나타난다. 무당, 의사, 성직자, 선생님 혹은 상담자 모두 그들이 제공하는 것이 고통받고 있는 사람에게 위안을 주고, 심지어는 낫게 할 것이라고 굳게 믿는다. 그들의 힘이 차이를 가져오고 변화를 촉진할 것이라고 믿는다. 그들은 이 경우가 그 성공적인 성과에 해당한다고 내담자들을 설득하고자 한다.

상담의 과정에서 가장 효과적인 상담은 내담자가 성공적인 성과를 최대한 기대하도록 고안되는 상담인 것이다(Fish, 1973; Frank, 1993). 내담자 자신의 긍정적인 믿음과 결부된 이러한 낙관과 희망은 모든 치료 형태의 공통적 치료 요인이라 여긴다(Greenberg, Constantino, & Bruce, 2006; Miller, Hubble, & Duncan, 2007). 상담자의 자신감이나 설득력 있는 기술뿐만 아니라 상담 환경을 꾸미면서 여러 위약 효과를 내는 장치—졸업장, 책들, 입고 있는 복장, 상담실의 배치 등—를 준비한다. 이 모든 것을 통해 내담자에게 이곳이 평정과 지혜를 얻을 수 있는 곳이라는 기대를 심어 준다.

내담자의 통찰이나 행동 변화를 이끌어 내는 데 있어 다음으로 우리가 하는 세부적인 것들—카타르시스, 자기조절 혹은 자기직면을 격려하든, 해석, 반영 혹은 목표 설정을 하든, 사고, 감정 혹은 행동에 초점을 맞추든—은 내담자가 우리에게 갖는 믿음에 비할 수 없다. 내담자는 상담자를 치유할 수 있는 힘을 가진 전문가로서 지식을 갖고 있는 통합된 인간으로 믿고 있다.

우리가 마술사에 불과하다면 상담을 과학적 토대 위에서 공부하는 게 무슨 소용이 있겠는가? 또한 더더욱 엄격한 방법으로 상담 훈련을 받을 필요가 있겠는가? 상담이 마술처럼 보이는 것은 그것이 많은 차원을 갖고 있기 때문이다. 자신이 하는 상담이 차이를 가져온다고 확신하며 권위 있게 말하는 저자들의 글이나 동료들의 이야기를 종종 듣는다. 그들은 아무렇지도 않은 듯이 "이것은 내담자의 문제다. 이것은 정확한 진단이다. 그리고 차이를 가져온 것은 내가 한 것이다."라고 말한다. 그렇지만 이 말은 상담자로서의 내 경험과는 다르다. 분명히 자신의 상담이론을 가지고 있으며, 왜, 무엇이 상담에서 일어났는지 설명할 내가 선호하는 이론이 있지만 수년간의 경험을 통하여 얻은 것이 있다면, 그것은 우리가 하는 일의 복잡성에 대한 이해와 존경일 것이다. 하나의 사례를 연구하는 데도 일생이 걸릴 수 있고, 왜 그리고 무엇이 일어났는지 모두 이해하기란 여전히 쉽지 않다. 독자들도 벌써 이러한 모호성과 복잡성을 견디는 것을 배워 왔을 것이다. 그렇지 않았다면 여러분은 아마 다른 직업을 찾았을 것이다.

무엇이 최선인지 확실치 않지만, 어려움에 처해 있는 취약한 사람을 위하여 우리가 뭔가를 해야만 한다는 당위성은 존재한다. 실증적 연구에 토대를 둔 상담, 경험적으로 지지되는 치료, 기술적 절충주의, 전략적 개입, 구조화된 치료적 경험, 행동 관리, 그 밖의 기술을 강조하며 빠르고 효과적으로 작용한다고 알려진 모든 형태의 도움은 오늘날 시대정신이 되었다. 여러 가지 방식으로 우리는 내담자의 필요와 상담 여건에 맞춰서 우리의 스타일과 방법을 적용할 수 있다. 대인 관계 간의 인간적 차원이 기술 혁신의 엄청난 진전으로 인해 상실되었다 .

치료 성과를 내는 치료적 관계의 현상이 무엇인가에 대한 많은 연구의 실패에도 불구하고, 내담자와 어떤 동맹을 맺을 때 마술적이고 놀라운 무언가가 분명히 일어나는 것은 틀림없다. 이런 치료적 힘이 상담 분야에만 국한되는 것은 아니다. 의사, 교사, 변호사, 심지어 미용사, 택시 운전사 그리고 바텐더도 어느 정도의 위로와 도움을 그들의 손님들과의 관계에서 제공한다. 그들이 제공하기로 계약한 서비스와 별개로 사람들 사이의 이러한 치료적 관계는 단순한 정화 작용을 능가한다. 인간은 종종 타인에 의해 이해받고 싶어 하는 충족되지 못한 강한 열망을 갖고 있다.

문화적 · 사회적 · 정치적 맥락

많은 경우 내담자와 상담자의 문화적 · 사회적 · 정치적 맥락이 치료 성과에 많은 영향을 준다. 치료적인 접근법은 더 이상 일률적으로 사용되지 않고, 다양한 사회경제적·민족적·인종적·종교적 배경, 다양한 성별, 성정체성을 가진 사람들의 요구와 가치에 따라 적용되고 있다. 이런 치료적 융통성은 날로 증가하는 다양한 내담자의 까다로운 요구에 맞추기 위해서뿐만 아니라, 상담자 또한 자신의 편견과 고정관념에 저항하기 위해서도 필요하다. 다양성의 문제에 관하여 표준 기본 방침을 따르는 것은 매우 옳은 일이라 여기는 추세다. 이는 무수히 다른 수준에서 우리가 직면하는 도전의 영향이라든지 복잡성, 깊이를 이해하지 못하게 할 수도 있다. 특정 집단의 사람들을 일반화해야만 하는 것은 아니지만, 상담자들은 특정 배경을 가진 어떤 사람들은 상담 효과를 내는 데 있어서 어떤 유사성이 있음을 알고 있다.

강한 악센트를 사용하고, 수줍은 미소, 그리고 눈 맞추기를 피하는 쉰네 살의 베트남 여성이나 밤에도 선글라스를 쓰고, 이어폰을 끼고 있는 아프리카계 미국인 십대가 상담실에 찾아온다고 가정해 보라. 선입견을 갖지 않기 어려울 것이다. 우리는 이전의 비슷한 내담자와의 경험에 기초하여 편견을 갖게 될 것이다. 몇몇은 훨씬 더 우리의 개인적인 경험, 즉 우리의 가족 혹은 민족성과 같은 것에 기초할 것이다.

치료적 접근이나 요인들은 본질적으로 동일하다는 근거 없는 믿음이 존재한다. 소위 말하는 다양한 집단에 그것들을 살짝 조율하거나 조정하면 된다고 여긴다. 베트남 이민자가 찾아오는 경우는 어떤가? 차이를 알아차리고 가족이라는 맥락에서 치료를 시도할 것이다. 슬럼가의 젊은 흑인 남자가 찾아온다면? 약간의 저항이나 적의—특히 백인 치료자에 대한—를 예상하고 치료를 시도할 것이다. 다양성에 대한 이런 단순한 고려는 단지 표면적인 문제만을 다룰 뿐이다. 때때로 이론을 버림으로써 문화적인 집단의 대표자가 아니라 민족, 종족, 종교를 넘어서는 문화적 정체성의 총합으로 온전하고 독특한 개인을 만남으로써 상담을 더 잘할 수 있을 것이다.

자신이 구사하는 영어에 무척 신경을 쓰던 나이 많은 베트남 여성을 상담한 적이 있다. 사실상 그녀의 말은 거의 이해하기 어려웠다. 상담은 미소를 짓고 어깨를 으쓱해 보이는 비언어적 의사소통으로 이루어졌는데, 나는 온전히 이해하기 어려웠다. 이 경험은 나로 하여금 언어에 의존하는 상담 형태를 버리고, 언어에 덜 의존하는 상담 형태를 시도할 기회를 제공하였다.

그녀의 이야기가 드러나기 시작하는 처음 몇 회기 동안 우리는 어려움을 겪었다. 그녀는 최근에 이주한 이민자였고, 어릴 때 전쟁에서 살아남은 생존자였다. 가정에서는 가장 연장자였고, 가정에 그녀가 순종해야 하는 가장 나이 많은 남자인 그녀의 아들이 있다 할지라도, 이는 나머지 다른 가족 구성원에 대한 책임이 있음을 의미했다. 거기에는 성별과 나이에 기초한 권위의 명백한 기준이 있었고, 이것이 그녀의 가족 내에서 그리고 그녀가 꿈꾸는 직업에 있어서 둘 다 문제를 일으키고 있었다.

전통적인 치료의 개념은 그녀에게 무척 혐오스러운 것이었다. 여기서 나는 그녀와 관계 협상을 시도하고 있는 '권위적인 남자의 모습'이었다. 그 협상 가운데 그녀는 중요한 상대방 당사자였다. 만약 우리가 서로 상호 수용할 수 있는 길을 찾지 못한다면, 그녀의 문화적 통념에서 좌절은 정해진 것이나 다름없다. 우리가 발견한 이 사실은, 내가 배운 것이 무엇이든 다음 번 나의 내담자—화가 난 아프리카계 미국인 여성, 그녀에게 내가 대신한 '권위적인 남자의 모습'은 어려움을 주었다—에게 적용할 수 없다.

우리는 어느 정도는 성과를 얻고, 어느 정도는 잃는다. 말 그대로다. 상담자가 되는 길은 하나만 있는 것은 아니며, 날로 다양해지는 내담자를 동일한 방식으로 상담할 수 없다는 점에서 우리가 하는 작업은 여느 비즈니스와 다르다. 이것은 사실상 상담자의 길이 확신의 위치에 도달할 수 있는 것이 아님을 의미하며, 우리로 하여금 끊임없는 매력을 느끼게 하고 겸손하게 만든다.

변화의 과정에서 내담자의 위험 감수하기

어떤 접근법을 적용하든 어떤 배경을 가진 내담자든 관계없이, 우리는 내담자가 건설적인 위험을 감수하도록 동기를 부여한다. 과거의 미해결된 과제를 다룰 때, 내담자들은 종종 저항과 불안을 경험한다. 단단한 방어를 허물고, 무의식의 동기를 해석해 주기 위하여, 탐색되지 않은 감정을 반영하기 위하여 내담자를 폭발하기 일보 직전까지 내몰아야 할지도 모른다. 깊이 파묻힌 자신의 내면에 직면해야만 하고, 이 시점까지 나름대로 유용했던 전략을 포기하는 위험을 감수해야만 할지도 모른다. 또한 불안정성을 감수해야 한다. 진정한 성장을 하기 위하여 강렬한 혼동, 방향감각의 상실, 불편함을 기꺼이 경험해야만 한다. 자신의 진부한 모습, 즉 편안하고 친숙한 모습을 남겨 두고 자신이 되고자 하는 사람이 되지 못하는 위험을 감수해야 한다. 자신의 일부를 완전히 잃을 수도 있다. 더 나은 실존의 가능성을 위해 이 모든 위험을 감수하고, 상담자의 말이 내담자가 의존하는 모든 것이 된다.

내담자가 구체적인 목표나 행동을 수정하고자 할 때 위험 부담은 훨씬 분명해진다. 행동의 한 측면을 변화시키는 것은 이에 따르는 연쇄 반응을 일으키기 때문이다. 어떤 행동도 취하기를 꺼리며 상담을 여러 해 질질 끌어 오던 여성이 있었다. 보통의 사례가 그렇듯이 그녀의 모든 어려움—막다른 골목에 다다른 그녀의 직업, 부모에게서 벗어나고자 하는 욕구, 남자와의 관계, 체중 감량—은 서로 연결되어 있었다. 이들 중 어느 한 부분을 변화시키고자 할 경우, 그 밖의 다른 모든 것도 함께 무너질 수 있는 위험을 감수해야 한다. 15파운드를 줄이는 생각조차 그녀를 두렵게 만들었다. 그것은 그녀가 더욱 매력적이 되는 것이고, 더욱 자신감을 갖게 하며, 자기 조절 능력을 보어 주며, 변화에 대한 힘을 입증할 것이기 때문이다. 그녀는 자신의 어떤 부분의 변화에 따른 결과를 마주할 수 없었다. 그것은 다른 모든 부분도 역시 변화해야 한다는 것을 의미하기 때문이다. 매주 상담자를 찾아와 반드시 변화를 이끌어 내지 않아도 되는 좋은 의도, 협조적인 자세, 통찰의 능력으로 상담자를 기쁘게 하는 것이 변화하는 것보다는 훨씬 더 쉬운 편이다.

상담자의 일은 단순히 자기 이해를 촉진하는 것만이 아니라 위험을 감수하도록 용기를 심어 주어야 한다. 내담자는 자신을 성찰할 뿐만 아니라 행동으로 옮겨야 한다. 이 임무는 예상되는 위협

을 감소시키고, 기꺼이 변화를 시도하고자 하는 의지를 증가시키
도록 고안된 개입과 상담자 자신도 그의 삶에서 위험을 기꺼이 감
수하려는 진지한 자세에 의해 가능하다. 위험을 감수하는 것의 가
치를 믿는 상담자는 필요한 경우 의도적으로 기회를 잡음으로써
다채로운 경험을 해 온 사람을 말한다.

상담자의 위험 감수하기

상담은 정말로 위험 부담이 따르는 일이다. 가장 충격적이고 끔
찍하고 비극적인 이야기를 쏟아 놓는 사람들과 하루 온종일 한방
에 앉아 있어야 하는 것이다. 그들이 경험한 학대 경험, 고통 그리
고 절망감을 우리에게 들려준다. 그들은 의도적으로 우리를 기만
하고 조종한다. 시간이 지남에 따라 상담자들은 인간의 정서에 둔
감해지고, 격렬한 정서를 과다 경험하게 된다. 그리고 경계선을
확고히 유지하고 느끼는 것을 멈추는 것을 배운다. 그러나 신중하
고 조심스러운 자세를 취할 때조차도 내담자와의 접촉은 때때로
우리가 알아차리지도 못하고 이해하지도 못하는 가운데 우리를
깊이 뚫고 들어올 때가 있다.

숲에서 아내와 크로스 컨트리 스키를 하고 있었다. 태양은 눈을
반사하며 불타고 있었다. 우리는 몸의 조화로운 움직임과 자연 경
관을 즐기며 어렵게 숨을 내쉬고 있었다. 계속해서 집중하면서,
똑바로 서서, 균형을 유지하면서, 코스를 따라 움직이는 지극히
평화롭고 환상적인 날이었다. 갑자기, 아무런 경고도 없이, 나는

불쑥 멈추어 서서 울기 시작했다. 두말할 것도 없이 아내는 무척 놀랐다.

아내는 방금 전의 즐거웠던 감정을 떠올리면서 무엇이 잘못되었는지 나에게 물었다. 내가 불쑥 "당신은 나를 떠날 거야?"라고 말하자, 아내는 나를 미치광이 보듯 바라보며 "물론 아니죠!"라고 대답했다. 그녀는 나를 껴안고 안심시키며 무슨 일이 일어나고 있는지 알아내려 애썼다. 나는 최근에 '자유'와 '독립'이라는 주제를 다루고 있는 다수의 여성 내담자들을 상담해 왔음을 설명해 주었다. 그들은 결혼이라는 테두리에 갇힌 것 같다며 남편의 인정 욕구와 지배 욕구에 분개하고 있었다. 그들은 남편과 수년간의 갈등을 겪은 후에 해방에 대한 오직 하나의 출구로 이혼을 선택했다. 나는 그들의 말이 내 귀에서 울리는 것을 들었다. "내가 원하는 것, 또 내가 무엇을 어떻게 느끼는지 왜 남편은 알아차리지 못하는 것일까요? 남편은 저녁에 그저 내가 집에 있다는 것만으로 우리 사이에 아무 일이 없다고 생각해요. 얼마나 심각하게 내가 변화를 원하는지 남편이 알아차렸을 때는 아마도 너무 늦었을 거예요. 그는 상황이 얼마나 나쁜지 전혀 알지 못하고, 알고 싶어 하지도 않아요."

몇 주 동안 제각각 다른 형태로 이런 말을 듣는 것이 쌓여 나의 안전감을 서서히 침식해 왔다. 나는 내 문제를 부인하며 숲에서 더없이 행복한 오후를 즐기면서, 나의 내담자들의 남편들처럼 이혼의 벼랑 끝에 서 있는 것은 아닐까? 다행히도 나의 걱정은 쓸데없는 것이었고, 타인의 전쟁터에 너무 가까이 있어 겪게 되는 전쟁 신경증과 같은 것이었다.

의사들은 감염이나 질병 그리고 환자들의 고통으로부터 자신을
보호하기 위해 매우 주의를 기울인다. 고무장갑을 끼고, 수술용
마스크를 쓰고, 스테인리스 진찰 도구를 팔을 뻗으면 닿는 거리에
놓음으로써 세균을 멀리한다. 그러나 때때로 아픔이 스며들 때가
있다. 개업 의사의 경우에 환자의 내장 기관을 살펴보는 동안 너
무 많이 몰두하다 보면 그들과 환자 사이의 모든 경계가 허물어질
수 있다. 그들은 정서적인 '약함'을 보이지 않도록 충고를 받아 왔
으므로 아무도 없는 곳에서 울기 위하여 계단이나 화장실로 가야
할 때도 있다.

　　상담이 진행됨에 따라 치료의 핵심 도구는 상담자와 내담자 간
의 관계다. 우리를 보호하기 위해 많은 시간을 할애하여 어느 정
도 성공한다 할지라도 불가피하게 전염이 발생하곤 한다. 우리의
따뜻함과 보살핌, 그리고 내적인 힘이 내담자에게 내뿜어질 때,
내담자는 좀 더 개방적이 되고, 위험을 감수하려 하며, 우리 또한
내담자와의 친밀감과 불편감 그리고 역전이 반응을 통하여 우리
의 인식과 내적 구조를 영구히 변화시키게 된다. 내담자가 우리의
해결되지 않은 과제에 관하여 더 많이 말할수록 우리는 우리 자신
에 관하여 더욱 불안정감과 무능함을 느끼게 된다.

　　내담자를 만나는 것은 몇 주, 몇 달 혹은 몇 년이 걸릴 수도 있는
굉장히 노력을 요하는 일이다. 좋아지든, 나빠지든, 내담자의 행
동에 관계없이 도움을 주고, 이해해 주며, 공감해 줘야 하는 의무
감을 상담자는 느낀다. 내담자가 처음으로 의자에 앉는 순간부터
새로운 관계가 시작되고 있음을 알면서 숨을 깊이 내쉰다. 특별한
친밀감을 느끼는 시간이자 다른 말로는 힘든 시간이 될 것임을 안

다. 내담자는 때때로 우리를 존경하면서 원망하기도 하고, 우리를 이용하기도 하고, 무시하기도 하고, 데리고 놀기도 하고, 집어삼키려 하기도 할 것이다. 우리의 삶에 무슨 일—질병, 출산, 사망, 기쁨, 실망 등—이 일어나고 있든지 상관없이 우리는 우리를 기다리고 있는 내담자를 위해 그 자리에 버티고 있어야만 한다.

내담자와 관계를 맺는 것이 얼마나 위험한 것인지 정말로 심사숙고했더라면 어떤 대가를 치르고서라도 그렇게 하지 않으려고 했을 것이다. 그러나 감기에 옮는 것에 신경 쓰지는 마라. 내담자들의 비관적, 부정적, 정신병리적인 것들은 어떠한가? 매주 내담자의 이야기를 눈물을 닦으며 들으면서 전혀 영향을 받지 않을 수는 없을 것이다. 수년이 지날 때까지 우리가 미처 깨닫지 못하는 위험 요소들이 도사리고 있다. 이미지들이 우리가 무덤에 갈 때까지 남아 있을 수 있다. 내담자의 말들이 스멀스멀 피어올라 우리를 계속 따라다닌다. 이런 조용한 울부짖음에 귀청이 터질 듯하기도 하다.

심지어 지금 이 책을 쓰고 있는 순간에도 책장을 가로지르는 흐릿한 얼굴을 본다. 죽은 십대 아들을 품에 안고 있는 아버지의 흐느끼는 소리를 듣는다. 상담 매 회기의 중요한 부분을 엉엉 울면서 보낸 젊은 여성의 흘러내리는 머리카락을 본다. 미성년자 성학대를 즐겨 왔다고 고백하는 남자에 대한 역겨움으로 몸이 부들부들 떨린다. 가족이 살해당하는 것을 목격한 여성의 이야기를 들으며 그 경험을 다시 체험하는 것 같다. 다시금 나를 압도하는 무력감과 공포, 그리고 좌절을 느끼기도 한다. 내가 이들을 만난 것은 10년 혹은 20년도 더 되었지만 여전히 내 마음과 가슴 속에 살아 있다. 그들은 내가 죽는 순간까지 나와 함께 있게 될 것이다.

우리가 들은 이야기로 무엇을 할 것인가? 어떻게 간직하고 있어야 하는가? 어떻게 그것들과 함께 살아가야 하는가? 대답은 쉽지 않다.

상담자의 취약성

상담자가 단지 서류 가방 하나만을 들고 상담실로 들어가는 것을 지켜볼 때, 그가 사투의 현장으로 들어가고 있다는 것을 결코 상상하지 못할 것이다. 점잖은 인사와 그 외의 것들로 인해 모든 것이 아주 고상하고, 잘 조정된 것처럼 보일 것이다. 그러나 상담자의 행동이 개시되면 3도 화상을 일으킬 만한 스파크가 튀기 시작할 것이다. 작은 방 안에서 피난처가 될 만한 곳은 없다. 상담자는 치료 도구로서 단지 자신의 벌거벗은(물론 비유적으로) 자아 상태—즉, 굉장한 자기 절제가 요구되고 매우 취약해지기 쉬운—를 사용한다. 내담자와 치료적인 만남을 갖기 위해서는 갑옷과 방어물을 벗어 버려야 한다. 우리 중심에서 벗어나 가능한 한 멀리 나아가야 한다. 개방적이고 수용적으로 내담자와의 관계에 참여하기 위하여, 그리고 가능한 한 깊이 탐색하기 위하여 가는 여정에서 우리는 우리의 정체성을 잃어버리는 위험에 처할 수도 있다.

내담자가 정해진 시간보다 5분 일찍 떠나 버렸다는 것을 제외하고, 커다란 흐느낌이 문 밖으로 새어 나오는 것은 상담에서 드문 일이 아니다. 닫힌 문 뒤로 외로이 상담자 혼자만 남았다. 눈물이 얼굴을 타고 흘러내린다. 공처럼 바닥에 웅크리고 앉아 있다. 상담자는 태아를 잃어 슬퍼하는 남자와 매우 집중적인 회기를 진행 중이었다. 유산된 것을 받아들이고 희망을 가지라고 내담자에게 격려하면서, 어느 면에서 내담자가 아니라 상담자 자기 자신에게 말하고 있음을 깨닫는다. 그 자신의 여자 친구가 일방적으로 관계를 단절하고, 그들의 아이를 낙태하기로 결정했었다. 상담자는 오래전에 자신의 상실과 아픔 그리고 실망을 다루었다고 여겼다. 그러나 그의 내담자가 비슷한 주제로 어려움을 겪자 이 모든 것이 다시 되살아 났다. 모든 자제력과 객관성을 유지하고 내담자를 돕고자 하는 모든 열망에도 불구하고, 상담자는 자신과 타인을 구분하는 경계를 잃게 된다.

개인적 연루로 인한 부작용에 대하여 불평하는 것은 무의미하다. 어쨌든 많은 상담자가 맨 처음에는 다른 사람들을 돕는 가운데 자신의 문제를 해결하고자 이 길에 들어섰다. 이타심을 느꼈고, 여전히 느끼고 있지만, 상담자가 되려 한 나의 중요한 동기가 세상을 이해하고, 나의 평범함에 대한 두려움을 벗어 버리고, 수용받고 통제에 대한 욕구를 채우며, 인정과 감사를 얻고자 하는 것임을 인정하려 하니 당황스럽다. 내가 왜 이런 말을 쓰는 것에 그렇게 관심이 많은지, 왜 계속해서 책을 쓰는지 스스로에게 물어본다. 그리고 잘했다고 가볍게 두드려 주는 것을 생각하며 웃어본다. 그럼에도 대답은 불완전하다. 왜냐하면 다른 사람들에게 도움이 될 만한 이야깃거리가 있기 때문에 쓰는 것이기 때문이다. 그것이 진실의 전부는 아니다. 나는 결사적으로 사랑받기를 원하고 외부의 인정 받기를 바란다. 결국 나는 매우 기분이 좋아지기를 원한다.

내담자가 바로 이런 문제들(내가 이런 문제들을 찾고 있기 때문에 나는 도처에서 볼 수 있다)로 어려움을 겪고 나를 찾아올 때, 나는 나 자신의 문제를 좀 더 다룰 기회를 갖게 되어 매우 기쁘다. 그러나 나 자신의 관점을 잃고, 관계가 뒤얽혔을 때는 내담자의 취약한 부분으로부터 나의 취약한 부분을 떼어 내기 위하여 몇 발짝 뒤로 물러서야 한다. 때때로 상담을 하거나 가르칠 때, 내가 정말로 누구에게 말을 하고 있는지 생각해 보기 위하여 잠시 멈추곤 한다. 여러 번 나 자신에게 말하고 있음을 인정하지 않을 수 없다.

상담자는 자아의 상실뿐만 아니라 자존감에 타격을 입어 상처받기 쉽다. 우리는 결과에 중립적이며, 상담자로서 어떤 기득권을 갖고 있지 않다고 주장할지도 모른다. 그러나 우리는 어떻게 사람이 변화되는지에 관해서 상당한 관심을 갖고 있다. 사람들이 하는 것에 관심을 기울이지 않으면서 그들을 깊이 있게 보살핀다는 것은 불가능하다. 내담자가 요구가 많고, 비판적이며, 더딘 진전 상황에 불만을 터뜨리며, 우리가 더 빠르게 하지 못한다고 불평하고, 능력 있는 상담자가 아니라고 말할 때, 우리는 기분이 나쁘다. 내담자가 진전이 없고 혹은 더 악화될 때, 우리는 그들의 아픔을 느끼기도 하지만, 또한 그들이 우리의 치료적 노력에 협조적이지 않다고 언짢게 생각한다. 이는 우리의 시도와 달리 '우리는 우리의 부분을 담당한다. 내담자는 내담자 자신의 부분을 감당해야 한다.' 혹은 '변화는 전적으로 내담자에게 달려 있다.'라는 천금 같은 말을 하고 있는 것이다.

이 모든 것이 사실일지도 모른다. 그러나 많은 성패가 우리에게도 역시 달려 있다. 내담자가 좋아지지 않을 때 우리는 무관심하게 행동할 수 있다. 어깨를 한 번 으쓱해 보이면서, 우리는 할 수 있는 일을 전부 다했다고 자신에게 말한 다음 해변을 향해 달려갈 수 있다. 우리가 평가하지 않더라도 다른 사람들이 우리의 능력을 평가하고, 우리의 신뢰성에 의문을 제기할 것이다. 일주일에 한두 시간 내담자를 만나는 우리와 달리, 내담자와 살아야만 하는 골치 아픈 상황에 있는 그의 가족은 더 참을 형편이 못된다. 이렇게 말하기는 쉽다. "시간을 좀 주세요. 이 문제를 키우는 데 많은 시간이 걸린 것처럼 해결하기 위해서도 시간이 좀 필요합니다." 그들은 낮은 목소리로 "이 상담자는 지금 자기가 무엇을 하고 있는지 모른다."라고 중얼거리면서 정중히 고맙다고 말할 것이다. 그러고 나서 자신의 말에 귀를 기울이는 모든 사람에게 몹시 화가 난 채로, 기진맥진할 때까지 그들의 의견을 피력할 것이다. 내담자에게 맞는 좋은 상담자를 누구나 알 수 있다고 여기면서, 내담자 가족들의 상담자에 대한 신뢰는 제대로 하는 상담자를 찾아보겠다는 친구의 제안에 점점 약화되어 갈 것이다.

내담자가 다음과 같이 말하면서 갑자기 상담을 중단할 경우 상처받지 않은 척하지 말자. "글쎄요, 저도 당신이 최선을 다했다는 걸 알아요. 아마 다 제 잘못일지도 모르겠지만, 지금까지 상담해 오면서 오히려 더 나빠졌거든요. 참을성이 필요하다고 해서 그동안 참아 왔는데, 별 도움이 되지 않은 것 같아요. 내 사촌이 자기가 상담을 받고 있는 다른 상담자를 추천했는데, 그 상담자로 바꾸려 해요. 당신의 모든 수고에 감사드려요." 이제 다른 상담자가 당신의 상담이 별 효과가 없었음을 알게 되었을 뿐 아니라(왜냐하면 그 상담자는 상담이 지지부진한 것이 내담자의 문제라고 생각하지 않을 테니까), 의뢰를 받은 곳에서 무엇이 어떻게 된 것인지 알고자 하는 전화를 받게 될 것이고, 내담자의 기초적인 방어 체계와 저항의 원인을 들며 변명할 수 있겠지만, 내부의 깊은 곳에서 들려오는 '너는 그 사례를 날려 버렸어.'라는 소리를 듣게 될 것이다. 많은 상담 취소와 함께 그런 사례를 같은 주에 또 갖게 된다면, 당신은 자신을 의심하기 시작할 것이다.

물론 이것은 반쪽의 그림에 해당한다(반쪽보다 더 작은 부분이기를 바란다). 많은 관심을 갖고 있기 때문에 쉽게 실망하는 것처럼 우리는 내담자가 매우 짧은 시간에 이루어 내는 놀라운 성과의 목격자로서(동반자가 아닐 경우) 또한 크게 기뻐한다. 매일 우리는 우리의 지지와 치료적 개입을 통해서만 가능한 내담자의 용기 있는 행동과 성취, 그리고 난관의 극복에 관한 믿을 수 없는 이야기를 듣는다.

상담자가 되는 경험

상담자의 길은 미스터리와 도전으로 가득하다. 상담자는 용기 있는 모델처럼 미지의 길을 밝히며 내담자에게 영감을 불어넣어 주는 모험가처럼 행동한다. 나와 이야기를 나누었던 상담자 프랜 (Fran)은 상담자가 되는 환상적인 내적 경험을 함께 나누었다. "나는 상담자가 되는 것이 무엇과 같이 느껴지는지, 어떻게 그것이 우리를 변화시키는지, 어떻게 그것이 우리의 경험을 관통하는지를 즐겨요. 나는 상담이나 상담자라는 직업 혹은 소명을 특권이 부여된 놀라운 선물로 여겨요. 왜냐하면 우리는 이런 보석 같은 것들을 배우기 때문이죠." 프랜은 자신이 하는 일이 무엇과 같은지 자녀들에게 설명해 주면서 웃어 보인다. 생각해 보면 진짜 놀라운 일이다. 내가 상담에서 하는 일이 무엇인지 설명해 주면서, 나는 다른 문화권에 있는 상담자들과 많은 대화를 나누었다. 내담자의 말에 귀를 기울이면서 그들의 문제를 선별하고, 가장 성가시게 구는 문제가 무엇인지 알도록 내가 어떻게 도와주는지 말하고 있을 때, 앉아 있던 바위에서 깔깔거리며 웃다가 떨어져 버린 오지 마을의 한 무당이 생각난다. 그는 마을 사람들을 부르며, "이리와 봐! 이 백인 무당이 뭐라고 하는지 들어 봐."라고 말했다. 친구들이 모이자, 그는 내가 상담 중에 무엇을 하는지 다시 한 번 말해 달라고 졸라 댔다. 그는 내가 치료의 목격자로 마을 사람 전체를 부르지 않는다는 데 매우 놀라워 했다. 나의 심리치료에는 춤을 추는 것도, 방울의 딸랑거림도, 주문을 외는 것도, 북소리도 없었다. 영혼을 부르는 의식도 없었다. 치료 의식을 위해 불을 피우는 제단도 없었다(대기실에 있던 휴지통에 어린아이가 한 번 불을 낸 적이 있음을 떠올렸지만). 다시 그 무당은 배꼽을 잡고 웃었고, 거기 있는 모든 사람이 나를 깔보며 웃어 댔다. 그는 간신히 호흡을 가다듬고, 단지 이러한 대화만으로 누군가를 정말 도운 적이 있는지 내게 물었다. 생각해 볼 만하지 않은가?

상담이 어떻게 작용하는지 이해한다고 말하는 사람을 나는 결코 신뢰하지 않는다. 내 생각에 상담은 매우 복잡한 현상이다. 내담자가 상담 현장에 가져오는 것은 매우 압도적이고 가득 차서 더 이상 붙들고 있을 수 없는 감정이다. 그러므로 우리는 그것과 함께 사는 방법—이 모든 불확실성, 이 모든 미스터리, 이 모든 모호함과 함께 더불어 사는 것—을 찾아야만 한다. 동시에 내담자들은 이번 회기에 대답과 해결 방안을 얻을 수 있기를 바란다. 필요하다면 그들은 두 번째 회기에 다시 찾아올 것이다. 그러나 그게 전부다. 좋은 내담자가 되도록 하는 방법은 그에게 약간의 인내심을 가르치고, 상담의 과정이 어떻게 작용하는지 알려 주는 것이다. 줄곧 우리가 우리의 내담자에게 그리고 우리 자신에게 말하고 있는 것은 인생의 모호함과 어떻게 더불어 사는지, 그리고 이 땅에서 우리가 하고 있는 것과 하려고 하는 것이 무엇인지 이해하려고 노력하라는 것이다.

힘과 영향력의
문제

힘과 영향력의 문제

우리 모두가 잘 알고 있는 것처럼 전문가의 도움 없이도 성장이 자발적으로 일어나곤 한다. 많은 이론이 이런 현상을 설명하고 있다. 심리적인 성장은 유전적으로 프로그램화된 생존 본능 혹은 사회와 환경의 강화 작용에 의한 산물일지도 모른다. 정신적 외상이나 역경의 극복, 심지어 여행 경험조차 사람들을 변화시킨다. 자발적이고 구조화되지 않은 이러한 변화 과정에 대한 발달이론, 현상학, 사회생물학, 행동이론 및 셀 수 없이 많은 이론이 존재한다. 이런 변화 현상을 한층 더 복잡하게 만드는 것은 상담에 작용하는 사람과 사람 사이의 영향력은 쌍방으로 이루어진다는 것이다. 상담자가 자신이 가진 모든 힘을 동원하여 내담자를 변화시키려 하는 것과 똑같이 내담자도 자신의 목적을 이루기 위하여 상담자를 조정하려 한다. 상담자와 내담자가 이렇게 하는 데는 여러 이유가 존재한다.

- 다른 사람들과의 갈등에 상담자가 내담자 자신의 편을 들도록 하기 위하여, 그리고 다른 사람들이 틀렸고, 자신이 옳다고 상담자가 동의하도록 하기 위하여
- 상담자가 내담자와 비슷한 입장이어야 한다는 것을 납득시키기 위하여, 그렇게 함으로써 그들은 변화할 필요가 없다는 사실을 보여 주기 위하여
- 그들이 일생 동안 굶주려 온 사랑과 인정을 특별히 권위 있는 인물로부터 얻기 위하여
- 다른 어떤 내담자보다 자신이 더욱 중요하므로 '총애받는 아이'와 같이 상담자가 그들을 가장 좋아하게 하기 위하여
- 상담자로 하여금 그들의 필요나 숨겨진 안건에 응하도록 종종 자신의 권력이나 힘을 증명하는 방식으로 조종하기 위하여
- 상담자를 흔들어서 자신의 미해결된 전이를 다루기 위하여

상담자와 내담자 간에는 특별한 입장을 취하거나 선호하는 관점을 취하기 위하여 서로 상대방을 설득하고자 하는 사회적 영향의 쌍방 교류가 존재한다. 내담자가 어떤 방식으로 생각하고 반응하거나 행동하도록 영향을 주기 위해 우리가 작업하고 있는 그 순간에, 그들도 무의식적으로 혹은 의도적으로 상담의 주도권을 얻기 위해 싸우고 있다. 고전적 정신역동이론의 용어를 빌려 말하자면, 내담자는 전이를 연출하고 상담자를 다른 누군가로 만들고자

시도하고 있는 것이다. 이 과정에서 두 참여자들은 심지어 상대방의 말투나 행동 패턴을 모방하기 시작할지도 모른다.

물론 대인 관계 간 영향력과 상호 교류적 힘의 특성은 지난 몇 세기 동안 변해 왔다. 우리 상담자들은 전문가로 취급되던 때에 누리던 변함없는 존경과 존중을 더 이상 받지 못하고 있다. 전부는 아니지만 우리를 찾아오는 어떤 내담자들에게 아직도 경외심을 불러일으킬 만한 힘을 우리가 갖고 있는 것은 확실하다. 특히 법원에 의해서나 비자발적으로 의뢰된 사람들에게는 더욱 그렇다.

자발적으로 찾아오는 내담자들은 교육이나 대중매체, 온라인 연구 그리고 토론 프로그램을 통해 더욱 상담에 대해 잘 알고 있다. 그들은 자가 치료자로서의 능력을 소유하고 있고, 상담자가 그들의 자문위원 역할을 수행하기를 바란다. 이런 태도가 일부 상담자의 활동 범위에는 잘 맞을지 몰라도, 상담 자체에 대한 매체의 과다 노출은 우리가 상담에서 하는 것을 능가하는 어떤 미스터리한 부분을 파괴할 수 있다. 이제 더 이상 상담자를 지적이고 권위있는 전문가로 여기지 않는다. 오히려 민주적인 상담의 동반자로 여긴다. 이것이 전적으로 나쁜 것만은 아니지만, 다른 사람의 눈에 비치는 명성에 따라 영향력이 좌우되는 또 다른 문제점이 있다.

전문적인 모델로서의 상담자

소크라테스식 도제식 수업이나 프로이트의 정체성 발달 과정 그리고 반두라의 사회학습이론이 보여 주는 것처럼 사람들은 다른 사람들, 특히 더욱 영향력이 있는 사람들에게 노출됨으로써 많은 영향을 받는다. 이와 같이 어린 시절의 한 주된 성장의 힘은 성장하여 부모나 형제자매, 원더우먼, 스파이더맨, 가장 좋아하는 선생님 혹은 아래 동네 골목대장과 똑같이 되고 싶은 강렬한 욕구다. 심지어 성인이 된 후에도 사람들은 대중매체에서 보여 주는 모델의 강력한 영향력을 받고 있다.

영웅이나 부모를 우상화하는 것을 멈추고, 독립성이나 자립하는 것을 높이 평가해야 한다고 배운 후에도 여전히 이런 삶의 모델들은 우리가 옷을 입고, 말하고, 느끼고, 생각하는 방식에 강한 영향력을 행사하고 있다. 사실상 멘토 제도는 대부분의 치료자 교육의 핵심 부분이다. 우리의 정체성과 상담 방식에 영향을 주는 선생님, 고문, 지도 교수, 저자 그리고 동료들이 있다. 많은 상담자의 경우 직업적인 삶의 처음 수년간을 전문 상담자를 모방하면서 보낸다. 일반적으로 우리가 마음으로 정말 믿고 있는 것을 스스로 검토하고 재고하기 훨씬 이전부터 자연스럽게 모방해 오는 것 같다. 상담자로서의 경력이 쌓여 가는 그 순간에도 학회에서 이 분야의 권위자에게 사인을 받기 위해 긴 줄에 서서 기다리고 있는 것에서 보듯이, 우리가 여전히 우리의 영웅을 이상화하는 경향이 강한 것은 참 흥미롭다.

정체성 발달의 초기 단계에서 우리는 모델을 이상화하고, 그 사람을 실제보다 훨씬 더 크게 여긴다. 우리 중 누군들 우리에게 영감을 불어넣어 주었던 선생님, 멘토, 저자 혹은 지도 교수를 이상화했던 경우를 기억하지 않을 수 있겠는가? 이상화하지 않았다면, 아마 우리는 그들을 숭배했을 것이다. 그와 같은 상황에서 이들 모델은 단지 직업적 발달뿐만 아니라 개인적인 삶에 커다란 영향을 주었다. 모델링 현상에는 어두운 면이 있다. (항상 그렇지 않은가?) 세상에 나가 진리를 선포하고, 다른 사람들을 근원으로 돌아오도록 진리를 전하는 자신의 분신을 계속 만들어 가듯이 모델은 그들처럼 되고자 관심을 갖는 사람들에게 많은 강화를 제공한다. 상담심리학회에 한 번이라도 참석해 본 적이 있다면, 동시에 헤엄치고 있는 물고기들의 학교와 같은 특정한 사고를 가진 각양각색의 다양한 학파의 그룹을 쉽게 알아챌 수 있을 것이다. 깨달음에 이르는 하나의 진리의 길을 발견한 많은 사람 중 하나가 되어 그런 사람들 틈에서 편안함을 느끼는 것은 당연한 일이다.

카리스마는 취약함과 신뢰를 필요로 한다. 따라서 (카리스마는) 건설적인 영향의 잠재적인 도구이면서 동시에 위험한 조작 수단일 수 있다(Livingston, 2006). 나르시시즘이 우리 학문 분야에 널리 퍼져 있다. 상담자, 선생님 그리고 배우나 운동선수와 같은 여러 직업적 모델들은 팬이나 제자의 감사와 칭찬을 즐긴다. 여러분은 영향력 있는 상담자들이 존경받을 만한 '록 스타'에게 당연히 해야하는 경의를 표하는지, 하지 않는지를 알아보기 위해 워크숍이나 학회에 참석할 것이다. 차이점이 있다면 대중적인 유명 인사들은 그들의 모습에 걸맞는 금전적인 보상을 받는다는 것이다. 상담자들에게는 시간당 보수나 월급의 상한선이 정해져 있다. 보통 영웅 숭배와 같은 무형의 혜택으로 보상받는다.

상담자가 자신이 가르친 대로 살 수 없거나 살지 못할 때

대중매체나 일상적인 대화에 내담자보다도 상담자가 더 정신적 장애가 있는 것으로 묘사된 '비정상적으로 축약된' 이야기를 듣는 것은 분통 터지는 일이다. 많은 상담자가 얼마나 정서적으로 불안정하고 자기도취적이며 상처가 많은지에 관한 한 논문에서 매더(Maeder, 1989)는 한 여성의 말을 인용하고 있다. 그녀가 파티에 갈 때마다 발견하는 가장 어리석고 황당하며 비정상적인 사람들은 바로 상담자라는 것이다. 자신의 논쟁에 대한 추가 증거로 매더는 미국심리치료사학회 회장의 회원에 대한 말을 인용하고 있다. "1943년에 처음으로 전국정신의학자학회에 갔을 때, 병원 밖에서 늘 보았던 괴짜나 예수의 턱수염을 하고 있는 정신이상자들의 커다란 무리를 발견하고 깜짝 놀랐습니다."(p. 37)

인기 있는 영화나 텔레비전 쇼는 종종 상담자를 가까스로 자신의 삶을 지탱하고 있는, 해롭지는 않지만 신경증적인 성격의 소유자로 묘사하곤 한다. 기자들은 우리의 갑옷에 난 틈새 혹은 그보다 훨씬 나쁜 우리의 추문을 파헤치는 것에 대단한 흥미를 갖고 있는 듯하다. 카리스마 있는 유명한 정신분석학자(Boynton, 2003)에 관한 인기 있는 신문의 기사에서는 내담자와 정기적인 성적 접축을 하고, 상담 중인 유명인사에 관한 비밀 보장을 위반하고, 상담을 받으러 온 사람들을 말로 질타하고 학대했던 행위에 근거하여 상담 종사자의 폐단을 혹독히 고발하고 있다. 물론 이런 정신 나간 상담자들은 면허가 취소되고 징역형을 받는 것이 마땅하지만, 종종 이 같은 사람들이 다소 우리를 대표하고 있는 것 같은 인상을 준다.

또한 경쟁 관계에 있는 직업을 가진 사람들이나 우리와 다른 치료적 접근법을 사용하는 사람들을 비난함으로써 상담자로서 부족하다는 근거 없는 미신을 영속화하기도 한다. 심리학자, 정신과 의사, 사회복지사, 상담자, 가족치료사, 정신과 간호사, 그리고 중독치료 전문가는 훈련 과정에서 보이는 (혹은 실제의) 차이점에 대하여 종종 서로 상대방을 공격하곤 한다. 마찬가지로 심리역동 치료자, 인지행동 치료자, 행동주의자, 인간 중심 치료자, 구성주의자, 여성주의자 사이에는 지난 수 세기 동안 누가 진리를 독점하고 있는가 하는 다툼이 계속되어 왔다. 아마도 이런 논쟁이 모든 치료적 작업에 내재된 보편된 특성을 명확히 하는 데는 유용할 것이다. 그러나 거기에는 내가 따를 수 없는 위선이 하나 있다. 자기 자신도 할 수 없는 일을 내담자에게 하라고 권하는 전문가(혹은 나 자신의 부분들)를 접할 때 나는 화가 치민다. 가장 기초적인 수준의 공감이나 성실성 그리고 정서적 안정감을 자신의 삶에서 보여 주지 못하면서 일반 대중에게 우리는 어떤 이미지를 투영하고 있는가? 우리도 기꺼이 하기 싫어하거나 할 수 없는 일들을 다른 사람들에게 하라고 말하면서 우리는 어떤 유형의 위선자가 되는가?

멘토로서의 내담자

나는 다른 상담자들을 가르치고 지도·감독하면서 많은 시간을 보냈다. 나는 내담자에게 아는 것을 모조리 털어놓고, 깊이 뿌리박힌 내면의 문제들을 다루며, 새로운 방식으로 자신을 확장하고, 위험을 감수하라고 기대하면서 정작 상담자 자신은 그와 같이 하지 않는 것을 접할 때마다 놀라움을 금치 못한다. 마치 치료와 지속적인 성장과 발달은 다른 사람을 위한 것이고, 자신을 위한 것은 아니라고 믿는 것처럼 보인다. 이 직업에서 내가 가장 좋아하는 (그리고 싫어하는) 한 부분은 끊임없이 배우고 성장하는 방법을 생각해 보고, 새로운 것을 시도하고 상담자로서뿐만 아니라 한 개인으로서 존재의 새로운 방식을 실험하도록 나 자신을 계속 몰아갈 수 있다는 점이다. 나의 일이나 삶 그리고 세상을 보는 눈을 변화시킬 만한 심오한 그 무엇을 내담자에게 배우지 못하고 흘려보낸 시간이 일주일(심지어 어떤 때는 하루도)도 안 될 때도 있다.

사람들은 항상 "바로 며칠 전에 일어난 일이다."라고 말한다는 것을 나도 알고 있다. 바로 며칠 전에 나도 이런 이메일을 받았다.

코틀러 박사님께

우선 짧게 인사드립니다. 저는 박사님의 책에 대해 알게 되었습니다. 제 아들 카일은 스물두 살입니다. 그는 지난 8월 집을 떠나 야전병으로 이라크에 갔었습니다.

어느 날 밤, 12월 29일쯤 그는 군복 입기를 거부하여 30일 동안 구금실에 감금되었습니다. 그는 한 달 전에 집으로 돌아왔고, 심한 망상 증세를 보입니다. (박사님의) 강연 녹음테이프를 사서 아들에게 도움을 좀 주고 싶습니다. 아들의 15년 지기 친구의 블로그를 전송해 드릴 수도 있습니다. 무슨 일이 일어나고 있는지 친구가 자세히 설명해 줄 것입니다. 우리—그의 엄마와 계부, 누이를 포함하여—는 매우 가슴 아파하고 있습니다. 그는 자신은 아무 문제가 없다고 생각합니다. 나는 성경 녹음테이프를 들으며 추스리기 위해 노력하고 있습니다. 저는 트럭 운전수이고, 피곤하면 자제력을 잃어버리는 경향이 있는 것 같습니다. 통찰과 방향을 얻을 수 있는 도움의 손길을 바라면서.

감사드리며…….

– 마이크

나를 기다리고 있는 많은 메일 가운데 하나인 이 메시지를 읽고 나는 갑자기 눈물이 쏟아져 즉시 답장을 쓰기 시작했다. 이 남자는 심한 절망감과 무력감을 느낀 채 도움을 요청하고 있었다. 책이나 녹음테이프가 많은 도움을 줄 수 있듯, 내가 뭔가를 그에게 해 줄 것을 요청하고 있었다. 도움을 필요로 하는 사람들이 매일 여러 차례 우리에게 도움을 요청한다는 것을 알고 있다. 그들은 충고나 지혜, 길잡이 혹은 삶의 방향에 관하여 묻고, 우리는 저절로 우리의 일상적인 방식으로 반응하곤 한다(바쁘다는 핑계로 답변을 차일피일 미루다가 잊어버리는 것과 같은 반응을 말하는 것 같다–역주). 그러나 나는 이 순간 믿어지지 않을 정도로 커다란 책임감을 느꼈다. 무엇이 그런 차이를 가져오는 것일까?

일상적인 상호작용의 관계에서 칼 로저스가 말하는 정도의 상담자의 일치성과 진솔성에 관하여 최근 나는 많은 생각을 해 왔다. 나의 흥미를 자극하는 것은 로저스의 연구 업적이 아니라 자신이 중요하게 여겼던 것들을 열심히 연습하면서 살았던 그의 삶의 방식이다. 이 메일을 읽는 순간 이 남자의 상처받기 쉬운 취약함이 내 마음을 움직였다. 내가 그에게 해 줄 수 있는 모든 것이 사랑에 관하여, 그리고 희망에 관하여 말하는 것이 전부라는 데 무력감을 느꼈다. 눈물이 볼을 따라 흐르는 가운데 나는 이런 답변을 썼다.

친애하는 마이크에게

와! 아들을 돕고자 노력하는 당신이 얼마나 힘에 겨울지, 그리고 얼마나 무력하다고 느낄지 나는 다만 상상할 뿐입니다. 나 또한 20대의 아들이 있어서 당신의 메시지가 정말로 마음에 와 닿았습니다. 내 아들이 어려움을 겪고 있다면 어떨지 그저 상상해 봅니다. 카일과 같은 상황에 놓여 있었던 많은 젊은이처럼 그가 엄청난 스트레스에 놓여 있었던(그리고 놓여 있는) 것은 분명해 보입니다. 비슷한 문제를 안고 이라크에서 집으로 돌아온 많은 병사가 있습니다.

카일 자신은 깨닫지 못하지만 그가 도움이 필요하다고 당신과 당신 주변의 여러 사람은 생각하고 있는 것 같군요. 당신 말처럼 그가 집으로 돌아온 지는 겨우 한 달이 되었으므로 자신의 통제 불능감을 받아들이기에는 좀 더 시간이 필요할지도 모릅니다. 한 가지는 말씀드리고 싶습니다. 그는 반드시 도움이 필요하다는 사실입니다. 불행히도 책이나 녹음테이프를 제공하는 것으로는 충분해 보이지 않습니다. 어느 정도의 정신의학적인 치료나, 적어도 좋은 심리치료 상담자를 만나 볼 필요가 있어 보입니다. 당신과 당신 가족 그리고 그의 진정한 친구들은 그가 필요한 도움을 받도록 할 수 있는 모든 일을 해야 할 것입니다. 카일은 자신이 문제가 있다고 인정하려 하지 않고, 스스로 기꺼이 도움을 요청하려 하지 않으므로, 가족이 함께 가족상담자를 만나 보실 것을 권합니다. 카일 혼자만 문제가 있고 '제정신이 아닌 사람'이라고 낙인찍지 않으면서, 오히려 가족 모두 각자 다루어야 할 이슈가 있다고 인정하는 이런 방식이 그에게 지지와 도움을 줄 것이라 생각됩니다.

마이크, 아들을 위해 뭔가 해 주고 싶지만 어디서부터 시작해야 할지 몰라 도움을 청하고 있다는 것을 압니다. 아들에게 위로가 될 만한 녹음테이프라든지 뭔가 손에 잡히고 눈에 보이는 물건을 주고 싶어 한다는 것을 압니다. 카일이 자신의 문제를 인정하기 전까지는, (시간이 좀 걸릴 수 있습니다) 그는 도움을 구하려 하지 않을 것이고, 상황을 개선하려는 당신의 모든 노력에 분개할 것이기 때문에 참고 기다리기가 쉽지 않다는 것도 압니다. 할 수 있는 것이 많지 않아 보일지라도 최소한 당신이 할 수 있는 가장 중요한 것은 당신이 얼마나 그를 사랑하는지, 그리고 도움을 주기 위해 언제든 기다리고 있다는 것을 알려 주는 것입니다. 이런 말들이 이와 같이 어려운 시간을 보내는 당신에게 바라는 만큼의 위로와 안심을 주지 못할지도 모른다는 것을 저도 압니다. 그러나 나는 당신도 혼자가 아니라는 것을 알기 바랍니다. 당신은 가족이 있습니다. 그리고 마이크, 비록 우리가 이 짧은 (서신을 통한) 만남으로 서로를 잘 알지 못한다 할지라도, 당신에 대한 나의 지지와 관심이 모두 당신에게 전해지길 기원합니다.

모든 일이 잘 해결되기를 바라며…….

- 제프리

　　우리 분야에서 얻을 수 있는 많은 기쁨은, 위험 또한 마찬가지지만 내담자의 영향을 받아들이는 상담자 모델을 사용하는 데 있다. 우리는 우리의 삶의 방식을 통해 내담자에게 행복이 가능하다는 것을 보여 주기를 원한다. 이 욕구는 인간 실현의 강력한 자극제로 사용된다. 내담자들은 우리의 존재, 꿈, 실망 혹은 사회적 상황에서 우리가 어떠한 사람인지에 관하여 조금 알고 있다. 그런데도 그들은 우리의 마음을 가까이에서 느낄 수 있다. 그들은 우리의 기분을 감지할 수 있고, 평온, 자신감, 에너지를 느낄 수 있다. 우리가 정말로 어떤 사람인지 모를 수 있지만 가장 건강한 상태의 우리 자신을 알고 있다. 우리는 우리 아이들에게 하듯이 참지 못하고 내담자들에게 소리 지르지 않는다. 모든 상담회기 동안 자신의 필요를 채우지 않으려고 노력한다. 그리고 내담자는 우리를 사랑하기 위해, 우리의 이상적 자기를 칭송하기 위해 찾아온다. 그 환상과 신화는 우리가 만들어 낸 것이라는 것을 알고 있지만, 정말로 우리는 내담자가 생각하는 그런 사람—온전히 사랑하고, 나를 내어 주고, 평화롭고, 자제할 줄 아는 사람—이 될 수 있는 기회를 갖고 있다.

전능함과 인간미 사이의 밸런스 맞추기

전통적으로 상담자는 산의 정상에 자리 잡은 성소에서 신탁을 받은 당대의 고귀한 인물이라 생각했다. 내담자는 깨달음을 찾아 여행을 떠난 순례자와 같다. 자기 내면의 소리를 믿지 못하고, 자기 스스로 방향을 찾지 못하며, 전문가가 자신을 인도해 주리라고 기대하고 그를 힘의 화신으로 믿는다. 거의 모든 인간 문화에는 신에게 경배할 뿐만 아니라 영매나 현자, 주술사, 치유자를 높이 떠받드는 아주 오래된 전통이 있다.

어째서 우리 직업의 주요한 위험 요소 중 하나가 우리는 정말로 특별한 사람이라는 자기 도취적인 믿음인지 나중에 탐색할 것이다(Herron & Rouslin, 1984; Luchner, Mirsalimi, Moser, & Jones, 2008; Sussman, 2007; Welt & Herron, 1990). 상담자의 방은 산란하게 하는 것들은 모두 최소화되고 (예배) 의식 절차가 주의 깊게 행해지는 비현실적인 세계다. 상담자는 쇼의 대부분을 마음대로 지배한다. 내담자가 내용을 선택할지라도 상담자는 대본과 문장의 해석을 결정한다. 우리는 통제하는 데 익숙하고, 사람들로 하여금 우리의 의견을 따르도록 하는 데 친숙하다.

대부분의 상담자는 상담을 잘한다. 내담자들은 더욱 좋아진다. 그들은 고마워하며 좋아진 것이 그들 밖의 어떤 것 혹은 어떤 사람 때문이라고 여긴다. 우리는 매우 기꺼이 공로의 일부를 차지한다. 승진에도 좋고, 새로운 의뢰 건수도 많아질 것이고, 자신의 효능감도 높아진다. 문제는 우리가 내담자의 삶에 어느 한 부분 정도의 변화를 일으켰다는 점을 기억하지 못하고, 우리가 모범 답안인 것처럼 행세하던 그 모범 답안이 아니라는 사실을 잊어버리는 데 있다. 하루에 8시간 동안 상호작용하고, 질문하며, 통제하고, 직면시키며, 보살피고, 요약해 주다가 집에 돌아왔을 때나 친구와 있을 때 다른 사람과 별반 다르지 않게 어려움을 겪는 자신을 발견하고 갑작스러운 충격을 받는다.

우리는 다른 사람들이 우리의 말에 귀 기울이는 것에 익숙하다. 심지어 어떤 사람들은 우리가 말하는 것을 적고, 우리는 나중에 그들이 우리의 말에 주목했는지 알아보기 위해 테스트를 한다. 얼마 안 있어 우리는 우리가 중요한 사람이라고 믿기 시작한다. 내담자들도 그들이 얼마나 많은 도움을 받았는지 말함으로써 우리가 중요한 사람이라는 우리의 생각을 더욱 부채질한다. 그리고 나서 우리는 무소불능의 환상이 정말로 얼마나 깨지기 쉬운지 깨닫는다. 내담자가 상담자를 이상화하는 것이 초기에는 유용하다 할지라도, 우리는 내담자들과 그리고 우리 자신이 현실(이상적 모습과 실제 모습)을 볼 수 있도록 도와야만 한다.

모델링은 이룩하고자 애쓰는 이상적인 모습을 취할 뿐만 아니라 현실적인, 진짜의, 진실한 모습, 결점이 있는 살아 있는 사람의 모습을 취해야 한다. 상담자는 자신과 내담자 사이의 심리적인 거리를 좁히기 위하여 간혹 자기 개방을 할 수 있다. 그와 같은 나눔은 깊은 친밀감과 진실함을 느끼도록 할 뿐 아니라 공유된 정체감의 증가를 종종 가져온다(Bloomgarden & Mennuti, 2009). 많은 내담자들은 그들의 상담자들이 그들이 지금 극복하려고 노력하는 것과 동일한 자기 패배적인 행동의 희생자였다는 사실에 많은 위로를 받는다. 독자 여러분도 내가 이 책에서 나의 의구심, 불확실성, 갈등을 개방했을 때 비슷한 마음이 생겼을 것이다. 내가 이 일을 효과적으로 잘했다면, 여러분은 자신의 미해결된 과제에 대하여 더 많이 개방하고, 상처받는 것을 두려워하지 않고, 정직해져도 될 것 같은 느낌을 받았을 것이다. 내가 하고 싶은 대로 다 하고 있고 부적절하다고 여긴다면, 나는 여러분의 신뢰와 확신을 얻지 못하고 있는 것이다.

불완전성을 지닌 인간적인 모델을 보여 줌으로써 내담자에게 덜 압도당하고, 상대적인 개인적 목표에 참으로 도달할 수 있다는 희망을 심어 줄 수 있다. 이리하여 우리는 넘치는 확신으로 가득 찬 자신감과 별난 행동을 극복하는 것 사이의 아슬아슬한 줄타기를 할 수 있다. 온종일 우리는 만사형통의 전형적인 전문가처럼 행세하는 것과 싸워야 하고, 나머지 시간은 결점을 가진 보통 사람으로 성공적인 전환을 해야 한다.

상담자 성격의 힘

우리가 알고 들어 온 대부분의 위대한 지도자들은 카리스마 있는 사람이다. 플라톤, 소크라테스, 공자, 프로이트, 간디 그리고 마르크스 모두 자신의 분야에서 전문적인 지식을 갖춘 천재들이다. 그러나 그들의 진정한 능력은 그들의 개성적인 힘을 통해 제자를 모으고, 지혜를 전수하여 준 것에 있다(역사적으로 과한 칭찬은 주로 남성 중심 사회에 주어졌다). 요즘의 여러 분야의 지도자들은 배움을 촉진하는 매력적인 성격의 힘을 발휘하고 있다. 지도자들은 현란한 말솜씨로 추종자들의 마음을 빼앗고, 목소리, 미소, 유머, 존재 자체로 사람들을 유혹한다.

상담과 심리치료 분야의 지도자들은 연구와 새로운 개념으로 커다란 공헌을 해 왔다. 사람들의 마음을 사로잡지 않았다면, 누가 지그문트 프로이트, 칼 융, 칼 로저스, 빅토르 프랑클, 앨버트 엘리스, 윌리엄 글래서, 프리츠 펄즈, 밀튼 에릭슨, 버지니아 사티어, 그리고 알프레드 아들러에게 귀를 기울였겠는가? 그들 자신과 그들의 열정과 흥분, 에너지와 정신, 전념과 자신감을 표현하는 그들만의 독특한 방식이 그들의 발상에 생명을 불어넣었다. 그것들은 그들의 특별한 점이었고, 개인적인 몸부림이었으며, 무척 매력적인 그들의 인간성이었다. 자신의 가치와 대인 관계 양식에 맞는 이론을 어렵사리 수립했을 뿐만 아니라, 자신의 개성에서 우러나오는 힘을 통하여 다른 사람들을 '유혹'하는 데 대단한 성공을 거두었다.

지난 10년 동안 동료와 나는 두 다스의 다른 이론적 배경을 대표하는, 여러 분야에 걸쳐 가장 눈에 띄는 인물 100명을 인터뷰했다. 이들 전문 상담자들에게 가장 최악의 회기(Kottler & Blau, 1989), 가장 특이한 사례(Kottler & Carlson, 2003), 가장 좋았던 회기(Kottler & Carlson, 2008), 가장 컸던 정신적 변화(Kottler & Carlson, 2007), 가장 창조적이었던 돌파구(Kottler & Carlson, 2009) 그리고 가장 영향을 주었던 내담자에 관하여 물어보았다. 이 연구는 각 분야를 대표하는 다양하고 폭넓은 관점을 가진 여러 스타일의 이론가들을 포함하고 있다. 제이 헤일리(전략적 접근), 앨버트 엘리스(인지-행동 접근), 윌리엄 글래서(현실 접근), 아놀드 라자러스(중다양식 접근), 페기 팹(체계적 접근), 주디 조르단(관계-문화적 접근), 데이비드 샤르프(정신분석적 접근), 로라 브라운(여성주의 접근), 수잔 존슨(정서 중심적 치료) 그리고 스티브 매디건(내러티브 치료)이 이에 해당한다. 이들의 (강연) 테이프를 들으면서, 그들이 하는 이야기들의 공통 주제를 확인하고 결과를 분석하며 이들과 셀 수 없이 많은 시간을 보낸 후에 발견한 놀라운, 심지어 충격적인 사실은 이들 이론가들조차 더 이상 자신의 이론을 사용하고 있지 않다는 것이다! 그들은 다른 것으로 옮겨 갔다. 그들은 학회 토론회 동안에 다른 동료들의 영향을 받았다. 무엇보다도 내담자와의 상호작용에서 이루어지는 인간적이며 관계적인 특성을 더욱더 강조하기 위하여 기법을 초월하였다. 다른 말로 하자면, 그들은 더 이상 그들이 개발한 순수한 형태의 이론을 사용하고 있지 않고, 보살핌이나 측은지심, 그리고 다른 성격적 특징을 더욱더 많이 사용하고 있었다.

최고의 효과를 내기 위하여 상담자는 매우 별난 사람이어야 한다는 말이 아니다. 매우 다른 상담 방법으로 동일한 상담 효과를 낼 수 있다는 것이 우리 직업의 가장 황당하면서도 놀라운 사실 중 하나다. 도발적이며 밀어붙이는 스타일의 훌륭한 상담자들도 있고(프리츠 펄즈나 칼 위태커를 생각해 보라), 아주 부드럽고 진실한 상담자도 있으며(버지니아 사티어를 생각해 보라), 합리적인 컴퓨터와 같은 이도 있고(앨버트 엘리스), 매력적인 사기꾼 같은 이도 있고(자크 라캉), 친절한 할아버지 같은 이도 있고(칼 로저스), 오즈의 마법사 같은 이도 있다(밀튼 에릭슨). 그것이 그들의 최선을 발휘하도록 하는 한, 어떤 상담 양식을 개발하여 왔는지는 문제가 되지 않는다. 여러분도 여러분의 상담에서 똑같은 일을 하고 있을 것이다.

모든 좋은 상담자는 자신의 훌륭함을 전달하는 자신만의 독특한 방식이 있다. 그들은 내담자들이 그들이 하는 말을 어떠한 노력이 필요하다 해도, 귀 기울여 들을 만한 가치가 있다고 느끼게 하는 자신만의 스타일을 개발했다. 그들은 그들 내면의 목소리의 본질적인 호소를 통해 이를 성취한다. 모든 효과적인 상담자들은 직감적으로 자신의 성격의 강점을 이용하는 방법을 찾아낸다. 프로이트의 자기분석 방법, 로저스의 진솔성, 엘리스의 합리적인 사고 능력, 위태커의 놀이성은 그들 각각의 이론의 핵심을 이루고 있다.

이상적인 상담자 모델

가치관, 흥미, 배경, 참여하는 학회, 훈련 경험이 제각각 다를지라도 대부분의 상담자는 매우 효과적인 도움을 제공하는 모델로서의 유사한 속성을 지니고 있다. 많은 연구자, 이론가 그리고 상담자는 이상적인 치료적 성격 차원을 기술하려고 시도하였다(Beutler, 1983; Corey & Corey, 2007; Kottler, 1991; Morcross, Bike, & Evans, 2009; Orlinsky & Ronnestad, 2005). 로저스는 그와 같은 속성을 진솔성, 일치성, 개방성 그리고 수용성으로 표현한다. 칼 커프는 공감적 이해와 반응 능력에 대해 구체적으로 언급하고 있다. 제롬 프랭크는 상담자의 설득력에 대한 열쇠로 상담자의 자신감을 들고 있다. 매슬로는 일반적으로 자아 실현을 위해 애쓰는 것을 결정적인 속성으로 보고 있다.

체계적이고 의도적으로 특정한 믿음(삶은 공평하지 않다. 혹은 직면이 회피보다 더 낫다와 같은)을 주입하든 친밀한 대인 관계의 부산물이든 우리가 얼마나 열심히 위장하려고 시도하든 상관없이 내담자는 우리 삶의 기본적인 가치를 알아차리게 된다. 일부 상담자는 이를 부인하면서 완벽한 중립성과 완전한 객관성을 유지하는 것이 가능하다고 주장한다. 엄격한 정신분석적 틀 내에서 상담을 하는 사람들은 어쩌면 내담자에게 대부분 자신의 가치를 정말로 보여 주지 않을지도 모른다. 그러나 몇 년 전 정신분석 상담의 노련한 내담자로서, 나의 상담자가 중립을 지키려고 노력함에도 불구하고, 나는 그녀가 나에게 무엇을 말하려고 하는지, 무엇을 하기를 원하는지, 내가 어떤 선택을 하기를 바라는지 정확히 알 수 있었다. 그녀의 가치를 깊이 받아들여 그녀를 계승하는 것을 포함하여, 나는 가능한 한 그녀를 닮으려고 무척 노력했었던, 인정에 대한 욕구를 추구하는 전문가였다.

이 주장이 맞다면—내담자는 의도적이든 자연스러운 결과든 상담에 임한 결과로 우리의 가치를 받아들인다—우리가 옹호하는 것들을 현실에 바탕을 둔 일반적으로 건강한 것들로 명확히 하는 것이 좋을 것이다. 이상적인 상담자는 자기 자신과 화목하고, 따뜻하고, 참을성이 있고, 진실하고, 고요하고, 평온하고, 자기 확신이 있는 사람이다. 이런 고요한 자신감은 뜨거운 삶에 대한 열정— 열정, 흥분, 전율, 열의—에 의해 균형이 잡힌다. 이들은 몸과 영혼에서 내뿜어진다.

우리는 내담자의 주목을 받는다. 내담자는 우리의 불쌍히 여기고 사랑하는 마음에 매력을 느낀다. 상담 기법과 수준 높은 공감과 무조건적인 긍정적 배려와 그 밖의 중요한 상담을 촉진하는 다른 요인들을 능가하는 더 많은 것을 제공하며 우리는 진심으로 내담자의 안녕에 관심을 기울인다. 이러한 감정은 우리를 신뢰하는 누군가를 향한, 사려 깊게 전문적으로 보여 주는 존중을 능가하는 것이다. 내담자는 우리의 보살핌과 우리 자신을 내어 주는 뜨거운 열정을 느낄 것이다.

그러나 사랑만으로는 충분하지 않다. 만약 그렇다면 부모가 단지 (좋은 사랑의) 의도 하나만으로 자녀들과의 관계를 회복할 수 있을 것이다. 상담자는 현명하고, 아는 것이 많아야 한다. 그들은 인간 본성에 대한 전문가여야 한다. 그들은 직관력이 있고 세심하게 남의 기분을 헤아릴 줄 알아야 한다. 그들은 과학과 예술, 추상적인 것, 애매모호한 것, 그리고 특별히 언어를 늘 배우려는 자세를 갖고 있어야 한다. 그들은 남들이 들을 수 없는 것을 들을 수 있어야 하고, 볼 수 없는 것을 볼 수 있어야 한다. 정밀한 정확도로 이것들을 해내야 한다.

또한 상담자는 기본이 되어 있어야 하고, 안정감이 있어야 한다. 인내심, 인내심이 무척 많아야 한다. 그들은 극도의 자기 절제력을 보여야 하며, 불가사의하게도 즉흥적이고 장난기도 있어야 한다. 창조성, 유머, 융통성, 정직함 그리고 성실함은 상담자가 지향해야 할 또 다른 덕목이다.

우리의 주요한 업무는 상담 효과의 극대화를 위하여 우리 자신을 가능한 한 매력적이고 영향력 있는 사람으로 만드는 것이다. 우리는 서로 다른 두 가지 방식으로 동시에 의사소통하고 있다. 우선 우리가 말하는 내용이 있다. 정확한 해석, 직면 그리고 적절한 비유의 사용은 내담자의 자각과 통찰 그리고 행동에 차이를 일으킨다. 좀 더 미묘한 전의식의 수준에서 내담자는 또한 상담자의 스타일을 따르려고 노력한다. 비언어적 영역에서 모델로서의 많은 대인 관계적 영향이 이루어진다. 말로 주고받는 것만큼 우리는 비언어적 방법으로 자신감과 바람직한 기대를 주고받고 있다. 우리의 움직임 가운데 진솔함과 성실함을 넌지시 내비치는 것이 우리의 행동하는 방식이다.

상담회기를 통해 선량함과 정직, 신뢰를 가르치려 애쓴다. 이와 같은 자질은 적어도 아주 쉽게 속일 수 있는 것들이 아니다. 속이는 상담자는 결코 효과를 보여 주지 못한다는 말이 아니다. 왜냐하면 일부는 그렇게 하고 있기 때문이다. 그러나 영혼과 마음이 더욱 정결해질수록 우리의 말은 더욱 힘이 생길 수 있다. 그러고 난 다음에 도움을 주는 전문가로서 우리의 주요한 임무는 더욱 개인적으로 효과를 나타내고 인간을 사랑할 수 있게 되는 것이다. 우리의 상담에서뿐만 아니라 우리 자신의 삶에서 자비로운 마음을 보여야 한다. 우리가 일관성 있게 진술해진다면, 가족이나 동료, 친구뿐 아니라 심지어 길에서 만난 낯선 사람에게까지 최선을 다할 수 있을 것이다.

우리 직업의 한 가지 아이러니한 점은 가족이나 친구에게 거의 하지 못하는, 분산되지 않은 집중된 주의를 내담자에게 기울이는 데 매우 노련하다는 것이다. 우리가 좋아하는 사람에게는 어수선하고 산만한 자기 중심적 형태의 관심을 베푼다. 이런 말을 쓰고 있는 지금도 내 아들이 부르는데 나는 그에게 기다리라고 말한다. "잠깐만 기다려. 조금 있다가 같이 해 줄게." 내담자의 두서없는 말이 나의 중요한 생각을 방해해도 나는 결코 내담자에게는 그렇게 하지 않는다.

모델링은 어떻게 상담 중에 일어나는가

반두라(Bandura, 1977)와 같은 몇몇 연구자들이 모델링의 사용을 구체적인 행동을 나타내는 용어로 정의된 상황에서 기술하였다. 이들 사회학습 이론가들은 배움의 획득을 증가시키고, 수행의 질을 높이며, 행동의 일반화와 전이를 가능하게 하는 요인들을 찾는 것을 좋아한다. 그러나 우리의 목적을 위해 대리 강화 과정의 자세한 과정보다는 모델링이 상담 안에서 작용하는 다른 방식들을 폭넓게 이해하는 데 우리는 더 관심이 있다.

예를 들어, 가장 애매하고 규정하기 어려운 단계에 있을 때, 상담자의 에너지는 내담자의 기분과 행위에 중요한 영향을 끼친다. 부드럽고 차분한 목소리로 말하면서, 편안하고 지혜롭게 앉아 있는 상담자는 가장 불안해하는 내담자조차 마음의 안정을 찾도록 돕는 것처럼 보인다. 두려움, 공포증 혹은 공황장애를 갖고 있는 사람처럼 불안해하고 극도로 긴장하기 쉬운 사람들에게 차분한 상담자 모델은 매우 효과가 있다. 그들은 우리의 상호작용하는 태도, 우리가 앉고 서는 방법, 말하고 듣는 속도, 느긋한 사람은 어떻게 기능을 발휘하는지 등을 배운다. 반면 상담자의 에너지가 방안을 진동하고, 자극하고, 활발하다면, 가장 수동적인 사람이라 하더라도 다소 깨어날 것이다. 내담자는 우리가 만들어 내는 개인적인 에너지에 반응한다. 그들은 우리의 지칠 줄 모르는 활력과 그것을 조절하는 자기 절제력에 찬사를 아끼지 않는다. 모델처럼 우리는 살아 있는 바람직한 인간의 본보기다.

의도적으로, 때때로 무의식적으로 내담자들은 상담자의 말하는 패턴이나 선호하는 표현, 심지어 버릇이나 옷 입는 습관까지 받아들인다. 대학원생 집단은 그들이 하는 간단한 말의 표현만으로도 지도교수가 누구인지 알 수 있다. 수년이 지난 후에도 중요한 멘토의 영향을 우리가 사용하는 잔존하는 어휘에서 알 수 있다. 이런 종류의 모방학습이 의도적으로 격려하지 않아도 일어난다는 것을 생각해 볼 때, 전략적인 치료적 모델링의 믿을 수 없는 잠재적인 힘을 상상할 수 있다.

가장 단순한 형태의 모델링은 상담자가 자연스럽게 바람직한 행동을 나타내 보이는 것과 같은 실례에서 찾아볼 수 있다. 일반적인 상담회기 동안 상담 내용에 관계없이 내담자는 효과적인 직면이나 적절한 질문을 받는 것을 통해 혹은 침묵을 편안히 다루는 것을 통해 가르침을 받을지도 모른다. 상담자는 미묘하게 (혹은 직접적으로) 자기 자신의 확신에 찬 태도나 내면의 언어, 축약된 간결한 진술 그리고 창조적인 사고로 이목을 끈다.

상담에서의 모의 경험은 훨씬 더 구체적인 모방 학습을 가능하게 한다. 심리극이나 시연 혹은 역할놀이는 보통 상담자가 실제로 한 부분을 해 보인다. 가족 구성원과의 직면을 연습하고 있는 소

심한 내담자는 좌절의 시기 동안에 전문가 모델의 행동을 관찰한
다. 그리고 나서 상담자는 갈등을 완화하고, 통제를 유지할 수 있
는 다양한 방법을 (내담자에게) 보여 준다.

상담자들은 핵심 부분에 모델링의 원리를 바탕으로 하는 다음
과 같은 많은 치료 방법을 사용하는 것으로 알려져 있다.

- 계속 반복되는 주제를 강조하는 역할극의 시연
- 바람직한 목표 행동을 묘사하는 비디오를 보여 주는 것
- 모델을 관찰하면서 구체적인 기술을 가르치는 것
- 새로운 행동을 연습하고 있는 내담자의 녹화 테이프를 검토
  하는 것
- 연극 치료에서 인형이나 놀이를 사용하는 것
- 원리를 설명하기 위하여 일화나 이야기를 사용하는 것
- 내담자가 위협감을 느끼지 않게, 대신에 효과적인 행동을 보
  여 주기 위하여 비유를 섞어 가며 이야기하는 것
- 행동에서의 자기 책임감을 설명하기 위하여 언어를 주의 깊게
  선택하는 것

이런 과정을 통해 궁극적으로 우리는 내담자를 수용하고 보살
피는 태도의 전형을 보여 준다. 우리는 그들이 이런 속성을 내면
화하여 자기 비난을 약화시키기를 바란다.

은유적 일화는 동화에서부터 상담자와 내담자 간의 심리적 거
리를 좁힐 수 있는 개인적 자기 개방에 이르기까지 다양하다. 상
담자는 개방, 강점, 심지어 취약함 그리고 강렬한 감정의 전형을

보여 줌으로써 내담자로 하여금 자신을 따르도록 한다. 신뢰와 유사성의 지각, 그리고 공감적 이해는 절제 있고, 시의적절하며, 자기 탐닉에 빠지지 않는 적절한 상담자 개방을 통해 상당히 개선될 수 있다. 우리가 부적절하게 내담자의 주의를 빼앗지 않는 한 자기 개방을 통하여 우리에 대한 내담자의 신뢰와 매력을 증가시킬 수 있다(Farber, 2006; Gelso & Hayes, 2007; Knox, Hess, Peterson, & Hill, 1997; McConnaughy, 1987). 내담자가 상담자의 자기 개방을 어떻게 받아들이고 해석하는지는 상담자와 내담자 간의 동맹의 질에 전적으로 달려 있다(Myers & Hayes, 2006).

힘의 사용

모델링 전략은 자애롭고 신중하게 힘이 사용되고 있다는 믿음을 바탕으로 한다. 우선 상담자의 힘은 자격위원회와 같은 합법적인 기관에 의해 인정된다. 우리의 병풍이 되는 졸업장은 때때로 우리가 마음을 읽을 수 있는 확실히 신비한 힘을 지니고 있는 것처럼 믿게 만든다. 우리는 특별한 특권을 가진 합법적인 전문가일 뿐만 아니라 권위를 가진 인물이라고 여긴다. 내담자의 이전의 권위적인 인물(교장, 순찰 경관, 훈련 담당 하사관, 부모님, 선생님)과의 경험에 따라 상담자의 힘은 원망이나 반항과 같은 감정을 불러일으킬 수도 있다. 이 힘이 우리에게 내담자의 변화를 유발하는 설득력과 영향력을 불어넣는다. 조종의 느낌이 아니라 영적으로 사용될 때—즉, 우리 자신의 필요를 채우기 위해서가 아니라 내담자의 안녕을 위하여—힘은 우리가 하는 모든 것의 배후에 있는 추진력이다. 우리가 하는 말에 무게를 실어 주고 충분한 주의를 기울이게 하며, 내담자로 하여금 우리의 메시지에 영향을 받도록 한다. 결국 점진적인 힘의 이전이 있게 되고, 내담자는 우리가 보여 주었던 역할과 책임을 맡게 된다. 그들은 우리의 가장 좋은 부분을 내면화하게 된다.

상담자 모델로서 우리의 책임감을 받아들이고, 내담자의 안녕을 위해 우리의 영향력을 사용하기로 결정하고 나면, 우리는 개인적이고 직업적인 효과를 증가시키는 데 온전히 전념하게 된다. 우리의 여러 가지 역할을 통합시키고, 될 수 있는 한 매력적이고 영향력 있는 사람이 되기 위해 노력을 기울인다.

사적인 삶과
전문적인 삶

사적인 삶과 전문적인 삶

심리상담을 하는 것은 한 사람의 사적 역할과 전문적 역할이 상호 보완되는 독특한 생활 방식이다. 일과 놀이, 전문적인 삶과 사적인 삶의 경계가 매우 불분명한 이런 직업이 많지 않다. 관찰 능력, 지각 능력, 감수성, 진단 능력, 이들 모두는 내담자나 상담자의 가족이나 친구 모두에게 유용하게 쓰일 수 있다. 상담에서 사용하는 공감적 경청이나 융통성 있는 문제해결 기술은 우리가 사랑하는 사람들을 도울 때도 매우 유용하다. 유사하게 우리의 모든 사적 경험, 여행, 배움, 대화, 독서, 삶의 기쁨과 슬픔에의 경험과 산물은 상담 시간에 우리가 하는 모든 일의 기본 토대를 형성한다.

많은 사람이 상담하는 것을 일이나 직업이라기보다는 소명이라고 본다. 우리가 도움을 주고 있는 사람, 그리고 우리 자신의 내면에서 인간의 본성을 이해하고자 하는 내적 이끌림을 우리는 종종 경험한다. 우리는 삶의 경험을 이해하고 다른 사람들도 이해할 수 있도록 돕고자 하는 끊임없이 만족할 줄 모르는 호기심과 욕구를 소유하고 있다.

이 과정은 반대 방향으로도 일어난다. 사람들이 자신의 삶을 긴 안목에서 바라보도록, 그들의 마음속에 숨겨진 비밀을 드러내도록, 그리고 자신을 더욱 깊이 있게 이해하도록 도움으로써 우리 자신도 그와 같은 일을 할 수 있도록 도울 수 있다. 우리는 삶의 궁극적인 문제에 대한 해답을 찾고 있다. 이 탐구에 보조금을 지급하는 사람들을 발견하는 것(혹은 재정 후원을 해 주는 기관)은 이 여정을 덜 외롭고 더 편안하게 한다. 노자, 석가모니, 공자의 시대에 진리 탐구는 감복할 만한 것이었지만, 가난하게 살아가면서 그들처럼 해야 할 필요가 없는 우리에게는 이 일이 매우 재미있는 일이다.

역할 혼란

상담자가 도움을 주는 사람의 역할에서 벗어날 수 없거나 기꺼이 상담 밖의 삶을 살려고 하지 않고 항상 일에만 몰두할 경우, 사적인 역할과 전문적인 역할 사이에 혼동이 일어난다. 개업 상담자에 관한 대표적인 연구에서, 헨리, 심스 및 스프레이(Henry, Sims & Spray, 1973)는 대부분의 상담자가 그들의 내담자, 친구, 가족에 상관없이 모든 대인 관계에서 한 가지 태도만을 보이고 있음을 발견하였다. 상담자가 치료적인 만남 뿐만 아니라 직업 사회의 활동이나 가정생활에서 자기 자신을 분리시키려는 경향성이 있다. 상담자가 상담 분야의 일을 하고자 결정했던 태도와 상담 중에 내담자를 변화시키는 태도 사이에는 현저한 일관성이 존재한다. 대부분의 상담자는 전문적인 모델의 영향보다는 문화적 유산이나 부모 세대의 가치에 대한 거부와 같은 개인적으로 고려하는 부분에 더 큰 영향을 받는다. 대부분의 상담자에게는 개인적인 갈등을 해결하려는 불타는 욕구와 다른 사람의 문제해결을 도움으로써 자신의 문제해결을 도울 수 있다는 확신감, 그리고 사적인 삶과 전문적인 삶의 차원을 세상과 자신에 대한 인식으로 통합해 가려는 경향이 있는 것처럼 보인다.

상담자의 사적인 삶과 전문적인 삶의 결합은 상담자의 생활양식, 정서적 안정감, 가치뿐만 아니라 상담 노선에도 영향을 준다. 내담자가 상담의 내용과 방향에 대한 책임감을 짐작하고 있으리라 여기는 것은 순진한 생각이다. 우리는 내담자가 문제라고 여기고 있는 것부터 상담을 시작할지 모른다. 그렇지만 이내 곧 우리의 생각에 가장 중요한 주제—부모를 향한 내담자의 감정인지, 기저를 이루고 있는 사고 패턴인지, 직장에서의 구체적인 행위인지 아닌지—로 논의를 이끌어 가기 위해 내담자의 이야기를 넘겨받는다. 게다가 이론을 문자 그대로 따르는 가장 보수적인 상담자를 제외하고는 그 당시 우리의 기분이 어땠는지, 현재 우리의 삶이 어떤지, 최근에 우리가 무엇을 마쳤는지 혹은 무슨 생각을 끝냈는지, 다음에 무엇을 하려고 하고 있는지에 따라 돕고자 하는 우리의 노력은 다소 신뢰성도 일관성도 떨어진다.

생활 사건들이 상담 결과에 영향을 미친다는 것을 인정하기 위하여 놀라운 사실이 필요하지 않다. 그렇다면 우리는 어찌하여 상담은 단순히 과학적으로 입증된 원리와 신뢰할 만한 치료적인 방법을 내담자의 특수한 환경에 맞게 적용하는 것이라고 가정하는가? 우리는 마치 과정이 항상 동일한 것처럼 동일한 역기능적인 믿음에 이의를 제기하고, 동일한 단계를 거쳐 갈등을 해결함으로써 항상 진전이 있는 것처럼, (내담자의) 상담자는 항상 변함없이 동일한 것처럼 행동한다. 이 분야를 이끌어 가는 많은 상담자들은 상담 방법론의 신뢰도가 이 분야의 가장 중요한 이슈라고 믿고 있다.

우리가 믿고 바라는 것과 상관없이 상담을 하는 것은 무수한 무작위의 개인적 변인에 의해 의미 있는 영향을 받는 의심할 여지없는 인간 비즈니스다. 내담자를 일관성 있게 대우하려는 우리의 노력은 갸륵할지 모르지만, 상담자는 기이하고, 편향되고, 오류가 있으며, 그릇된 판단을 하고, 현실을 왜곡하기 쉬운 실수를 할 수 있는 사람이다. 아무리 좋은 교육과 훈련, 지도·감독을 받고, 연구와 자기분석을 한다 해도, 상담자는 거의 익명의 한 개인이 아니며, 절대적으로 안정적이지도, 중립적이지도, 모든 것을 다 알지도 못하며, 내담자가 기대하는 창조주도 아니다.

전문적인 행위에 잠재적인 영향을 미칠 수 있는 상담자의 개인적 사건을 예를 들어 보자. 결혼, 이혼, 출산, 병, 가족의 죽음 그리고 이런 일들과 몇몇 사건들이 겹쳐서 일어나는 것 등은 상담자의 삶에 지대한 영향을 주고, 순차적으로 내담자의 행위에 영향을 준다. 다리에 깁스를 한다든지, 결혼반지를 잃어버렸다든지, 체중이 줄었다든지, 심지어 머리를 자르거나 새 옷을 입었을 때조차도 내담자가 좀처럼 못 본 체하기 어려울 것이다. 비록 50분 동안이라 해도 말하고 있는 사람을 경험하고 있는 사람은 말하는 사람의 삶의 위기나 전환과 같은 것을 분명히 느낄 수밖에 없다.

아마도 상담자의 증가한 취약성이 어떻게 상담의 질을 변화시킬 수 있는가에 관한 가장 좋은 증거는 대부분의 상담자와 내담자 간의 부적절한 성적 관계가 최근 이혼한 상담자와의 사이에서 일어난다는 연구 결과일 것이다. 임신 상태에 있는 상담자나 척추를 따라 퍼지는 고통을 느끼고 있는 상담자나 심각한 재정적 어려움을 겪고 있는 상담자나 사랑하는 사람과 사별한 상담자가 이런 일을 경험하지 않았던 것처럼 평소에 상담하듯이 잘 상담할 거라 상상할 수 없다.

상담을 방해하는 사적인 역할과 전문적인 역할의 혼동이 일어나고 있다는 것을 우리는 어떻게 아는가? 우리는 어떻게 우리의 미해결 과제가 발동하고 있다는 것을, 혹은 우리의 살아온 경험이 판단을 왜곡시키고 있다는 것을 알 수 있는가? 생각해 봐야 할 질문이 여기에 있다.

- 내담자의 행동을 저항, 반항, 마음 내켜 하지 않는, 방해하는 행동으로 해석하면서 내담자가 기꺼이 하지 않으려 하거나 할 수 없는 것을 내담자에게 기대하고 있지는 않은가?
- 내담자에 의해 표현된 반응과 같은 강한 개인적 반응을 상담 중에 어떤 식으로 느끼는가?

- 당신이 존경하기 어렵거나 돌보기 힘든 내담자 혹은 기능을 제대로 발휘하지 못하거나 심지어 손상된 특정 내담자를 어떻게 공감하는가?
- 어떤 식으로 당신의 투사나 지나친 동일시가 (내담자에 대한) 부정확한 해석과 반응으로 나타나고 있는가?
- 특정 내담자에 대하여 감정 소통이 안 되는 느낌, 방해받는 느낌, 무력감, 좌절감을 어떻게 경험하는가? 그리고 그것은 당신에 관하여 무엇을 말하는가?
- 언제, 어떤 내담자에게, 어떤 특정한 시기에, 지루하고, 편안하지 않고, 상담에 몰두할 수 없음을 느끼는가? 그것은 당신에 관하여 무엇을 말하는가?
- 어떤 특정한 사례의 자세한 내용은 기억할 수 없는 것처럼 보이지만, 다른 어떤 사례는 쉽게 기억을 되살릴 수 있다는 것은 무엇을 의미하는가?
- 얼마나 자주 내담자에 관하여 경멸적으로 말하는가?
- 어떤 식으로 측은지심을 잃어버렸는가? 혹은 그것을 잘못 보였는가?

이 모든 질문은 이 장의 핵심인 하나의 주제를 말하고 있다. 즉, 사적인 삶과 전문적인 삶은 하나의 가장 큰 자원이자 가장 큰 도전이며, 서로 교차하고 있다.

어머, 상담자셨어요?

상담자로서 우리는 두 종류의 상담―모든 과시적인 요소로 완비된 전문적 영역에서 이루어지는 공식적인 상담, 그리고 친구, 가족, 아는 사람, 심지어 전혀 알지 못하는 사람에게조차 조언을 해 주는 일상의 상담―을 하고 있다. 물론 우리는 '나는 지금 상담 중이 아니다.' '내 생각에 내 동료에게 의뢰하는 편이 나을 것 같다.' '충고를 하는 것이 내가 하는 진정한 일은 아니다.'라고 미미한 이의를 제기하면서 충고를 하지 않으려고 애쓴다. 그러나 현실은 결코 우리의 시간이 상담 중이 아닐 수 없다는 것이다. 우리가 알고 있고, 할 수 있는 무언가를 전혀 사용하지 않을 수 없다. 거의 우리의 의지와 상관없이, 논쟁을 수습하고 사람들의 불평불만에 귀를 기울이고 있는 자신을 발견하게 된다.

예를 들어, 새로 온 한 상담자가 그녀의 사적인 역할과 전문적인 역할 사이의 혼동으로 고심하고 있었다. 그녀는 AIDS 환자를 위해 자원봉사를 하고 있었다. 그녀의 직업이 무엇인지 알려지자 그녀는 죽음, 죽어 가는 것과 관련된 문제들을 환자 가족이 다룰 수 있게 돕도록 배정되었다. 도움을 주고자 애쓰는 이 상황에서 그녀의 역할은 무엇이었을까? 그녀는 사실상 그들의 상담자는 아니다. 친구와 더 비슷하다. 그녀가 그들에게 개인적인 질문을 할 수 있는가? 혹은 그것은 염탐하는 것인가? 불분명한 역할로 혼란스러운 그 상황에서 그녀는 완전히 빠져나와야만 할지도 모른다.

이런 사적인 역할과 전문적인 역할의 결합은 내담자와의 친밀감에 있어서 몇 가지 위험성을 깔고 있다. 이중적 관계를 다루는 것은 우리 시대의 가장 보편적인 윤리적 이슈 중 하나다(Gabriel, 2005; Herlihy & Corey, 2006; Zur, 2005).

가족이나 친구들은 끊임없이 우리의 충고를 듣기 원한다. 못하겠다고 아무리 최선을 다해 말할지라도, 우리는 솔직히 말하자면 누군가에게 우리가 필요한 사람이라는 점을 느끼고 즐기고 있는지도 모른다. 사람들이 나에게 어떻게 해야 할지를 물어볼 때 나는 매우 기분이 좋다. 나는 내담자에게 충고하지 않기 때문에, 그리고 아무튼 거의 모든 사람이 내 말에 귀를 기울이지 않기 때문에, 누군가가 그가 모르는 것을 내가 알고 있다고 생각한다는 사실은 내가 매우 중요한 사람인 것처럼 느끼게 한다. 어떻게 자녀들을 다루어야 하는지, 어떻게 직장 상사와 맞닥뜨려야 하는지, 혹은 어떻게 삶을 바로잡아야 하는지 묻는 사람들에게 약간 짜증이 난 체하지만, 실상은 나를 물어볼 만한 사람으로 여겼다는 사실에 고마워한다.

위험 감수와 친밀감

친밀감이란 열린 상태, 경계가 해제된 상태, 다른 사람에게 가까이 다가감을 의미한다. 신뢰를 촉진하기 위해서는 상담자는 친밀해지는 데 두려움 없는 편안함을 느껴야만 한다. 이런 친밀한 느낌은 내담자로 하여금 자신이 이해받고 있다는 느낌과 자기 존재의 진가를 인정받고 있다고 느끼게 한다. 이를 통해 내담자는 진정한 친밀감은 정말 가능한 일이고, 존경과 존중을 바탕으로 하는 관계가 바람직하다는 것을 배우게 된다. 관계를 맺고 있는 두 당사자 사이에서 일어나는 위험을 서로 감수함으로써 두 사람 모두 친밀한 느낌이 가져오는 무언가를 더 잘 알게 된다. 기꺼이 정직해지고, 개방적이 되고, 내담자의 삶의 향상을 위해 전념하는 과정 내내 상담자와 내담자 모두 친밀감에 내재된 위험성을 경험한다.

치료적 관계는 매우 사적이며 종종 서로에게 호감을 느끼는 매우 친밀한 만남이지만, 상담 자체의 구조화된 방식과 관련된 내재적인 긴장과 혼동이 존재한다. 우리는 친구에 대해 아는 것보다 내담자에 관해 더 많이 알고 있다. 삶 속의 다른 사람들, 때때로 같이 살고 있는 사람들과 함께 나누는 것보다 우리는 매주 주어진 내담자와 의미 있고, 깊이 있는, 친밀한 대화를 나누며 더 많은 시간을 보낸다. 이 말을 부인하기에 앞서 얼마나 많은 친구 혹은 가족과 정기적으로 ① 단지 가장 의미 있는 사적인 문제에 관하여 나누기 위하여, ② 전화나 이동기기를 포함하여 어떠한 방해도 받지 않으면서, ③ 진솔하지 않거나 회피하고 있다고 느낄 때 이를 직면하기 위하여 대화의 자리를 마련하는지 생각해 보라. 내담자와 비대칭적이고, 불공평한, 일방적인, 전문적 차원의 관계를 맺고 있다 할지라도, 그것은 마음을 움직이는 개인적인 주고받음이다. 우리가 설정한 경계나 보호장치에 상관없이 이와 같은 친밀한 만남은 많은 위험을 동반한다.

상담자의 사적인 삶과 전문적인 삶에서의 친밀함의 정도는 서로 일치하지 않을 수도 있다. 우리 대부분은 내담자와 가까워지려고 자신을 기꺼이 내어 주는 반면, 친밀한 사회적 관계나 가족 관계를 맺는 데는 성공적이지 않을지도 모른다. 이 분야에 오래도록 머물고자 한다면, 궁극적으로 자기 저항과 자기 방어에 직면해야만 한다. 한 상담자는 "상담자가 된 것이 나를 구했어요. 내 안의 가장 건강하지 못하고, 모든 거짓되고, 조작적이고, 자기도취적인 부분을 보상해 주는 연극배우가 막 되려던 참이었어요. 내가 상담이라는 직업을 선택했을 때, 다른 환경에서는 결코 바꿀 수 없었던 문제들을 다루어야만 했어요. 나는 건강한 선택을 했습니다."라고 솔직히 고백한다.

이곳은 당신의 위선을 직면해야 하는 불편함을 불러일으키는 또 하나의 영역이다. 확실히 만족스럽지 못한 당신의 개인적인 삶의 많은 측면—당신은 친구가 많지 않고, 열정적인 연애 관계를 맺고 있지도 않으며, 친구나 동료와 갈등을 겪고 있고, 대인 관계는 충분할 만큼 깊고 친밀하지 못하다—이 있다. 이것들은 내담자가 매일 상담에 가져오는 것과 꼭 같은 동일한 문제들이다. 내담자가 이런 문제들을 가져올 때, 당신은 아마도 그들에게 더 깊고 만족스러운 친밀감을 경험하기 위해서는 더 정직하고 진솔하게 자신을 드러내는 위험을 감수해야만 한다고 말할 것이다. 그렇다면 당신은 어떠한가?

사적인 것과 전문적인 것 사이의 경계

우리가 경계를 정하고, 또 이 경계를 지키는 것은 내담자 못지

않게 우리 자신을 위해서다. 통제력을 잃을지도 모른다는 불안감과 최선을 다함에도 불구하고 어두움 가운데 빠질지도 모른다는 두려움이 때때로 일어난다. 내담자가 당신을 포용한다. 기분이 좋아진다. 당신은 멈추기를 원하지 않는다. 당신의 뇌는 '위험해! 위험해! 포옹을 멈춰!'라고 말하지만, 당신의 몸은 아직도 당신의 동의 없이 반응하고 있다.

우리는 때때로 경계의 범위—즉, 갑옷과 같은 기능을 하는 인위적인 한계(아마도 불필요한)가 아니라 안전과 효율을 위해 마련된 대인 관계에 관한 규칙들—를 혼동한다. 관계 문화적 상담(Relational Cultural Therapy) 같은 대안적 패러다임을 적용하는 상담자들은 관계에서의 상호 관계의 증가를 중시한다.

이중 관계(다중 관계는 아닐지 몰라도)는 상담을 변질시키고, 내담자에게 혼동을 주며, 학대로 이어질 수 있는 나쁜 것이라는 편견이 있다. 만약 그런 권한이 주어진 경우가 아니라면 말이다. 그럼에도 상담에서 일어난 많은 변화의 돌파구는 상담 내용이나 상담실의 구조 변경, 상담회기의 구성 변경 등을 통해 일어나기도 한다. 가장 혁신적인 상담자들의 가장 창조적인 치료적 개입에 관한 사례 모음에서 많은 상담의 돌파구는 전통적인 심리치료의 정상 범위 밖에서 이루어졌다(Kottler & Carlson, 2009). 빌 오핸런(Bill O'Hanlon)은 밀튼 에릭슨(Milton Erikson)이 불분명한 비유적 교훈을 가르치기 위해 어떻게 그를 밀튼의 정원사로 일 년 동안 고용했는지 기술하고 있다. 브래드 키니(Brad Keeney)는 마음 내켜 하지 않는 가족을 생산적인 치료 작업에 참여시키기 위하여 가정 방문을 하였다. 샘 글래딩(Sam Gladding)은 저항이 심한 청소년과 사진을 촬영하기 위해 외출을 하였다. 스티브 매디건(Steve Madigan)은 우울증 내담자에게 필요한 도움을 제공하기 위하여 지역 공동체 전체를 소집하였다. 이 모든 접근법은 전 세계 대부분의 문화에서 이루어지는 치유 과정과 일맥상통한다. 치유자들(무당이라고도 알려진)은 인위적이고 억지로 꾸민 듯한 무대보다는 오히려 자연스러운 배경에서 치유를 하고 있다(Kottler, Carlson, & Keeney, 2004).

우리는 또한 치료적 관계의 범주를 탈선하는 문제가 윤리위원회의 가장 보편적인 불평불만임을 명심해야 한다(Wang, 2008). 내담자와 연애 관계를 맺거나 성적인 관계를 갖는 것 혹은 사적인 것과 전문적인 것 사이의 경계선을 흐릿하게 하는 것은 분명 적절하지 않다. 그럼에도 상담자가 매주 마주해야만 하는 모든 형태의 곤란한 질문들이 있다. 예를 들면, 대부분의 상담자는 내담자가 실제적인 현장 지도를 필요로 하는 식이장애로 고생하고 있지 않는 한 내담자와 식사하는 것에 동의하지 않는다. '무시해도 될 정도의' 화폐 가치를 갖고 있고, 거절이 반치료적으로 비치지 않는 한 내담자에게서 선물을 받지 않아야 한다. 눈보라가 몰아치는 가운데 내담자가 버스 정류장에 서 있는 것을 본 경우가 아닌 한 상담 후에 내담자를 차로 집에 데려다 주지 말아야 한다. 이 예들처럼 문제를 복잡하게 만드는 것은 '~하지 않는 한'과 같은 예외들이다. 사적인 영역과 전문적인 영역 사이의 경계는 분명히 구별되는 별개의 것이 아니다.

숨기를 배우기

자신의 모습을 매일매일 직면해야만 하는 것은 커다란 선물이자 동시에 가장 어려운 짐이다. 각각의 내담자의 이야기에는 우리 자신의 일부분의 이야기가 포함되어 있고, 우리는 우리의 미해결 과제를 거의 모든 상담회기마다 계속해서 인식하게 된다. 이와 같은 경우 개인상담이나 슈퍼비전을 받는 게 이상적이다. 우리는 내담자를 위해서뿐만 아니라 자신의 성장을 위해서 적어도 하루의 얼마 동안의 시간을 내담자와 경험한 것의 의미를 되새기는 데 보낸다.

그럼에도 자신의 문제를 회피하는 방법으로 다른 사람들의 문제 속에 자신을 묻어 버리는 것을 우리보다 더 잘하는 사람은 없다. 뿐만 아니라 우리는 다른 사람들과 거리를 두고, 주의를 딴 곳으로 돌리고, 책임을 지지 않으면서 가슴에 못 박히는 것 같은 상처를 피할 수 있는, 그러면서 우리 마음대로 사용할 수 있는 완전한 무기고를 갖추고 있다.

음악가인 내 친구는 상담에 관하여 이야기하는 상담자들로 둘러싸인 자신을 자주 발견한다고 한다. 한번은 우리가 하는 일에 관하여 듣는 것이 어떻게 느껴지는지 그에게 물어보았다. 그는 고개를 흔들며 웃기 시작했다. "라흐마니노프의 피아노 협주곡 제3번에 비교하면 너희가 하는 일은 쉬워 보여."

"쉽다고?" 나는 물었다.

"놀리는 거지?"

"그래, 그렇다니까. 누군가가 너희를 구석으로 몰아붙이면 너희가 하는 것이라고는 '이것은 저에 관한 문제가 아닙니다. 사실은 당신 자신에 관한 문제입니다.'라고 말하는 것이지."

나는 할 말을 잃었다. 그러고 나서 웃기 시작했다. 초점을 다른 사람들에게 돌리는 데 우리가 얼마나 전문가인지에 관한 그의 말에 어느 정도의 일리가 있었다. 나는 항상 상담에서 해석을 한 것은 질문에 대한 대답을 회피하기 위해서 혹은 내가 원하는 것보다 더 많이 나를 드러내기를 원하지 않기 때문이라고 생각하고 있었다. 그것이 얼마나 잘 기능하는지 나는 항상 놀라움을 금치 못했다.

"그러고 나서 너희가 하는 것은……." 친구는 계속했다.

"정확히 반대로 하는 거야. 마치 너희가 너무 중요한 사람이어서 누구나 너희가 느끼는 것이나 생각하는 것에 정말로 관심이 있어야 하는 것처럼 너희는 모든 것이 너희에 관한 것처럼 보이게 만들어."

"그래서 그게 억울해, 그래?" 나는 자동적으로 되물었다.

"봐, 첫 번째 반응이잖아. 초점을 나에게로 돌리는 거."

"미안해."

"괜찮아. 너는 어쩔 수 없어."

"그래서……." 약간 확신 없는 태도로 계속해서 좀 더 대화하기 원한다는 것을 알려 주었다.

"그 말은 상담자가 하는 또 다른 말이잖아."

"그래, 너는 '이봐, 이것은 너에 관한 것이 아니야. 나에 관한 것이야.'라고 말하고 있어."

이것은 상담자의 내면화된 자동적인 반응 양식의 두 가지 기본 전략을 고상하게 단순화하여 말한 것이다. 나는 우리가 실제로 하고 있는 깊은 친밀감을 피하고 관계를 파괴하는 모든 다른 방식을 머리에 떠올렸다.

상담자 마이론(Myron)은 실패한 10년의 결혼 생활과 부부치료 전문가로서 그의 상담과의 화해를 여러 해 동안 모색하면서 경험한 이와 유사한 과정을 기술하고 있다. "우리는 절망적일 만큼 아주 불행했습니다." 그는 인정했다. "그리고 상대방의 잘못 탓이라고 매우 확신했기 때문에 선택의 여지가 없었지만, 도움을 구했어요. 불행하게도, 상담자는 나에게 정말 도움이 될 만한 매우 노련한 상담자였어요. 그는 나의 삶 자체를 질식시킬 것만 같은 내 안의 어두운 그림자를 드러내는 단순한 질문을 하나 했어요."

이 직면은 마주할 수밖에 없는 것이었다. "자기 탐색의 거무칙칙한 바닥으로 나를 내동댕이쳤어요. 그 그림자에 관하여 배워야 할 것이 많다는 것을 알았지만, 나는 결코 그 곁에 다시 가지 않았죠."

자신의 문제와 깨진 결혼을 깊이 탐색하면 할수록 마이론은 더욱 좌절했고, 불만족스러웠다. 그가 그의 내담자 안에서 발견했던 패턴과 꼭 같은, 반복되는, 파괴적인 삶의 사이클을 깨달았다.

"부부 앞에 현명한 척 앉아서 그들의 관계 문제를 해결하도록 돕고, 그리고 나서 나의 해결되지 않고, 깊어만 가는 결혼 생활의 문제로 돌아가는 것은 거의 매일의 일상처럼 보였죠."

마이론은 내담자에게 매일 가르치는 것을 자신의 삶에는 적용할 수 없는 사기꾼, 위선자처럼 느꼈다. 상담자로서뿐만 아니라 내담자로서, 한 인간으로서 실패자처럼 느꼈다. 역기능적인 관계에 관해 읽고 공부하는 만큼, 다른 부부들이 자신들의 어려움을 탐색하도록 돕는 만큼, 그는 자신의 문제를 처리할 수 있는 방법을 찾아낼 수 없었다. 그가 회피했지만, 어쩌면 불가피하게 용기를 내어 조치를 취할 수밖에 없을 만큼 매우 충격적이었던 아내의 외도 사실을 발견하기 전까지는 아니었다. "우리의 이전 결혼은 그 순간에 죽었는데도 우리는 우리가 원했던 결혼을 그 토대 위에 다시 건축했어요."

마이론은 상담자로서 배워 온 것들이 어떻게 그의 상담 초기부터 옥죄는 두려움에서 자신을 보호하고 방어하도록 했는지 말해 준다.

"상담자로서 내가 하고 있는 것은 내담자의 아픔을 통해 나 자신의 과정을 다루려 하고 있는 것임을 깨달았어요. 나는 직면에 따르는 두려움이나 무기력감을 경험하지 않으면서 문제를 해결하려고 시도하고 있었어요. 엄청난 뭔가 새로운 것을 배웠다는 말이 아닙니다."

마이론은 이제 그의 상담훈련과 경험이 자신의 미해결된 과제들에서 자신을 숨길 수 있도록 했음을 이해하고 인정하고 있다. 그는 빠져나가고 회피할 수 있는 모든 거래의 속임수를 알고 있었다. 어떻게 비난의 화살을 다른 사람에게 돌리는지, 어떻게 핵심이 아닌 주변만을 맴도는지, 평범한 결혼 생활을 유지하는 데 있어서 자신의 역할과 자신이 마주해야 하는 것들을 어떻게 피할 수 있는지 정확히 알고 있었다.

선을 행하기

상담자가 마주하는 위험은 그들이 만나는 내담자들의 활활 불타고 있는 슬픔의 불꽃 주변에 너무 가까이 가기 때문에 생긴다. 이 일의 많은 어려움과 직업적인 위험에도, 우리는 엄청난 만족감을 경험한다. 그것은 더 큰 완성을 추구하는 것이 결코 아니다. 마치 다른 사람을 위해 선을 행할 때 느끼는 놀라운 느낌과 같다.

이타심은 도움을 주는 우리의 동기와 행동의 추진력임이 분명하다. 우리의 노력이 인생을 되찾는 데 도움을 주었다는 것을 알게 될 때 경험하는 크게 기뻐하는 마음과 비교할 만한 것은 아무것도 없다. 수년에 걸친 관계에의 지속적인 헌신의 결과든 아니면 즉각적인 결과를 가져온 하나의 제스처든, 우리가 차이를 만들었음을 아는 것에서 오는 기쁨은 단순한 직업적인 자부심을 훨씬 능가한다. 때때로 이 '도움을 주는 사람의 사기충천'은 온몸을 휘감는 믿기 힘든 평온, 내적 평화, 행복감을 일으킨다.

어느 날 어떤 맛의 얼린 요거트를 먹을지 환상에 젖은 채 나는 길을 따라 아래로 걸어 가고 있었다. 갑자기 격앙된 비명 소리와 함께 번쩍이는 색깔의 움직임을 목격했다. 나는 그 현장으로 달려갔고 인도에서 싸우고 있는 일곱 살 정도의 소년과 여섯 살 정도의 소녀를 발견했다. 더 크고 힘이 센 소녀가 잽싸게 그녀의 적을 밀쳐 내고, 의기양양하여 그의 책가방 속의 내용물을 길의 여기저기에 뿌렸다. 종이들은 돌연변이 눈송이처럼 사방팔방으로 흩어져 이 작은 소년 주위에 떨어지고 있었고, 그는 좌절한 채 무기력함을 느끼는 듯 흐느끼고 있었다.

나는 무릎을 굽힌 자세로 내가 찾을 수 있는 한 많이 아이의 물건들을 주워 모았다. 아이는 나를 쳐다보았고, 처음에는 자신의 비극 속으로 들어온 나의 존재에 깜짝 놀랐다. 그런 다음 그 아이는 전에 전혀 본 적이 없는, 아마 앞으로도 다시 보지 못할 가장 눈부신 미소를 지어 보였다. 그의 감사가 나에게로 흘러 들어옴을 느꼈다. 계속해서 물건들을 주워 모으는 가운데, 눈물이 얼굴을 따라 흘러내렸다. 그 순간에 내가 거기에 있어서 그 아이를 도울 수 있었다는 것만으로도 너무나 감사했다. 나는 착한 일을 할 수 있었다. 2분도 채 안 되는 간단한 주고받음 가운데 나는 다른 사람과 도움이 되는 관계를 가진 것이다. 영향력 있는 방법으로 선을 행하려는 그러한 노력은 세상을 좀 더 나은 곳이 되도록 만든다. 연속되는 좌절의 시기 동안 나는 그 작은 소년의 미소에 관하여 생각해 보았고, 내가 참고 받아들여야만 하는 위험이나 힘든 상태도 그런대로 가치가 있는 것처럼 생각하게 되었다.

이것이 상담자가 된다는 것은 무엇을 의미하는지에 대한 나의 가장 오래된 이미지다. 관료주의, 문서 업무, 정치적 문제, 재정 문제, 내담자의 저항, 이런 일을 하는 데서 느끼는 어떤 개인적인 부작용의 한가운데서, 나의 가장 큰 보람은 단독으로든 누적되는 효과로든 누군가에게 영향을 주었던 뭔가를 내가 말했거나 행동했다는 것을 알아차리는 데 있다. 사실상 도움이 되고자 하는 이 욕구가 맨 처음 우리 대부분이 이 직업에 입문했던 주요한 이유이기도 하다.

이것이 내가 왜 그렇게 길을 잃은 사람에게 방향을 가르쳐 주는 것을 좋아하는지, 그리고 이런 기술에 능숙해지려고 하는지에 관한 하나의 이유다. 누군가가 거리에서 길을 묻기 위해 나를 세울 때 혹은 특정한 방을 찾기 위해 내 사무실 안을 기웃거릴 때 짜증을 내기보다 오히려 나는 기쁜 얼굴로 두 손을 삭삭 비빈다(나는 단지 비유적으로만 말하고 있지 않다). 상담의 특성상 내가 누군가를 정말 도와주었는지 종종 말할 수 없으므로(내담자가 거짓말을 하거나, 그들은 모르거나 혹은 때때로 효과를 알기까지는 시간이 걸릴 수도 있다), 나는 도움을 줄 수 있는 모든 기회를 정말로 즐기며, 한정된 시간 안에서 분명한 차이를 만들 수 있다는 것도 알고 있다.

찾아가는 길에 무엇을 관찰할 수 있는지를 포함하여 어떻게 회의실을 찾는지 명쾌하고 자세한 설명을 5분 이상 들은 후에, 내 안내를 받은 사람이 나를 마치 너무 시간이 많은 제정신이 아닌 사람처럼 바라보았다. 전혀 그렇지 않다. 오히려 나는 누군가에게 분명한 확신을 가지고 그가 가기를 원했던 곳에 '정확히' 어떻게 도착하는지 알려 주는 것을 정말로 좋아한다.

상담자의 자기 치유

상담자들은 대개 상대적으로 융통성 있는 삶을 산다. 기업이나 정부 혹은 대규모 기관에서 근무하는 상담자들을 제외하고, 대학이나 학교, 지역단체 기관, 특히 개업을 하고 있는 대부분의 상담자는 스케줄을 조정하고 우선순위를 고려하여 일을 할 수 있다. 보통 최소한의 지도·감독을 받으며 짜인 틀의 영향도 적게 받는다. 미술가나 음악가처럼 창조적 작업을 하고 더 발전하기 위하여 자유를 필요로 한다.

상담자의 삶에서 사적인 것과 전문적인 것 간의 결합은 상담 직업이 상담자에게 제공하는 혜택보다도 훨씬 명확하지 않다. 성장의 기회는 돈이나 명예, 자유를 얻는 것에 비교할 바가 못된다. "나는 다른 사람들을 제정신이 아닌 것에서 구하기 위하여 심리치료를 하지 않습니다."(1985, p. 12)라고 셸던 캅(Sheldon kopp)은 말한다. "다른 사람들을 치료하기 위해서가 아니라 나의 남아 있는 온전한 정신을 보존하기 위하여, 나 자신을 치유하기 위하여 합니다." 캅의 말이 맞다면 상담을 하는 것은 상담자를 더욱 정신이 온전한 사람이 되게 한다. 그렇다면 어떤 과정을 거쳐 일어나는 것일까?

우리는 내담자가 마침내 이해하고 고마워하는 진리의 극적인 순간뿐 아니라 좌절하고, 반복하고, 교착 상태에 빠지는 낮 동안에 실제로 경험하는 일상적인 상황으로 되돌아간다. 무엇보다도 상담자는 오랜 시간 앉아 있어야 하며, 이로부터 육체적 자기 수련을 배우게 된다. 상담자는 가장 뛰어난 수도승에 필적하는 경이로운 집중력을 발달시킨다. 우리는 외적인 방해 자극—경적 소리, 쾅 닫히는 문소리, 시계의 똑딱 소리, 맞은편에 꼬지 않고 앉아 있는 맨 다리, 전화벨 소리, 이메일이 왔음을 알리는 소리, 응답을 기다리는 깜빡거림 등—의 침입을 견뎌 낸다. 마치 명상에 잠긴 듯하다가도 점잖게 현재로 돌아가라고 우리의 마음을 쿡 찌른다. 극도의 자기통제하에서 내적인 방해 자극—부글거리는 배, 통증이 심한 콩팥, 마치지 못한 대화, 남은 심부름, 지난 과거, 앞으로 다가올 미래—을 무시한다. 그리고 다시 한 번 우리는 눈앞의 업무로 복귀한다. 이러한 의도적이고 세심한 몰두를 통하여 극도로 날카로운 지성을 발달시킨다. 유능한 상담자가 되기 위해 배워야만 하는 것들을 통해 면도날같이 날카로운 지성을 개발할 수 있다.

상담자는 타격 연습을 하는 동안에 라인 드라이브(야구에서, 타자가 친 공이 지면 가까이에서 직선으로 빠르게 날아가는 것을 일컬음-역주)와 같은 질문을 한다. 우리는 뛰어올라 떨어지면서, 다른 사람과 부딪히지 않도록 피하면서 (공을) 잡아 낸다. '나는 언제 호전될 것인가?' '왜 나는 상처를 받는가?' '당신은 나에 관하여 어떻게 느끼는가?' '나는 무엇을 위해 여기에 있는가?' '나는 어떻게 늙어 가고 있는가?' '나는 무엇을 해야만 하는가?' '당신은 어떻게 할 생각인가?' 이들 물음에 소리 내어 반응하든 하지 않든, 바로 하든 나중에 하든 간에 대답을 해야만 한다. 우리는 도망칠 수 있지만 숨을 수 있는 곳은 없다. 매일매일 우리가 가장 두려워하는 직면해야 할 문제들이 있다.

내담자에게 말할 때마다 우리는 우리 자신을 치유한다. 왜냐하면 거기에는 두 명의 청중이 있기 때문이다. 우리는 우리가 아는 것 혹은 우리가 알고 있다고 생각하는 것에 관하여 이야기한다. 그러나 우리는 우리가 이해하는 것만을 가르칠 수 있다. 우리는 인생의 가장 곤란한 질문에 답하는 데, 그리고 문제나 사람을 이해하는 데 굉장한 보람을 느낀다. 우리의 상담 내용을 분석해 보면, 내담자가 보이는 증상에 관계없이 우리는 우리를 가장 어지럽히는 주제나 우리가 가장 잘 이해하는 문제임을 발견할 것이다.

일정 기간 동안 담당한 내담자 사례들을 면밀히 조사해 본 적이 있다. 티나(Tina)는 강박적으로 생각하는 것을 멈추는 것을 배우고 있다. 적어도 강박관념에 사로잡히지 않으려고 시도하고 있다. 최소한 상담 중에만 그녀의 강박관념에 관하여 말할 정도로 진전을 했다. 내가 그 밖의 다른 어떤 것에 관하여 말하도록 시도할 때마다 그녀의 증상은 그녀의 일과 결혼에 나타났다. 그것이 때때로 듣기에 지루할지라도, 이미 기능하고 있는 것은 함부로 변경하지 말아야 한다는 것을 배우게 되었다. 티나는 그녀의 신경 쓰이는 증상을 받아들이고 더불어 사는 법을 배웠다. 그녀로부터 나 역시 나의 신경 쓰이는 증상과 더불어 사는 법을 배웠다.

미셸(Michelle)은 인내에 관하여 많은 것을 가르쳐 주었다. 일 년을 함께한 후에, 나는 결국 우리의 대화를 통제하고 구조화하려던 시도를 포기하였다. 매주 그녀는 내가 하는 시도들이 그녀를 성가시게 한다고 말한다. 나에 대한 신뢰가 없기 때문에 그녀는 그것이 무엇인지는 말하지 않았다. 그래서 나를 신뢰하지 않는다면, 나는 그녀를 도울 수 없다고 이야기했다. 그녀는 "좋아요. 나를 믿어 달라고 요구하지 않는 다른 사람을 찾아갈게요."라고 말했다. 그녀는 기분이 더 나아졌다고 했지만, 나는 여전히 그 이유를 알 수 없다.

불행한 결혼의 덫에 빠져 있다고 느끼고 있는 레이첼(Rachel)은 상담 내내 울곤 했다. 그러나 사실은 우리가 놀라운 심리게임을 하고 있었던 것이다. 매주 그녀는 두 모습 중에서 한 모습을 보여 주기로 이미 결정한 채로 상담에 임한다. 만약 순종적이지만 제대로 인정받지 못하는 아내가 되기로 결정한 경우, 나는 그녀가 현재의 상황에 만족할 수 있도록 돕고자 노력한다. 그러고는 남편과 더욱 열린 대화를 시도해 보겠다고 굳게 결심한 채 사무실을 떠난다. 그러나 더 열심히 시도하면 할수록 그녀는 더욱더 좌절하게 된다. (남편은 오직 그의 일과 T형 포드 자동차 그리고 정상 체위로 일주일에 세 번 하는 것에만 관심이 있다.) 아니나 다를까 그다음 주에 그녀는 이혼을 결심한 채 돌아온다. 그러면 우리는 왜 이혼 과정을 밟아야 하는지 논의하지만, 우리 둘 다 이번 주가 가기 전에 그녀가 마음을 바꿀 것이라는 것을 알고 있다. 나는 그녀에게 이런 반복되는 패턴을 직면하도록 두 차례 시도했지만, 그녀는 내가 인내심이 없다며 다음 상담 약속을 취소하는 처벌을 내렸다.

엘레나(Elena)는 돈이 너무 없어서 학교를 그만두려고 생각하고 있다. 동생들을 돌보고 집안일을 하는 대신 자신을 위해 전념할 수 있도록 그녀를 위한 시간과 공간을 준비하고 계획하는 데만도 몇 년이나 걸렸다. 지금 그녀는 공부를 시작하기 위해 했던 힘들었던 모든 수고와 협상을 버리려고 심각하게 생각 중이다. 내가 그녀를 직면했을 때, 그녀는 나를 쳐다보면서 고개를 흔들었다. 그녀가 어떻게 생각하고 있는지 나도 정확히 알고 있다. '이 미국인, 자신의 책과 편안한 삶을 살고 있는 이 나이 든 백인 남자가 어떻게 내가 겪고 있는 것을 이해할 수 있겠는가?' 물론 그녀의 말이 맞다. 내가 얼마나 열심히 시도하느냐와 상관없이 나는 엘리나의 세계를 이해할 수 없다. 두 동생과 방을 함께 써야 하고, 운이 좋다면 아버지가 너무 심하게 때리지 않고, 술에 취해 인사불성이 되면 여동생 중 한 명에게 못된 짓을 하는 집으로 돌아가는 것이 무엇을 의미하는지 내가 어떻게 이해할 수 있을까? 날마다의 생존이 중대한 도전인 누군가에게 학교가 의미하는 바가 무엇인지 내가 어떻게 이해할 수 있을까?

　내가 엘레나의 어려움을 진정으로 이해하고 경험할 수 있을 때만이 비로소 그녀를 이해한다고 할 수 있다고 말해 준다. 상담자로서 나는 그녀를 위해 과연 무엇을 할 수 있을지 의구심이 든다. 그녀에게 거짓된 희망을 심어 주어야 할까? 그녀가 현실적으로 갈 수 있는 것과 매우 동떨어진 길을 가도록 격려해야 하는 걸까? 나는 그녀가 자신이 해야만 하는 것을 받아들이고 있음을 알고 있다. 그녀의 선택을 기꺼이 받아들이지 않는 사람은 오직 나뿐이다. 이것은 누구의 문제일까? 궁금하다. 이 예들은 대부분의 상담자에게 매우 익숙한 다양한 일부 사례들이다. 그럼에도 내담자들이 직면하고 있는 문제들에는 유사성 또한 존재한다. 그리고 우리는 우리 자신에게 반복해서 말하는 것을 듣는다. 만약 우리가 우리 자신의 충고를 받아들일 수만 있다면 말이다.

우리 자신의 충고 받아들이기

　가장 창의적이고, 독창적이며, 자발적인 상담자라 할지라도 유사한 교훈을 내담자에게 가르칠 것이다. 우리의 도덕관념, 가장 선호하는 의견, 가장 많이 사용하는 지혜의 말은 상담의 여러 회기 안에 녹아 들어간다. 내담자에 관계없이 혹은 내담자가 말하는 고민의 내용에 상관없이 우리가 제시하는 다음과 같은 반복적인 주제들이 있다.

- 자기 스스로를 돌보지 않는다면 누구도 당신을 돌보지 않을 것이다.
- 당신은 짧은 시간 동안 살아 있고, 그 후에는 오랜 시간 동안 죽게 된다.
- 증상은 당신의 관심을 끄는 데 유용할 것이다.
- 증상은 그것이 더 이상 필요하지 않을 때까지 없어지지 않을 것이다.
- 우리 모두 외로워지는 것을 두려워한다.
- 기대하는 게 없다면 실망할 필요도 없을 것이다.
- 지금부터 100년 후에는 아무도 당신이 했던 일에 관심이 없을 것이다.
- 물질 세계는 유혹적이다.
- 무기력감은 마음의 어느 한 상태다.
- 우리는 호르몬을 통제하려 애쓰면서 삶을 보낸다.
- 당신이 무엇을 말하고 행동하든지 세상의 절반은 좋아할 것이고, 나머지 절반은 좋아하지 않을 것이다.
- 당신은 결코 부모님의 인정을 받지 못할 것이다.
- 오랫동안 만족하기란 어렵다.
- 상처 입지 않으면서 사랑하기란 어렵다.
- 위험을 감수하지 않은 채 변화는 일어나지 않는다.
- 실패와 실수는 다음 번 시도에 대한 유용한 피드백을 제공한다.
- 할 만한 가치가 있는 것은 늘 하기 어렵기 마련이다.

우리는 반복되는 메시지를 무시함으로써 또한 그것들을 삶에서 실천하지 않음으로써 우리 자신의 충고를 묵살한다. 날마다 메아리가 양심에 성가신 잔소리를 해 대는데도(예: "너는 요즘 어땠니?"), 우리는 내담자에게는 그들이 할 수 있는 것보다 덜 한다고 나무란다. 우리는 내담자가 가장 변화하고 싶은 행동이 무엇인지 자각하도록 조력하고 나서 자신을 위해서는 그런 내적 작업을 시도하지 않는다. 어떻게 우리가 완전히 터득하지 못한 아이디어를 내담자가 이해하리라고 기대할 수 있겠는가?

우리 자신의 충고를 따르고, 우리가 가르치는 것을 우리 삶에 적용함으로써 우리는 자연스럽게 자기 치유를 가져오는 많은 것을 한다. 부득이 우리는 시간을 귀히 여기고 조직화하는 것을 잘한다. 자기 도외시에의 노출과 훈련으로 인해 우리는 자신의 스트레스를 감지하는 능력이 훌륭하다. 이와 같이 우리는 수면 방해나 변명, 흥분, 몸과 마음의 불균형 같은 특정한 경고에 민감하다. 이 잠재적인 문제가 확인되면 우리는 즉시 그것들을 바꿀 조치를 취할 수 있다. 상담자들은 지지와 양육을 제공하는 데 전문가인 동료들과 함께 일하고 있다. 인간 접촉의 관점에서 볼 때 우리는 풍부한 환경에서 일하고 있다. 아무튼 이론상으로는 우리의 전문적 관계는 개인적 성취에 대한 저력을 제공해야 한다. 건설적인 피드백, 자애로운 지도 그리고 많은 포옹의 기회가 있어야만 한다.

불행히도 무엇이어야만 하는지와 실제로 그것이 무엇인지의 사이에는 종종 불일치가 존재한다. 상담자도 다른 사람들처럼 잔인하고, 조종하는 데 능숙하며, 둔감하고, 자만하며, 정치적일 수 있다. 당신이 아는 가장 좋은 사람 몇몇이 상담자일 것이고, 또한 가장 나쁜 사람 몇몇도 자신의 기술과 힘을 다른 사람들을 이용하는 데 사용하는 상담자일 것이다. 다행히도 우리는 기만, 게임 플레이, 정책을 자신에게 최소한의 위협이 되도록 다루는 훈련을 받는다. 다른 사람에 의해 자신이 학대당하고 있다고 느끼면, 이에 대항하여 손상을 최소화하는 방식으로 일을 처리하는 데 우리만큼 잘 준비된 사람도 없다.

가족의 추락

내담자의 행동이나 문제에 반응하여 상담자가 경험하는 일반적인 역전이 외에도 내담자 가족이나 내담자 집단과 상담할 때, 우리는 예측할 수 없는 잠재적인 폭발 가능성이 있는 얽히고설킨 다중 체계와 씨름해야만 한다. 집단 상담자나 가족 상담자는 권위 있는 역할을 수행하는 존재로서 더 많은 역할을 감당해야 하고, 집단 구성원 간의 상호작용 패턴뿐만 아니라 집단원 개개인에 대한 무수한 감정과 반응을 동시에 처리해야 한다. 게다가 그의 현재 가족의 경험뿐만 아니라 원가족의 문제도 상담에 영향을 끼친다.

내가 인도하고 있는 집단상담에서 피오나(Fiona)는 내 눈길을 끌기 위해 추파를 담은 미소를 보낸다. 나는 아첨을 받는 느낌이며, 그러고 나면 불편하고 조심스러워진다. 프레드(Fred)가 미묘한 교류와 헛웃음을 보고 있다는 것도 알고 있다. 피오나는 그에게도 역시 미소를 짓는다. 나는 그것에 약간 질투를 느끼고, 프레드에게 짜증이 나는 것을 유감스럽게 여긴다. 바로 그 순간, 캐시(Cassie)

가 큰 소리로 정신을 산란하게 하는 질문을 한다. 나는 그녀의 무 감각에 지쳤고, 그래서 그녀에게 직면한다. 피오나가 그녀를 방어 하기 위해 달려들고, 그래서 나는 그녀에게로 다시 돌아간다. 피 오나에게도 역시 막 직면을 시키려던 찰나에 그녀의 상담 초기 추 파에 아직도 정신이 사로잡혀 있음을 깨닫는다.

이제 나는 우리가 어디를 향하여 가고 있는지 방향을 잃어버렸 다. 나는 처리해야 할 많은 것과 집단 구성원 개개인에게 가져야 하는 모든 복잡하고 다양한 반응과 집단 구성원들이 서로서로 어 떻게 연관되어 있는지 등의 사실에 압도된 느낌이다. 이들 영향은 집단이 끝날 때까지 끝나지 않으며, 일주일 내내 나를 성가시게 한다.

우리는 직업적인 압박감으로부터 가족과 친구들을 보호하기 위 하여 개인적인 추락을 바짝 경계하면서 계속 살펴보아야 한다. 근 무 시간 동안 우리의 행동을 규제하는 규칙들을 따르기 위하여 여 태 온 힘을 다해 자제하다가 사랑하는 사람들에게 둔감하지 않고, 못되게 굴지 않으며, 자기 멋대로 하지 않기란 어렵다. 하루 종일 자신을 억누르고, 생각과 진술을 검열하며, 자신을 통제하고 지적 인 사람이 되도록 단련한다. 그러고 나서 갑작스럽게 집으로 전환 한다. 하루 종일 내담자들이 와서 그들의 골칫거리를 떠넘길 때마 다 쌓여진 많은 압박감이 집 대문을 통과하는 순간 마침내 해제된 다. 만약 주의를 기울이지 않는다면, 가족은 정서적으로 고통받을 것이다.

상담자가 자신의 스트레스와 어려움을 다루기 위하여 사용하는 모든 전략 중에서 단연코 가장 흔한 대처 방법은 도움을 얻기 위해 가족과 친구들에게 의지하는 것이다(Norcross & Guy, 2007; Turner et al., 2005). 이는 내담자에게 보여 주었던 것과 동일한 돌봄과 민감성, 존경을 사랑하는 사람들에게도 보여 주고자 시간과 노력을 투자하는 것이 매우 중요함을 보여 준다.

사적 비유와 상담

방어 체계를 인식하는 것, 사물을 있는 그대로 지각하는 것, 게임 플레이를 제거하는 것과 같은 모든 정신 진단 훈련을 받은 후에 우리는 자기 속임수를 알아차리고 바로잡을 수 있는 능력을 갖춘, 매우 아름답게 고안된 창조물이 된다. 상담하는 동안 돌아가는 미터기가 있기 때문만이 아니라 홀로 있을 때도 본능적으로 일어난다. 상담이 요즘 우리의 정서적 건강에 어떻게 영향을 미치고 있는지 혹은 개인적 삶이 상담에 어떤 영향을 미치고 있는지 의도적으로 기록하지 않더라도, 그와 같은 평가는 노력 없이도 일어날 것이다. 사회적 상황에서 자기 자각을 하고 있는 자신을 알아차리고, 심장이 빠르게 뛰고 있는 것을 느끼고, 내담자에게 하는 식대로 자신에게 즉시 말하기 시작한다. 명백히 표적을 빗나가고 있는 해석을 상담 중에 내리면서 우리 안의 어떤 것이 우리로 하여금 잘못된 임상적 판단을 내리게 하는지 묻기 시작한다.

치료적인 비유의 내용은 사적 경험에서 나온다. 내담자에게 말하는 것들은 읽거나 본 것, 접해 왔던 사람들, 그리고 바로 그 주에 했던 것들에 의해 매우 큰 영향을 받는다. 함정에 빠진 느낌이라며 괴로움을 토로하는 내담자에게 최근 본 영화 장면이나 대중 가요 가사를 말해 주고 있는 나 자신을 발견한다. 나는 주말에 나무를 심고서 방향 감각을 잃은 젊은 남성을 위해 각각의 생명체가 어떻게 영양분을 필요로 하고, 이식하는 동안 얼마나 최소한의 충격을 요하는지, 그리고 개별적인 관심을 필요로 하는지에 관한 실례를 엮어 낸다. 나는 물결을 가르며 주변에서 놀고 있는 돌고래에 둘러싸여 파도타기를 하면서 오전을 보내고, 비판적인 판단을 하지 않을 때 어떻게 최고의 수행치에 이를 수 있는지 상담 집단에게 말해 준다. 내가 생각을 덜 하면 덜 할수록 나는 더 자연스럽게 파도를 탈 수 있다. 아무것도 소유하고 있지 않지만, 그럼에도 내가 살고 있는 이곳의 사람들보다 더 만족스러워 보이는 사람들이 있는 네팔을 여행하고 돌아온다. 이것은 권리를 박탈당한 듯 하고 낙심이 되는 상담 중에도 다시 내가 상담하는 제자리로 돌아오게 하는 가장 강력한 예다. 내가 방문하는 곳, 날씨, 꿈, 기억, 감각을 통해 침투된 모든 것이 상담회기 중에 내가 하는 것에 영향을 미친다. 어떤 주어진 순간에서 나의 상담은 바로 그 순간 내가 누구인지의 산물이다. 내가 변하면 나의 상담 스타일 또한 변한다.

우리는 내담자처럼 우리가 편안하다고 느끼는 속도로 단지 변화한다. 만약 너무 빠르게 내담자와 혹은 우리 자신과 움직일 경우, 개인적인 추락은 위험한 수준에 도달한다. 포지션을 바꾸려는 정도가 아니라 기본 토대를 잃지 않으려면 믿기 어려울 만큼의 엄청난 에너지와 전념이 필요하다. 때때로 같은 주제를 계속 반복하면서 마치 동일한 지점에 여전히 멈추어 있는 것처럼 보일지라도, 우리 모두는 할 수 있는 만큼 빨리 움직이고 있는 것이다.

한 정신건강 병동의 12명의 동료들에게 그들의 가치, 오래된 응어리, 새로운 꿈이 도움을 주는 스타일에 어떻게 영향을 미치는지 물어보았다. 한 심리학자는 어려서 어머니를 암으로 잃었고, 어떻게든 '엄마-아이' 사이의 상실을 가장 심한 정신병으로 진단할 방안을 강구했다. 그녀는 자신의 가장 중요한 삶의 역할을 자신이 열망해 온 어머니와 같이 돌보고 배려하는 것으로 본다.

한 사회복지사는 권위와 분노의 문제를 다루느라 매우 큰 어려움을 겪고 있다. 우연치 않게 그는 적개심을 부적절하게 분출하는 청소년을 대상으로 하는 전문가다. 다른 한 심리학자는 어릴 때부터 강박적인 사고와 미칠지도 모른다는 두려움으로 몸부림쳤다. 그녀는 가장 정신장애가 있는 상담 사례를 요청하고, 정신 이상을 다루는 것을 선호한다. 한 가족 상담사는 인간의 어떤 경험보다 유머와 자발성을 높이 평가하고, 다른 사람들을 기쁘게 하게 위해 궁정 광대와 같은 기능을 발휘한다. 우리 대부분이 개인적인 삶의 주요한 주제와 우리의 전문적인 상담 스타일 간의 그 같은 상관관계를 확인할 수 있을 것이다. 우리 나름대로 두 역할을 따로 떼어 놓으려고 최선을 다하지만, 유동적이고, 융통성 있으며, 심지어 스며들 수 있는 여지는 여전히 존재한다.

상담자의 인간적 차원

여러 이유로 나 자신의 삶에서 사적인 것과 전문적인 것 간의 공존 가능성을 본다. 우선 다른 무엇보다도 나의 상담이 더욱 재미있어진다. 내 삶의 다른 영역과 상담을 관련지을 수 있을 때, 나는 내가 하는 모든 일에서 더 큰 의미를 발견한다. 항상 일하고 있고, 항상 생각하고 있고, 무슨 일이 일어났는지 항상 이해하려고 하는 느낌을 나는 좋아한다. 그럼에도 불구하고 나는 결코 일하고 있지 않다. 왜냐하면 내담자와 보내는 시간조차도 나 자신과 세상에 관하여 더 많이 배울 수 있기 때문이다.

둘째, 나는 내담자와 나의 가족 둘 다를 보호하기 위해 사적 삶과 전문적 삶 사이의 상호작용을 점검한다. 내담자와 좀 더 효과적이지 못하게 하는 개인적 미해결 과제가 있다는 것을 알고 있다. 나는 자기 탐닉, 자기 본위, 자기도취를 끊임없이 경계해야 한다. 때때로 나는 상담 중에 여흥을 위해 뭔가를 말하고 행동하고 있는 것을 포착한다. 나는 그저 내 호기심을 만족시키기 위해 질문한다. 나는 내담자가 어떻게 밖으로 탈출하는지 보기 위해서 내담자가 자기 자신을 구덩이에 스스로 밀어 넣게 한다. 내담자가 나를 더욱더 칭찬하게 하기 위하여 내가 중요한 사람이라는 의식을 부풀린다. 수입을 올리기 위해 가끔 절대적인 필요 이상으로 내담자를 오래 만난다. 이 모든 것은 내담자의 이득을 위한 것이라고 자신을 확신시키면서, 이 모든 행위를 정당화한다. 이들 개인적 추락을 감지하고 있기 때문에 그쯤은 걱정하지 않는다. 내가 진정으로 염려하는 것은 나 자신의 욕구를 채우고 있는 것을 나도 포착하지 못하는 경우다.

사적인 것을 전문적인 것에 연결하는 이 모든 요인 가운데 상담자는 이타주의뿐만 아니라 자기 본위와 사리사욕으로 동기화되는 상반되는 욕구와 다양한 충동을 곡예하듯 줄타기한다. 불가능하

108

지는 않지만 상담에서 개인적 요인들을 걸러 내거나 임상적 지각이나 기술을 상담실 내로 국한하는 것은 어려운 일이다. 솔직히 말하자면, 삶에 대한 우리의 치료적인 관점은 가장 큰 자산인 동시에 가장 큰 부채다. 상담자가 되는 것은 우리에게 끊임없는 영적·지적·정서적 성장을 위한 기회를 제공한다. 우리는 더 직관적이 되고, 더 많이 모험을 무릅쓰는 사람이 되고, 의사소통을 더 잘하는 사람이 된다. 우리는 모든 희생을 감수하는 가운데 흥분, 인간적인 강렬함, 자신감, 자기 충족감 등을 경험한다. 온 마음을 사로잡는 상담의 특성은 우리가 내담자에게 매우 자주 반복해서 말하는 보편적인 진리를 우리에게 다시 한 번 말해 준다는 데 있다. 지금 지불하든 아니면 할부로 지불하든 모든 기쁨은 그에 상응하는 대가를 치러야 한다.

내담자는 어떻게 상담자를 변화시키는가

내담자는 어떻게
상담자를 변화시키는가

내 사무실 한편의 눈에 잘 띄는 곳에는 흙 성분의 새까만 혼합물을 담고 있는 작은 물병이 하나 놓여 있다. 상담자가 내담자에게 영향을 주듯이 내담자도 상담자에게 영향을 끼친다고 믿는 페루의 한 주술사가 준 것이다. 그는 밀림에서든 도시 근교에서든 혹은 도시에서든 치유자들은 고통받고 있는 사람들에게서 뿜어져 나오는 악령으로부터 보호가 필요하다고 생각하는 사람이다.

여러 세대를 걸쳐 치유자들을 통해 전해 내려오는 고대 잉카의 전설에 따르면, 모든 정신적·육체적 병은 깨끗하지 못한 영이 원인이다. 치유자의 정령이나 제안 혹은 선의의 마술은 아픈 영을 정화하고 내적 통제를 회복시킬 수 있다는 것이다. 이 정화 작용은 보통 큰 위험 부담을 동반한다. 이는 환자에게서 뿜어 나오는 파괴적인 에너지는 치유자의 정령에도 영향을 주기 때문이다.

　다른 사람들의 고통을 너무 가까이 마주할 때, 상담자 자신의 정서적 안녕을 위태롭게 할 수 있다는 점을 대부분의 상담자는 알고 있다. 칼 로저스(Carl Rogers)가 심한 정신장애가 있는 여성과 겪었던 이야기를 들려준다. 그는 전문적 초연함과 그의 트레이드마크인 진실한 따뜻함 사이에서 갈팡질팡했었다. 그의 내담자는 혼란스럽고, 비합리적이고, 적대적이 되었고, 심지어 그녀는 로저스가 이사하자 그를 따라 오하이오 주에서 시카고로 쫓아갔다. 그녀는 상담에 대한 불만족이 커져감에 따라 로저스의 방어기제들을 공격하면서 치료자로서의 부적절감을 자극하고, 그에게 비판적으로 대하고 점점 더 많은 것을 요구하였다. "그녀의 많은 통찰은 상담자인 나의 통찰보다 더 온전하다는 것을 알아차리자 내안에 있는 자신감이 파괴되었습니다. 왠지 모르게 나는 그 관계에서 자아를 포기하였습니다."(Rogers, 1972, p. 57) 이 파괴적인 관계의 지속은 내담자에게는 정신증적 와해를 가져왔고, 그녀의 상담자를 신경쇠약의 벼랑끝으로 몰아갔다. 이 내담자로 인해 발생한 경계선 붕괴에 따라 로저스는 미처 가고 있다고 느끼게 되었다. 덫에 걸린 느낌, 무력감, 자기 스스로 문제를 처리할 수 없을 것만 같은 느낌을 안고, 결국 그는 애틀랜타로 도망쳤다. 거기에는 로저스가 생각하기에 자신을 도와 줄 수 있는 유일한 사람인 칼 위태커(Carl Whitaker)가 있었다. 남쪽으로 가는 도중에 위태커와 전화 상담을 몇 차례 한 후, 결국 로저스는 집으로 돌아왔다. 그리고 그 지역의 한 상담자와 일 년간 지속되는 치료를 시작하여 마침내 내담자로부터 오는 부정적인 영향을 다루는 방법을 학습하게 되었다(Kirschenbaum, 2009).

치료적 관계에서 상담자와 내담자 간에 분리된 상태를 유지하라는 프로이트의 충고는 내담자의 전이를 덜 일으키기 위해서라기보다는 상담자의 정서적 안정을 유지하기 위해서가 아닌가 싶다. 거의 모든 상담자의 경험은 내담자의 위기, 혼동, 극심한 어려움을 거듭 함께하는데서 오는 상담자의 정서적·지적 압박감을 입증한다. 우리는 모든 간섭과 세상에서 완전히 고립된 채, 희망을 잃고, 극심한 고통 가운데서 때때로 다른 사람의 삶을 자신의 삶만큼 비참하게 하려는 사람들과 성스러운 지하 납골당에 함께 앉아 있다고 볼 수 있다. 심지어 최고의 방어기제와 임상적인 객관성을 유지하더라도 우리는 여전히 이 아픔으로 오염될 수 있다.

개인적 안녕은 말할 것도 없고, 상담 효과는 상담의 트레이드마크가 된 친밀한 관계에 의해 영향을 받는다. 우리는 자신의 기대와 다른 사람들의 기대에 부응해야 한다는 심리적 압박 속에서 살고 있고, 한계를 우리 자신에게 확신시키려는 최선의 노력에도 불구하고 내담자의 삶에 대한 책임감을 느낀다. 우리의 진척 상황을 모니터하기 위해 어깨너머로 보고 있는 슈퍼바이저와 자격심사위원회의 가중되는 스트레스는 말할 것도 없고, 사람들이 공장의 생산라인처럼 상담실에 왔다 지나쳐 가는 지루하고 반복되는 일상을 경험한다. 우리는 충분히 알고 있지 못하고, 더 많은 사람을 도울 수 없으며, 더 자주 그러지 못하는 것에 대해 부적절감을 느낀다. 우리는 가까스로 다른 사람의 삶에 중요한 차이를 만들고 난 이후에도 그 변화가 지속되도록 돕고자 고심한다. 아파하는 이들과의 이러한 가까운 만남의 결과로 우리 자신의 문제가 거듭 건드려지고 오래된 상처를 다시 꺼내 보게 된다.

상담자와 내담자의 상담에서의 경험을 생각해 보자. 때때로 '부모-아이' 혹은 '남편-아내'와 같은 정도의 친밀한 수준에 도달하는 동안에 비밀과 사생활 보호는 직접 언급되지는 않지만 만남의 포함된 부분이다. 우리는 내담자가 기꺼이 나누려 하지 않은 비밀에 관여한다. 우리는 내담자의 가장 좋은 상태와 가장 나쁜 상태를 알 수 있고, 집중적으로 많은 시간을 함께 보낸 결과로써 내담자 또한 우리를 알게 된다. 우리는 여정의 동반자가 된다.

평생교육의 한계

대부분의 상담자가 분명 공유하고 있지 않음에도 불구하고, 상담자들이 그들의 상담 기술을 대학원에서 배운다는 근거 없는 믿음이 있다. 상담자들은 대부분의 기술을 대학원을 졸업한 후에 배웠음을 알고 있다. 우리의 훈련 과정에서 결핍된 부분은 평생교육 워크숍을 통하여 이루어질 수 있다는 것 또한 정확하지 않다. 이제 모든 주와 관할 구역은 상담자에게 면허를 유지하기 위해 수십 시간의 연수를 요구한다. 분명 의도는 좋지만, 이 방침은 질적 교육을 전하는 것만큼이나 이윤을 내는 것에 몰두하는 듯한 평생교육 산업을 양산했을 뿐이다. 솔직해지자. 우리 대부분은 게임을 하고 있다.

우리가 참석해야만 하는 많은 워크숍은 지루하고 의미 없어 보이며, 우리의 의무를 겨우 만족시키는 정도다. 주 기관이나 국가 기관에 그러한 훈련을 해 주고 관례대로 돈을 받는다는 점에서 나도 문제의 한 부분임을 온전히 시인하면서 이를 말하고 있다(실제로 어떤 사람들은 그 경험으로부터 눈에 보이는 유용한 어떤 것을 얻고 떠난다는 것을 믿고 싶지만 말이다). 최근 나는 청중들에게 워크숍에 참석하는 게 필수 요구 사항이 아니더라도 참석할지 물어보았다. 그러자 반 이상이 손을 들었다. 그렇지 않았다면 고려해 보지 않았을 훈련 프로그램을 찾도록 했다는 점에서 이런 워크숍 교육은 필요한 것일지도 모른다.

평생교육 시스템에 대한 비판적인 평가에서 평생교육 워크숍은 서비스를 제공하는 기관에게 이익을 주는 것은 확실하지만, 실제로 전문적인 상담의 질을 높인다는 경험적인 증거는 많지 않다고 라이트(Wright, 2005)는 주장한다. 수수료를 내면 상담자는 온라인 코스를 등록할 수 있고, 테스트를 다운로드할 수 있고, 시험에 필요한 해답을 얻기 위해 자료를 대충 훑어볼 수 있다. 이와 같은 목표를 갖고 있는 상담자라면 여섯 시간의 평생교육 워크숍을 한 시간 이내로 마칠 수도 있다.

워크숍이 끝나기도 전에 자리를 박차고 나갔는데도 모두 참여한 것처럼 받은 증서가 얼마나 많은가? 얼마나 많은 사람이 워크숍 내내 강의실에 앉아 다른 업무를 하느라 워크숍에 거의 주의를 기울이지 않았는가? 의미 있고 유용한 뭔가를 배우고 그것이 남아 있는 마지막 워크숍은 언제였는가?

물론 책도 마찬가지다. 정말로 많은 변화를 주었던 상담에 관한 책을 얼마나 많이 읽었는가? 이와 같은 변동 간격 강화 계획

(Variable Interval Reinforcement Schedule, 일정한 평균 시간을 중심으로 그때마다 시간 간격을 변경하여 행동에 대한 강화를 주어 행동의 학습을 꾀하는 계획–역주)하에서는 1% 이하의 가능성이라도 '다음의 위대한 것'을 찾아야 할 것처럼 보인다.

"상담 책들 말인가요?" 한 경험 많은 상담자가 헛웃음을 지으며 말했다. "나는 그 망할 것들을 안 읽은 지 몇 년 되었습니다. 그들 모두는 똑같은 것을 재창조하는 것처럼 보이거나 그들의 관점을 옹호해서 더 많은 책을 팔려고 하는 것처럼 보입니다."

"당신은 더 이상 이 분야의 책을 읽지 않습니까?" 그의 말이 매우 흥미로우면서도 놀라워 나는 중립적인 목소리로 반문했다.

"당신은 최근에 어떤 것이라도 읽었습니까?" 그러고 나서 그는 웃었다. "아, 맞다. 당신은 책을 썼지요. 그렇지 않습니까?"

나는 공손하게 미소를 지으며 더 캐묻지 않았다. "학술지의 경우는 어떻습니까?"

"놀리는 거죠, 그렇죠?"

나는 기다렸다. 약간 가혹하지만 맞는 말이었다.

"학술지에서 마지막으로 유용한 것을 발견한 때가 언제였나요? 그것들은 모두 학자들이 통계분석표를 얼마나 많이 포함하느냐에 따라 종신 교수직을 얻을 수 있다는 게 전부죠."

"좋습니다. 그렇다면 당신은 학술지를 읽지 않는군요. 책도 읽지 않고……."

"책을 읽지 않는다고 말하지는 않았습니다. 딱히 '상담' 책은 아니지만 삶을 지속하기 위한 책은 충분히 읽고 있습니다."

이 상담자는 철학, 인류학, 역사, 문학, 현대 소설, 시, 수십 가지의 잡지를 탐독하는 것으로 드러났다. 그는 상담자로서 그가 하는 일을 더 잘하려고 매우 동기화되어 있는 것처럼 보였다. 그는 단지 진부하게만 느껴지는 승인받은 상담 문헌 속에서는 이러한 일이 일어날 수 없다고 고집했다.

이것은 이 분야의 '모든' 연구와 논문을 거부하고, 그것들이 가치가 없다고 주장하는 상당히 과격한 반항일지도 모르지만, 그럼에도 우리가 좀처럼 말하지 않는 내담자가 우리의 가장 좋은 선생님일 수 있다는 것을 분명히 보여 준다.

만약 우리가 정규 교육이나 평생교육을 통해 상담자가 되는 것을 배우지 않는다면, 어떻게 탁월함을 발달시키겠는가? 길을 따라 우리를 인도하는 경험 많은 멘토의 슈퍼비전을 통해 발달시킬 수 있다. 그러나 흔히 그렇듯이 우리가 하는 것을 더 잘하게 하는 것은 우리를 가르치는 내담자들이다.

내담자와의 관계를 견디게 하는 힘

상담자에 대한 내담자의 영향은 거의 부정적인 효과를 주는 맥락에서 항상 이루어진다. 문헌을 살펴보면, 내담자가 우리에게 영향을 주는 방식을 어떻게든 경계하지 않으면 안 된다는 것을 암시하는, 불분명한 경계선, 역전이, 상호 의존, 투사, 과잉 동일시, 공감 피로, 대리 외상, 이차 외상, 통제의 상실과 같은 용어를 볼 수 있다. 그래서 상담 직업의 가장 초기 단계부터 그리고 많은 슈퍼비전을 통해 내담자가 우리의 전문적인 장벽을 허물고 침입하지 못하도록 매우 주의 깊게 조심하라고 배운다. 이 장벽은 아마도 내담자를 보호하기 위해 준비되었을지 모르지만, 실제로는 훨씬 더 우리를 보호하도록 설계되어 있다.

내가 내담자와 맺고 있는 관계는 특권이며 그들이 나에게 뭔가를 가르쳐 주고 있다고 느끼기 때문에, 그들이 나에게 미치는 '긍정적인' 영향에 나는 오랫동안 호기심을 갖고 있었다. 나는 한 비구니 내담자를 상담한 적이 있다. 그녀는 몇 년 동안 다른 나라의 절에서 시간을 보낸 후에 다시 '세상'으로 돌아와 적응하기 위해 나의 도움을 구하고 있었다. 대화 내내 현재 미국의 삶을 바라보는 그녀의 태도에 나는 넋을 잃었다. 한번은 그녀가 어떻게 기능해야 하는지 배우려고 시도한 것에 관하여 말하면서, 아침마다 일하러 가려고 버스를 타려 할 때 통근하는 사람들이 버스를 갈아타려고 거리를 가로질러 마구 달려드는 것이 얼마나 재미있는지 말해 주었다.

이것은 나에게는 매우 일상적인 행동인 것처럼 보였기 때문에 어리둥절한 표정을 지었다.

"불교 신자들은 달리지 않아요." 그녀는 웃으면서 말했다.

"왜냐하면 우리가 지금 있는 곳이 어디든 그곳은 우리가 있게 될지 모르는 장소만큼 좋은 곳이니까요."라고 말했다. 그리고 나서 그녀는 단지 실험 삼아 남들처럼 버스를 타기 위해 달려 보았으나 너무 재미있어서 낄낄거리며 웃었다고 말해 주었다.

그 이야기는 며칠 후에 어딘가 도착하기 위해 불만이 가득한 채 참을성 없이 기다리고 있는 나 자신을 알아챘을 때, 번쩍이는 영감을 줄 정도로 충분히 오랫동안 나에게 영향을 주었다. 나는 내가 불교 신자 내담자인 체하면서 그녀라면 어떻게 했을지 상상해 보았다. 나는 모든 긴장이 풀어졌고, 여유를 부리는 자신을 발견했으며, 심지어 온전히 차분해짐을 느꼈다.

내가 이 이야기를 하는 것은 그것이 독특하기 때문이 아니라 적어도 내 경험상 아주 흔한 일이기 때문이다. 이것은 나와 동료들(Kottler & Carlson, 2006)이 이 분야의 저명한 상담자들에게 내담자가 개인적으로, 그리고 직업적으로 변화를 주었던 것에 대해 인터뷰하는 계기를 마련하였다. 나의 여러 책에서처럼(무엇보다도 여러분이 읽고 있는 이 책에서), 나는 내 자신의 문제와 관련이 많은 주제를 탐색하려는 강한 개인적 동기를 느낀다. 나는 내담자의 경험과 상담을 통해 많이 배우는 것이 정말로 괜찮다는 확신과 정당성을 찾고 있었다. 처음에 우리의 프로젝트는 전혀 잘 진행되지 않았다. 내가 매우 존경하는 몇몇 이론가들은 그와 같은 경험에 관하여 이야기하기를 꺼리면서 인터뷰에 응하지 않았다. 상담에 공헌한 사람에게 내담자에게서 삶에 어떤 뜻깊은 영향을 받았는지 정직하고 공개적으로 말하도록 묻고 있다는 것을 감안할 때, 그들의 반응이 놀라운 일은 아니었다. 이 분야의 한 유명인이 내가 지금까지 들었던 것 중 가장 믿기 어려운 하나를 말했다. 그는 이 프로젝트에 꼭 참여하고 싶지만, 그의 50년 상담 경험 동안 내담자가 개인적으로 영향을 주었던 단 하나의 실례도 생각할 수가 없다고 하였다. 대신에 그에게 영향을 주었던 책들에 관해 말해도 되는지 궁금해했다.

다행히도 우리는 그 질문을 계속 했고, 어떻게 그들의 내담자가 그들을 변화시켰는지—전문가로서 또한 깊은 개인적 수준에서—기꺼이 말하고자 하는 24명의 상담 대가들을 마침내 찾아냈다. 공헌자들이 아주 단순하게 진술된 질문을 다른 식으로 해석하는 것이 흥미로웠다. "당신을 변화시켰던 내담자와 어떻게 이것이 일어났는지 우리에게 말해 주세요."라는 질문에 어떤 사람들은 그들의 이론을 개발하는 데 도움을 주었거나 가장 소중한 아이디어를 정당화하는 데 도움이 되었던 독창적인 사례에 관하여 말한 반면, 다른 사람들은 특정한 내담자와의 관계에 의하여 삶이 바뀌었다는 점을 기꺼이 말하였다.

여러분의 삶 가운데 상담자로서든 다른 어떤 역할로서든 능력이 닿는 대로 도움을 주려고 했던 사람들을 생각해 보라. 누가 개인적으로, 직업적으로 혹은 둘 다 당신에게 가장 영향을 주었던 내담자로 마음속에 떠오르는가? 그 사람과의 관계의 결과로 발생한 변화는 긍정적인 것일 수도 부정적인 것일 수도 있다. 게다가 변화는 지금 이 순간까지도 지속되고 있다.

이런 도움을 주는 만남의 핵심을 생각해 볼 때, 무엇이 여러분의 일과 삶 가운데 그것을 기억할 만하고 영향력 있게 했는가?

이 질문을 받았을 때, 어떤 이론가들은 관계에서 그들이 느꼈던 초월적 감정이입이나 그들을 깊이 관통했던 믿기 어려울 정도로 강력한 정서적 드라마에 대해 이야기했다. 휘청거릴 정도의 강도를 느꼈던 당신 자신의 경우를 확인하기 어렵지 않을 것이다. 심지어 결코 잊지 못할 만큼 당신의 핵심을 두드렸던 내담자도 있었을 것이다.

다른 이론가들은 그들이 이미 알고 있고, 이해하고 있다고 생각하는 것을 탈피하도록 압박을 가한 내담자에 대하여 이야기하였다. 어떻게 이들 몇몇 상담 분야의 획기적인 사상가들이 실제로 그들의 중대한 아이디어 개발의 부분적 원인으로 한 내담자나 혹은 심지어 한 상담회기를 들먹거리는지 매우 흥미롭다. 이 지점에 이를 때까지 그들은 견고하게 확립된 세련된 견본을 따라 즐겁게 상담을 해 왔다. 그다음에 그들은 그들이 선호하는 방법에 반응하지 않는, 그들이 어떻게 해야 할지 이미 알고 있는 '어떤 것'에도 긍정적으로 반응하지 않는 내담자와 마주쳤다. 차질이 생기고 되풀이되는 실패에 부딪히면서 상담자는 결코 전에는 시도해 보지 않았던, 심지어 가능하리라 들어 보지도 못한 뭔가 새로운 것을 발명해야 하는 압박감을 갖게 되었다.

여전히 사람들은 특정한 한 내담자가 자신에게 귀중한 삶의 교훈을 가르쳐 주고, 깊은 인상을 남겼다고 매우 개인적으로 표현한다. 내 경우에도 크고 많이 중요한 삶을 바꿀 만한 결정들을 내담자들과의 직접적인 접촉이 있은 후에 했었다. 이들 모두가 반드시 용기 있는 변화라거나 바람직한 변화라고는 할 수 없지만, 우리 안에 내담자를 허락한 것에 대해 우리가 치른 하나의 대가라고 생각한다.

이야기에 시달리며

상담자들은 이야기하는 일에 종사하고 있다. 우리는 생계 수단으로 이야기—희망하건대, 가르치고 영감을 불러일으키도록 설계된—를 한다. 우리는 주로 담고 있기에 버거운 매우 보기 드문,

가슴이 찢어지는 듯한 이야기에 귀를 기울인다. 우리는 많은 경우 전에 결코 들은 적이 없는, 매우 비밀스럽고 금지된 이야기를 들을 수 있는 특권(혹은 부담)을 가진 지구상에 존재하는 단 한 사람이다. 매 회기마다 우리는 텔레비전이나 통속 소설에서나 찾을 수 있을 것 같은 기이하게 많이 꼬여 있는 내담자의 삶에 계속 진행 중인 대하소설 한 편을 듣는다.

각각의 상담자는 영혼을 흔들 정도는 아니더라도 아직까지도 머리를 설레설레 흔들 만한 이야기들을 쌓아 왔을 것이다. 어떤 것들은 비극, 학대, 폭력, 절망으로 가득 찬 인생 이야기일 것이다. 또 어떤 것은 대중매체에서 우리가 보거나 들은 시트콤이나 리얼리티 쇼와 유사할 것이다. 또 어떤 것은 만약 영화로 만들어진다면 관객들은 어떤 정신 나간 작가가 만들어 낸 것이라고 지레짐작할 만한 매우 놀라운 극적인 이야기도 있다. 그렇지만 그들은 모두 진짜다. 아무튼 대부분 진짜다.

한 상담자는 양해를 구하는 말이나 부끄러움 없이 다른 사람들의 비밀이나 왜곡을 발견하는 것은 대단히 흥미진진하다고 털어놓는다. "모든 사람은 심지어 배우자와도 나누지 않은 자신에 관한 어떤 숨겨진 비밀을 갖고 있습니다. 그러나 그들은 그것을 저와 공유합니다. 저는 그것을 좋아합니다! 저는 오지랖이 넓은 사람이어서 다른 사람들의 '더러운 세탁물'에 관하여 듣는 것을 좋아합니다. 비밀을 수집하기 위하여 하루 종일 빈둥거리며 세월을 보내는 것과는 다릅니다. 오히려 매우 흥미로운 금기사항이나 사람들이 말하지 않는 것들 그리고 사람들이 온전히 자기 자신으로 있을 때 하는 것들을 우연히 발견하는 것과 같습니다."

이 상담자처럼 나 또한 아무도 보는 사람이 없을 때 잠긴 문 뒤에서 우리 모두가 하는 것과 같은, 사람들의 가장 사적인 순간과 비밀스러운 모습에 사로잡힌다. 한 프로젝트에서(Kottler, 1990) 나는 십여 년이 넘는 동안 강의를 수강했던 천여 명을 인터뷰하면서 혼자 있을 때 무엇을 하는지 물어보았다. 나는 아무도 보는 사람이 없으면 늘 거리낌 없이 행동하는 경향이 있다. 이상한 목소리로 혼잣말을 한다. 때때로 나는 우리 집이 외계인의 공격을 받은 것처럼 침입자를 물리치기 위하여 물총을 사용한다. 보통 사용하는 물총 말이다.

사실상 나는 내가 하는 기괴한 짓으로 기분이 더 좋아지길 원했고, 이와 같이 다른 사람들도 자신의 비밀스러운 행위를 말하는 것은 재미있고 흥미진진할 것이라고 생각했다. 나는 오랫동안 내담자에게 물어볼 적절한 질문을 마음속으로 찾고 있었으므로 자연스럽게 상담 장면에서 그 질문을 꺼내 놓았다. 말을 하자마자 내담자들은 자신의 이야기를 털어놓길 간절히 원했고, 자신의 사적인 모습을 고백했다. 내가 가장 선호하는 이야기는 공중 화장실의 세균에 강한 혐오감을 갖고 있던 남자에 관한 것이다. 그는 자신을 더럽힐까 봐 너무 두려운 나머지 변기 시트에 까는 종이조차 신뢰할 수 없었다. 그는 화장실에 들어가 신발과 양말을 제외한 모든 옷을 벗고, 볼일을 보기 위해 변기 시트 위에 쪼그리고 앉았다. 한번은 한참 쪼그리고 앉아 있는데, 누군가 들어오려고 문을 흔들어 대는 소리가 났다. 달걀 위에 앉아 있는 닭처럼 옷을 홀딱 벗고 위태롭게 앉아 있었다는 것을 생각해 볼 때, 당연히 매우 당황스러운 일이었다. 그는 안에 사람이 있다고 침입자에게 말하면서, 문 밑으로 자세히 들여다보려 시도하고 있는 한 남성을 볼 수 있었다.

"화장실 안에 계신 거라면 당신 다리는 어디에 있는 거요?" 화장실 밖에서 그 남자가 물었다. 공황 상태에서 그가 할 수 있었던 모든 것은 "나는 베트남전 참전 용사요."라고 불쑥 말하는 것이었다.

또 다른 이야기로, 빨래하는 것을 무척 싫어하는 한 여성에 관한 이야기가 있다. 그녀는 빨래가 돌아가는 동안 건조기 위에 앉아 있는 것으로 자신을 보상해 주었다. 모든 공상을 실행에 옮기는 사람들에 대해서도 들었다. 여러분도 이와 비슷한 많은 이야기를 들었을 것이다.

우리의 내담자가 매일 살고 있는 대안적인 경험 세계인 말하지 않은 비밀의 세계가 존재한다. 이런 이야기를 들으면 우리는 전혀 상상할 수 없었던 곳, 사람들이 나쁜 짓을 하는 어두운 곳, 다른 규칙들이 적용되는 낯선 현실 세계로 옮겨 가게 된다. 우리는 가능하리라 거의 믿기지 않는, 매우 어리둥절하고 기이하며 놀라운 이야기들을 듣는다. 별생각 없이 듣고 있는 동안 머릿속에서는 '오, 맙소사! 놀리는 거죠? 내가 들은 가장 이상한 경우네요!'라고 소리친다.

슈퍼비전에서 알게 되었거나 친구, 동료와의 교제 가운데 혹은 비밀에 부쳐진, 여러분이 들은 이야기들이 있을 것이다. 대부분의 상담자처럼 나도 상담 동안에 내 생각을 훨씬 뛰어넘는 매우 믿기 어려운 이야기들을 들었다. 내가 수집한 유명한 상담자들이 들은 몇 가지 이야기들(Kottler & Carlson, 2003)을 믿을 수가 없다. 그것은 세 살짜리 알코올 중독자(Laura Brown), 죽은 남편의 시신을 미라로 만들어 식탁 의자에 12년 동안 앉혀 놓았던 엄마(Jon Carlson), 남편이 자신을 구하러 오는 데 얼마나 걸리는지 알아보기 위해 목을 매 자살을 시도한 여성(Susan Johnson), 한 번도 환영을 보지 못한 주술사(Bradford Keeney), 여든두 살의 노인 창녀(Jay Haley) 그리고 나의 첫 번째 사례인 소를 신봉하는 무리의 한 일원(그는 소와 사랑에 빠져 있었고, 성관계를 맺고 있었다)과 매우 호색적인 관계를 맺고 있었던 남자의 이야기 같은 것들이다. 이들은 전혀 즐겁지 않고 고통받고 있거나 비정상적인 삶을 살고 있는 사람들의 대표적인 이야기들이다. 이색적인데다 전에 들었던 어떤 이야기와도 같지 않아 뇌리에서 결코 떠나지 않는다.

우리가 배운 것

아마도 상담을 함으로써 얻게 되는 가장 큰 혜택은 매일매일 우리는 배운다는 것이다. 각각의 내담자는 축적된 지식의 총합을 가져오며, 모든 관련 배경 지식으로 완비된 삶의 전후 상황을 함께 나누는 것이 그의 주된 일이다. 이리하여 우리는 인간의 가장 친밀한 세계를 잠깐 들여다볼 수 있게 되고, 다양한 민족의 문화, 관습, 언어에 관하여 배운다. 우리는 이탈리아, 이란, 중국, 멕시코, 베트남, 유대인, 아프리카계 미국인, 푸에르토리코인, 미국 원주민의 가족 구조의 차이점을 보게 되며, 종교, 독특한 음식, 심지어 성적 · 사회적 행동의 가장 친밀한 내용에 관하여 자세히 배운다.

우리는 내담자의 삶에 몰두하면서 사람들이 일로 무엇을 하는지 배우는 데 많은 시간을 보낸다. 통상적인 직업에 관해 배울 뿐만 아니라 사회의 변두리에서 하는 일들, 생활수당 보조를 받는 것, 양호 위탁, 소년원이나 범죄 보호 시설에서 하는 일들을 배우게 된다. 언젠가는 전문적인 운동선수, 정치인, 기술자, 창녀, 공장 노동자의 삶에 관하여 배우게 될지도 모른다. 치료의 부산물로써 우리는 매우 흥미 있는 세부 사항들, 즉 법인의 결정은 어떻게 이루어지는지, 마약 거래가 어떻게 완료되는지, 시가 어떻게 쓰이는지, 옷이 얼마나 쉽게 도난당하는지, 좋아하지 않는 손님에게 웨이터들이 몰래 무슨 짓을 하는지, 주식 시장이 어떻게 작용하는지, 어떻게 테니스 선수를 훈련하는지, 사무실 직원으로 누군가가 정말로 어떻게 선택되는지, 생산라인의 노동자가 어떻게 지루함을 견디는지, 7학년 학생이 친구를 이기고 다른 사람들에게 영향을 주고자 어떻게 시도하는지, 광고 기획자가 어떻게 아이디어를 고안해 내는지, 경찰이 자신의 공격적 충동을 어떻게 통제하는지, 그리고 다른 상담자들은 어떻게 심리적 소진을 다루는지를 발견한다.

우리는 사람들이 그들의 방어가 허술해질 때 정말로 무엇을 생각하고 느끼고 행동하는지 알 수 있는 특권을 갖고 있다. 게다가 우리는 보수를 받는다. 내담자들에게서 얻은 정보는 단지 그들을 더 잘 이해하도록 돕는 데 그치지 않고, 우리 자신을 더 잘 이해하도록 돕는다. 참으로 상담자가 되는 것은 연극이나 영화의 수동적인 관중이 아니라 다른 사람들이 그들의 세계를 재창조하도록 도움을 주는 적극적인 참여자로 수백 가지 이상의 삶을 살 수 있도록 한다.

상담은 나를 가르친 내담자에게 대가를 지불해야만 할 것 같은 충동을 가끔 느끼게 할 정도로 직업적으로도 만족을 줄 뿐 아니라, 개인적으로도 매우 의의가 있으며 무척 흥미롭다. 그런데도 좋은 상담을 하기 위해서는 굉장한 에너지가 있어야 한다. 끊임없이 도전한 보상으로 나는 억울함과 고마움 모두 느끼게 된다.

우리는 단지 내담자에게 배우기만 하는 것이 아니다. 개인적인 호기심은 우리의 직업적 준비도를 높여 준다. 의학, 교육, 심리학, 간호학, 상담학, 가족치료, 사회복지를 막론하고 치료자 훈련 프로그램은 마음과 몸에 관한 연구들을 통합하는 학제 간 관점을 강조한다. 생화학은 정신약리학적 약물의 작용뿐만 아니라 많은 정서장애의 유기체적 바탕을 이해하기 위한 토대다. 신경생리학은 정신 신체증의 차별화된 진단을 위해 필요하고, 사회학, 사회심리학, 사회생물학, 사회인류학은 증상의 사회적 맥락을 설명해 준다. 교육심리학은 건강한 성장을 촉진하기 위해 우리가 사용하는 학습과 발달의 이론을 제공하고, 철학과 일반체제이론은 논리적으로 추론하고, 지식을 조직화하고, 물질적이거나 영적인 현상에 대한 논리 정연한 설명을 하도록 돕는다.

프로이트는 그의 이론을 위한 영감을 얻고자 도스토옙스키, 소포클레스, 셰익스피어의 작품, 미켈란젤로와 레오나르도의 조각품, 밀과 니체의 철학을 접했다. 그의 이론의 주춧돌이 된 것은 그의 공식적인 의학 훈련보다는 오히려 『리어 왕』 『햄릿』 『오이디푸스 왕』 『카라마조프의 형제들』을 읽은 것이었다. 프로이트는 시인, 조각가, 신경학자, 철학자, 극작가의 지혜와 자신의 인내를 인간 세상을 바라보는 통합된 시각으로 끌어낼 수 있었던 첫째가는 가장 유명한 통합주의자였다.

프로이트 시대의 그의 많은 추종자는 다양한 학문적 수련을 받는 박학다식한 사람들이었다. 예를 들면, 융은 괴테, 쇼펜하우어, 칸트, 정신의학의 뉴사이언스뿐만 아니라 라틴어와 신학 연구의 영향을 많이 받았다. 실존주의의 북미 챔피언인 롤로 메이가 철학(Kierkegaard, Nietzsche), 정신분석학(Freud), 현상학(Merleau-Ponty, Husserl), 미술(Cezanne, van Gogh), 신학(Marcel, Jaspers), 문학(Sartre, Camus, Kafka), 강제 수용소(Frankl)라는 재료를 사용한, 아마도 가장 실질적인 상담 양식 레시피를 서술했을 것이다. 그러므로 우리 분야에는 모든 것에 관하여 우리가 할 수 있는 것 못지않게 배워야 한다는 커다란 역사적 관례가 있다. 정서와 행동의 복잡성을 이해하도록 돕는 경험적 과학—단지 공식 연구나 사례 연구에서뿐만 아니라 문학으로부터 얻는—은 우리의 것이다. 셰익스피어의 연극이나 도스토옙스키의 소설, 제임스의 단편소설이 없었다면, 고뇌와 갈등에 관한 우리의 지식은 천하고 일차원적인 자기 폭로에 지나지 않았을 것이다.

관계를 심화하기

"상담을 하면서 내가 배운 것이 있다면 그것은 다른 사람들과 어떻게 접촉하는가입니다. 진정한 만남 말입니다. 원가족에서 나는 다른 사람들에게 매우 제약되고 억제된 태도로 행동하도록 교육받았죠. 나는 늘 신중했고, 다른 사람들을 완전히 신뢰하지 않았어요. 그러나 나는 상담을 함으로써 더 큰 감수성과 직관력을 개발하게 되었고, 판단에 따르는 두려움을 약화시킬 수 있었어요."라고 한 상담자는 말했다.

이 상담자의 성장은 그가 한 상담에 힘입은 바가 크다. "내 내담자들은 상당수가 정신적으로 병들거나 역기능적이라는 꼬리표를 달고 있는 사람이기도 했지만, 나에게 더 공감하는 부모, 더 나은 동반자, 친절한 딸, 더 열린 마음을 가진 친구가 될 수 있도록 가르친 사람들입니다. 그들은 내가 이전에 상상했던 것보다 더 깊은 관계로까지 나를 초대한 사람들입니다."

상담자는 가장 골칫거리인 갈등과 요동치는 상호작용을 관통하여 길을 찾아가는 관계 전문가다. 하루 종일 사람들은 그들의 가장 골치 아픈 문제, 가장 최악의 악몽을 들고 오며, 우리는 그들과 함께 문제들을 분류하고 그들이 그것들을 다룰 수 있도록 대안적 방안을 강구한다. 우리는 더 연민을 가지고, 더 깊이 공감하며, 애정을 기울이는 법을 배우는 데 삶을 보내며, 더욱 효과적으로 의사소통하기 위하여 대인 관계 기술을 연마한다. 이 모든 것은 더 나은 상담자가 되도록 할 뿐 아니라 우리의 다른 관계 속에서 더 민감하게 반응하는 인간이 되도록 도와준다.

한 상담자가 최근 60회 생일잔치에 참석해서 30년 이상 보지 못했던 한 친구를 만났다. "얼마 지나지 않아 우리는 삶의 진정한 문제가 무엇인지 이야기하고 있었지. 한순간 그는 잠시 멈추더니 이런 공적 모임에서 우리가 매우 사적인 이야기를 나누고 있는 것이 얼마나 놀라운지 말했어. 그러고는 그에게 커다란 자긍심을 불러 일으킨 최근의 성공과 그가 겪고 있던 갈등에 대해 털어놓았어." 그 상담자는 그들이 서로 가졌던 친밀한 깊은 개방에 놀랐으나 그 것은 진정 놀라운 것이 아니다. 왜냐하면 이것은 우리가 늘 하고 있는 일이기 때문이다. 우리는 대화가 깊어지도록 이끈다.

우리는 내담자와 시간을 보내는 동안 우리가 '생활하고' 있는 깊고 친밀한 관계에 어느 정도 익숙하다. 나이, 배경, 문화, 성격 에 관계없이 가능한 가장 친밀한 수준에서 어떻게 그들과 관계를 맺는지 배운다. 우리에게 주어진 짧은 시간이 흘러가고 있으므로 우리는 가능한 가장 의미 있고 중요한 주제만 이야기하면서 시간 을 보낸다. 대화가 일상적이고 피상적인 주제로 흐를 때마다 우 리는 더욱 개인적 관심의 자리로 돌려놓는다. 우리는 가능한 많 이 내담자가 그들의 비밀과 공상을 나누고, 금지된 것들에 대하 여 이야기하도록 격려한다. 적절하고 또 그것이 유용하게 쓰인다 고 판단될 때마다 우리는 탐색하는 기술을 사용하고 강한 정서적 반응을 즉각 보여 주며 내담자가 더욱 온전히 표현하도록 돕는 다. 우리는 사람들이 상징적으로, 은유적으로 그들의 행동을 생 각하도록 돕는다. 그들이 더 깊은 의미를 찾아내도록 돕는다. 그 들과 맺고 있는 우리의 관계에 관하여, 그리고 그것을 더욱더 깊 게 만드는 방법에 관하여 이야기한다. 다른 말로 우리 대부분은 다른 사람들과 함께 상상할 수 있는 가장 강한 친밀감을 형성하느 라 분주한 직업적 삶을 살고 있다. 그러고 나서 우리는 집으로 돌 아간다.

상담자가 되는 것은 특권이자 선물이며, 계속하여 배우고 성장할 수 있는 기회인 것 못지않게, 때때로 내담자들은 분명 즐겁지 않고 바람직하지도 않은 방식으로 우리를 건드린다. 우리는 일과 연관된 어려움과 때때로 사라지지 않을 것 같은 지속되는 영향 안에 놓여 있다.

05

상담 실무의
어려움

상담 실무의 어려움

어느 전문직의 일원이 되는 것은 그에 따른 책무도 주어지지만 분명히 이득도 있다. 일반적으로 숫자를 다루는 일에 꼬박 매달려 있는 회계사들은 그들 소유의 자금은 정말 잘 관리할지 모르지만, 대인 관계 문제를 다루는 데 있어서는 능숙하지 못할 수도 있다. 응급실 간호사들은 그들의 개인적 위기를 차분하고 자신감 있게 다룰지 모르지만, 그런 위기 상황이 나아졌을 때 마음을 느긋하게 먹는 데 곤란을 겪을 수도 있다. 삼림 관리원들은 야외에서 일하거나 놀 때 지극히 편안할지 모르지만, 집이나 사무실에서 장시간을 보내야만 할 땐 발버둥칠지도 모른다. 인간 행동의 미묘한 차이에 관한 훈련을 받고, 대인 관계의 갈등을 타협하는 데 전문가인 상담자들은 이 직업을 선택한 결과로 인한 어떤 영향을 받고 있다.

우리 일을 선택한 결과로 우리가 혜택을 누리고 있는 것에는 분명 의심의 여지가 없다. 우리 문화 속에서 미스터리한 인간 행동의 전문가로서 우리가 어떻게 특권적 지위를 누리고 있는지 이미 언급했다. 우리는 대부분 일하는 과정에서 엄청난 재량권을 갖고 있다. 우리가 원한다면 하는 일의 내용, 스타일, 구조를 우리의 개성이나 선호에 가장 잘 맞게 수정할 수 있다. 우리는 지속적으로 학습, 성장, 발달, 변화하며 진화할 기회를 가진다. 심지어 그런 권한을 부여받기까지 한다. 이러한 혜택에도, 이 직업의 선택에는 다른 어두운 측면도 있다. 실패 다루기(6장), 다루기 어려운 내담자(7장), 소진(8장)과 같은 것들은 내용이 잘 정리됐지만, 다른 것들은 깊이 탐색되거나 알려지지도 않은 실정이다.

전문성이 가지는 어려움

상담의 다양한 특성은 그것들 특유의 스트레스와 문제를 야기한다. 조직 내에서 일하는 것과 연관된 위험이나 내담자를 만나는 것과 관련된 위험을 다루어야 할 뿐 아니라 각각의 임상가들은 훈련을 통해 얻은 정체성 문제와 정면으로 맞서야만 한다. 우리 모두 알고 있는 것처럼 지위, 권력, 유능함, 전문성은 상담을 하는 전문가들 사이에 동등하게 나뉘지 않는다. 예를 들어, 정신과 의사들은 초창기에 받은 부족한 상담 훈련과 의학 모델을 지향하는 동료 의사들 사이에서는 아무것도 하지 않는 '돌팔이 의사'라는 낙인을 받고, 의학 모델을 반대하는 반대편 동료들 사이에서는 너무 많이 처방전을 남발하는 '처방전 전문의사(pill doctor)'라는 이미지 사이에서 씨름해야만 한다.

많은 사회복지사가 집에서는 사람들과 편안한 잡담을 나누지만, 공적으로는 박애주의자라는 진부한 이미지로 고심하고 있다. 정신건강 조직에서 그들은 동등함을 추구하면서, 자신이 가장 잘 할 수 있음을 입증하려고 고군분투하고 있는 심리학자들과 싸우고 있다. 정신과 간호사, 가족치료사 그리고 정신건강 사회복지사들도 조용히 치료적 작업을 계속 수행하고 있으나 종종 사회적인 인정을 받지 못함으로써 좌절감을 맛보고 있다. 모든 임상가는 그들의 전문성이나 직업 환경에 관계없이 이미 내담자가 말을 시작하기 전부터 큰 짐을 지고 있다.

상담이 이루어지는 환경 유형과 관련된 독특한 어려움—끊임 없는 폭력, 절망감, 학대, 고통 등—도 있다. 어린이 보호 서비스를 하거나 보호관찰 부서에서 일하고 있는 상담자는 그들이 듣는 비극적인 이야기에 완전히 압도당하기 쉽다. 사회복지 서비스를 위해 일하는 상담자는 집이 없는 사람들(혹은 없다고 주장하는 사람들)을 대상으로 그들이 실제로 재정 보조를 받을 수 있는 요건을 갖추었는지를 평가한다. 그녀는 단지 비극적인 가난이나 절망에 접할 뿐만 아니라 사기와 속임수에도 맞닥뜨리게 된다. 그 구역의 학교 세 곳을 담당하고 있는 초등학교 상담자는 가장 긴급한 사례 조차 최소한으로 다루기에도 빠듯한 실정이다. 또 어떤 상담자는 대부분 법정에 의해 일 년 동안 상담을 받도록 의뢰된, 그리고 자신의 행위에 대한 후회나 죄책감을 느끼지 않는 가정폭력의 가해자 집단을 다루기도 한다. 주 정부 사회복지 기관을 위해 일하고 있는 한 사회복지사는 스페인어를 유창하게 구사하지만, 지금은 베트남어를 주로 사용하고, 대부분 영어를 잘 못하는(그리고 물론 스페인어를 할 줄 모른다!) 내담자들을 위해 일하고 있다. 다른 임상 가들은 갱생 시설, 난민 수용소, 위기 개입 클리닉, 주 정신건강 조직, 재향군인병원, 감옥, 교도소, 소년원, 학대당하는 여성들을 위한 보호소에서 줄어든 예산과 늘어나는 업무량으로 더 심각한 장애를 안고 있는 내담자들과 일하고 있다.

심지어 개인상담조차도 그것이 전성기에 누렸던 것과 달리 지역사회 내의 경쟁이 뜨겁다. 책정되는 수임료와 치료 기간이 관리의료(어떤 집단의 의료를 의사 집단에 도급을 주는 건강관리 방식—역주) 체계에 의해 제한을 받는다. 상담자격검증위원회(이름을 보라, 헉!)는 치료 계획의 세밀한 부분까지 관리하고 있으며, 점점 서비스의 문서화를 요구한다. 한때 걱정하는 사람들—신경증적 특권계급—에게 잘 부합하며, 상대적으로 편안한 직업으로 간주되었던 상담은 이제 훨씬 더 다양해졌고, 모든 의뢰인에게 흥미를 갖게 되었다. 소수 집단과 소외 집단을 위해 일하고자 더 큰 도전과 어려움을 마주하고자 하는 개인상담자에 대한 요구가 더욱 커지고 있다.

초심 상담자들이 겪는 독특한 어려움

심리치료의 어려움에 관하여 자세히 말하기가 매우 망설여진다. 새로운 직업에 대한 낙관론과 열정 그리고 흥분으로 가득한 초심 상담자들을 왜 겁주어 쫓아 버리겠는가? 그렇지만 이 도전으로 사면초가에 빠진 기분이 드는 것은 대면할 도전에 관해 무지하기 때문일 것이다. 존경받는 우리 협회의 일원이 되고자 한 여러분의 부푼 기대를 누그러뜨리지 않으면서, 나는 여러분이 윤리적으로 내담자에게 제공하도록 지시받은 것과 동일한 '고지에 입각한 동의(informed consent)'를 제공하고자 한다.

상담자가 되는 것은 우리의 모든 관계를 변화시키며, 친구들과 가족은 뒷전이 될 수 있다. 자신의 가장 가공할 만한 악한 영을 매주 대면할 것이고, 그 대가를 치를 것이다. 제대로 보수를 받지도, 인정받지도 못할 것이다. 최악의 상태에 있는 사람들을 보게 될 것이며, 여러분은 최상의 상태를 요구받을 것이다. 그것도 매번.

훈련 과정에 있는 상담자들은 부적절감에 대한 두려움과 실패에 대한 회피 반응 같은 추가 부담을 안고 있다(6장 참조). 그들은 직업적 정체성을 발달시키고자, 그리고 그들 직업의 역설적인 부분과 조화를 이루고자 애쓰는 동시에 경쟁적인 학문적 압박감 가운데 놓여 있다. 내담자와 가까워져야 하지만 너무 가까워지지 말아야 하고, 마음으로 보살피지만 여전히 거리를 두어야 하며, 의존성을 키우지 않으면서 지지를 보내고, 궁극엔 미스터리를 풀어야 한다. 많은 교수나 슈퍼바이저가 이와 같이 다르게 하는 데 어떻게 상담 결과는 동등하게 효과적일 수 있을까?

아마도 초심 상담자에게 무엇보다 가장 스트레스를 주는 것은 모순된 피드백을 조화시키는 일일 것이다. 어떤 사례든 한 사례를 동료 집단에 제시해 보라. 그리고 뒤따르는 쇼를 지켜보라.

나는 초기에 급격한 진전을 보인 후에 점차 부정적으로 악화되었던 젊은 여성 내담자로 인해 꼼짝 못하고 있었다. 우리 팀의 중론은 그녀의 남자에 대한 양가감정에 초점이 모아졌다. 그녀는 질이 매끄럽게 되지 않거나 아마도 질경련이나 질 근육의 수축 문제로 인해 아직까지 성교를 완전하게 할 수 없었다. 그녀는 "만약 내가 삽입을 그렇게 두려워한다면 왜 나는 자주 강간당하는 공상을 하는 거죠?"라고 중대한 시점에서 나에게 물었다.

좋은 질문이다. 사실상 훌륭한 질문이다. 그러나 나는 불행히도 대답할 말이 전혀 없었다. 그 밖에 할 수 있는 일을 생각해 낼 수 없었으므로 나는 내 위치에서 자존감이 있는 상담자가 하리라 여겨지는 것을 했다. 도움을 얻을 때까지 시선을 그녀에게 돌리고 시간을 벌었다. 나는 한참 후에 "좋은 질문입니다."라고 반응했다. "그것이 무엇을 의미한다고 생각하세요?" 우리는 잠시 동안 헛기침을 하고 우물거렸다. 다음 번에 더 깊이 있게 그 문제를 탐색하기로 하고 상담을 끝맺었다. 그녀가 문 밖으로 나가는 순간, 나는 이 사례를 동료들의 심리에 맡겼다. "좋아요, 여러분. 이런 상황입니다. 젠장, 이게 뭘 의미하는 건가요?"

여기에 관련된 다른 이슈는 나의 부적절감이었다. 내가 정말 좋은 상담자라면 이것이 무엇을 의미하는지 알았어야 한다는 것이다. 나의 부적절감은 이 현상을 이해했다는 동료들의 가벼운 확신에 의해 더욱 강화되었다. 그러나 지금까지도 나를 어리둥절하게 만드는 것은 그들 각각의 해석이 전부 달랐다는 것이다!

"그녀는 분명히 성적 학대를 받았어요. 그걸 확인하지 않았나요?"

내가 대답하기도 전에 다른 사람이 "그녀는 친밀감에 대한 두려움이 있다고 생각됩니다. 나라면 성적인 이슈보다는 관계 문제로 이것을 재구성할 것 같습니다."라며 끼어들었다.

나는 맹렬히 메모를 해 댔다. 다음 제안이 있기 전까지는 마지막 것이 가장 좋은 생각인 것 같았다. 그리고 그다음 것 그리고 그다음 다음 것. 나는 동일한 사례에 대해 다섯 가지의 다른 제안을 들었다. 만약 다섯 명의 동료 의사들에게 한 환자를 진찰하도록 한 후에 그들이 다섯 가지 다른 진단과 치료법을 제시한다면 의사는 어떻게 진행할지 궁금했다.

상관이나 동료들 그리고 우리가 읽은 책에서 얻는 이런 상반된 피드백은 혼동과 불확실성, 그리고 우리가 감수해야 하는 스트레스를 더욱 가중시킨다. 매일 우리는 대답을 원하는 사람들과 대면하고 있으며, 확실성에 대한 그들의 필요를 달래 주기 위해 최선을 다하고 있다. 그러나 그동안 내내 우리 자신도 우리 분야에서 잘 자라는 의심—헌신적인 추종자의 순진한 여러 아이디어(헌신적인 추종자가 만들어 내는 헌신에 의해서)에 의해 종종 더 악화되는 불편한 느낌—을 품고 있다.

직업적인 위험

내담자들의 강렬한 정서적 문제에 지속적으로 접촉함으로써 야기되는 퇴행적 효과 때문에 상담자들이 5년마다 추가 치료를 받아야 함을 처음으로 제안한 사람은 프로이트였다. 프로이트는 내담자를 간혹 긴 의자에 눕게 했는데, 그 이유는 상담 내내 그들을 바라볼 수 없었기 때문이었다. 자유연상을 용이하게 하는 기울여 앉는 자세는 우연에서 비롯된 산물이었다.

믿기 어려운 정서적 자극—화, 슬픔, 공황, 낙담, 갈등 등—에 직면하여, 상담자는 고갈되지도, 궁핍하지도, 고립되지도 않으면서 중립성, 객관성, 좌절에 대한 인내력, 공감, 각성, 흥미, 충동 조절을 유지하리라 기대된다. 더 나아가 상담자가 된다는 것은 사색적이 되고, 자기분석적이고, 자기 반성적이며, 끊임없이 자신의 내적 상태와 동기, 욕구, 행동, 대인 관계 패턴을 추적 관찰할 것을 요구한다. 끊임없는 내적 상태로의 집중은 자기 인식의 증가를 크게 촉진한다 할지라도 결국 자기 몰두로 이어질 수 있는데, 이는 우울증의 대표적인 증상이다(Seligman, 2002). 정말로 우리가 자랑스럽게 생각하는 학회 밖의 친구들이나 가족에게 많이 듣는 말 중 하나는 생각을 너무 많이 한다는 것이다.

앞서 말한 여러 요구가 충분하지 않은 듯 우리는 집에 돌아와서도 멋지고 활기차야 한다. 왜냐하면 내 친구들과 가족은 내가 밥벌이로 무엇을 하는지 알고 있으며, 그들은 우리가 초인적인 인내심이 있고, 관대하게 용서하며, 싸움을 걸어올 경우에도 타협적인 태도를 취할 것이라고 은연중에 기대하고 있기 때문이다. 우리가 어떤 점에서 실수하거나 평정을 잃는다면, 어떤 사람들은 우리 앞에서 이렇게 물을 것이다. "그런데 당신은 상담자라면서요?"

지방의 사회복지 서비스 부서에서 12년 동안 일해 온 한 사회복지사가 있었다. 그녀는 시스템—정치적으로, 정서적으로, 재정적으로—에 완전히 둘러싸여 꼼짝달싹 못하고 있었다. 그녀는 냉소적이고, 냉담하며, 빈정거리는 편이다. 고참 임상가인 그녀의 직무에 대한 기술문은 마치 순진하고 이타적인 학자가 쓴 것처럼 보인다. 항상 변화하는 권력의 위계질서 속에서 그녀의 위치를 유지하기 위해 온 힘을 기울이기 때문에 그녀는 내담자와 보낼 시간이 거의 없다. 그녀가 만나야 하는 학대당한 여성들을 그녀는 두려워한다. 그들은 너무 불쌍해 보이고, 그녀가 느낄 수 있는 너무 많은 것을 떠올리게 한다. 그녀는 매일 한 시간씩 걸려 그 도시로 출퇴근하고 있으며, 은퇴할 때까지 인내심을 갖고 18년을 기다릴 셈이다. 서른네 살에 그녀는 늙었다고 느낀다. 그녀는 너무 많은 인간의 불행을 보았다. 그녀는 희망을 잃은 망가진 사람들에 관한 악몽을 꾼다. 담뱃불 자국으로 얼굴에 점이 찍힌 어린 아이들을 본다. 그녀는 이 시스템을 떠날 수 없다. 정년퇴직이 보장되어 있기 때문이다. 게다가 어디로 갈 것인가?

개업 상담자는 세상의 모든 것─넘치는 담당 건수, 자유, 자가 경영, 자기 방향성, 지위, 상대적인 재정적 안정 등─을 가진 것처럼 보인다. 부러울 것이 무엇이겠는가? 그러나 그는 자신의 성공이라는 함정에 빠져 있다. 그는 사용 경비와 생활양식을 유지하기 위하여 건강, 가족, 여가 선용을 등한시하면서 주당 45회기를 소화하고 있다. 사실상 그는 자유재량으로 사용할 수 있는 시간이 없다. 그는 몇 년 동안 휴가를 가지 못했다. 여행 경비에 보태어 2주 동안 벌어들일 수 있는 소득의 손실액을 정당화할 수 없기 때문이다. 심지어 친구를 만나는 것도 힘들다. 왜냐하면 그는 2시간을 비용으로만 환산하기 때문이다.

지역사회 단체를 위한 계약직과 파트타임 개업으로 시간을 나누어 쓰고 있는 부부·가족 치료사는 마치 항상 더 많은 일을 찾고 있는 것처럼 보인다. 자녀들에 대한 재정적 책임을 혼자 다 지고 있는 싱글맘인 그녀는 안정된 경제적 기반을 결코 얻을 수가 없다. 그녀가 상담하고 있는 대부분의 가족이나 커플은 수임료 전액을 낼 만큼의 형편이 되지 못하므로 그녀의 차등제 수임료는 그녀를 먹고 살기 어렵게 한다. 가족치료하는 것을 매우 좋아했던 때가 있었지만, 지금은 그녀가 한 일의 양과 질에 비해 지독히 적은 보수를 받는 것처럼 느껴진다. 이전 취소 회기를 만회할 1시간을 기다리다 또 한 커플이 약속을 취소한다. 그녀는 상담이 취소되면 보수를 받지 못한다. 그녀는 미어지는 느낌이다. 그녀는 어떻게든 연명하기 위하여 잠시 동안만이라도 세 번째 파트타임 일거리를 구해야겠다고 심각하게 생각하고 있다.

일부 전문가들이 상담의 어려움을 어떻게 경험하는가에 관한 앞의 예들은 사실 소수의 상담자들과 상담 수행의 개인적 성과에 관한 책을 읽지 않은 사람들을 묘사한 예다.

그럼에도 우리 모두는 치료적 상담의 부작용을 자신에게 허용한 상담자들을 알고 있다. 지금 바로 이 순간 그것이 우리에게도 일어날 수 있다는 생각에 몸이 떨린다. 생계 수단으로써 상담을 통해 다른 사람들을 돕고자 하는 사람들의 신경계를 감염시키는 '그것'은 무엇인가? 내담자들은 어떻게 우리에게 영향을 주고, 우리의 귀중한 통제력을 해제하며, 그들의 두려움으로 우리를 괴롭히는가?

잠 못 이루는 밤

내담자들은 악몽을 들고 와 우리의 무릎에 떨어뜨리고, 그것을 처리하라고 남겨 둔다. 그들은 지난 수년간 잠 못 이루는 밤을 견뎌 왔다. 이제 우리의 과제는 그런 악한 영을 멀리하는 것이다. 특히 밤에 휴식을 취하며 우리의 방어가 허술해질 때, 이미지들은 꿈속으로 몰래 기어 들어오거나 만약 깨어 누워 있다면 평화를 깨뜨릴 것이다. 아마도 우리를 오염시켰던 바로 그 내담자와 동시다발적으로 같이 잠 못 이루며 엎치락뒤치락할지도 모른다.

어느 내담자의 이야기도 방아쇠가 될 수 있지만, 보통 혼자 있을 때 우리를 괴롭히는, 특별히 슬프거나 가공할 만한 이야기가 있다. 그것은 누군가의 비극이라고 자신에게 말하지만, 이미 때가 너무 늦었다. 연쇄 반응은 시작되었고, 우리는 우리의 고통을 면밀히 살펴보고 있다. 내담자가 나에게 가져온 이미지는 죽을 때까지 나를 괴롭힐 것이다. 비록 이런 유의 이야기를 읽었거나 영화를 본 적이 있지만 공포에 실제로 사로잡혔던 그 사람을 매우 가까이함으로써 느끼게 되는 강렬함에는 비할 바가 아니다.

나의 내담자는 멀리 떨어진 도시에서 살고 있었다. 그녀는 어느 날 우연히 휴가 중인 고등학교 동창생을 만났다. 좋은 친구라기보다는 지인에 가까운 사이였지만 그녀는 그를 꽤 잘 알고 있었다. 그는 졸업반 회장이었기 때문이다. 그들은 많은 시간이 흐른 후에 이렇게 큰 도시에서 우연히 만난 것을 기뻐하였다. 잠시 커피를 마시고 수다를 떨면서 밀린 이야기를 나누었다. 그리고 나서 서로 갈 길을 갔다. 그녀는 아파트에 돌아와 평소 습관대로 어린 딸에게 잠들 때까지 책을 읽어 주었다. 그런 다음 책상에 앉아 공부하기 시작했다.

몇 시간 후에 문을 두드리는 소리가 났다. 그녀는 누구냐고 물었고, 놓고 간 뭔가를 돌려주러 왔다고 말하는 그 지인의 소리를 들었다. 그녀의 손이 문고리 근처에서 서성거리는 동안 그녀는 침실 문 앞에 서 있는 딸을 보았다. 문이 확 열리면서 순간적으로 그녀의 주의가 산만해졌고, 몸을 돌리자 얼굴에 흉측하고 소름 끼치는 웃음을 띠면서 한 손에 정육점 칼을 번쩍 들고 있는 지인을 보았다.

결국 그녀는 상처에서 회복되었지만, 어떤 회피 반응을 취하지 않고서는 결코 문을 열 수 없게 되었다. 그리고 그 이후로 다시는 평화로운 밤을 맞이할 수 없었다.

내가 이 이야기를 들은 지는 얼마 안 되었다. 아직도 나는 낯선 사람에게 문을 열어 주기 전에 망설인다. 그리고 늦은 밤에 커다란 칼을 들고 달려드는 나의 과거에서 온 소름 끼치는 얼굴을 본다.

모든 상담자는 유사한 이야기—테러를 당하고 무시무시하게 학대당한 사람, 가장 끔찍한 불의와 비극을 당한 사람, 강간, 상해, 살인 미수, 악마 숭배 집단, 집단 학살, 참사의 희생자들—를 내담자에게 들었을 것이다. 여러분은 성적으로, 육체적으로 자신의 아이들을 폭행한 사람들 또는 앞서 말한 일들을 당한 사람들을 만날 것이다. 심지어 사고로 혹은 고의로 자신의 아이를 죽인 부모도 만날 것이다. 비통한 눈물과 함께 계속해서 이어지는 고통스러운 각각의 이야기들은 여러분 내면의 핵심까지 관통할 것이다. 인간성에 반하는 그 범죄의 목격자로 실제 거기에 있지는 않았지만, 마치 거기에 있었던 것처럼 느껴질 것이다. 앞서 말한 오직 하나의 잔혹 행위와 타협을 해야 한다기보다는 오히려 수십 혹은 심지어 수백의 것을 소화·흡수해야만 한다. 이것은 상담자의 삶에서 계속되는 스트레스의 원천 중 단지 하나일 뿐이다.

스트레스의 원천

만약 상담자의 진짜 일―내담자를 만나는 일―을 할 수 있고, 그들이 속한 기관의 정치적인 영향에서 보호받을 수 있다면, 상담자의 삶은 매우 풍요로워질 것이라고 많은 상담자는 말한다. 많은 상담자 집단이 극단적인 역기능 가족과 유사하다는 점은 슬픈 일이다. 권력 투쟁과 경제적인 경쟁이 이면에서 계속 이어진다. 여러분의 힘을 빼고 사기를 떨어뜨리는 동료, 슈퍼바이저와의 삼각관계에 지속적으로 빠질지도 모른다. 너무나 자주 불안정한 동료의 태도로 인해 내담자들의 최선은 뒷전이 된다. 보험회사와 관리의료정책은 경제적 현실을 감안해 치료 관련 사항을 절충하라고 압박한다.

우리의 직업 환경이 지지, 양육, 성장의 원천이어야 하는 반면, 너무 자주 우리는 매일 좌절하면서도 효과적으로 기능하려 애쓴다. 개인상담 현장의 경우에 상담자들은 내담자들을 도와줄 방법을 모색한다기보다는 어떻게 조직을 통제할지, 청구서를 처리할지를 논의하면서 많은 시간을 보낸다. 지역정신건강센터의 경우,

직원들은 예산 삭감, 슈퍼바이저의 전문성 부족, 얼토당토않은 규칙들에 관하여 불평하면서 자유 시간을 보낸다. 약물남용치료센터는 운영자금의 원천인 막대한 지원금을 받지 못하게 되었는데, 이런 경제적 상황은 빈약한 자원을 놓고 신경전을 벌이던 직원 간의 갈등을 촉발한다. 학교 상담자와 사회복지사 그룹은 빡빡한 일정과 행정적 업무에 갇혀서 더는 아이들을 도울 수 없다고 통탄한다. 대학상담센터의 직원들은 상담센터의 서비스를 중요하게 여기지 않는 행정 관리자들의 지원 부족으로 일을 적절히 할 수 없다고 불평한다.

앞서 언급한 각각의 경우에서 전문가들은 임상 실무를 하는 것만큼이나 관료 시스템이 주는 골칫거리를 해결하는 데 대부분의 시간을 보내고 있다. 상담의 결과로 빚어지는 일반적 압박감은 다른 부가적인 장애물에 의해 가중된다. 이러한 결과로 우리 직업에는 심한 심리적 고통과 소진이 많이 일어난다. 조직 전체의 정책, 과도한 업무량, 동료와의 갈등 또한 자주 언급되지만, 그중에 쫓기는 시간이 심리적 압박감을 불러일으키는 가장 빈번한 요인이다(Kim, 2007).

상담 분야의 임상전문가들을 인터뷰한 내 연구와 더불어 몇몇 연구를 토대로(Deutsch, 1985; Elkind, 1992; Norcross & Guy, 2007; Sussman, 1995; Wicks, 2008), 다음의 상담자 스트레스의 원천 목록을 작성했다. 방어적인 내담자, 지루함, 소진, 스스로 자초하는 심리적 고통과 같은 많은 문제는 다음 장에서 논의할 것이다.

어려움은 심리적 증상(권태, 고립, 좌절, 짜증, 우울 등)이나 행동적 증상(지연행동, 약물 남용, 저하된 생산성, 무모함 등) 그리고 신체적 증상(수면장애, 식욕 증가 혹은 감퇴, 두통, 호흡 곤란, 근육 긴장 등)에서 비롯된다. 우리가 지속적으로 단련해 가야 하는 억제나 집중력이 우리의 정신적·신체적 건강에 타격을 주는 것처럼 보인다. 내담자를 괴롭히는 동일한 많은 증상이 우리에게도 발달된다. 다만 내담자들은 부인하고 있지만 우리는 부인하고 있지 않다는 점에서 좀 더 나을 뿐이다. 우리의 몸과 마음이 고통받을 뿐만 아니라 관계 또한 어려움을 겪는다.

내담자 유발 스트레스	직업 환경 스트레스
분노의 폭발	시간에 쫓김
무능의 비난	조직의 정책들
심한 우울증	자유의 제한
자살 위협 혹은 시도	비지지적인 동료들
가족과의 삼각관계	감독관의 무능
조기 종결	과도한 문서 업무
심각한 퇴보	깨진 충성도
자기 유발 스트레스	사건 관련 스트레스
완벽주의	소송
사례들에 대한 반추	재정 부담
승인 욕구	중대한 인생 전환(이혼, 이전 등)
자기 의심	직업 임무의 변화
신체적 탈진	재정 삭감
건강하지 못한 생활양식	신체적 질병
정서적 고갈	대인 관계적 혹은 가족 간 갈등
내담자의 복지에 대한 과도한 책임감	

일방적 친밀감

코박스(Kovacs, 1976)는 친밀에 대한 욕구가 아니라 친밀감에 대한 회피에 대부분 상담자의 치명적 결함이 있다고 보았다. 마치 살균 처리되고, 으레적인 맥락인 심리상담 장면 안에서, 즉 상담자가 주인이자 관찰자인 곳에서 상담자는 안전하다고 느낄 수 있다. 그는 거기에서 다정한 관계를 경험할 수 있고, 실제 가족 간 갈등과 관련된 위험을 피할 수 있다. 우리가 실제로 우리 자신을 구하고, 가족을 구하고, 세상을 구하기 위해 도움을 주는 직업을 시작했든 아니든 우리는 다른 사람과 사귀고, 그들이 자신의 문제를 해결하도록 돕는 것을 즐긴다. 상담자가 내담자와 경험하는 친밀감은 특이하다.

직업윤리위원회와 국가자격관리위원회에 접수된 중요한 고발 내용 중 한 가지는 상담자와 내담자 간의 성적인 친밀감과 관련이 있다. 포프와 버헛소스(Pope & Bouhoutsos, 1986)는 이들 사건의 패턴을 연구했는데, 상담자가 내담자의 의존성을 만들어 내고 부당하게 이용한다는 '스벵갈리(Svengali)'의 시나리오를 포함하는, 상당히 매우 흔한 유형을 확인하였다. 그 외에 상담자가 전이를 어떤 관계에 심취해 가는 것과 혼동하는 '마치 ~처럼(as if)'이 있다. 정서적 가까움이 감당할 수 있는 한계를 넘어선 '막 정도를 넘어선(it just got out of hand)', 직업적 경계선을 버린 것에 대한 정당한 이유를 합리화하는 '진정한 사랑(true love)', 상담실 밖에서 일어난 일은 포함시키지 않는다고 독단적인 구별을 하는 '타임아웃

(time out)', 편안한 몸짓이 성적인 접촉으로 이어지는 '안아 주세요(hold me)' 등이 있다. 이 같은 성적 관계 맺기의 예는 깊은 친밀감이 원인이 되어 복잡한 관계를 더 취약하게 만들어 결과적으로 부정적인 역효과를 일으킨다.

우리는 내담자에게 단순한 전이의 대상이 아니라 살아 숨 쉬는 다정하고, 매력적인 사람이다. 무조건적인 수용과 전문적인 관계 형성 기술을 가진 우리와의 만남은 내담자들이 친구들과 배우자를 만나는 것과는 비교가 되지 않는다. 우리는 거의 화를 내지도, 짜증을 내지도, 성미가 급하지도 않으며, 요구를 거의 하지 않는다(적어도 상담 중에는). 대신에 우리는 한없는 측은지심, 인내, 지혜, 자제를 보여 준다. 내담자는 우리에게 매력을 느끼고 감사한다. 상담에서 자신을 되찾게 되었다고 깨달은 일부 내담자들은 자신의 애정을 성적으로 보여 주기도 한다.

그러므로 이전의 미해결된 관계를 상기시켜 주는 영향력 있고 매력적인 모델인 상담자를 내담자가 어떻게 유혹하려 하는지 이해해야 한다. 그렇다면 상담자에 의한 유혹은 어떠한가? 우리 또한 충족되지 않은 결핍을 가지고 있다. 우리의 호르몬은 어떤 사람을 금지해야 하는지 구별하지 못한다. 그래서 우리는 내담자와의 친밀함, 성적 접촉, 우정에 대한 욕구를 무시하려 한다. 많은 내담자는 좋아 보일 뿐만 아니라, 알고 싶을 만큼 좋다. 그들은 우리와 같지 않은 사람들―변화하고자 동기화된―이다. 그들은 전념을 다해 배우는 사람들이다. 일부는 우리의 갈라테이아로 변신하기 위하여 열심히 작업했다(우리가 그들의 피그말리온인 동안에). 그들은 자신의 느낌을 언어로 유창하게 표현할 수 있게 되었고, 우리가 선호하는 말과 용어를 사용할 수 있게 되었다. 그들은 지난 이야기, 공상, 꿈, 바람을 드러냈다. 이 헌신적 노력을 보인 까닭에 우리는 그들 중 많은 이를 매우 좋아한다.

성적인 충동에 따라 행동하면 결과는 자명하다. 우리는 객관성을 잃게 되고 신뢰와 우리가 이루었던 치료적 상담은 위험에 빠진다. 내담자 혹은 이전 내담자와의 성적 접촉은 신뢰와 권력의 남용을 나타내며, 그것은 항상 자기 탐닉적이고, 반치료적이다. '치료적 근친상간'의 많은 희생자가 낮은 자존감, 성적인 역기능, 이용당한 느낌, 분노, 배신, 도움을 주는 다른 사람들에 대한 불신감으로 현재의 문제에 대한 도움을 요청하지 않는다(Celenza, 2007; Corey, Corey, & Callanan, 2007; Zelen, 1985). 우리는 이 모든 것을 알고 있다. 그리고 그것이 우리가 그토록 생래적(그리고 비생래적) 욕구를 억제하기 위해 그렇게 애쓰는 이유다.

큰 위험에 놓여 있는(별거나 이혼 중에 있는) 상담자가 자신이 부적절한 행동에의 유혹에 취약하다는 것을 인식하는 것은 특별히 중요하다. 성학대를 받았던 임상가, 내담자에게 빈번히 성적 환상을 갖는 임상가, 개인적인 위기에 있는 임상가, 내담자와의 관계의 명확한 한계를 유지하지 않는 임상가, 직업적으로 고립되어 있는 그런 임상가들이 특별히 행동에 옮길 위험성이 크다(Jackson & Nuttal, 2001; Olarte, 1997).

친밀감을 억제하는 데 일종의 회색 지대가 있다. 일부 상담자들은 치료적 행위를 상담실에 국한하는 반면, 상담실 밖에서 놀라운 일을 해내는 사람들도 있다. 견학을 가거나 식당에서 이루어지는 상담이나 피크닉을 가거나 산책하면서 하는 상담의 경우에 친밀감의 한계 범위를 유지하는 것이 쉽지 않다. 적절한 한계를 넘어서면 내담자와 관계를 맺고자 하는 유혹이 보다 심각해진다. 상담자는 굉장한 자기 모니터링, 자제력, 자기 금욕을 발휘해야 한다. 압박감이 쌓인다.

억 제

긍정적인 말과 많은 인정을 필요로 하는 상담자가 오랫동안 일방적인 친밀감을 유지하는 것은 어렵다. 상담자가 억제적인 태도를 보이는 것은 상담 장면에서 긴장 상태를 더 심각하게 만든다. 상담 수련을 받을 때부터 우리는 상담하는 동안 내담자와 해서는 안 되는 것을 늘 들어 왔다. 그중에서도 자주 무언가를 너무 많이 하지 말라는 경고를 들었다(심지어 행동 지향적·지시적 접근을 할 때조차도). 상담하기로 결심하고, 상담 내용을 선택하고, 진척을 보이고, 통찰력을 기르고, 행동을 변화시키는 것은 내담자의 책임이다. 자세하고 부정적이지만, 무척 중요하게 생각되는 거추장스러울 만큼 많은 목록에 내담자를 구원하기 위해 너무 많이 하지 말라는 충고들이 있다. 개인적인 의견을 피력하지 마라. 두둔하지 마라. 너무 소극적이어서는 안 된다. 혹은 너무 지시적이고 통제적이어도 안 된다. 여러분의 가치관을 설교하거나 강요하지 마라. 주의를 다른 데로 돌리지 마라. 자신의 욕구를 상담에서 채우지 마라. 개인적인 것을 너무 많이 나누지 말고, 극단적으로 억제하지도 마라. 진솔하라. 그러나 너무 많이 내비치지는 마라. 정직해

라. 그러나 생각하고 있는 모든 것을 말하지는 마라. 자신만의 길과 상담 양식을 찾아라. 그리고 이런 목록에 너무 많이 주의를 기울이지 마라.

여러분이 받은 훈련, 선호하는 이론, 슈퍼바이저에 따라서 이 개인적인 주의 목록은 서로 다를 것이다. 맥락에 관계없이 진정성을 가지라는 격려와 병렬적으로 나란히 놓여 있는 주제는 흔히 '당신을 억제하라.'는 것이다. 의도적으로 그들의 진실한 감정을 억제하고, 충족되지 못한 욕구를 억압한 아이들에게 무슨 일이 일어나는지 우리는 알고 있다. 그들은 신경증적이 되고, 잘 훈련받은 사람처럼 보이는 어른이 된다. 이중적인 메시지, 즉 이러지도 저러지도 못하게 하는 메시지를 주는 가정에서 자란 어린이들에게 무슨 일이 일어나는지 우리는 알고 있다. 그들은 정신적으로 혼란을 느끼거나 정신분열이 된다. 그렇다면 이와 비슷한 경험을 하는 상담자에게는 무슨 일이 일어날까?

자기 박탈감은 흔한 일이다. 우리는 훈련을 받고 자신의 안녕보다 타인의 안녕을 먼저 추구함으로써 좋은 보수를 받는다. 우리는 자신의 욕구를 억누르도록 교육을 받았다. "우리의 개인적 욕구를 냉정하게 인정함으로써 우리의 행동에 대한 그것들의 영향을 알게 된다. 점점 더 우리는 우리의 동기를 확인하기보다는 관찰하게 된다. 우리는 그것들을 밀어내려고조차 하지 않는다. 부인해도 평화를 얻지 못한다. 그보다는 오히려 동기에서 한 발짝 뒤로 물러남으로써 동기에 대한 집착을 느슨하게 할 수 있다."(Ram Dass & Gorman, 1985, p. 193)

치료적이고자 하는 추동 가운데 우리는 자기중심적인 충동을 억제할 수 있다. 등에 누군가를 업고 선혜엄을 치면서 익사하지 않기는 어렵다. 그러나 어떤 돌아오는 답례를 바라지 않으면서 우리는 많은 것을 그저 줄 수 있다. 내담자에게 작별 인사를 해야 할 때는 바로 우리가 치료적 사랑의 기적을 이루었을 때, 편안함과 안전함을 느낄 때, 심지어 정이 흠뻑 든 내담자와의 다음 만남이 무척 기다려질 때, 바로 그때다.

내담자가 아니라 상담자 안에 있는 나르시시즘

몇 년 전 휴대전화가 사용되기 전, 나는 영화관 로비에 서 있었다. 공중전화를 사용하기 위해 많은 사람이 줄지어 있었다. 한 유명한 정신과 의사가 로비를 가로질러 전화기 쪽으로 성큼성큼 다가가는 것을 보았다. 그는 기다리고 있는 사람들을 무시하고 통화 중인 여성에게로 다가갔다. 그녀는 즉시 등을 돌린 채 통화를 계속했다.

"에헴!" 분명한 큰 목소리로 정신과 의사가 말했다. "실례합니다만……." 그의 우렁찬 목소리는 즉시 그 주변에 있던 모든 사람의 주의를 끌었으나, 그녀는 여전히 그를 무시하고 통화를 계속하고 있었다.

그는 더 참지 못하고 여성의 등을 가볍게 두드렸다. "실례합니다……." 그는 다시 한 번 말했다. 그녀는 두 손으로 전화기를 모아 쥐었다. "왜 그러시죠?" 그녀는 방해에 적지 않은 짜증을 내며, 어깨너머로 슬쩍 바라보면서 말했다.

"실례합니다만……." 그가 다시 말하기를……. "나는 의사입니다." 그는 이렇게 말하면서 그녀의 손에 있는 전화기를 가리켰다.

"당신 어머니가 매우 자랑스러워하겠네요." 그녀는 이렇게 대답한 다음 뒤돌아서서 통화를 계속하였다. 로비에 있던 모든 사람이 미친 듯이 갈채를 보냈다. 그 훌륭한 의사는 헛기침을 하며 돌아서서 슬그머니 사라졌다.

불행히도 이 정신과 의사의 오만함은 상담자(그리고 의사)의 경우에 유난히 특이한 것이 아니다. 우리는 때때로 매우 특별하고, 특권을 갖고 있다고 매우 진지하게 여긴다. 우리는 사람들이 경의를 표하고, 우리의 지위에 존경을 표하는 데 익숙하다. 어쨌든 우리는 생계 수단으로 말을 하고, 지혜를 나누어 줌으로써 월급을 받고 있다. 낯선 사람들은 우리가 그들의 핵심을 꿰뚫어볼지 모른다는 두려움으로 존경심을 갖고 대한다. 그렇지만 완벽하게 공감하는 존재일 수 있다는 것과 나르시시즘을 살찌우는 무결점에 대한 생각은 우리의 착각에 불과하다.

상담자들에게 있는 특별한 자기애적 갈망은 다른 여러 형태로 나타날 수 있다. 상담에 이상적으로 적합한 대인 관계적 민감성이 문제를 일으킬 수도 있다. 이 민감성의 발달은 상담 훈련을 통해서 키워졌을 수도 있지만, 많은 경우에 그것의 근원은 인정과 승인을 얻기 위해 '관중 민감증(audience sensitivity)'을 발달시켰던 원가족에 있을 수 있다. 많은 상담자가 어린아이 상태로 돌보는 역할을 떠맡았고, 사랑을 서비스에 대한 거래적 보상과 동일시했음을 고백한다.

내가 열두 살이던 해에 아버지가 집을 나간 후, 나는 우울증, 알코올 중독에, 심지어 자살을 시도하는 어머니뿐만 아니라 어린 두 형제들을 돌보느라 꼼짝달싹 못하게 되었다. 나는 어머니가 방에 틀어박혀 술에 취한 채 실의에 빠져 자살하겠다고 위협하면서, 그녀의 상담자에게 전화하던 것을 적지 않게 기억하고 있다. 나 자신의 청소년기 불안으로 몸부림치던 시절에, 나는 돌봐야 하는 궁극적인 부모 역할—그 역할에 결코 준비되어 있지도, 적절하다고 느끼지도 않았고, 항상 더 잘하려고 열심히 매진하던—을 맡아야만 했다.

상담자가 나르시시즘을 해결하지 않으면 더 큰 스트레스를 받고 소진하기 쉽다. 왜냐하면 상담자는 거의 자신을 돌보지 않기 때문이다. 임상적으로 상담자는 자기 가치가 너무 위태롭기 때문에 내담자를 구하려는 강한 열망을 갖고 있다. 이것이 당신에게 익숙하게 들리는가? 나에게는 친숙하게 들린다.

지난 수십 년간 바로 이 싸움에 대해 집필했지만 내 비밀이 다 드러났다고는 할 수 없다. 어린 시절의 부분적인 훈련으로 인해 나도 이 직업에 끌리게 된 많은 사람 중 하나라는 사실을 알게 된 것이 단지 놀라울 따름이다. 지금까지 밤에 잠자리에 들기 전에 어떤 좋은 일을 했는지, 얼마나 많은 사람을 도와주었는지 나 자신에게 묻고, 앞서 말한 그런 선의 양과 질로 성공을 가늠한다. 아마도 이 칭찬할 만한, 그러나 신경증적인 욕구가 사기꾼 같은 느낌을 피하고 완벽에 대한 추구로 나타나는 것 같다. 그의 가치를 입증하고자 하지 않는다면, 매년 누가 서너 권의 책을 집필하겠는가? 자기 자신의 갈등을 내적으로 탐색하지 않았다면, 누가 직업으로 실패나 불완전을 연구하는 것을 선택하겠는가? 자기 자신의 비밀스러운 실패를 받아들이려고 애쓰지 않았다면 누가 지금 이런 책을 쓰겠는가?

자아를 억제하는 것은 우리 대부분이 전적으로 도달하기 어려운 도전 과제다. 졸업장, 직함, 신중하게 지정된 방으로 인해 우리는 우리자신을 중요하게 여기지 않을 수 없다. 우리가 세상에 투사하는 이와 같은 자기중심적인 이미지에의 집착은 정신건강에 해롭다. 우리는 우리자신으로부터 분리되고, 우리의 감정 그리고 우리가 도우려는 사람들의 감정과 분리한다.

나르시시즘에 관한 논문에서, 로웬(Lowen, 1983)은 내담자뿐만 아니라 상담자에게 타격을 주는 우리 시대의 보편적인 질병을 기술하고 있다. 즉, 정서의 부족, 이미지를 투사하려는 욕구, 힘을 행사하기 위해 남을 돕고자 하는 욕구, 오만함 모두 익숙한 증상이다. 더 나아가 그는 자신과 동료들을 지나친 자신감, 에너지, 위엄, 우월감을 가진 유형으로 묘사한다.

잠시 정직하게 상담자가 되는 것에서 여러분이 얻는 진짜 효과를 생각해 보라. 여러분이 누리는 모든 혜택도 함께 생각해 보라. 내 마음 깊은 곳에 다른 사람들에게 영향을 주고자 하는 필사적인 욕구가 있지 않을까 의심하곤 한다. 나는 죽는 것이 두렵고, 나아가서 잊히는 것은 더욱더 두렵다. 그 안에 나의 일부를 갖고 세상으로 나가는 모든 제자를 통해 나를 영원히 남기려 하는 나를 느낀다. 만약 내 일부가 살아 있을 수만 있다면, 나는 죽음이라는 현실을 속일 수 있을 것 같다고 생각한다. 이 동기가 상담에서 내가 하는 행위에 영향을 미치는가? 당연하다. 이 거창한 자기 몰두가 상담의 질을 제한하는가? 물론이다. 이 나르시시즘으로 인해 나의 공감 능력이 제 기능을 못하는가? 불행히도 그렇다. 그러나 나는 안전하게 머문다.

우리의 나르시시즘적 자세를 포기하는 것은 더 깊고 더 무서운 형태의 자기 몰두—우리가 가장 두려워하는 감정을 직면하는 것—를 무릅쓰는 것이다. 우리는 대부분의 강박증 환자처럼 거의 이해하기 원치 않는 것에서 성공적으로 자신을 다른 곳으로 돌릴 수 있다. 우리는 성스러운 상담실에서조차 내담자에게 거리를 둠으로써 진실한 친밀감을 피할 수 있다. 우리는 우리에 대한 내담자의 영향을 부정하면서 우리가 내담자에게 주었던 영향을 미화할 수 있다. 우리는 턱을 몇 번 쓰다듬으며, 멍한 눈으로 빤히 바라보며, 치유의 힘을 갖고 있다는 착각을 하면서, 단지 내담자 옆 의자에 앉아 깊이 뒤로 물러남으로써 우리 자신을 고통에서 멀어지게 할 수 있다.

차분함과는 거리가 먼 30대 중반의 여성이 들어온다. 그녀는 요실금으로 고생하고 있다. 심지어 그녀의 눈도 눈물을 흘리고 있다. 그녀는 절망감과 실의에 빠져 있으며, 심한 우울증을 겪고 있다. 이번이 몇 달간 시도한 상담들 중에 세 번째 상담이다. 마지막 상담은 6회 동안 진행되었다.

"그가 뭐라고 말했나요?"

"모르겠어요."

"기억 못하세요?"

"자세히 기억하고 있어요. 그는 아무것도 말하지 않았어요."

"아무 말도 안 했어요?"

"네."

"그럼, 함께하는 동안 그는 무엇을 했나요?"

"메모를 했어요."

"으흠."

"끝날 때 내가 돈을 지불하자 고맙다고 했습니다."

"그가 도움이 안 되는 것 같은데 왜 다시 돌아갔나요?"

"그는 매우 중요한 사람처럼 보였어요. 그는 강력히 추천을 받는 사람이었고, 끔찍할 정도로 바쁜 사람처럼 보였어요. 그는 나를 받아 주기 위해 여러 스케줄을 조정해야만 했고, 여러 번 그를 찾는 사람들의 전화로 방해를 받았어요. 만약 내가 충분히 기다린다면, 아마도 그가 나를 알아차리라 생각했어요. 그러나 그는 오직 자기 자신만을 알아차리는 것 같아 보였어요. 마치 내가 거기 없는 것처럼 그는 나를 못 본 척하는 것처럼 보였어요. 나는 그가 살펴보고 있는 벌레같이 느껴졌어요. 그가 한 모든 일은 메모를 하는 것이었어요. 심지어 내가 흐느껴 울 때조차도 그는 단지 책상 너머로 나를 바라보았고, 메모지에 쓰는 것을 계속했어요."

그녀는 후다닥 멈추고, 비통함 가운데 밖을 엿보았다. 나는 그녀에게 도울 수 있는 기회를 줄 수 있는지 물어보았다. 그녀는 상담자를 만나는 것이 피곤하다고 말했다. 그러나 생각해 보고 나에게 알려 주겠다고 했다. 그녀는 곧장 운전하여 집으로 간 다음에, 욕조에 물을 채우고, 열두 알의 항우울제를 복용한 다음, 한 파인트의 버번 위스키를 마시고, 면도칼로 손목을 그었다. 그녀는 한 사람의 인간으로 그녀를 보지 못했던 상담자의 만성적인 무관심과 나르시시즘으로 죽었다.

상담자의 특성과 경험을 추정하기 위하여 이와 같은 일화적인 자료를 사용하는 것은 위험하다. 우리 모두 우리 분야의 사람들은 자신을 작은 신으로 믿고 있고, 자기 제자들의 경의를 필요로 한다는 것을 알고 있다. 상담치료 분야는 불가불 '신콤플렉스'를 가진 사람들을 끌어들이고, 그것이 존재할 경우 상황을 악화시키도록 설계되어 있다(Maeder, 1989, p. 45). 그런데도 상담자들이 다른 사람들보다 더 자기도취적인지를 검증하기 위해 설계된 연구에서, 클락(Clark, 1991)은 지지할 증거가 없음을 발견하였다. 비록 이 조사가 매우 작은 표본에 기초하고 있지만 적어도 우리 안에 우리가 추적 관찰해야 할 어떤 것(광범위하게 퍼져 있지는 않을지 몰라도)이 있다는 것을 과장하지 않도록 주의를 상기시킨다. 어쨌든 우리 사회에서 상담자는 마치 인간 내면의 마음과 영혼을 볼 수 있고, 미래를 예측할 수 있으며, 고통을 치유할 수 있는 특별한 힘을 가지는 사람처럼 취급한다. 우리가 우리의 특별함을 믿지 않기가 참으로 어렵다.

나는 오랫동안 내가 초월적 힘을 갖고 있다고 느꼈다. 어쨌든 때때로 (나에게가 아니라면 다른 사람들에게) 나는 마음을 읽을 수 있고, 미래를 예측할 수 있으며, 그저 한 인간의 힘을 넘어서서 사물을 보고, 듣고, 느끼고, 감지할 수 있는 것처럼 보인다. 나는 나와 같은 훈련을 받지 않거나 기술을 익히지 않은 사람들을 훨씬 능가하는 직관력, 민감성, 언어적 유창성을 개발하려고 열심히 노력해 왔다. 그러므로 내가 나를 매우 중요하게 여기고, 나의 존재감을 부풀리게 되는 것이 그리 놀랍지 않다. 게다가 이렇게 하는 동료들 중 내가 유일한 사람이 아니라는 것을 알고 있다.

너무 많은 지식

어두운 면을 어느 정도 무시하거나 적어도 그런 면으로부터 보호하는 것에 대해 알 필요가 있다. 그러나 우리가 숨을 곳은 없다. 매일, 매시간, 사람들은 상상할 수 있는 가장 충격적이고 역기능적인 행동을 우리에게 개방한다. 머지않아 우리는 사람들이 자신과 다른 사람들에게 하는 기이하고, 오싹하며, 메스껍고, 마음을 상하게 하는 것에 충격을 받지 않게 된다. 사람들은 전에 누구에게도 결코 나누지 않았던 비밀—학대, 충격적인 경험, 고통, 중독, 충동, 괴팍함, 분노—을 우리에게 말하고, 우리는 누구에게도 말하지 않고 그 모든 것을 품고 있으리라 여긴다. 사람들은 그들의 가장 최악의 본능, 공상, 환각, 망상, 강박을 털어놓고, 우리는 주의 깊게 듣고 그것들을 모두 받아들여야 한다. 텔레비전이나 대중매체에서 보는 어떤 것도 우리가 상담실에서 맞닥뜨리는 현실과 비교할 수 없다. 우리는 사람들을 그들의 가장 최악의 상태에서 무너져 내리기 일보 직전일 때 만난다. 사람들이 가장 무기력하고 통제력을 잃은 그때, 우리는 분노, 부끄러움, 분함, 유혹, 교묘한 조종의 맹공격을 당한다. 우리는 금지된 것에 관하여, 말하지 않은 것에 관하여 말을 건다.

다른 사람들의 마음과 가슴속을 그저 자세히 들여다보는 것이라고만 생각한다면 오산이다. 우리는 그들 내면의 영혼을 본다. 존재, 의미, 생존의 궁극적인 물음으로 몸부림치고 있는 사람들을 매우 가까이함으로써 어떤 영향을 받는가?

신부였다가 상담자가 된 그래햄(Graham)은, 하나님의 용서를 경험하는 일종의 고해성사에서 사람들이 자기 자신을 용서하는 것을 배워야만 한다고 말한다.

저는 지금 그들의 삶을 이해하려고 노력하는 사람들 옆에서 고군분투하고 있습니다. 저는 그들이 어떤 의미를 찾도록 돕고자 합니다. 저는 그들이 길을 잃은 시기에 쉬고 회복하는 장소인 오아시스처럼 느껴집니다. 제가 신부였을 때 저는 대답을 알 것이라는 기대를 받았습니다. 상담자로서 이제 저는 제가 알고 있는 것 못지않게 알지 못한다는 것을 받아들이고 있습니다. 저는 단지 우리가 스스로 그것을 할 수 없다는 것을 압니다. 평화와 만족은 결코 성취될 수 없다는 것을 아는 것은 무척 좌절스러운 일입니다.

이 상담자처럼 우리는 종종 우리의 착각에 항복 당한다. 우리는 상황이 단순한 것처럼 행세할 수 없다. 우리는 무엇이 일어나는지, 언제 사람들이 자신을 속이는지 너무 많이 알고 있다. 우리는 하루 종일 사람들이 우리에게 하는 거짓말, 자신에게 하는 거짓말, 대처할 방안을 강구하는 사람들에게 귀를 기울이고 있다. 우리의 일은 이 기만들을 직면하는 것이다. 하루가 저물 때, 우리는 우리의 자기 기만을 마주하게 된다.

자신과 타인을 병리적으로 판단하기

상담 훈련생이 처음으로 DSM을 공부하고 진단 과정을 배울 때는 재미있겠지만, 한편으로는 잠재적인 위험성이 있다. 우선 이 지식에는 힘이 있고, 우리의 치료를 필요로 하는 알쏭달쏭하고 다양한 장애를 구분하고 라벨을 붙일 수 있게 하는 수단을 마침내 갖게 되었다는 느낌이 든다. 각각의 다양한 카테고리와 관련된 숫자들로 완비된, 다중 축의 코딩을 배우는 데는 거의 수학적인 정확함—'알츠하이머형 치매(290.0)' '크로이츠펠트 야곱병으로 인한 치매(290.10)' '치매, 만발성, 망상이 있는 것(290.20)' '치매, 조발성, 우울증이 있는 것(290.13)'—이 존재한다. 이제 우리 친구, 가족, 직장 동료 가운데 어디서나 화려한 예들을 볼 수 있는 성격 장애를 철저하게 연구할 시간이다. 우리는 주변의 모든 사람에게서 증상을 발견하고 즐거워하면서 우리가 획득한 새로운 언어를 사용하기 시작한다. 밖으로 소리 내지 않더라도 머릿속에서 사람들을 히스테리성 인격, 자기 도취형, 회피형, 강박형, 혹은 (정말 화가 날 경우에는) 경계선 장애라고 부르기 시작한다. 스미스(Smith, 1995)는 이 병리학적 렌즈를 '상담자의 병'으로 묘사하고 있다.

우리는 끊임없이 다른 사람들 안에서 무엇이 잘못되었는지, 무엇이 역기능적인지, 부적응적인지, 불안감을 주는지, 비정상적인지, 자기 파괴적인지, 미치도록 화가 나게 하는지, 강박신경증적인지 찾는 경향이 있다. 명명법과 진단표에 친숙해질수록 자주 우리는 매일매일 생각에 그 용어들을 포함시킨다. 비록 이 사고방식이 자연스러운 것이고 유능한 상담자가 되는 데 중요한 부분일지라도, 이것은 또한 자신이나 다른 사람들 그리고 세상을 보는 방식을 형성한다. 연구와 논문이 인간의 강점과 자원에 재초점을 맞추는 긍정심리학 운동의 영향에도 상담자들은 여전히 정신병리학적인 세계관에 단단히 박혀 있다. 우리는 사람들에게 무엇이 잘못되었는지 알아내는 데 전문가다. 내담자들은 그들이 역기능적인 행동의 극심한 고통으로 절망할 때 우리에게 온다. 우리는 주목해야 할 문제나 장애를 확인하기 위해 내담자들이 내뱉는 불평불만, 묘사하는 이야기들, 삶의 여정, 제시하는 것들을 끊임없이 자세히 살펴본다. 게다가 상담하고 있지 않을 때도 이 병적인 필터의 작동을 멈추는 것이 매우 어렵다.

우리는 우리의 기능상의 모든 가능한 문제점을 끊임없이 자각하는 심리적인 정신건강 염려증에 걸리기 매우 쉽다. 임상 기술을 연마하고, 역전이 반응을 해결할 목적으로 우리는 점점 더 많이 자기 자각을 하도록 배운다. 우리 자신의 문제가 우리의 일을 오염시키지 않게 계속해서 그것에 공을 들이도록 충고를 받는다. 앞서 기술해 왔던 것처럼 이것은 재능이면서 또한 끔찍한 부담이기도 하다.

인턴 상담자 마야는 다른 사람을 돕는 것만큼이나 자기 자신의 성장을 위해 상담 분야에 입문했다고 스스럼없이 인정한다. 그녀가 벌써 이룩한 개인적 수확—개선된 의사소통 기술, 관계에서 더 깊어진 친밀감, 향상된 공감 능력, 증가된 지식과 자기 자각—으로 그녀는 기뻐하고 있다. 그러나 그녀는 가공되지 않은 것 같고, 취약하다고 느낀다. "우리는 슈퍼바이저들로부터 개방적이고,

정직하며, 진술하도록 매우 많은 격려를 받지만, 여전히 종종 안전하지 않아요. '내 모습 그대로 정말로 받아들여 지는가? 자격이 없을 때 나는 어떤 판단을 받게 될까?' 이와 같이 서로 모순되는 메시지들이 있어요. 우리는 마음을 터놓고, 신뢰하며, 자신을 내어주고, 그럼에도 또한 자기 멋대로 하지 말라는 말을 듣습니다. 우리의 수행은 항상 평가되고, 매번 상담이 끝나면 자신을 스스로 평가하라는 말을 듣습니다. 말하자면, 이 모든 것은 머리를 아프게 해요. 나는 약하고 취약한 존재라고 느껴져요. 그리고 매우 피곤해요."

피 로

한 유명한 상담자는 자신의 라이프 스타일에 관한 기사에서—15분마다 꼼꼼히 설명하고 있다—아침 7시부터 다음 날 새벽 2시까지 엄격하게 짜인 전형적인 하루를 서술하고 있다. 그는 휴식 시간 없이 연속적으로 상담을 한다. 행정적인 일을 처리하거나 강의하면서, 글을 쓰면서, 허드렛일을 자문하면서 끼니를 때우고, 심지어 대화하려면 미리 일정을 잡아야만 한다. 비록 그가 이 비인간적인 스케줄을 '성실성'이라고 옹호할지라도, 좀 더 정확히 말하면 이것은 비적응적인 악순환의 신경증적 일중독으로 묘사할 수 있다. 그의 일하는 습관은 20년이 지난 지금 90세의 나이에도 여전하다. 이 이론가는 새벽부터 땅거미가 질 때까지 일하고 있다.

앞서 주목했듯이 시간적인 압박감이 상담자 집단의 으뜸가는 스트레스 요인이다. 만날 필요가 있는 사람을 모두 만나고, 메시지가 남겨진 전화번호에 연락을 하고, 회의에 참석하고, 문서 업무를 마치고, 봉사활동을 하고, 상담의 조류에 뒤처지지 않으려 배우고, 먹고, 자고, 상담실 밖의 삶을 살 시간이 결코 충분치 않다. 공공 부문에서 일하는 상담자의 경우에는 보통 대기 중인 사람들이 있으며, 항상 한 내담자라도 더 상담해야 하는 중압감이 있다.

개업 상담자의 경우에 날로 늘어 가는 경쟁과 경제적 현실로 인한 빈약한 재정을 안정적으로 유지하는 것과 연관된 시간적 압박감과 두려움이 있다. 내가 풀타임으로 개업 상담을 하던 시절, 어느 날 전화벨이 울리지 않고, 의뢰가 더 이상 들어오지 않을지도 모른다는 두려움을 결코 극복할 수 없었다. 나는 적게 일하면 곧 타격을 받을 것이라는 두려움으로 새로운 내담자를 거절할 수 없었고, 필연적으로 타격을 입었다. 그것은 종종 축제이거나 기근의 문제였고, 축제의 기간에는 과도한 일과 건강한 라이프 스타일 간의 균형을 이루어야 하는 다른 종류의 도전이 있었다.

사람들은 문을 닫은 채 상담에 몰두하면, 단순한 삶과 업무에의 집중이 기진맥진에서 어느정도 완화될 것이라 생각한다. 주의 산만함과 침해를 벗어나 그날의 리듬이 내담자의 심장박동으로 느려지면 우리는 깊은 피로를 느낀다. 앉아 있기도 너무 힘들어진다. 무릎은 통증을 느끼고, 눈은 불타는 듯하다. 연속해서 8회기, 9회기, 10회기, 11회기를 한 후에는 거의 속이 텅 빈 조개껍데기처럼 된다.

우리는 생각하고, 말하고, 듣고, 앉아 있는 것이 너무 피곤해진다. 이 피로는 자만, 탐욕, 습관성 중독, 도피, 두려움의 영향을 너무 많이 받았거나 가장 쉬운 방법을 택했을 때 나타난다. 그리스웰(Griswell, 1979, pp. 50-51)은 그가 피곤함을 느끼는 때는 어떤 다른 감정을 차단하고 있을 때임을 깨달았다. "피곤이 세차게 밀려들던 한 내담자와의 상담 가운데, 지난주에 상담 시작 직전에 취소 전화를 했었던 내담자에 대해 생각하지 않으려는 나를 알아차렸어요. 또한 나의 피로감의 기저를 살펴보고, 내가 인정하지 않으려 하는 어떤 성적인 감정을 알게 되었어요. 위험하다는 느낌이었고, 내담자도 자기 파괴적인 것을 느꼈지만 나에게 말하지 않았음을 자발적으로 말해 주었어요."

많은 시간 나는 내담자들에게 지나친 과로를 피하라고 충고한다. 스트레스, 피로, 정신적 고갈을 줄여 나가라고 당부한다. 지금 이 순간을 더 느끼며 고마워하고, 평온한 존재로 살아가도록 가르친다. 일중독 증상을 보이면서 우리는 이 모든 것을 한다. 우리가 삶에서 완벽을 추구하는 것을 버리고, 일과 놀이 사이의 균형을 이룰 수 있기 전까지는 내담자에게 중도의 생활양식을 살라고 가르치기는 매우 어렵다.

다른 직업적인 책임뿐만 아니라 매주 50명의 내담자를 만나면서 건강과 스트레스 감소에 관한 상담을 하는 전문 상담자들을 알고 있다. 주당 40시간의 정규 직업 외에 개업 상담실 운영으로 바쁜 상담자들을 알고 있다. 매일 저녁 9시나 10시까지 일하고, 주말에도 대부분 일하는 상담자들도 알고 있다. 매일 아침 6시에 시작하여 몇 시간씩 글을 쓰고, 그리고 나서 일하러 대학으로 향하는 한 상담자를 알고 있다. 동시에 네다섯 권 혹은 여섯 권의 책을 쓰면서 창조적인 산출물을 완성하지 못하면 밤에 잠을 잘 이룰 수 없는 이도 있다(그는 바로 나다).

이미 과부하 상태인데도 일을 줄이기를 거절하거나 식사를 거를 때 우리는 과로 증상을 보인다. 우리는 가족이나 친구, 무엇보다 우리 자신을 소홀히 한다. 혼자 있으면서 생각하고, 느끼고, 아무것도 하지 않을 시간이 거의 없다. 우리 중 몇몇은 소득이 줄어들거나 조직에서 권력을 잃을까 봐 며칠 이상 쉬는 것을 마음 내켜 하지 않는다. 사람들이 우리를 교체할 수 있음을 깨닫는 데는 그리 오래 걸리지 않는다. 누구도 우리같이 그 일을 잘할 수 없기 때문에 우리가 모든 것을 해야만 한다는 환상을 우리가 심어 주었다 할지라도 말이다.

일하지 않을 때, 우리는 사례에 대해 궁리한다. 우리는 내담자가 그다음에 나아가야 할 방향, 하지 말았어야 했는데 한 것들, 그리고 다음 주에 할 계획에 대해 생각해 본다. 우리도 모르는 순간에 우리는 내담자가 잘해 나가고 있는지 궁금해한다. 왜 그들은 결코 다시 돌아오지 않는 걸까? 우리가 무엇을 했기에 그들을 내쫓은 걸까? 그들이 우리의 세계를 차지한다. 친구들을 만나는 것보다 더 자주 그들을 만난다. 직업적인 객관성을 유지하려고 얼마나 많이 노력하느냐에 관계없이, 내담자들이 상담실 문을 나설 때 그들을 마음 밖으로 밀어내려고 얼마나 열심히 훈련하느냐에 상관없이, 우리는 여전히 그들을 우리 안에 데리고 다닌다. 이렇게 매주 그들의 삶의 성스러운 세부 사항들을 논의하며 시간을 보낸 후에, 어떻게 그 사람들이 우리의 마음에 어렴풋이 나타나고, 우리의 삶에 의미 있지 않을 수 있겠는가?

나는 진이 다 빠짐을 느낀다. 우리가 일상적으로 감수하는 부담을 생각하는 것만으로도 에너지가 대폭 줄어든다. 우리가 조용히 앉아 있는 동안 매우 열심히 일하고 있다고 생각하니 이상하게 여겨진다. 일이 아주 피곤하게 느껴지는 것은 아마도 움직이지 못한 채 주의를 기울여야만 하기 때문일지도 모른다. 만약 우리 자신을 의자에서 벗어나게 할 수 있다면……. 의자에서 벗어난 우리의 존재만으로도 우리가 그 안에서 휩싸여 보낸 시간만큼이나 의미 있을 수 있다.

일중독 상담자

우리가 다른 사람들 가운데 종종 다루어야 하는, 즉 일중독이 완전한 소진을 가져오는 흔한 요인이다. 이는 동료들의 기대를 초월하여 오랜 시간 일하려는 내적인 추동을 느낄 때, 생산적이 되려고 사로잡혀 있을 때, 일에 중독되어 있을 때 일어난다(Maslach, 1986). 일에 중독된 상담자들은 그들이 하는 것에서 엄청난 만족과 행복을 얻기 때문에 그들보다는 다른 사람들에게 보통 더 문제가 되며, 특히 동료들도 그들처럼 더 할 것을 기대한다면 더욱 그렇다.

만약 충분한 보살핌이 주어지지 않는다면, 상담자의 가정은 고통받을 것이고, 마침내 만성적 스트레스로 소진 증상이 나타날 것이다. 이런 상태를 보이는 내담자에게(아마도 그들이나 그들의 가족이 참으로 문제가 있다고 시인하기 때문에 오게 된) 우리가 제안하는 것같이 우리는 과거에서 비롯된 이슈를 직면하고 다루어야만 한다.

성공적인 생활양식의 변화를 위한 첫 번째이자 가장 중요한 변인은 러닝머신에서 내리고자 하는 상담자의 의지다.

토니는 그렇게 하는 것에 관심이 없다. 그는 주중에 30건의 개인상담과 가족상담을 하고, 매주 토요일 두 그룹을 운영하며, 주당 20시간 상담실 관리자로 일하고 있다. 그는 이런 식의 삶을 좋아하는가?

"모르겠어요. 사실 나는 그것에 관해 많이 생각해 보지 않았어요. 추측건대 나는 좋아하는 것 같아요. 그렇지 않다면 계속해서 그렇게 했겠어요, 안 그래요?"

"그렇게 연속적으로 상담을 많이 하는데, 내담자에게 정말 도움이 될까요?"

"글쎄요, 그들은 계속 돌아오잖아요, 안 그래요?"

그에 반해서 데어드레(Deirdre)는 그녀가 통제 불능 상태임을 온전히 시인한다. 그것은 그녀가 전 남편과 아이들과 부모에게 혼자서도 얼마든지 잘할 수 있다며—그녀가 세상에 보여 준—이혼한 후에 시작되었다. 그녀는 만성 질병과 불치병으로 고통받고 있는 가족들을 돌보며 지역 보건소에서 거친 일을 했다. 그녀는 그 일에다 24명의 내담자로 불어난 파트타임 상담을 하고 있다. 그런데도 그녀는 의뢰를 거절하거나 시간의 한계를 설정하는 데 어려움을 느낀다. 그녀는 자신의 재정적인, 그리고 직업적인 성공을 한껏 즐기고 있지만, 아이들이 커 가는 것을 보지 못해 애석해하고 있다. 아이들은 어머니가 주변에 없는 것에 익숙해졌다.

보통 그렇듯이, 데어드레는 내담자에게서 자신의 문제—동일한 방어 체계, 변화에 저항하기 위한 동일한 변명—를 발견한다. "물론이에요, 줄여야 할 필요가 있어요. 언젠가 하겠죠. 그렇기는 하지만 지금으로서는 조금 더 할 생각이에요."

데어드레에게 일을 줄이는 것은 어느 정도의 재정적인 부수입을 포기하는 것을 의미했다. 그것은 질이 낮은 사회생활을 해야 함을 의미했다. 그것은 그녀의 아이들을 어떻게 양육해야 하는지 다시 배워야 함을 의미했다. 무엇보다도 그녀의 일중독자 스타일의 변화는 그녀 자신을 위한 삶을 창조해야만 하고, 상담자로서의 역할 이외에 자신의 정체성을 찾아야만 하는 것을 의미했다.

고 립

상담은 사람들이 근원적인 문제를 해결하도록 안전하고 사적인 안식처를 제공하기 위해 존재한다. 가장 엄격한 신뢰 가운데 서로의 대화가 이루어질 것이라는 사실이 내담자에게 보장되지 않는다면, 어떤 효과적인 도움도 줄 수 없을 것이다. 상담자는 내담자의 사생활, 비밀, 존엄성의 권리를 보호하기 위하여, 특혜를 누리는 대화와 관련하여 직업윤리적인 행동 수칙을 따를 것을 맹세한다. 우리가 치료에서 최소한 해야 하는 것은 우리의 가장 기본적인 의무인 상담 가운데 알게 된 비밀을 보장하고 존중하는 것이다.

물론 내담자는 우리의 진실성과 유머 감각에 고마워한다. 그것은 수년간의 훈련을 통해 얻게 된 우리의 제2의 천성이다. 우리의 부끄러운 비밀의 경비를 소홀히 하는 순간 내담자의 안전을 위협하는 무분별한 행동을 하게 될 것이다. 어떤 전후 사정—동료들과 내담자 가족, 친구, 심지어 배우자—에서든 우리는 우리의 일에 관해 이야기할 때, 내담자의 신분이 드러나지 않고, 그들의 비밀이 보장되도록 일상적으로 우리가 하는 말을 모니터링한다. 짐작건대, 우리의 사려성이 그들의 사생활을 보호하듯, 이 보호막은 우리의 내담자를 안전하게 보호한다. 모든 장벽에서처럼 말이 밖으로 나가는 것을 막을 뿐만 아니라 분명히 다른 말이 들어오지 못하게 한다.

상담자 삶의 가장 의미 있고, 흥미로우며, 성취감을 주는 한 부분은 내담자와 함께 보내는 시간이다. 때때로 우리와 함께 상담하고 있는 사람에 관하여 사실상 친구들에게 말을 터뜨리기 일보 직전일 수도 있다. 그럼에도 우리는 누구에게도 상담하고 있는 사람에 관하여, 그리고 하는 일의 구체적인 내용에 관하여 말할 수 없다.

만약 사회적 모임에서 내담자를 우연히 만날 경우, 내담자가 우리를 아는 체하지 않는 한 우리는 자신의 존재를 드러내지 않는 에티켓을 지켜야 한다. 만약 내담자의 이름이 대화 가운데 드러날 경우, 우리는 관련되어 있음을 누설하지 않도록 모르는 척해야 한다. 마치 50명의 사람과 동시에 은밀한 정사를 나누고 있는 것과 비슷하다! 심지어 내담자들이 뜻하지 않게 서로 만나지 않도록 스케줄을 조정하고 상담실을 정돈한다. 이 모든 것은 우리가 돕고 있는 내담자들에게는 일종의 성역이 되게 하고, 우리에게는 일종의 감옥이 되게 한다. 신체적으로 우리는 방음 장치가 되어 있는 방에 편히 앉아 외부 세계와 분리되어 있다. 우리는 전화를 받지 않고, 문을 열지 않고, 그렇지 않으면 방해하는 것을 견딘다. 상담 회기 사이에 우리는 문서 작업을 하고, 누구와도 거의 상호작용할 겨를이 없이 화장실에 다녀온다. 우리는 계속하여 상담 중이거나 시간이 없으므로 방문객들이 가는 길에 들르는 법이 거의 없고, 바깥세상에서 존재하는 것을 멈춘다.

이 구별된 고립의 영향은 무엇인가? 아마도 상담자 자신은 특별하고 성인군자라고 느끼는 것에 일조할 듯하다. 다른 사람들을 고통에서 해방되도록 돕고자 우리는 무언중에 고통을 겪는다. 내 담자들에게 진짜이고, 투명하며, 진솔해지려고 몸부림치는 반면, 일하지 않을 때는 비밀스럽고, 신비로우며, 초연하고, 알쏭달쏭해 진다. 위안을 얻고자 내부로 철수하고, 매우 전문적이라고 스스로를 칭찬한다. 사실상 우리는 순교자와 같다.

도시 곳곳에 내담자들이나 이전에 상담했던 내담자들이 일하고 있는 우리가 방문하기에 불편한 식당들과 술집들이 있다. 파티에서 자제력을 잃으면 평판이 훼손되리라는 것을 깨닫고, 얼마나 많이 마시는지 세심히 모니터해야 한다. 이웃들은 우리가 정서 장애가 있다는 흔적으로 우리 아이들을 관찰하고, 아랫동네 심리학자는 정상이 아니라는 근거 없는 믿음을 입증할 수 있다. 사람들은 끊임없이 삶 가운데 어떻게 해야 하는지 우리에게 충고를 구한다. 어떤 사람들은 상담자들은 마음을 읽을 수 있는 사람이라는 선입견으로 겁을 먹는다. 그들은 자신의 불안이 읽힐지 모른다는 두려움으로 가까이 접근하지 않을 것이다. 마치 "어머, 상담자세요? 당신 주변에서는 조심해야겠네요(낄낄낄)." 하는 것처럼 말이다.

우리는 유리로 만들어진 집에서 전시된 삶을 살고 있다. 만약 내담자들이나 예비 내담자들이 지역사회에서의 우리의 평판을 알아볼 경우, 우리가 유능한 상담자일 뿐 아니라 좋은 사람이라는 것 또한 발견하기를 희망한다. 우리는 주목을 받고 있기 때문에 동일한 이미지를 가꾸고 유지하려 한다. 우리는 말을 듣게 될 때, 관찰하고, 주목하여 듣고, 말하고, 그리고 입을 다물고 있다.

돈

상담은 다양한 장면에서 각기 다르게 행한다. 취하는 상담 접근법, 치료 기간, 사용된 방법론은 재정적인 현실에 의해 전적으로 결정된다. 등록한 새로운 내담자 수의 여하에 따라 재정 지원을 받고, 2주간의 대기자 명단을 갖고 있는 지역 보건소의 경우에 정신분석 치료법은 인기가 많지 않을 것 같다. 상담자의 생계가 끊임없이 시간 단위로 자신의 시간을 팔 수 있느냐에 달려 있는 개업 상담의 경우, 오로지 단기상담만 하는 사람은 흔치 않을 것이다. 높은 매상을 올리는 상담자는 단지 살아남기 위하여 연간 400명 이상의 새로운 의뢰 건수를 필요로 할지 모르지만, 반면 어떤 상담자들은 열 명 혹은 열두 명으로 수월하게 해 나갈 수도 있다.

우리는 자신이 과학자인지, 철학자인지, 기술자인지, 예술가인지 결정할 수 없는 직업에 속해 있다. 우리는 상담자가 의학에서, 보건학에서, 교육학에서, 교양학에서 혹은 사회복지학에서 훈련을 받아야 하는지에 의견이 일치하지 않는다. 우리는 상담 기간이 짧아야 하는지 혹은 길어야 하는지, 초점을 과거에 맞추어야 하는지 현재에 맞추어야 하는지, 개선하려는 문제를 상담자가 정의해야 하는지 아니면 내담자가 정의해야 하는지, 심지어 상담자가 말을 많이 해야 하는지 아니면 적게 해야 하는지에 의견을 일치할 수 없다. 아마도 더욱 중요한 것은 상담이 본질적으로 전문직인지 아니면 비즈니스인지 결정할 수 없다는 것이다. 프랭크(Frank, 1979)는 옛날 옛적에는 사람들을 돕기 위해 상담을 했었지만, 지금은 돈을 위해 상담을 하고 있다고 솔직히 인정한다. 한때는 사람을 돕는 것이 즐거움이었던 반면, 지금 그것은 그저 노동일 뿐이다. 누군가의 이야기에 귀를 기울이면서 얼마나 많이 벌었는가를 계산하며 상담 시간의 일부를 보내는 것을 시인한다.

우리는 삶에서 죄책감과 갈등을 빚어내는 돈과 복잡한 관계를 맺고 있다(Herron & Welt, 1992). 멜랑(Mellan, 1992)은 상담자들이 서비스에 대한 수임료를 청구하는 것과 관련하여 양가감정을 다루는 몇 가지 양식을 기술하고 있다. 어떤 사람들은 너무 많은 돈은 그들을 타락하게 할 것이라 믿는 수도승의 역할과 동일시한다. 그들은 그들의 일의 사업적 측면에서 엄청난 불안과 갈등을 경험한다. 다른 사람들은 매춘부처럼 느낀다. 그들은 사례금을 받고 낯선 사람들에게 친밀감을 제공하고 있다. 다수의 개업 상담자들은 그들이 좋아하는 일을 하고서 많은 돈을 받는 데 죄책감을 느낀다. 우리는 자신에게 물어볼 필요가 있다. '내가 하는 것의 가치는 얼마나 되나? 얼마나 많은 가치가 있는가?' 이것들은 특히 어려운 경제 시대에 생각해 봐야 할 질문들이다(Groman, 2009).

여기에다 일을 정말로 많이 하지 않고, 단지 듣기만 하고서 돈을 받는 사기꾼이라는 일부 상담자들의 느낌을 더하면, 죄책감이 악순환으로 이어질 수 있다. 왜냐하면 이 상담자들은 정말로 돈을 번 것이 아니라고 느끼기 때문에 가능한 빨리 돈을 없애려 하고, 자신을 소비지상주의자의 라이프 스타일—일하고, 소비하고, 일하고, 소비하고(Schor, 1992)—에 빠지게 한다. 친분이 있는 한 상담자는 일주일에 50~60명 정도의 내담자를 만나고, 보통 사람들이 쓰기를 원하는 것보다 더 많은 돈을 벌며 믿기 어려울 정도로 바쁘다. 직접 물건을 사러 갈 시간이 없어서 상담회기 사이에 온라인으로 물건을 사며, 결국 카탈로그 상품을 너무 많이 주문해서 회복할 수 없는 빚을 지게 되었다.

돈 문제를 더욱 복잡하게 만드는 것은 우리가 가장 좋아하는 일을 하면서 받는 월급에 감탄하면서, 때때로 별것 아닌 일을 하고서 돈을 받는다는 죄책감을 느끼면서, 또한 우리가 참고 견뎌야만 하는 지루함과 학대에 대해, 이 세상에는 보상을 해 줄 만한 돈이 충분치 않다는 느낌으로 고심하는 것이다. 가족 구성원 간의 싸움을 중재하면서, 누구도 다스릴 수 없는 무례한 청소년을 다루면서, 고뇌와 고통 가운데 있는 사람들을 만나면서, 어느 누구도 우리가 하는 것만큼 열심히 일하지 않는다.

게다가 우리는 우리 상담을 더 어렵게 하는 돈과 개인적인 관계가 있다. 우리는 돈 문제로 다투거나 더 이상 그 문제에 대해 말하려 하지 않는 부부를 만난다. 우리는 우리가 너무 많이 갖고 있다는 죄책감을 불러일으키는 돈이 없는 빈곤한 내담자도 만난다. 우리는 만족 추구로 자금을 낭비하는 부유한 사람도 만난다. 부러움,

억울함, 동정은 우리의 측은지심을 방해한다. 돈이 우리의 자원을 관리하려 할 때, 우리는 우리 일에 영향을 주고 일을 엉망으로 만드는 이슈를 갖게 된다.

옛날에 상담을 하는 것은 의술이나 법을 실행하는 것처럼 소명이었다. 일이나 직업이라기보다는 도움을 주는 것, 즉 헌신이었다. 단순한 세상에 소박한 이상을 품은 열정과 표리부동의 헌신이 있었다. 상담자의 이미지는 조언을 해 주는 친절한 시골 의사의 이미지에서 컴퓨터와 심리측정의 도움을 받는 능숙한 전문가의 이미지로 완전히 바뀌었다. 입법자들은 상담 분야를 규제하기 시작했다. 전문 기관들은 적절한 수행을 의무화하였다. 건강관리공단과 특약의료방안에 뒤이어 보험회사도 이익을 위해 참여했다. 이제 소비자에 대한 경쟁은 많은 상담자와 정신건강 기관들의 가장 중요한 쟁점이 되었다.

상담자들은 선교사와 같은 자신의 이미지와 제조사 대리인의 특성에 더 가까운 행동 가운데 갇혀 있다. 우리는 인정받지 못하고 제대로 보수를 받지 못하는 데 좌절감을 느낀다. 때때로 아무리 많은 돈이라 해도 심리 문제의 심각성, 격렬함, 정서적 혼란, 갈등, 좌절에 대한 보상을 우리에게 다 해 줄 수 없는 것처럼 보인다. 어떤 때는 아무것도 하지 않고 너무 많은 보수를 받는 것 같아 죄책감이 든다. 누군가 이야기하는 것을 듣고, 그러고 나서 그가 말한 것에 관하여 우리가 어떻게 생각하는지 말해 주면서 45분을 보낸 대가로, 우리는 10권의 책을 살 수 있는 혹은 휴가를 얻어 하룻밤을 잘 수 있는 충분한 돈을 받는다. 비록 상담자가 되는 것이 힘든 일이라지만 우리는 계속해서 해 나가야 할 큰 이유가 있는 것 같다.

　그럼에도 여전히 우리의 양심을 짓누르는 성가신 의혹이 있다. 우리는 최선을 다하지만, 때때로 충분치 않은 것 같다. 변화를 이끌어 낼 수 없는 능력의 한계를 보는 것도 우리가 대면하는 가장 도전을 요하는 어려움 중 하나다. 거기에는 실망이 존재한다. 그리고 실패도 존재한다.

완벽하지 않기: 실패와 더불어 살기

완벽하지 않기: 실패와 더불어 살기

완벽하지 않기: 실패와 더불어 살기

내담자가 거의 100만 시간 가까이 산다고 생각해 볼 때, 그의 행동을 변화시키기 위해 상담자와 고작 10시간, 20시간, 심지어 100시간을 보내는 것은 별 것 아니다. 우리가 무엇을 하든 얼마나 열심히 일하든 얼마나 기술이 탁월하든 얼마나 많은 임상 경험을 갖고 있든, 혹은 얼마나 많은 책을 읽었고 워크숍에 참석을 했든 그것에 상관없이, 어떤 내담자들은 좋아지지 않을 수도 있다는 것을 어느 정도 예상할 수 있다. 심지어 일부는 상담을 받는 과정에서 더 나빠질 수도 있다.

심지어 내가 이 책에서 여러분과 작업하고 있는 것도 대부분 실패할지도 모르는 일이다. 변화를 지속시키는 강력한 영향력은 고사하고, 이 장에서 말하는 것이 여러분에게 과연 어떤 의미 있는 영향을 줄 수 있을까? 배운 것을 계속 유지하려는 이전의 모든 시도를 보여 주는 수십, 수백 권의 책들이 여러분 책꽂이에 꽂혀 있다. 여러분이 정직하다면 이런 노력이 생각보다 그리 오래가지 않는다는 것을 인정할 것이다.

형편없는 상담이란

궁극적인 치료의 결과에 내담자가 막대한 역할을 담당하고, 전체적인 상담 과정의 큰 그림에 들어가는 다른 요인들이 분명히 작용하고 있다 할지라도, 우리 또한 상담에서 벌어지는 일들에 대한 책임이 있다. 대부분의 시간 동안 우리는 정말로 세심하게 상담을 진행한다. 그러나 우리의 실수, 그릇된 판단, 실망, 실패에 관하여 이야기하는 것은 쉽지 않다. 우리는 때때로 (상담을) 엉망으로 만들고, 내담자가 다룰 수 있을 것이라 잘못 계산하며, 너무 심하게 혹은 충분치 않게 밀어붙이고, 후회로 움츠러들 수밖에 없는 실수를 한다.

상담 중도 탈락에 관한 다양한 연구는 대략 내담자의 1/3은 첫 회 상담을 한 후에 다시 나타나지 않고, 절반 가까이는 처음 두 회기를 한 이후에 돌아오지 않는다고 보고하고 있다. 대부분의 상담자는 그 이유를 알지 못한다(Schwarts & Flowers, 2006). 어떤 관찰할 만한 혹은 보고될 만한 효과도 없이 상담을 지속하는 사람들은 상담이 효과적이지 않다고 결론짓기 전까지 일반적으로 평균 12회기 정도를 더 지속했다(Stewart & Chambless, 2008). 이것은 상담을 통해 실제로 더 나빠지는 10~20%로 추정되는 내담자를 포함하고 있지 않다. 애도 작업을 하거나 외상성 스트레스에 대해 질문하고 탐색하거나, 해리성 장애를 갖고 있는 사람들을 상담하는 상담자들의 경우는 그 비율이 유의미하게 더 높은 편이다. 이들의 경우에 우리 스스로를 위로하고자 다양한 전술과 변명을 늘어놓을 수 있다.

- 결과에 대한 책임을 외부로 돌리기: "내담자가 상담에 대한 동기가 없다."
- 진척이 더딘 것을 합리화하기: "때때로 더 나아지기 위해서는 더 악화되어야만 한다."
- 동료들의 지지적인 발언에서 위안을 얻기: "이 모든 것은 일종의 저항이다."
- 실패를 성공으로 규정하기: "첫 회기 후에 내담자가 돌아오지 않은 것은 그가 좋아졌기 때문이다."
- 최소한의 기대를 갖기: "내담자가 계속 오는 것은 상담에서 뭔가 얻는 것이 있기 때문임에 틀림없다."
- 성공하고 있는 척하기: "내담자가 단지 인정하지 않을 뿐이지 그는 정말로 좋아지고 있다."
- 통제 밖의 요인들을 탓하기: "그와 같이 심각한 장애를 가진 내담자에게 내가 어떻게 대단한 영향을 줄 수 있겠는가?"
- 내담자가 변화하려는 준비가 되어 있지 않다고 주장하기: "내가 할 일은 내담자가 자신의 삶을 떠맡고자 결심할 때까지 단순히 기다리는 것이다."

실상 우리는 때때로 형편없는 일을 하기도 한다. 내담자와의 상담이 실패로 돌아갔을 때, 그 원인을 개인적인 것으로 받아들이면 상처를 받는다.

들으면 기분이 좀 나아질 만한 유명한 인물들의 정말 형편없는 극단적인 상담 사례들이 있다(Kottler & Carlson, 2006). 주디 갈런드 (Judy Garland)의 상담자는 그녀를 하루에 두 번 만났다. 그녀의 수면을 돕기 위해, 자지 않고 깨어 있도록 하기 위해, 그리고 우울증, 불안, 고독을 줄이고자 모든 종류의 약을 처방했다(그녀는 약물 과다 복용으로 사망했다). 비치보이 브라이언 윌슨(Brian Wilson)의 상담자는 일 년 동안 그의 집으로 이사를 왔고, 그 당시 작곡한 모든 음악에 대해 공동 작업자로 이름을 올려 줄 것을 요구했으며, 윌슨에게 백만 불을 청구했다. 개인적으로 흥미로운 경우는 메릴린 먼로(Marilyn Monroe)의 상담자인데, 그는 신경안정제 사용으로 사실상 그녀를 죽게 했을지도 모른다(그는 그녀가 살아 있는 것을 본 마지막 사람이다). 그는 또한 우울증 환자가 자신을 위해 일하도록 했고, 그녀에게 무제한적으로 넴뷰탈, 세코날, 클로랄 수화물을 제공했으며, 만나기 쉽게 걸어서 올 수 있는 거리에 집을 사도록 하였다.

이들은 형편없는 상담 치료의 사례들인데도 정확히 무엇이 그런 부정적인 결과를 가져왔는지 의견이 상당히 일치하지 않는다. 우리는 유명한 상담자들에게 형편없는 상담이 무엇이라고 생각하는지 정의해 달라고 물어보았다(Kottler & Carlson, 2002). 그들의 견해는 다음과 같다.

- 연구에 의하여 지지받지 못하는, 더 이상 쓸모가 없는 방법을 · 사용함
- 내담자에게 부정적인 영향을 주는 무언가를 함(혹은 하지 않음)
- 상담자 자신의 통제력 상실
- 충분한 데이터 없이 내담자에 관한 타당하지 않은 가정을 세움
- 온전한 관심과 연민으로 내담자의 말에 귀를 기울이지 못함
- 동일한 부정적 결과를 보이는 같은 실수를 항상 계속해서 반복함
- 내담자의 세계관을 존중하지 않고, 독단적이고 경직되어 있음
- 오만하고 지나친 자신감을 보임
- 서툴고, 무능하며, 길을 잃은 느낌
- 내담자와 단단한 동맹을 형성하는 데 실패함
- 분명한 계획과 안건을 갖고 있지 않음
- 내담자가 이해받고 있다고 느끼도록 할 수 없음

무엇을 형편없는 상담이라고 여기는지 숙련된 전문 상담자들이 근본적으로 이렇게 서로 다른 개념을 갖고 있다는 것이 흥미롭지 않은가? 일부 이론가들은 평가를 전적으로 내담자의 최종 의견이나 행동에 토대를 둔 반면, 어떤 사람들은 일어난 일에 관한 자신의 느낌 같은 것을 그러한 가능성으로 고려하였다. 심지어 내담자의 행동에 근본적인 변화가 일어나지 않았지만, 내담자가 행복해하고 만족해한다면, 그 사례는 성공한 사례인가? 내담자는 어떠한 변화도 일어나지 않았다고 주장하지만, 다른 사람들은 그에 관해 극적인 변화를 보고하는 사례의 경우는 어떠한가? 그러므로 형편

없는 상담이란 결과가 만족스럽지 못하다는 상담자와 내담자, 양자 모두의 평가와 연관되어 있다고 결론지을 수 있다.

실패와 거리 두기

부정적인 결과는 내담자에게 실망을 안겨 줄 뿐만 아니라 우리에게 종종 위협을 가한다. 눈부신, 직관력 있는, 심리학적으로 세련된 사람이 되고자 부정적인 결과를 설명할 구실을 찾고 있다면 그런 구실은 매우 좋은 핑계일 것이다. 분명히 이들 설명은 훌륭한 장점을 갖고 있다.

많은 상담자가 믿고 있는 실패를 마주하는 것을 피하는 방법과 실패로 인한 스트레스의 감소 방안을 너무 마음에 두지 마라. 성공하는 것도 실패하는 것도 내담자다. 상담자가 아니다. 그럼에도 우리가 인정하든 하지 않든 우리는 눈앞에서 점점 나빠지는 내담자에 의해 영향받지 않을 수 없고, 악화되는 것을 멈추기 위해 할 수 있는 것이 아무것도 없다. 이들이 우리를 가장 괴롭히고, 잠 못이루게 하며, 쉬는 시간을 독차지하고, 동료와의 대화를 장악하는 사례들이다. 일부 사례들의 경우에 그들은 우리의 이론과 상담의 전적인 스타일을 빚어 낸, 우리가 알고 있는 가장 영향력 있는 사람들이다.

상담자 훈련을 받던 시절, 나는 경외감과 감탄으로 상담 분야의 대가들이 상담하는 비디오를 시청했었다. 나의 상담치료는 놀라운 돌파구를 만들어 내는 이 상담자들의 마술적인 상담들과 같아야만 할 것 같은 인상을 받았다. 그러나 워크숍에 참가하는 것은 오히려 문제를 더 악화시켰다. 왜냐하면 발표자들은 너무나 자주 그들의 접근법을 팔아먹는 데 관심을 보이고, 우리가 단지 꿈에나 꾸었을 변화를 얼마나 효과적으로 이루어 내는지 영상으로 보여 주기 때문이다. 나의 상담이 이들 영상과 같지 않다는 것이 나의 일급비밀 중 하나였다. 오히려 내가 진행한 상담은 무질서했고, 혼란스러웠으며, 어색했고, 때때로 바람직한 효과를 얻기 위해 꽤 많은 시간을 필요로 했다. 이것이 나 자신의 실패 경험에 관해 기분이 좋아지고, 내가 상담자들에게 그들의 실패 경험에 관하여 물어보며 지난 20년간을 보내게 하였다(Kottler & Blau, 1989; Kottler, 1993; Kottler & Carlson, 2002).

마침내 내가 비디오 발표에 초대받았을 때, 나는 뭔가 좀 다른 것을 하기로 굳게 결심했다. 자신감이 있는 듯 아무 노력도 하지 않고 마치 마술을 부리는 마법사임을 보여 주는 상담 분야의 모든 대가에게 넌더리가 났었다. 나는 상담 초기에 일어나는 어색하고 서툰 거래가 이루어지는, 많은 상담 과정 중에 정말로 상담처럼 보이는 한 회기를 하기를 원했다.

비디오테이프를 녹화하기 위해 나갔을 때, 나는 세 명의 각기 다른 내담자들이 준비되어 있는 것을 알아차리고 놀랐다. 나는 내담자에 따라 다르게 상담하며, 어떤 사례라도 기꺼이 보여 줄 의향이 있다는 것을 이야기하면서 왜 이런 녹화 과정이 필요한지 물어보았다. 프로듀서는 우리가 비디오에서 보는 상담 분야의 많은 대가들이 비디오에서처럼 그렇게 상담을 잘하지 못하므로 비디오로 만들어 보일 만한 회기를 얻으려면 적어도 세 사례가 필요하다고 말했다. 내 생각에도 그것은 참으로 일리가 있는 말이며, 유쾌한 말이었다.

첫 번째 내담자와의 내 상담은 잘한 것으로 드러났고, 나는 그 이유를 언뜻 알아차렸다. 우리가 무대로 올라가 조명과 카메라와 스튜디오 관객들을 대면하기 전에 나는 내담자에게 몸을 돌려 그녀도 나처럼 떨리는지 물어보았었다. 그녀가 내 손을 잡으며 안심시킬 때, 나는 모든 것이 잘되리라는 것을 이미 직감했었다. 카메라가 돌아가기 전 바로 그 순간에 우리는 동맹이 맺어졌다. 우리 둘 사이에는 표현되지는 않았지만 무언의 계약— '이봐요, 당신이 날 돌봐준다면 나도 당신을 돌봐줄 거예요. 우리는 하나가 돼야 해요.'—이 있었다.

첫 번째 상담을 믿기지 않을 정도로 잘했다면, 두 번째는 그럭저럭했다. 세 번째는 정말 끔찍했다. 너무 형편없어서 나는 일어나서 스튜디오 밖으로 나갈 뻔했다. 그 청소년 내담자는 아무 말도 하지 않을 작정이었다. 그는 자신은 상담해야 할 만한 어떤 문제도 없다고 말했다. 내가 밀어붙일수록 그는 더욱 말이 없어졌다. 내 상담에서 가장 신성시하던 모든 것을 위반했다. 나의 불운한 생각을 좇아가느라 무엇보다 그의 보폭과 욕구를 존중하지 않았다. 상담의 어느 한 지점에서 그에게로 몸을 굽히고, 그 소년의 팔을 찌르며 나와 함께 위험을 감수하라고 어떤 면에서 그를 부추겼다. 비디오를 보면 부끄럽기 짝이 없지만, 그럼에도 이 사례는 비자발적이고 저항적인 청소년과 첫 상담을 하는 것이 어떠한지 정확히 잘 보여 준다(특히 관객들 앞에서 하는).

시련이 끝나자 나는 이것이야말로 우리가 비디오에 사용해야 하는 사례라고 주장했다. 나는 내가 처참하게 실패할 때의 상담이 어떠한지 세상에 보여 주기를 원했다. 사실 이 녹화가 나에게는 훨씬 더 유익한 것처럼 보였다.

프로듀서는 내 생각에 동의하지 않았다. 결국 우리는 가장 잘 한, 즉 내가 무엇을 하고 있는지 정말로 잘 알고 있는 것처럼 보이는 상담을 선택했다. 그러나 이로 인해 가장 유명한 상담자들에게 그들의 가장 깜짝 놀랄 만한 실패 경험을 말해 달라고 묻는 것이 얼마나 재미있을지 생각하게 되었다.

이와 또 다른 연구들에서 도출된 주된 연구 주제는 상담자들의 지속적인 성장에 실패가 절대적으로 중요하다는 점이다. 우리가 기꺼이 실패를 인정하고자 한다면 말이다. 대부분의 경우 부정적인 결과는 우리로 하여금 더 큰 융통성, 창조성, 탄력성, 겸손 그리고 개방성을 개발하도록 돕는다. 상담이 원하는 대로 잘되지 않을 때 우리는 자신의 상담 방식에 관하여 생각해 보게 되고, 무엇을 바꾸어야 할지 생각하게 된다. 일이 술술 잘 풀리면 우리는 더 깊이 생각하지 않고 다음으로 이동한다.

실패의 원인

어떤 프로젝트에서의 실패, 특히 상담과 같이 복잡한 일에서의 실패는 여러 요인과 연관되어 있다. 알기 쉽게 말해, 일부는 내담자의 특징이나 내담자가 동기, 비현실적인 기대, 숨은 의도 등 상담에 가져오는 것과 관계가 있다. 내담자가 그들의 의지에 상관없이 의뢰되어서(많은 경우 그렇다), 중요한 다른 사람들에 의해 치료를 받도록 위협받았을 경우, 변화에 대해 양면적이고(거의 모두가 그렇다), 진척이 더딜 가능성이 많다. 그리고 "이게 도움이 안 될 거라는 걸 알아. 당신이 할 수 있는 일은 아무것도 없어."와 같은 역효과적인 태도와 신념은 말할 것도 없고, 결과에 영향을 미치는 개인적 특징과 태도가 있다. 문제가 생길 수 있다는 신호를 보내 주는 특정한 성격 유형—경계선, 자기도취적, 히스테리성—이 있고, 내담자의 통찰과 정보처리 능력의 손상이 의심되는 생물학적 요인도 있다.

다음으로 실패에 기여하는 변인 가운데는 우리가 통제할 수 없는 것들이 있다. 내담자의 현실과 상황의 일부분인 외적 요인이 있다. 얽혀 있거나 파괴적인 가족, 지지 체계의 부족, 지속되고 있는 약물 남용, 경제적 빈곤과 결핍 그리고 상담실 방문에 필요한 교통수단의 부족 등이 포함된다. 만약 내담자가 상담에 정기적으로 올 수 없다면, 성과는 분명히 좋지 않을 것이다. 만약 내담자의 가족이나 친구가 내담자의 진전을 방해하고 무효로 만드는 데 적극적으로 개입하고 있다면, 이 또한 문제를 더욱 어렵게 만들 것이다. 내담자가 새로운 행동을 강화할 수 있도록 견고한 지지를 받지 못할 경우, 상담실 밖에서 변화를 유지하고 효과를 지속시키는 것은 내담자에게 도전적인 일이 된다.

셋째, 상담 과정과 관계 자체와 연관된 요인들이 있다. 때때로 상담자와 내담자 사이에는 기본적으로 서로 양립할 수 없는 점—성격, 가치, 스타일의 충돌로 상황이 딱 들어맞지 않는다—이 존재한다. 상담의 속도가 너무 빠르거나 느릴 수 있으며, 이는 초기에 내담자의 조기 탈락을 유발할 수 있다. 개입, 신뢰, 상담자에게서 이해받는다는 느낌의 결핍은 적절하지 않은 동맹 결과를 낳는다. 의존성 이슈가 작동될 수도 있고, 아니면 관계의 모든 부분에 전이가 작동할 수도 있다.

　마지막으로 단지 우리가 맡은 내담자뿐만 아니라 보통 상담과 관련해서 성공을 방해하는 상담자의 특징이 있다. 부정적인 태도를 주고받는, 융통성이 없고 거만하게 보이는, 뻔뻔한 나르시시즘과 자기중심성을 보이는 상담자는 내담자를 떠나게 만들 수 있다. 또한 상담자는 시기에 부적절하거나 형편없는 직면이나 치료적 개입 같은 상담의 특정 기술이 부족할 수 있다.

실패를 효과적으로 처리하기

　실패는 우리가 하고 있는 것이 제대로 작동하고 있지 않다는 유용한 정보라고 이해할 수 있다. 실패를 인정하는 것은 정직한 평가를 필요로 하고, 무엇이 가장 효과적으로 작용하는지, 그리고 효과적이지 않은지에 관해 내담자의 도움을 이끌어 낼 수 있다. 사실상 실망스러운 결과를 반전시키고, 긍정적인 결과를 얻기 위한 가장 좋은 예측 인자는 상담이 끝날 때마다 내담자의 피드백을 이끌어 내는 상담자의 체계적인 시도다. 심지어 상담이 잘 안 되어 갈 때도, 무엇이 좋았고, 무엇이 좋지 않았는지 솔직히 이야기해 달라는 요청에 내담자들은 실제보다 더 큰 만족감을 보고하는 경향이 있다(Miller, Hubble, & Duncan, 2007).

실패를 인정하고 받아들이는 것뿐만 아니라 실수를 용서하는 것 또한 대단히 중요하다. 내가 인터뷰했던 상담의 대가들이 내가 알고 지내는 다른 사람들과 구별되는 점은 그들의 회복 탄력성과 수용성에 있다. 그들은 자신이 중요한 것을 때때로 간과하는 실수를 할 수 있는 사람으로 받아들인다. 실패를 건설적인 피드백으로 재구성할 수 있는 것은 매우 유용하며, 모든 것이 잘되는 동안에도 필요한 조정을 가능케 하는 더 큰 수준의 유통성을 발휘하게 한다.

실패는 여러 가지 면에서 우리에게 유용하다. 그것은 우리를 좀 더 창조적이고 실험적이게 하며, 익숙한 전략이 작용하지 않을 때 새로운 전략을 시도해 보도록 한다. 우리에게 겸손과 인내를 가르쳐 주고, 우리가 무엇을 하는지, 그리고 우리의 행동이 다른 사람들에게 더 좋은 영향을 주는지, 아니면 더 나쁜 영향을 주는지 생각해 보도록 자극한다. 실패는 우리의 일과 삶의 성장의 끝자락에 자리 잡고 있다.

지난밤 나는 내 직업적 경험 가운데 나에게 가장 좌절감을 주는 집단상담을 지도했다. 아무것도 작용하지 않는 것 같았다. 긴 침묵이 흘렀다. 어느 누구도 체크인 때 제기했던 핵심 문제를 다루고자 자원하지도 동의하지도 않았다. 내가 저항의 직면을 시도하자 대부분의 구성원은 그러한 감정을 부인했다. 지금-여기서의 즉시성(immediacy)을 활용해 내가 느끼는 좌절감을 말하면서 감정을 불러일으키려 하자 몇몇 구성원은 그것을 그들의 분노를 간접적인, 조종하는 방식으로 표현하는 기회로 삼았다. 나는 말하지 않은 것을 개방하도록 집단을 작은 단위로 분산시키려 시도했으며,

몇몇의 다른 구성원이 집단을 인계받아 인도하도록 임명했다. 아무것도 작용하지 않았고, 우리는 교착 상태에 빠져 있었다. 100여 개 이상의 다른 집단들을 과거에 인도했었지만, 이 같은 집단을 이전에는 한 번도 경험한 적이 없었다. 나는 길을 잃은 느낌이었고, 혼란스러웠으며, 다음에 무엇을 해야 할지 실마리를 잡지 못했다.

그렇다. 나는 무슨 일이 일어나고 있는지, 그리고 이 '실패하고' 있는 집단과 다음에 무엇을 해야 할지 정리하느라 지난밤 한숨도 자지 못했다. 나의 리더십을 주의 깊게 검토했다. 지난 회기에 일어났던 중대한 이슈들을 이전 내용과 연결하여 다시 생각해 보았다. 다음 회기에 탐색해 보기 위해 가능한 가설들을 기록했다(만약 집단이 그대로 있다면 말이다). 무엇보다도 나는 무엇을 알고 있는지, 무엇을 안다고 생각하는지, 무엇을 전혀 이해하지 못하는지 아주 곰곰이 생각했다. 이것은 갈피를 못 잡게도 하지만, 또한 흥분도 되는 고통스러운 작업이다. 지금 이 순간 내가 이 글을 쓰고 있는 동안에 나에게 일어난 모든 새로운 학습과 성장은 실패를 깨달음으로써 얻은 직접적 결과다. 다음 번 집단 회기에 어떤 일이 일어날지에 관계없이 막힌 듯한 느낌은 나로 하여금 나중에 시도할 대안적인 방안을 생각해 보도록 이끌어 준다. 나는 이 기회를 고맙게 여긴다고 정직하게 말할 수는 없지만, 그것을 최대한 활용하고자 노력하고 있다.

실패에 관하여 우리 자신에게 말하기

앨리스(Ellis, 1984)는 상담자가 그들의 모든 내담자와 성공적일 수 있다고 믿는 것은 무척 터무니없이 비합리적인 것이 아니라면 경솔한 것이라고 주장한다. 나는 그가 옳다고 확신한다. 모든 사람을 돕는 것은 우리의 분수에 넘치는 것이라고 우리는 알고 있다. 그럼에도 이 합리화는 '나의 모든 해석은 큰 영향을 주어야만 한다.' '나는 항상 훌륭한 판단을 내려야만 한다.' '나의 내담자는 내 일의 진가를 알아보고 대단히 고마워해야만 한다.' '내가 상담에서 하는 것처럼 그들은 상담실 밖에서 열심히 해야 한다.' 라는 신념에서 우리를 보호해 주지 못한다.

저명한 상담자와 했던 인터뷰 가운데 실패에 대한 태도에 가장 도움이 될 만한 인터뷰 중 하나는 정신과 의사 프랭크 피트먼(Frank Pittman)과 했던 것이다. 그는 "당신은 실패의 예를 원하세요? 아니면 오늘 일어났던 실패의 예시를 하나 원하세요? 나는 너무 많아서 어디서부터 시작해야 할지 모르겠네요."라고 말하면서 내 질문에 대한 답을 하기 시작하였다.

"글쎄요……." 나는 그에게 좀 더 이야기해 줄 것을 부탁하면서 "가장 기억에 남는 것은 어떤 건가요?"라고 물었다.

그러자 피트먼은 많은 관객 앞에서 무대에 서서 어느 한 가족과 했던 상담 시연에 관해 이야기하기 시작했다. 그는 내담자로 지목된 다루기 힘든 젊은 남자 내담자를 밀어붙였고, 그 소년은 화가 나서 무대 밖으로 걸어 나가 버렸다. 소년의 어머니와 누이들은 그를 다루는 방식에 매우 화가 나서 피트먼에게 마구 쏘아붙였고, 문 밖으로 나가 다시는 돌아오지 않았다. 그다음에 관객들이 일어나서 무대에 앉아 있는 피트먼을 홀로 남겨 두고 퇴장하며 항의하였다. 워크숍 주최자는 이것에 너무 화가 나서 그에게 한마디 말도 없이 즉시 그를 차로 공항까지 데려다 주었다. 심지어 그가 떠나기로 되어 있었던 공항도 아니었다. 그저 워크숍 개최지에서 가장 가까운 곳에 있던 공항이었다.

"그 후에 어떻게 자존감을 유지할 수 있었나요?" 나는 피트먼에게 물었다. "어떻게 공식석상에서 당신 얼굴을 다시 사람들에게 보여 줄 수 있었나요?"

피트먼은 그저 어깨를 으쓱해 보였다. "이길 때도 있고, 질 때도 있고 그렇죠, 뭐."

"그게 전부예요? 그것이 그와 같은 상담회기를 툭툭 털어 버리는 방법이세요?"

"이것과 같아요. 조금의 위험이라도 감수하지 않는다면 당신은 좋은 상담을 할 수 없어요. 어떤 때는 효과가 있고, 어떤 때는 효과가 없죠."

나는 아직도 어떻게 그와 같은 실패를 그렇게 대수롭지 않게 여길 수 있는지 모르겠다. 그러나 실수나 실패와 더불어 사는 것은 상담자가 되는 것의 일부이며, 그것을 부인하는 것은 분별력 없는 일임을 상기시켜 주는 데서 나는 놀라운 지혜를 발견했다. 중요한 점은 이들 실패 경험에서 우리가 무엇을 배우는가에 있다.

공허를 견디기

상담했던 내담자와 그를 현재 상담하고 있는 다른 상담자에게서 그 내담자에 대한 정보를 제공해 달라는 편지를 받는 것보다 더 충격을 주는 일도 드물다. 분노와 배신의 감정이 일어나고, 의심이 들기 시작하며, 우레와 같은 소리가 점점 더 커진다. 만약 불평을 토로할 만한 동료가 있다면, 우리는 이런 위로의 말— "너는 그 내담자와 매우 효과적으로 상담했어. 변해야만 한다는 것을 알면서 내담자가 다시 네게 돌아오기는 두려웠을 거야."—을 들을 것 같다. 물론이다.

진실을 말하자면, 우리 모두는 어떤 때는 길을 잃기도 하고 무능해지기도 한다. 우리의 (혹은 그들의) 결함이나 한계로 우리는 그들에게 닿을 수 없다. 대부분 무엇이 정말 잘못된 것인지 우리는 알아내지 못한다. 내담자는 돌아오지 않고, 남겨 놓은 메시지에 전화도 해 주지 않는다. 어떤 면에서는 내담자가 계속 상담에 오기는 하지만, 상담자가 그에게 영향을 줄 수 없도록 할 때가 더욱 나쁠지도 모른다. 그는 변화해야만 한다는 두려움을 느끼지 않으면서 상담을 계속할 만큼 강함과 안전함을 느끼고 있다. 내담자가 변화를 보이든 보이지 않든 간에 우리는 상담료를 받는다는 사실이 별로 위로가 되지 않는다. 우리는 여전히 돌처럼 차가운 완강한 얼굴을 다루어야만 한다. 우리는 계속되는 게임과 방어 반응, 완강한 저항 그리고 그것들을 개인적으로 받아들이지 않도록 노력해야만 한다.

영원히 올 것처럼 보이는 내담자들—인정을 듬뿍 담아 줄 사람을 필요로 하는 수동적이고 의존적인 성격의 사람들, 청중을 필요로 하는 자기도취적인 사람들, 몹시 흥분해 있지 않다면 학대할 사람을 필요로 하는 경계선 성격의 내담자 등—이 있다. 때때로 이들과 상담을 하는 것은 아무 소용이 없는 듯하다. 왜냐하면 그들은 종종 느리게 변화할 것이고, 거의 치료도 안 될 것이기 때문이다. 우리는 결코 현란하지 않은 용어로, 심각한 정신장애가 있는 사람들의 변화 과정을 측정한다. 우리는 개인의 유전적 구조, 가족의 엄격한 위계질서, 선천적인 성격 특성을 바꿀 수 있다는 대담한 믿음을 갖고 있다. 이들 내담자들의 삶에 심지어 우리가 변화를 일으킬 수 있다는 것은 놀라운 일이다. 그리고 우리가 대응할 수 있는 것보다 더 커다란 힘에 맞닥뜨리는 것이 드문 일이 아니다. 심지어 변화가 일어나도록 어떤 의미 있는 역할을 우리가 해낸다 하더라도, 오랫동안 효과가 지속될 수 있다는 것을 의미하지는 않는다. 열일곱 살의 쾌락을 추구하는 청소년에게 마리화나, 맥주, 엑스터시, 필로폰에 견줄 만한 해결책을 우리가 제공할 수 있다고 확신시키는 것은 소용없는 것 같다. 돌아갈 부모가 없고, 입양은커녕 위탁 양육할 가정도 없이 임시보호소에서 지내고 있는 신체적 · 성적 학대의 희생자인 아이를 도우려는 시도는 절망적인 것처럼 보인다. 마찬가지로 알코올 중독자에게 버번위스키보다 더 나은 삶에 대한 순진한 약속으로 꾀어내려는 시도도 절망적인 것처럼 보인다. 부모가 상담을 방해할 때 격분하는 청소년을 도우려는 시도도 소용없어 보인다. 상담실을 나서서 또래 청소년 집단으로 곧바로 돌아가면, 우리가 그의 가치관을 바꿀 수 있으리라 여겼던 생각은 비현실적이었음을 알게 된다.

우리는 누군가의 무엇인가를 치료하려는 우리의 시도가 아무 소용이 없다는 것을 경험한다. 어느 누구도 상담 외에 다른 어떤 선택이 없다는 것을 깨닫기 전까지는 우리가 팔고 있는 것을 원하지 않는다. 심지어 시간을 좀 더 벌 수만 있다면 겉치레에 불과한 변화에 만족할 것이다. 우리는 그들이 원하는 것—어느 정도의 위안—을 줄 수 있다. 그러나 이것도 소용없다는 것 또한 알고 있다.

실패를 처리하기

그렇다면 상담의 실패에 대한 이 논의에서 어떤 결론을 내릴 수 있을까?

첫째, 아주 형편없는 상담을 한 것은 단지 끔찍하게 바보스럽고 품위 없는 뭔가를 했을 때가 아니라 보고도 못 본 체하는 선의의 무시를 한 경우다. 나태함, 무사안일주의, 자동항법조정장치처럼 기능하는 것 모두가 평범한 그저 그런 상담에 기여한다.

둘째, 실패와 실망스러운 결과를 뒤돌아보는 것은 나중에 여러분의 기술을 더욱 증진하도록 돕고, 더 융통성 있고 창의적인 치료적 개입을 할 수 있도록 가르쳐 주며, 내담자 개개인의 욕구에 더욱 잘 반응할 수 있도록 도와준다. 그럼에도 과도한 자기반성은 또한 자기 도취, 자기 회의, 완벽주의와 같은 부작용을 낳는다. 왜냐하면 여러분의 마음속에 간직하고 있는 이상은 결코 도달할 수 없기 때문이다.

셋째, 실패를 효과적으로 처리하는 핵심은 실수를 인정하고, 그것들을 자기 것으로 받아들이며, 믿을 만한 동료와 정직하게 그것들에 관하여 이야기하는 것에서 시작된다. 이것은 내담자의 저항과 불순응에 관하여 단지 불평하는 것만을 의미하지 않고, 자신의 행동과 증진할 수 있는 방법에 관하여 이야기하는 것을 말한다. 이와 관련하여 중요한 점은 한계를 받아들일 뿐만 아니라, 완전하지 않고 결점이 많은 인간인 자신을 용서해야 한다는 것이다. 얼마나 열심히 하든 상관없이, 얼마나 열심히 연구하고, 배우고, 실천하든 상관없이, 여러분은 좋은 상담을 할 것이고, 또 형편없는 상담을 할 것이다.

그 차이를 구분할 수 있기를 바랄 뿐이다.

우리의 인내심을
시험하는
내담자들

우리의 인내심을 시험하는 내담자들

상담전문가로 일한 지 10년쯤 되자 대부분의 내담자가 똑같은 사람처럼 보였다. 나의 상담이 아무것도 아닌 것은 아니라 하더라도 너무 판에 박힌 것처럼 여겨져서 나는 거의 우울증에 걸릴 뻔했다. 가장 신랄한 비판적인 용어로 내가 만나는 내담자들에 대해 생각하기 시작했다. 그들 중 몇몇 내담자에게는 분노하고, 또 어쩔 수 없이 견뎌야 할지 모르는 어떤 상담회기들은 두렵고, 그들이 약속을 취소할 때면 미친 듯이 기뻐하였다. 이런 고민들을 책으로 쓰는 것에 관한 아이디어를 가진 것도 그즈음이었다. 아마 크게 성공하지 않을까 생각했었다. 나는 그 책을 '지옥에서 온 내담자'라고 이름 붙이고, 각 장은 내 삶을 처참하게 만든 각기 다른 유형의 내담자들에 관한 내용으로 구성하였다.

여러분은 이런 책에 어떤 사람을 포함시킬지 모르겠지만, 나는 꽤 긴 목록을 만드는 데 아무 문제가 없었다(그 당시 많은 상담 사례가 있었으므로). 예를 들어, 말을 하지 않으려는 못된 청소년이 있었다. 다시 말하자면, 그는 결코 말을 하지 않았다. 그는 그저 손짓을 하거나 부루퉁해 있었다. 상담하는 동안 그가 하겠다고 동의하는 오직 한 가지는 전쟁 카드 게임이었다. 그것은 세상에서 가장 지루한 게임이었고, 아무런 기술도 필요치 않았다. 또 다른 내담자는 내가 한마디 끼어들 틈도 결코 주지 않고, 말하는 것을 절대 멈추지 않는 나이 지긋한 여성이었다. 그녀는 지리멸렬하게 이야기하고, 같은 이야기를 하고 또 했으며, 내가 제공하는 어떤 것에도 반응하기를 거부하였다. 또 다른 내담자는 매주 내가 세상에서 가장 훌륭한 상담자라고 말하면서, 결코 그녀의 역기능적인 삶의 어떤 부분에 대해서도 변화를 시도하려 하지 않으며, 여전히 내가 상상할 수 있는 가장 학대적인 관계에 개입되어 있는 내담자였다. 또 다른 사례는 매주 꾸준히 상담하러 오는 남성이었다. 그는 내가 얼마나 무능한지 불평하며, 내가 하는 어떤 것도 그에게 도움이 되지 못한다며, 내가 고장난 그를 수리하기 전까지는 결코 그만두지 않겠다고 하였다. 그리고 이런저런 사람들이 있었다. 자, 이제 여러분은 내 이야기의 요점을 이해했을 것이며, 쉽게 자신의 목록을 작성할 수 있을 것이다.

나는 우리의 인내심을 시험하고, 미칠 지경으로 만드는 이런 다루기 어려운 내담자들에 관한 프로젝트에 매우 흥분하고 있었다. 다른 상담자들에게 가장 어려운 내담자에 관하여 말해 달라고 묻는 데 아무런 어려움이 없었으며, 소위 저항적이거나 마지못해하고, 고마워할 줄 모르며, 결코 순응적이지 않고, 상담에 반응적이지 않으며, 반항적이거나 도전적이고 반역적이며, 비협조적인, 고집 센, 혐오스러운 내담자에 관한 수많은 자료를 문헌에서 찾는 데에도 어떤 어려움도 필요하지 않았다. 나는 소위 금광을 발견했고, 더 이상 발굴을 기다릴 수 없었다. 나의 최선의 노력에도 뻔뻔스럽게 저항했던 모든 내담자가 얼마나 나에게 뻔뻔스럽게도 고마워할 줄 몰랐는지에 대해 다룰 것을 생각하니 벌써부터 기분이 좋아졌다.

나의 원고는 검토되었고, 한 검토위원이 다음과 같은 피드백을 했다. "내 생각에 코틀러(Kottler)는 문제가 있는 것 같습니다. 왜냐하면 그는 모든 내담자가 그의 삶을 비참하게 하기 위해 지옥에서 왔다고 생각하고 있기 때문입니다." 더 나아가 그는 "나에게는 그가 연민이나 동정을 잃은 것처럼 보입니다."라고 하였다.

이크! 나의 가장 상처받기 쉬운 내면의 취약한 부분을 강타당했다. 이 검토위원은 매우 정확히 핵심을 찔렀다. 나는 내담자에 대한 측은지심과 공감 능력을 잃었다. 나는 그들을 물리쳐야 할 적으로 보았다. 내담자 중 많은 이와 승산 없는 싸움을 하면서 갈등에 마구 휘말린 느낌이었다. 내담자들이 내가 원하는 만큼 빠르게 움직여 주지 않았기 때문에 도저히 참을 수가 없었다. 사실상 그들은 내가 요구하는 만큼 빠르게 움직이지 않았다. 내 삶이 고리타분하고 정체되어 있었기 때문이다. 그때 그곳에서 나는 새롭게 깨달았다. 내가 겪고 있는 어려움의 원인이 모조리 내담자들의 훼방에 있는 것이 아니라 바로 나 자신의 태도에 있음을 깨달았던 것이다.

이 한 편의 예리한 논평을 내 안으로 받아들이자, 나는 몇 가지 중요한 결정을 내릴 수 있었다. 우선 책의 이름을 '지옥에서 온 내담자'에서 '연민을 느끼는 상담'으로 바꾸었다. 전체적인 초점을 내담자가 저항하는 방식을 다룰 뿐 아니라 상담자 자신이 상황을 더욱 악화시키는 방식으로 전환하였다. 둘째, 이 깨달음은 내가 이 일에 그리 적합하지 않은 것 같으며 다른 일을 찾아봐야 할 것 같다는 인식을 갖게 하였다.

아, 그건 그렇고, 우리가 원하는 방식으로 협조하지 않는 사람들과 상담할 때 측은지심, 이해, 공감의 중요성을 지적한 검토위원은 누구였나? 내담자가 어디에 있든 받아들이고 인내하는 것이 얼마나 중요한지 나에게 상기시킨 이 학자는 누구였나? 여러분도 그에 대해 들어 보았을 것이다. 그의 이름은 앨버트 엘리스(Albert Ellis)였다.

선호하는 내담자와 선호하지 않는 내담자

상담자가 상담하는 과정에서 마주치게 되는 어떤 위험 요소들은 직업적으로 내재되어 있는 부분이다. 건설 노동자가 자신이 일해야만 하는 높이에 관해 불평하지 않듯이, 전쟁 중인 병사가 자신을 향해 총을 겨누는 사람들을 발견하고 놀라지 않듯, 상담자는 고통을 당하고 종종 대인 관계적 어려움을 겪고 있는 사람들과 시간을 보내는 것을 받아들인다. 불행히도 우울증과 같은 문제는 실제로 전염성이 있다는 증거가 늘어나고 있다. 특히 가족이나 상담 관계와 같은 친밀한 관계에서는 더욱 그렇다(Yapko, 2009). 뿐만 아니라 어떤 내담자들은 우리를 화나게 만들며, 우리의 영혼에 영향을 주는 극단적인 성격장애나 행동장애를 보인다.

상담자들이 상담하기를 매우 선호하는 사람들이 있다는 것은 잘 알려진 사실이다. 대부분 총명하고, 열성적이며, 언어적이고, 지각력이 있으며, 매력적인 내담자를 선호한다. 이들 내담자들은 빠르게 성장할 뿐 아니라, 또한 인내심이 있고, 정중하며, 신속하고, 고마워하며, 상담료도 제때 지불한다.

상담자가(혹은 사람들이) 자신과 종교, 인종, 사회경제적 배경, 핵심 가치관 면에서 가장 유사한 사람들과 상담하는 것이 얼마나 편안한지에 관해서는 별로 언급되지 않는 편이다. 젊은 일본계 미국 여성 상담자는 자신의 업무 담당 사례인 빈민가의 아프리카계 미국인 청소년과 상담하는 데 두려움이 있다고 슈퍼비전 시간에 나에게 말한다. 라틴 지역사회의 라틴계 남성 학교 상담자는 다른 아이들에 비하여 매우 조용하고 수동적으로 보이는 그의 초등학교의 몇몇 아시안 소녀들과 관련하여 어려움을 겪는다. 아프리카계 미국인 목사이자 가족 상담자는 그의 교회에 참석하는 일부 백인에게 억울한 마음이 들고, 그들이 접근하지 않았으면 하는 바람을 갖고 있는 자신을 발견하면서 죄책감을 느낀다. 중산층의 소위 진보적인 상담자는 위험에 처한 사람들을 돕는 것을 좋아한다. 그러나 그녀는 그녀와 배경이 유사한 사람들과 갖는 일종의 깊은 심리적 접촉을 이들 내담자들과는 하지 못한다. 결론적으로 공적으로 논의되지는 않는다 할지라도, 우리는 우리와 가장 비슷한 사람들과 상담하는 것을 더욱 편안하게 여기는 경향이 있다는 것이다 (마음속으로 이루어지는 것이라 할지라도).

상담자들은 다음 사항을 기초로 선호도를 표현할지도 모른다.

- 성과가 좋았던 이전 사례와의 유사성
- 개인적으로 위협적이지 않은, 이슈를 다룰 만한 가능성
- 새로운 것을 배울 기회를 제공하는 사례
- 내담자가 야간 약속보다는 주간 약속을 할 수 있는지(혹은 반대로)
- 어떤 보험을 내담자가 갖고 있는지
- 사례가 그들의 전문 지식 스펙트럼 안에 해당되는지
- 내담자가 문제를 다룰 만한 상대적인 가능성이 있는지

다양한 이유로 상담자가 되는 것은 여러분이 가능하리라 전혀 상상하지 못했던 방식으로, 인내심, 융통성, 심리적 자원을 시험하는 사람들과 일하는 것이다. 어떤 사례들은 여러분을 자극하여 많은 강한 개인적 반응을 불러일으킬 것이다. 그것은 내담자의 이슈와 관련되어 있을 수도 혹은 관련되어 있지 않을 수도 있다.

역전이

치료적 상담에서 가장 많이 상세하게 논의되는 위험은 문제 내담자에 대한 상담자의 역전이 반응일 것이다. 역전이라는 용어는 몇 가지 다른 의미—첫째, 내담자에 대해 상담자가 가지는 모든 느낌에 대한 언급, 둘째, 내담자의 전이에 대한 상담자의 반응,

셋째, 내담자에 대한 상담자 자신의 전이 반응—로 사용된다. 상담의 많은 다른 과정처럼 역전이는 반응이 본질적으로 반응적인 것인지, 유도된 것인지, 대체된 것인지, 투사된 것인지에 따라 분류할 수 있다(Rowan & Jacobs, 2002). 각각의 경우, 이와 같은 감정은 이득이 될 수도 혹은 해로울 수도 있을 뿐만 아니라 치료적 어려움을 가져오는 왜곡을 불러일으킬 수 있다. 일부 사례에서 이들 강렬한 개인적인 반응은 상담의 전환점으로 사용할 수 있고, 상담자가 내담자에게 주는 피드백이나 내담자에게 받은 인상을 내담자에게 제공할 수 있는 수단으로 사용할 수 있다(Gelso & Hayes, 2007; Strean, 2002). 역전이는 상담에서 만연하며, 필수적인 심리적인 얽힘으로 종종 치료적 상담의 핵심을 구성하고 있다(Wishnie, 2005).

상담자가 제공하는 모든 해석은 내담자에 관한 진술뿐만이 아니라 상담자 자신에 관한 진술이기도 하다. 어떤 특정한 행동 대안을 선택하는 임상적 결정은 상담자가 과연 무엇이 내담자에게 최선인가 하는 초연한 분석에만 기초하지 않는다. 그것은 또한 상담자의 주관적인 내면세계를 묘사한다.

치료적 관계에서 나타나는 현상

내담자와 우리의 관계 맥락에서 우리가 내담자에게 과잉 관여했는지 여부를 가장 잘 볼 수 있다. 트레드웨이(Treadway, 2000)는 가장 기억에 남는 실패 사례를 안타까워한다. "나는 아직도, 다리를 꼬고, 팔을 가슴에 얹은 채 그곳에 앉아 있는 에이미(Amy)를 볼 수 있습니다. 그녀는 내 차의 보닛 위에 위험하게 앉아 있습니다. 우리의 상담은 5시간 전에 끝났습니다."(p. 34) 그는 지나치게 의존적인 젊은 여성에 대한 정서 관리에 거의 실패함으로써 사례에 대한 통제력을 상실하고 말았다. 그는 그녀를 구원하기 원했고, 그 자신의 힘을 왜곡하여 자신의 치유력에 대한 거대한 신념에 사로잡혔다.

이 상담자 왜곡의 현상—과잉 동일시, 과잉 관여—은 여러 형태로 나타난다.

- 내담자의 충동, 정서와 유사한 미해결된 상담자 개인의 내적 갈등에 기인하는 죄책감
- 내담자를 사랑과 존중으로 대하기 어렵게 만드는 상담자의 손상된 공감 능력
- 상담자 자신의 충족되지 못한 욕구에 기인할지 모르는 내담자에 대한 강한 끌림 혹은 밀어 냄
- 내담자를 향한 성적인 느낌
- 상담자의 동일시, 투사로 인한 내담자의 감정에 대한 부정확한 해석
- 특정 내담자에 대해 전반적으로 느껴지는 꽉 막힌 듯한 느낌, 무력감, 좌절감
- 내담자와 상담하는 동안 일어나는 상담자의 조급함 혹은 지루함
- 내담자는 상담자의 가치에 따라 살기 시작하고, 상담자는 내담자의 병리를 행동으로 옮기는 쌍방 간의 행동화

- 경멸적인 용어로 내담자에 관하여 말하려는 경향
- 내담자보다 상담자가 더 열심히 하고 있다는 자각

역전이는 프로이트에 의해 그의 내담자[예를 들어, 도라(Dora)]
와 동료들[예를 들어, 플레이스와 융(Fleiss & Jung)]과의 관계 속에서
처음으로 모습을 드러냈다. 1910년, 갈등의 시기에 친구 페렌치
(Ferenczi)에게 보낸 편지에서 프로이트(1955)는 자신이 페렌치가
상상하는 그런 정신분석 대가가 아니며, 역전이를 극복하지 못했
음을 드러냈다. 그는 몇 년 후에 출판된 논문에서 이 개념을 발달시
켰고, 내담자를 향한 상담자의 개인적 감정은 치료에 가장 훌륭한
도구일 수도, 가장 큰 장애일 수도 있다고 진술했다(Freud, 1912).
이 신념은 나중에 역전이가 단순히 상담 과정의 바람직하지 않은
골칫거리가 아니라, 오히려 진실한 인간 만남의 촉진에 정말 가치
가 있는 것이라 생각하는 다른 사람들에 의하여 보다 상세히 언급
되었다. 프리다 프롬 라이히만(Frieda Fromm Reichmann), 프랜츠 알
렉산더(Franz Alexander), 테레사 베네데크(Therese Benedek)와 같은
정신분석 이론가들은 비록 내담자에 대한 분석자의 개인적 반응
이 둘 다에게 심각한 장애를 줄 수 있지만, 분석자가 자기분석의
집중적인 치료와 슈퍼비전을 미리 경험한다면, 위험을 최소화할
수 있다고 보았다(Alexander & Selesnick, 1966).
　프로이트 시대 이래로 치료적 기법이 많이 개선되어 왔지만, 여
전히 상담자들은 그들의 감정, 왜곡, 무의식적 반응, 미해결된 갈
등, 오해, 적의, 특정 내담자와 관련된 주관적 경험과 싸우고 있
다. 이들 개인적 반응을 타개하는 것이 치료적인 돌파구임은 말할

것도 없고, 창조적인 개인적 발견 행위로 볼 수 있다(Rosenberg, 2006). 최악의 경우, 그러한 경험은 예측할 수 없는 방식으로 상담자에게 개인적 위기를 유발할 수 있다.

왓킨즈(Watkins, 1985)는 역전이 반응을 몇 가지 넓은 주제로 분류하였다. 그것은 지나치게 열성적인 태도, 부모와 같은 과잉보호 역할, 친절하게 대함으로 내담자의 인정을 받으려 노력하면서 치료적 거리를 위험하게 만드는 반응 등을 모두 포함한다. 또한 아주 극단적인 역반응이 우리 안에서 유발될 수 있다. 우리는 내담자의 요구와 의존성에 대해 가혹하고 냉담하게 반응할 수 있다. 극단적인 경우, 내담자의 병리로부터 거리를 두고자 공공연한 적대감이나 언어적 학대가 상담자 안에서 일어날 수 있다.

우리가 모든 내담자에게 똑같이 대하지 않는다는 점은 분명하다. 상담 스케줄 표를 대략 훑어보면서 간절히 기다리는 사람들도 있고, 두려워하는 사람들도 있음을 발견한다. 우리는 어떤 사람들에게 더 다정하게 대한다. 어떤 사람들에게는 웃으면서 음료를 권하며 다정하게 맞아 주지만, 어떤 사람들에게는 차분하게 청구서가 밀렸음을 알려 주면서 자리에 가서 앉으라고 한다.

물론 우리는 내담자의 배경, 인종, 종교, 사회경제적 신분, 성적 성향, 성격, 제시하는 불평불만에 관계없이 동일한 정도의 존중, 세심한 배려, 돌봄으로 내담자를 대해야 한다. 이것은 심지어 우리의 윤리 규정에도 쓰여 있으나, 결코 그렇지 않다는 것을 우리는 알고 있다. 우리는 어떤 내담자들을 다른 내담자들보다 진심으로 더 좋아한다. 우리는 그들에게 끌린다(혹은 심지어 과도하게 그들에게 끌린다). 왜냐하면 그들은 우리의 가장 소중한 가치를 공유하고 있기 때문이다. 또한 우리와 이질적인 경험을 가진 내담자들에게 강한 개인적인 반응을 보인다. 사회적으로는 자유주의자이고, 정치적으로는 치우침이 없는 우리의 적절한 민감성이 우리로 하여금 이질적이고 흥미로운 사람들을 찾도록 하는지도 모른다. 그러나 때때로 우리는 두려움을 느끼고, 이런 차이점 때문에 정나미가 떨어진다.

한 중국인 이민자가 새로운 삶을 위해 가족을 남겨 두고 떠나온 슬픈 이야기를 한다. 그러나 그 이야기에 집중하기가 어렵다. 왜냐하면 고향 관습에 따라 그는 손수건에 가래를 계속 뱉어 내고 있기 때문이다.

도심 빈민가에 사는 사춘기 소녀는 남자 친구와 싸우는 문제에 관하여 말하고 있다. 그러나 상담자는 그녀의 콧구멍, 귀, 입, 혀, 눈썹에 튀어나온 수십 개의 피어싱에 모든 신경을 집중할 뿐이다.

강한 남녀 평등주의 신념을 갖고 있는 학교 상담자가 그녀 앞에서 벌어지고 있는 일에 어안이 벙벙해하며 가족상담을 하고 있다. 가족은 페르시아계다. 어머니는 이슬람 전통의 머리 가리개인 차도르를 하고 있다. 그녀와 그녀의 아들이 순종적으로 조용히 앉아 있는 동안 아버지가 권위적이고 생색내는 듯한 태도로 아들의 '창의성'을 더 잘 감수하지 못하는 학교의 책임에 관해 말하고 있다. 상담자가 매번 어머니에게 질문하는데, 대답은 아버지가 대신한다. 그는 만약 그녀가 더 순종적이었다면 아마 그들이 이러한 어려움을 애당초 갖지 않았을 것이라 시사하는 의미로 그렇게 행동한다. 상담자는 옆방으로 뛰쳐나가지 않고, 오만한 그를 손바닥으로 철썩 때리지 않으려 최선을 다하고 있다. 문제의 실상은 이렇다. 상담자는 평정을 잃었고, 무슨 일이 일어나고 있는지에 대해 문화적 맥락을 이해하는 능력을 상실했다. 그녀 자신의 이슈가 건드려졌기 때문이다.

이러한 의도하지 않은 무의식적인, 순전히 이해할 수 있는 반응은 아주 많다. 심지어 측은지심을 느껴야만 하고, 분명히 중립성을 유지해야 함에도 말이다. 현실적으로 우리가 내담자를 완전히 역겹게 느끼는 것은 아니지만, 내담자에 대해 약간 흥미를 잃어버리는 때가 있다. 일부는 그들의 비사회적 행동이나 성가신 행동으로 인한 것일 수도 있고, 우리의 편견, 인종차별, 선입견, 다른 배경을 가진 사람들에 대한 이해 부족에 따른 강한 혐오감 때문일 수도 있다.

많은 상담자는 바깥세상의 다른 사람들은 내담자에게 어떻게 반응하는지 진단하는 데 그들의 강렬한 개인적 반응을 중요한 자료로 고려한다. 이러한 반응은 만성적인 역기능적 패턴을 이해하는 데 귀중한 단서가 될 수 있다.

한 내담자가 무엇이 그를 힘들게 하는지, 아주 일반적인 이야기만 추상적으로 말하고 있다. 나는 그의 여자 친구와의 의사소통 문제로 호소 문제를 보다 구체적으로 좁힐 수 있었다. 그에게 그 이슈에 관해 좀 더 말해 보라고, 또 보다 정교하게 말하도록 격려할 때마다 그는 단호히 전혀 아무 문제없다고 말한다. 나는 그의 속도에 맞춰 그의 권리를 존중하는 데 어려움을 겪으며, 쌓여 가는 좌절감을 느낄 수 있다. 이 내담자의 여자 친구가 그에게 마음을 열라고 다가갈 때마다 어떤 심정일지 알 것 같다. 내담자에게 강한 개인적 반응을 갖는다는 것을 인정하는 것은 부끄러운 일이 아니다. 오히려 그 반응을 알아차리지 못하고 손쓰지 않고 놔둘 때 그 감정은 부패되고, 상담에서 우리가 할 수 있는 일의 질을 손상시킨다. 이 영역을 탐구할 수 있는 가장 흥미로운 곳은 우리 자신의 판타지 안에 있다.

상담자의 판타지

반응적 감정이 무시되고, 부정되며, 왜곡되고, 투사될 때, 내담자의 치료와 상담자의 정신건강 모두 어려움을 겪을 수 있다. 몇몇 연구자들(Herron & Rouslin, 1984; Kiesler, 2001; Pope, Sonne, & Greene, 2006)은 역전이가 어떻게 작동하는지에 대한 단서로 상담자들이 그들의 판타지를 검토할 것을 격려한다. 이들 판타지가 주로 구원 지향적이거나 성적인 내용이든 분노, 좌절감, 화를 표출하는 것이든 대부분의 상담자는 그들의 내담자에 관한 환상이나 공상을 간직하고 있다. 다음 설명은 사회복지사, 가족치료사, 상담자, 심리학자들로 이루어진 집단에서 얻은 내담자들을 향한 반응이다.

> 나는 진심으로 내담자 가운데 몇 사람을 좋아한다. 다시 말해서, 나는 그들을 여동생이나 단짝 친구, 혹은 남편만큼 좋아한다는 말이다. 어떤 면에서 몇 명의 내담자들은 가장 가까운 친구가 되었다고 생각하고 있다. 나는 낮 동안에 그들에 관하여 생각하며, 그럴 때 마음이 따뜻해짐을 느낀다. 나는 이 내담자를 거의 7년 동안 알아 왔고, 그녀를 매우 좋아한다. 그녀와 점심을 먹으며 삶에 관하여 이야기하는 것을 내가 매

우 좋아하리라는 것을 알고 있으므로, 그녀를 상담자로서만 대해야만 한다는 것이 가끔은 슬프다.

몇 달 동안 상담해 왔던 이 남성은 주요 대기업의 총수다. 그는 엄청난 권력과 책임을 갖고 있다. 그는 마음 내키는 대로 사람들을 고용하고 해고한다. 그리고 나에 대해서도 심각하게 채용을 고려 중임을 알려 주었다. 내가 이 남성을 도와서 일한다면 얼마나 대단할지 생각해 본다. 아마도 그는 함께 일하고자 회사에 나를 영입할지도 모른다. 그는 세계 곳곳에 사무실을 가지고 있다. 불을 끄면서 방콕에서 리오까지 여행하는 것에 대해 생각해 본다.

나는 안정된 가정이 없는 사랑스러운 멕시코계 소년을 바라보고 있다. 그의 엄마는 가출한 상태로, 무슨 일을 하는지 아무도 모른다. 그의 아버지는 생계를 위해 멕시코로 돌아갔다. 이 가엾은 소년은 버려졌고 대부분의 시간을 혼자 보낸다. 일주일에 한 번 단지 임시 처방하는 식으로 도와주는 것보다는 그를 입양하여 집으로 데려와서 그에게 적절한 가정을 만들어 주는 것에 관해 생각할 때가 있다.

나는 믿을 수 없을 정도로 매력적인 여성과 상담을 하고 있다. 그녀는 나에게 홀딱 반했고 우리 둘 다 그것을 알고 있다. 그녀는 상당히 노출이 심한 복장을 하고, 매우 유혹적으로 행동한다. 당연히 나는 상담을 위태롭게 하려는 그녀의 분명한 시도를 해석해 준다. 그러고 나서 그녀는 꽤 많이 누그러졌다. 그러나 때때로 나는 무릎을 꿇고 그녀에게 애정을 구걸하고픈, 자제하기 힘든 충동을 느낀다.

나는 투덜대고 불평불만이 가득한 이 남자의 목을 조를 것 같다. 그는 내 자신이나 다른 사람들 안에 있는 내가 경멸하는 모든 것—수동성, 외재적 통제력, 무력감, 무능력—을 갖고 있다. 내가 그를 정말로 좋아하지 않는다는 것을 그도 알고 있다는 것을 나는 알고 있다. 그러나 그는 사람들이 그를 좋아하지 않는 것에 매우 익숙해서 그와 나의 관계는 그저 정상처럼 보인다. 나도 그가 느끼는 것과 같은 감정상태—무력감—에 결국 다다르게 된다. 왜냐하면 그는 변화하기를 거부하기 때문이다. 그가 매우 높은 모노톤으로 말하는 것을 듣고 있으면, 어떤 창조적인 것으로 그의 억제된 외면을 뚫고 들어갈 수 있을지 더없이 궁금해진다. 나는 그의 따귀를 때리거나 그를 비웃는 모습을 그려 본다. 그러고 나서 죄책감을 느낀다. 왜냐하면 나는 측은지심을 잃었기 때문이다.

나는 가끔 나의 내담자 몇 명과 결혼한다면 어떨지 상상해 본다. 이 남성은 꼭 인형 같다. 그는 자신을 변화시키고자 무척 애를 쓴다. 그는 바로 내 타입—강인하면서도 자기 성찰적인 사람—이다. 한 주 동안 그가 무엇을 하고 있을지 궁금할 때가 있다. 또한 그가 옷을 입고 있지 않다면 어떨지 궁금해진다.

이 판타지들은 상담자의 현상학적 세계의 한 측면만을 보여 준다. 이들은 분명 우리가 내담자에 관하여 생각하는 전형적인 방식이 아니다. 심지어 그 시간의 대부분도 아니다. 그래도 가끔 이런 판타지는 우리가 내담자에게 어떻게 반응하는지에 관한 단서를 제공한다. 우리가 내담자에 관하여 어떻게 느끼는지, 그리고 그러한 감정이 우리의 임상 판단에 어떠한 영향을 끼치는지 기꺼이 탐색하고 확인하고자 할 때만, 이 에너지를 건설적으로 이용할 수 있다.

내담자를 향한 강한 역전이가 진행될 때, 자신에게 몇 가지 질문을 함으로써 통찰을 할 수 있다.

- 주의를 끄는 것 가운데 맨 처음 일어나는 강력한 감정이 무엇인가?
- 나와 이 내담자 사이에 일어나고 있는 것에 나는 어떻게 과민 반응을 보이는가?
- 내담자가 저항을 보인다고 비난하면서, 나는 어떻게 그런 문제를 내 것으로 받아들이지 않으려 하는가?
- 내담자가 기꺼이 하지 않거나 할 수도 없는 어떤 것을 기대하고 있는가?
- 좌절감이나 허무감을 느끼지 않으려는 시도로 내담자에 대한 진단을 어떻게 수정하거나 재개념화 하는가?
- 이 내담자는 누구를 떠오르게 하는가?
- 나의 투사 감정이 내담자가 나에게 나타내는 방식을 어떻게 왜곡하는가?
- 나의 어떤 욕구(감사함을 보여 줌, 존경받음, 타당화, 사랑받음, 권한을 부여받음)가 이 내담자와의 관계에서 충족되지 않는가?
- 이 내담자 때문에 나의 유능감은 어떻게 도전받고 있는가?
- 이 내담자에 의해 지속적으로 건드려지는 나의 이슈는 어떤 것인가?

• 우리 두 사람 사이의 갈등은 진정 무엇에 관한 것인가?

이 질문들은 높은 수준의 솔직함과 정직함이 필요하기 때문에 동료나 슈퍼바이저의 도움 없이 치료적 교착 상태에서 여러분의 역할을 끊어 내려는 내담자의 시도에 마주하여 그들을 생산적으로 고려하는 것은 종종 쉽지 않다. 내담자의 저항, 방어, 완고함 등이 불필요하게 삶을 매우 어렵게 만든다고 내담자를 비난하고 싶은 강한 유혹을 받기 쉽다.

어려운 사례

경험 많은 상담자 사이에 문제의 내담자들과 관련하여 대체로 일치되는 공통점을 확인할 수 있었다. 경계선 성격장애, 반사회적 성격장애, 행동장애를 가진 사람들은 매우 상담자의 인내심과 방어를 시험한다. 예후는 좋지 않으며, 만약 어떤 진전이 있다면 느린 편이고, 상담자는 조종이나 극적인 고통스런 전이나 투사적 동일시를 받는 쪽이기 쉽다.

상담자가 스트레스를 가장 많이 경험하는 내담자의 행동에 관한 많은 연구는 가장 빈번하게 일어나는 것—자살 위협, 분노의 표현, 적개심의 표출, 심한 우울증, 극심한 냉담함 그리고 조기 종결—에 관하여 일관성 있게 묘사하고 있다. 상담하기에 가장 힘들고 스트레스를 많이 주는 내담자의 특성으로 상담자가 경험하는 것은 무엇인지에 관한 몇몇 연구에서(Corey & Corey, 2007;

Farber & Heifetz, 1981; Deutsch, 1984; Robbins, Beck, Mueller, & Mizener, 1988; Kottler, 1992), 상담자들은 다음과 같은 내담자들을 예로 들었다.

- 생물학적 장애로 고통받는 내담자(중풍, 폐쇄성 두부 손상)
- 극단적인 정신병적 증상을 경험했고(심각한 환상과 망각), 여전히 상담을 필요로 하는 내담자
- 숨겨진 안건을 갖고 있는 내담자(산재 보상 혹은 법원 의뢰)
- 경계를 위반하는 내담자(만성적인 지각, 약속 위반)
- 외부로 탓을 돌리는 내담자("내 잘못이 아니야.")
- 책임을 받아들이지 않고 거절하는 내담자("당신이 나를 고쳐 주세요.")
- 따지기 좋아하는 내담자(적개심, 회의주의)
- 친밀감을 두려워하는 내담자(회피성 혹은 유혹적인 행위)
- 정서에 압도된 내담자
- 모순된 내담자(상담자가 할 수 없는 것 혹은 주지 않을 것을 원하는 경우)
- 상담자의 반응을 유도해 내는 내담자(상담자의 미해결 과제를 불러일으키는 경우)
- 참을성이 없는 내담자("빨리 나를 고쳐 주세요.")
- 곧이곧대로 구체적 사실에 의거해 생각하는 내담자(내적인 상태를 표현하거나 접근할 수 없는 경우)
- 적극적으로 자살을 하고 싶어 하는 내담자
- 충동 조절이 잘 안 되는 내담자(범죄자, 약물중독자)

- 실제로 필요한 것과 비교하여 볼 때 상담을 쓸모없게 만드는 삶의 상황에 있는 내담자(노숙자, 가난)
- 상담자가 선호하는 언어를 제한적으로 사용할 수밖에 없는 내담자(문자적으로, 그리고 비유적으로)

이 목록은 모든 내담자가 마치 어려운 내담자인 것처럼 보여 준다. 상담자로서 우리는 가장 삐딱하고, 기이하며, 심지어 인간 존재의 가장 사악한 부분을 본다. 우리는 지속적으로 잔인함, 갈등, 속임수, 조종, 냉소, 불신, 배신에 노출된다. 우리는 사람들의 가장 최악의 상태를 본다. 우리는 그들의 가장 비밀스럽고, 감추어진 자아를 공유하는 것을 허락받아 알게 된다. 우리는 실망, 이혼, 죽음에 따른 파편을 담아내도록 위임받은 사람들이다.

우리가 만나는 내담자 중에는 다른 사람들을 불행하게 하는 것이 삶의 주요 목표인 것처럼 보이는 이들이 있다. 그들은 반사회적 행동, 자기도취적 행동, 히스테리성 행동, 경계선 장애 행동의 복잡함으로 단련되어 있다. 그들은 어떻게 우리의 화를 돋우는지 아주 잘 알고 있으며, 그런 시도가 성공하면 극히 만족스러워한다. 모든 분노, 의기소침, 갈등 가운데 우리는 동요됨이 없어야만 한다. 그러한 행위에 대면하여 자제력을 보이고, 안정을 유지하는 데 우리의 에너지 자원을 주로 사용한다.

어느 사례가 가장 골칫거리인지에 관해 누구나 동의하고 있지 않다는 것은 흥미롭다. 해리장애나 경계선 장애와 상담하는 것을 두려워하는 대부분의 상담자에 반하여, 그러한 사례들이 가지고 있는 드라마와 도전을 극히 선호하는 사람도 있다. 이런 주제의 탐색에서 정말 흥미로운 부분은 가장 상담하기를 선호하는 내담자나 가장 선호하지 않는 내담자를 주의 깊게 살펴보고, 그것이 여러분에 관하여 무엇을 말하는지 알아보는 것이다.

어려운 내담자의 행동

앞서 말한 것처럼 일부 상담자들은 성격장애 내담자에게 도전하기를 좋아한다. 어떤 상담자들은 정신병적 증상을 보이는 사람들이나 약물중독자, 지적인 손상이 있는 사람들에게 특히 참을성이 있고, 효과적으로 도움을 준다. 그러나 대부분의 상담자에게 몇몇 내담자 행동 패턴은 다루기 어렵다.

"교통사고 때문에 옴짝달싹 못했어요."

저항의 모든 징후가 한때 프로이트 시대에 믿었던 것처럼 이제는 치료에 대한 장애이거나 성가신 것이 거의 아니다. 내담자가 지나치게 고분고분하든 지극히 적대적이든, 이제 우리는 그들이 자신을 지키려고 할 수 있는 최선을 다하고 있는 것으로 이해한다. 또한 계속해서 만성적으로 약속에 늦거나 오지 않는 것을 우리를 비참하게 만들려는 음모가 아니라 위협적인 상황에서 일부의 통제력을 가지려는 내담자의 시도로 본다. 이상적으로는 내담자는 충분히 오랫동안 알짱거릴 것이고, 저항이 통과할 만큼 충분한 인내를 연습하게 될 것이며, 필요한 한계가 정해질 것이다.

상담의 시간과 장소를 가지고 게임을 하지 못하도록 하는 것이 초심 상담자가 배워야 하는 것 중 하나인데도 효과적으로 이런 문제를 다룰 수 있도록 준비되어 있지 않다. 심지어 빈둥거리는 시간에 대한 보수를 준다 해도, 누구도 바람맞는 것을 좋아하지는 않는다(청소년기의 거부에 대한 플래시백). 일부 상담자들은 자신을 보호하고자 책상 위에 좋아하는 소설을 놓아 두고, 내담자가 '교통이 지체되거나' '차가 고장 나거나' '미팅이 길어지거나' 하면 그 시간 공백을 즐겁게 채운다. 그러나 나는 아직도 이런 상황이 벌어질 때 적절하게 다루는 것이 쉽지 않다. 누군가를 기다리는 것은 비록 그것이 치료의 한 부분이라 할지라도 짜증이 난다.

"죽고 싶다."

죽음은 최종적인 실패다. 누군가 자살을 했을 경우에 특히 더 비극적─희생자뿐 아니라 뒤에 남은 사람들에게도─이다. 가족, 친구들, 도움을 주었던 사람들은 죄책감, 책임감, 후회를 경험한다. 자살로 내담자를 잃은 상담자에게는 특별한 슬픔과 취약해짐, 다시 일어날지도 모른다는 두려움이 존재한다. 게다가 상담자의 상실을 공적으로 애도하도록 허용하는, 사회적으로 용인된 방식이 거의 존재하지 않는다.

자살하고 싶어 하는 내담자는 다양한 수준에서 어려움을 보인다. 맨 처음 우리 영혼에 나타나는 것은 아무것도 실행 가능한 것처럼 보이지 않는 의기소침하고 자포자기 상태가 되는 순전한 정서적 두려움이다. 우리 모두의 삶에는 절망했었던 때가 있었다. 잊고 싶은 시기였다.

둘째, 우리는 자살하려는 내담자를 돕고자 하는 믿기 어려운 책임감을 느낀다. 물론 일이 빗나갈 경우, 법적인 책임을 질 위험성이 존재한다. 또한 모든 힘을 다해 우리의 일반적인 한계를 넘어 도움을 주려하는 도덕적인 의무감도 존재한다. 실수와 시행착오는 치명적인 결과를 가져온다. 우리는 밤낮 상관없이 상대에게 가용한 상태여야 하고, 실제 위기나 혹은 늑대를 만난 어린 양을 위해 항상 대기 중이어야 한다. 모든 위협은 철저하게 제거되어야 한다.

셋째, 자살에 대한 위험성이 평가되면 다른 치료적 장치의 시동이 걸리기 시작한다. 증거들이 세심하게 문서화된다. 보이지 않게 모든 상담자 스태프가 상담 교과서에 나와 있는 사항들을 실제로 행하면서 주의 깊게 움직인다. 그러나 어린이용 장갑을 끼고서 내담자를 다루는 것은 치료 효과를 나타내기 어렵다. 직면과 깊이 있는 해석이 온화한 감정 탐색에 의해 제기된다. 내담자가 다시 안정된 토대에 서기까지 대부분의 노력은 삶의 의지를 다시 불러일으키도록 기본적인 삶의 기능을 단순히 유지하도록 하는 데 기울인다. 울타리에서 내려오도록 내담자를 힘껏 밀어 주는 것과 그를 벼랑 끝으로 밀어 내지 않는 것 사이의 줄타기가 존재한다. 실수의 여지는 아주 적어야 하며, 상담자에 대한 압박은 엄청나게 커진다.

네 번째 어려움은 잠재적인 자살 위협이 있는 내담자의 문제를 상담 중에 외면할 수 있다는 것이다. 불필요한 걱정이 비극을 예방하지 못한다. 위험에 처한 내담자에게 집착하여 과도하게 시간을 소비하는 상담자는 어떤 유용한 목적에서라기보다는 힘의 사용과 확장으로 상담자 자신의 이익을 위하여 그렇게 더 많이 한다. 절망의 사이렌을 울려 대는 PDA 단말기와 시간을 많이 보냄으로써 우리는 중요한 사람임을 느낄 수 있다. 가장 부적절한 순간에 "당신은 할 수 있는 모든 노력을 했나요?"라고 묻는 잔소리에 의해 방해를 받을 때, 우리는 그들에게 필요한 이었음을 느낄 수 있다.

"나에 대한 느낌이 어때요?"

대부분의 내담자는 우리의 애정을 낚시질한다. 전이의 일부분으로 다른 사람들에게 항상 갈구해 왔던 것을 우리에게 얻기 위하여 혹은 모델이자 또한 그들의 바람직한 행동을 승인해 주는 우리의 권위 때문에 그들은 그렇게 한다. 다른 가능성은 단순히 우리는 그들의 친구이고, 그들의 비밀을 지켜 주는 사람이며, 우리가 그들을 어떻게 느끼는지 알고 싶은 자연스러운 호기심 때문이다. 무언가 느낀 것을 부인하기 위해 혹은 무관한 견해를 제공하지 않고자 우리는 회피적인 전술을 구사할지 모르지만, 내담자는 게임의 규칙을 잘 알고 있다.

유혹하는 내담자들을 통해 우리는 끝까지 내몰린 우리의 자제력을 알게 된다. 그들 중 일부는 길을 열고자 단호하다. 상담자를 정복하는 것은 누구나 부패할 수 있음을 보여 주는 최종적인 승리다. 내담자가 관계의 통제력을 되찾고, 권위와 인정을 얻을 수 있는 길이다. 금지된 것을 장난삼아 해 보고 싶은 욕구를 만족시키고, 마치 내담자가 치료에 의해 좌절감을 느꼈던 것과 같이 상담자를 좌절시킬 수 있는 방편을 제공한다. 또한 내담자가 관계가 잘못되었음을 입증하고, 치료를 옆길로 새게 하고, 나중의 치료적 공격을 막아 내는 최선의 길이다.

내담자의 유혹적인 행동을 직면시키고자 하는 상담자의 노력은 종종 좌절로 이어질 수 있다. 감정이 직접적으로 논의되고, 상담자가 온화하고 단호하게 접근을 거절할 경우, 내담자는 창피함을 느끼고 거부당하는 느낌을 받을 수 있다. 전이 감정이 해석될 경우 내담자는 부인할지도 모른다. 만약 상담자가 뒤로 물러나 일이 되어 가는 대로 잠시 놓아둔다면, 유혹적인 노력은 증가할지도 모른다. 해결 방안은 쉽지 않다.

이 문제의 다른 측면이 주목을 받을 만하다. 내담자는 성적인 이유 이외의 다른 이유로 유혹적으로 행동할 수 있다. 종종 성적인 욕구는 친밀감과 혼동되는데, 특히 한방에 있는 두 사람이 서로 성적인 끌림을 느끼는 경우에 그러하다. 많은 유혹적인 내담자들이 육체 관계에 최소한의 흥미도 갖고 있지 않으며, 그저 정서적인 관계를 맺고 싶어 한다. 이 문제는 내담자와 상담자가 동일한 성을 갖고 있을 때 확실히 흔한 일이다. 내담자는 자신이 주고 있고 또 주고 있고 계속 주고 있다고 느끼며, 그 보답으로 극히 적은 개인적 관계를 얻는 것처럼 느낀다. 이 지각은 정밀하며 거대한 디자인의 일부분이다. 그러므로 내담자는 상담자가 정말로 자신을 어떻게 생각하는지 알아내기 위하여 상당한 독창성을 발휘해야 한다. 내담자는 자신이 남긴 전화 메시지에 상담자가 회신하는 데 걸리는 시간이나 상담 초과 시간을 몇 분 더 허용하는지 혹은 미소를 얼마나 자주 보내는지를 가지고 상담자인 우리의 배려를 확인한다.

치료적 관계는 독특하고, 비대칭적인 계약 관계이며 치료자는 자신의 좋은 면만을 보여 주는 완전한 통제력을 갖는다. 타인의 존경과 관련하여 그들의 입지가 이미 불안정한 사람들에게 상담자의 객관성은 그들을 더욱더 멀리 쫓아 버린다. 호전되는 내담자는 마침내 이 모든 불안정성을 통과하여 더 자율적으로 행동하게 된다. 그러나 소수의 내담자들은 상담자를 괴롭히는 것—육체적으로가 아니라면 정서적으로—을 삶의 개인적 임무로 생각한다.

"상담이 도움이 되지는 않지만, 저는 계속 와요."

지나치게 순응적인 경우("상담은 정말 재미있어요.") 혹은 억압이나 부인 같은 고전적 방어를 사용하는 경우("나는 행복한 어린 시절을 보냈다.")와 같이 덜 분명하게 치료에 저항하는 방식이 있다. 그러나 우리의 능력에 대한 직접적인 도전이 가장 참기 어렵다. 때때로 저항적인 내담자들은 약속을 유지하고, 정각에 오며, 나아지려면 해야만 하는 것을 최소한 하는 척하는 가장 성실한 사람들이다. 그러나 그들은 점점 악화되고, 우리는 그 이유를 모른다. 아, 우리는 그들에게 해 줄 다음과 같은 말을 이미 간직하고 있다. "당신은 하려고만 하면 좋아질 것이다." "당신은 진짜 많이 좋아졌어요. 그러나 당신은 단지 그것을 알아차리지 못하고 있는 거예요." "당신이 이룬 변화를 볼 수 없으니 정말 불만스럽겠어요."

마음속 깊은 곳에서 우리는 적나라한 사실을 인정하기 두려워한다. 우리가 이 내담자와 무엇을 하고 있는지 우리는 모른다. 그리고 우리의 기량 부족을 상기시키면서 왜 이 내담자가 계속해서 상담에 오는지 생각해 낼 수 없다. 분명 열쇠는 눈에 보이는 아무런 성과 없는 상담에서 벗어나는 데 있다. 내담자의 숨은 의도가 표면 아래에 놓여 있다.

연속된 90번째 상담회기를 위해 분침이 12를 가로지르자마자 브랜다(Brenda)가 상담실에 들어왔다. 그녀는 항상 빳빳한 20달러짜리 현금으로 지불하고, 나에게 세어 보라고 했다. 매주 그녀는 자기 자리에 앉아 올려다보며 비웃었다. 가슴을 찌르는 냉소적인 그녀의 첫 마디는 보통 등골을 오싹하게 했다.

"글쎄요, 아마도 당신이 기대하는 것처럼 나는 더 좋아졌다는 느낌이 여전히 안 드네요. 나도 알아요. 내가 바보라는 것을. 매주 여기에 와 내가 죽을지 살지 나를 돌보는 척하는 당신의 말에 귀를 기울이면서 나의 훌륭한 돈을 당신에게 주고 있죠. 돈 때문에 당신이 여기에 있다는 것을 우리 모두 알고 있죠. 나에 관해 모두 알고 있는 것처럼 행동하며 거기에 앉아 있는 게 바보같이 느껴지지 않으세요? 제기랄, 당신은 몰라요. 언제 포기하고 나한테 도움을 줄 거죠?"

어느 날 갑자기 내가 꿈꿔 왔던 일이 벌어졌다. 연약한, 두려움에 떨고 있는 나약한 인간임을 드러내면서 그녀의 허울이 벗겨졌다. 솔직히 내가 했던 어떤 특별한 것 때문이라고 생각지 않는다. 그녀가 첫발을 내딛을 수 있도록 기다려 주었던 연속된 90회기를 여러분이 감안한다면 몰라도 말이다. 나를 신뢰할 만하다고 느낄 때까지 단지 기다렸던 그 모든 시간에 관하여 그녀는 나중에 설명해 주었다.

내담자들이 우리를 가까이 오지 못하게 하는 한, 우리는 그들과 가까워질 수 없다. 그들은 적대적인 관계에서 기능하는 것에 익숙하기 때문이다. 심지어 우리의 업신여김도 그들을 많이 방해하지 않는다. 그들의 목표는 그들이 말싸움을 포기할 준비가 되었다고 결정할 때까지 우리를 가만히 있게 하는 것이다. 그동안 그들이 이 권위와 지혜의 상징을 조롱하는 것은 일종의 재미거리다.

때때로 내담자의 저항은 상상의 산물이다. 문제는 우리의 선의의 도움을 피하기 위해 내담자가 하고 있는 것이 아닌 우리의 참을성, 용서, 수용을 방해하는 우리 안에 있는 어떤 것에 있다.

"음, 저 아니에요."

상담의 기본 규칙 중 하나는 내담자가 말을 하는 것이다. 이 관례가 무너지면 그 밖의 모든 것은 불확실해진다. 간혹 우리는 어린이, 그다지 언어적이지 않은 사람, 질문에 단음절로 대답하는 사람, 불확실하고 우유부단한 사람 혹은 우리보다 더 참을성이 있는 사람들과 일한다. 우리는 책에 있는 어떤 요령―노려보기 시합, 심문, 독백, 카드놀이 등―을 시도할 수 있다. 그리고는 침묵과 다름없는 상황에 결국 처하게 될 것이다. 어린이들과 함께하는 것이 그래도 더 쉬울 것이다. 생산적으로 시간을 보낼 수 있는 방법 중에 비언어적인 선택이 여전히 많이 있기 때문이다.

지나치게 소극적이고 내향적인 성인과 함께하는 경우, 단 한 시간도 몇 주처럼 느낄 수 있다. 내 생각에 실제로 시계가 느려지는 것 같다. 그들의 호르몬에 있는 무언가가 시간을 늦추는 것 같다. 우리는 노래하고, 춤추고, 아마도 스트립쇼를 할지도 모르며, 말 없는 내담자는 우리가 하는 대로 놔두고 단지 지켜보기만 할 것이다.

"무슨 얘기를 하고 싶으세요?"

"모르겠어요."

(적극적으로 경청하면서) "불확실함, 혼동을 느끼는 것 같네요."

"으흠."

(그가 끝내기를 기다리며 4분간 침묵이 흐른다.)

(다시 적극적인 경청을 하면서) "여기서 말하는 게 당신에게 어려운가 봐요."

"으흠."

(다시 한 번 재확인을 시도하면서) " 음, 말하자면 완전히 낯선 사람과 대부분의 사람은 (말을) 시작하기가 쉽지 않다고 느끼죠."

"그래요."

(의문을 탐색하면서) "무엇이 귀찮게 하는지 좀 더 말해 주시겠어요?"

"우리 엄마요."

(인내하며) "아주 적은 정보군요. 좀 더 자세히 말해 주실래요?"

"그녀는 이해를 하지 못해요."

마침내 돌파구가 생겼다! 상담은 지루하게 지체되는 속도로 느릿느릿 나아갈 것이다. 감정이나 의견 혹은 관심의 힌트가 주어지면, 우리는 천천히 그리고 결연히 형태와 유형을 탐색한다. 마침내 이들이 마음을 더 열도록 도와준다. 그러나 너무 많은 노력을 기울여야 한다.

쉴 새 없이 지껄이지만 거의 말하는 게 없고, 결코 귀를 기울이지 않는 내담자도 마찬가지로 어렵다. 이들 내담자도 시계를 늦추는 능력을 갖고 있는 것 같다. 그들은 오랫동안 강박적인 수다쟁이로 살아왔다. 사실상 어떤 개입도, 직면도, 코 고는 소리도, 우스갯소리도 영향을 미치지 않는다. 소방 사이렌을 제외하고는 아무것도 영향을 미치지 않는 것 같다. 이들 중 일부는 결국 국회로 진출하는 길을 찾지만, 나머지는 상담을 하러 온다. 왜냐하면 누구도 그들의 말에 귀를 기울일 수 없기 때문이다.

가끔 그들이 숨을 쉬며, 음료수를 마시며, 체크하기 위해 잠깐 쉴 때 몇 분간 말할 기회를 줄 것이다. 우리가 빨리 말할 수 있다면 말이다. 그러나 이 잠깐의 중단이 지나면 그들은 독백을 계속할 것이다. 너무 놀랍게도 다음 회기를 시작할 때, 그는 그가 중단했던 곳을 정확히 기억하고, 일주일이 한순간이었던 것처럼 계속해 나갈 것이다. 물론 내담자의 의도는 유쾌하지 않은 어떤 것을 듣지 않으려는 것이다. 마침내 참을성과 인내심으로 신뢰가 쌓이면 우리는 내담자를 변화시킬 수 있다.

내담자가 말이 없든 지나치게 말이 많든 상담자가 더 해야 할 일은 덜 하는 것이다. 우리가 상담을 관리하고 통제하려 하면 할수록 방해 행동은 더 오래 지속될 것이다. 우리가 이것을 지적으로는 잘 이해한다 할지라도, 여전히 우리는 통제하려는 충동을 억제할 수 없거나 원치 않을 수도 있다. 자신의 세계에 빠져 있는 내담자와 진정으로 함께하며 매시간 같이 앉아 있는 것은 헤라클레스의 힘이 필요하다.

"나는 약물중독이 아니에요."

약물중독자들은 상담실에 있을 때만 나아지는 내담자다. 상담실을 떠나면, 종종 그들은 고통을 피하기 위해 몰두했던 과거 습관에 의지한다. 우리는 힘겨운 전투에 임한다. 상담은 약물이 제공하는 즉각적인 쾌락에 결코 경쟁할 수 없기 때문이다. 일상적인 방어적 반응과 과거 트라우마의 효과에 대응하기가 매우 어렵다. 노련한 알코올 중독자나 약물중독자의 계략이 상담 현장에 첨가되면, 변화에 대한 준비가 되어 있지 않은 내담자를 변화시킬 수 있다고 진심으로 생각하고 있는 상담자는 자기 자신이 중독자의 처지가 될 수도 있다. 약물을 하지 않고 있고, 알코올 문제가 없다는 내담자의 부인은 말할 것도 없고, 그의 모든 조작, 속임수, 몰래 하는 행동 모두에 생리적인 현상을 보탠다. 아마도 그는 신체적으로는 중독이며, 심리적으로는 의존적이고, 기억력 감퇴와 기능 저하를 경험하고 있을지도 모른다. 회피하고자 하는 욕구가 이해하려는 욕구보다 훨씬 더 강하다. 회피가 직면을 능가한다.

약물중독 상담이나 알코올 중독자 갱생회는 기존의 상담이 화학물질에 의존적인 내담자에게 작용하지 않으므로 전문적인 분야로 크게 부상하였다. 정서적인 불쾌나 고통을 경감하기 위해 신경안정제, 코카인, 와인을 사용하는 한, 그는 근본적인 문제에 더욱더 노력을 기울이려 하지 않을 것이다.

마리화나와 같이 상대적으로 해롭지 않은 약물조차도 내담자가 건설적인 행동 조치를 취하도록 돕는 상담자의 모든 시도를 효과적으로 방해할 수 있다. 팝콘을 우적우적 먹으며 텔레비전을 보면서 방 안에 틀어박혀 고조된 상태에 머물 수 있는 한, 훨씬 많은 에너지를 필요로 하는 어떤 것을 내담자는 하려고 하지 않을 것이다.

자신의 의존성을 기꺼이 인정하지 않으려 하는 약물중독이나 알코올 중독 내담자들은 믿기 어려울 정도로 상담자를 좌절케 하는 전형적인 유형이다. 왜냐하면 성공의 가능성은 현저하게 줄어들고, 상담자 자신의 무능감은 내담자의 무력감을 반영하는 것일 수 있기 때문이다.

"집에 전화해 귀찮게 해서 미안해요."

상담자의 주의를 끄는 가장 빠른 방법은 겁에 질려 새벽 3시에 전화를 하는 것이다. 무엇이 실제로 늦은 밤 전화를 하도록 촉발했는지 알 수 없다. 잠에서 완전히 깨어나서 제대로 된 대화를 하기까지 이미 5분이나 지났기 때문이다. 요지는 이렇다.

"제가 잠을 깨웠나요?" → "귀찮게 해서 미안해요." → "필요할 때 전화해도 된다고 하셔서요." → "일종의 응급 상황이에요."

경계선 내담자의 공통된 정직하지 못한 술책 중 하나인 집으로 전화하는 것은 상담자에게는 귀찮고 성가신 일이지만 피할 수 없는 일이다. 심각한 우울증이나 공황 상태에 빠지기 쉬운 사람에게 꼭 필요한 경우, 전화할 수 있다고 안심시킬 수 있다. 그러나 그러한 선택은 최후의 수단이어야 한다고 효과적으로 의사소통해야 한다. 일 년에 두세 번 정도는 아마도 성가시지 않을 것이다. 그러나 그 이상은 괴롭고 흔치 않은 고문이 될 것이다.

어려운 사례들의 성공

많은 상담자가 제대로 보수를 받지 못하고, 혹사당하며, 인정받지 못하고 있지만, 우리 일의 가장 큰 혜택은 특별히 어려운 사례들의 노력의 결과를 볼 수 있을 때 느끼는 온전한 기쁨임에 의심의 여지가 없다. 우리는 "새로운 것의 탄생에, 자유롭게 하는데, 고무시키는 것에"(Yalom, 2002, p. 258) 위대한 탐험가이자 안내자 그리고 산파가 된다.

심각한 정신장애가 있는 프랜신(Francine)은 끔찍한 경계선 진단을 쉽게 받을 만한 여러 가지 자기 파괴적이고 조작적인 행동을 하는 경향이 있다. 그녀는 규칙적인 간격으로 상담자의 집에 전화를 걸어 자살하려 한다고 위협한다. 단지 상담자를 자극하기 위해 그녀는 자신의 호전을 망가뜨리는 여러 방법에 의지한다.

상담자는 몇 년 동안 그 사례를 다루어 왔다. 그녀는 도움이 될 만한 열쇠를 찾기 위해 어떤 것이든 무엇이든 시도하면서, 이를 갈며 동료들의 조언을 구하고, 콘퍼런스에 참석하고, 무수히 많은 책을 읽었다. 두 번 그녀를 다른 전문상담자에게 의뢰했으나, 던지면 되돌아오는 부메랑처럼 프랜신은 전혀 새로운 세트의 증상을 보이며 그녀의 상담실로 귀항했다.

나는 몇 년 동안 이 상담자와 연락이 없었다. 우리가 다시 만났을 때, 나는 프랜신이 어떠한지 물어보았다. 나는 상담자가 '말도 말라'는 듯이 눈동자를 하늘을 향해 굴리거나 전에 많이 들었던 장황한 불평을 하리라 기대했다. 그러므로 천사 같은 미소를 띠며 그녀의 눈이 빛날 때, 꽤 놀랐다. 단 하나의 돌파구 경험도 없었으나, 프랜신은 점진적으로 매우 느리고 고통스럽게 꾸준히 호전되었다. 지독하게 어렵고 인내심 가득한 상담이 4년 이상 걸렸고, 이제 상담자와 프랜신은 모두 놀라운 변화를 볼 수 있게 되었다.

"그녀는 여전히 가끔씩 나를 심란하게 해요. 그러나 그것은 가치가 있었어요! 나는 그녀와 함께 머물렀어요. 어느 누구도 할 수도 없고, 하려 하지도 않을 때 나는 꿋꿋이 버텨 냈어요. 내가 위대하다는 말이 아니라 내가 그녀의 삶을 구했다는 것을 알고 있어요. 그리고 그렇게 함으로써 내 삶의 일부를 구했어요."

문제의 내담자 다루기

우리 중 상당수는 도움을 주고, 다른 사람들이 우리에게 의지하는 것을 좋아해 이 직업 세계에 입문하였다. 그러므로 내담자들이 치료받기 위해 우리에게 와서, 바로 그 필요성, 의존성, 무력감, 조종을 드러내 보일 때 불평하는 것은 터무니없어 보인다. 어느 정도의 침입이나 우리를 질식시키는 요구나, 심지어 고뇌에 찬 그들의 늦은 밤 울부짖음에 삶이 침해당하는 것을 예상해야 한다. 정신장애가 있는 사람이 사랑과 동일시하는 주목을 얻기 위해 가려 하는 긴 시간에 놀라지 말아야 한다.

문제 있는 내담자들을 다루는 데 지켜야 할 몇 가지 원리는 다음과 같다.

- 문제가 내담자에게 있는지 혹은 여러분에게 있는지 결정하라. 많은 경우에 여러분의 인내력 부족과 통제 욕구가 문제이며, 이것은 불필요한 어려움과 갈등을 일으킨다.
- 저항의 목적과 기능 그리고 내담자의 방어를 존중하라. 내담자의 짜증 나게 하는, 혹은 조작하는 행위들이 한참 동안 그

들의 삶에 잘 기여해 왔다는 것은 짐작할 만하다. 여러분을 약 오르게 하고, 평정심을 잃게 만든다는 사실은 이 행위가 또한 여러분과의 관계에서도 기능하고 있다는 증거다.

- 감정에 사로잡힌 것 같을 때, '성찰하는 임상가'의 원리를 따르라. 이 원리들은 과학자, 건축가, 관리자 혹은 상담자에게 다른 일련의 행동 조치로 현재 문제를 재구조화할 수 있게 한다.

- 치유할 수 없는 사람을 치료하려고 시도하지 마라. 여러분의 한계를 받아들이고, 치료의 성공에 대한 책임을 내담자와 나눌 필요가 있다.

- 내담자는 여러분이 선호하는 규칙들이 아닌 다른 세트의 규칙 아래에서 작동하고 있음을 인정하라. 분노로 앙갚음하려 하지 마라. 적절히 경계하면서 동시에 연민과 돌봄을 유지하라.

- 가능한 한 융통성을 유지하라. 환자들은 우리의 인내심을 반드시 테스트한다. 그들은 우리가 익숙한 것이 아닌 더 혁신적인 치료 방법을 필요로 하기 때문이다. 소위 어렵다는 내담자들이 우리의 창조적인 능력을 자극하는 것을 허락하라.

- 여러분의 경험과 편안한 수준을 능가하는 배경을 가진 내담자에 관하여 학습하라. 이는 반복적으로 언급된 일반적인 충고임을 나도 알고 있다. 그러나 훌륭한 이유들로 인해 다시 언급한다. 너무나 자주 선입견, 편견, 맹점, 과잉 반응은 행위에 대한 문화적 맥락을 무시하는 데서 일어난다.

- 모든 것이 실패로 돌아갈 때, 내담자가 역기능적 행위를 유지

하도록 내버려 두라. 그들이 스스로 옳다고 여기고, 그것을 유지하는 것도, 또 잃어버리는 것도 그들의 것이다. 변화하고자 하는 준비가 되면 그들은 그렇게 할 것이다. 우리의 일은 그들의 스케줄에 맞게 그들이 준비하도록 돕는 것이다.

이 장에 제시된 모든 내담자 패턴은 우리의 삶을 더욱 힘들게 하지만, 또한 흥미롭게 하고 도전 의식을 북돋워 준다. 권태와 소진을 예방하고, 최소한의 부정적인 사적 영향으로 이 분야에서 살아남기 위한 핵심은 단지 우리가 할 수 있는 것만—더도 아니고 덜도 아니고—을 하는 것이다.

권태와 소진

On Being a Therapist

권태와 소진

상담자가 맞닥뜨리는 문제들—창문에서 뛰어내리려는 사람부터 너무 놀라서 미쳐 날뛰는 사람까지—중에 자신의 일에 대한 열정을 갖고 유지하는 것보다 더 어려운 것은 없어 보인다. 소진이 자극의 과부하로 인해 생긴다면, 권태는 그것의 결핍으로 인해 일어난다. 적어도 주관적인 지각 경험의 측면에서는 그렇다. 둘 다 주고 있는 것과 받고 있는 것 사이의 불일치와 연관되어 있다.

이 장의 첫 부분은 상담자가 느끼는 따분함과 지루함에 관하여 논의하고, 둘째 부분은 과잉 자극화, 정서적 고갈, 산산조각이 난 영혼에 대해 다룰 것이다. 권태와 소진 둘 다에서 상담자는 동기나 에너지, 통제력, 방향감각의 상실을 경험한다. 치료되지 않은

245

채 남겨진다면, 이들은 만성적인 증상이 되고 결국에는 치유할 수 없게 될 수 있다.

권태에 관하여

권태는 일시적으로든 만성적으로든 흥미와 탄력의 상실과 관련이 있다. 이는 믿을 수 없이 불쾌한 상태지만, 또한 마음과 영혼에 휴식을 제공하고 활기를 되찾을 수 있는 시간을 주기도 한다.

지루해서 죽을 지경이 되면, 아마도 단조로움에 대한 참을 수 없음이 사람들을 광기의 폭죽놀이로 인도하는 것 같다. 권태는 '업무에 복귀하라.'는 말이다. 만약 사람들이 진부하고, 전혀 생산적이지 않은 일을 하는 것에 만족해야 한다면, 인간은 멸종할 것이다. 우리는 자손을 부양하고 보호하고자 유전자 풀(pool)을 보존하고 자식을 생산하려는 본능적인 충동을 갖고 있다. 또한 우리는 이미 갖고 있는 것을 좀 더, 많이, 더욱더 가지려는 충동과 야망을 갖고 있다. 새로운 것이 필요해서가 아니라 자족감에 대항하는 우리 안의 충동 때문이다.

키르케고르(Kierkegaard, 1944)는 권태가 모든 악의 근원이 된다고 믿었다. 그는 처음으로 그것의 원인과 파괴적인 특성을 깨달았다. 권태는 빈번히 무모한 스릴을 추구하고, 과소비를 조장하며, 약물중독을 가져오는 공허감을 창출한다. 상담자가 따분함을 느낄 때, 이 책의 다른 곳에서 열거했듯이 직업적인 위험성에 가장 취약해진다.

일이 일상적이 되고 예측 가능해질 때, 자극이 최소화될 때, 직장을 좋아하지 않을 때, 권태감은 어떤 행동을 동기화하기 위해 스며들 것이다. 이는 상태라기보다는 세상을 보는 방식으로, 특히 초심 상담자보다는 숙련된 상담자가 훨씬 더 따분함이나 타성에 젖기 쉽다(Williams, Polster, Grizzard, Rockenbaugh, & Judge, 2003).

권태는 의미의 상실에 의해 촉발될 수 있다(Healy, 1984). 옛날에 세상을 구하고자 하는 한 상담자가 있었다. 그는 졸업장과 팔꿈치에 패치를 댄 재킷, 가죽 의자 그리고 선한 의도를 갖고 있었다. 그러나 그는 대부분의 내담자가 그의 도움을 원하지 않으며, 세상의 나머지 사람들은 다른 사람에게 상담하러 간다는 것을 발견하였다. 날마다 그는 똑같은 말을 내담자들에게 했고, 그들도 그에게 똑같은 말을 하였다. "그렇게 비참하다면, 변화하는 게 어때요?"라고 그가 말하자, "나는 못해요."라고 그들은 말했다. 그렇게 시간은 흘러갔다. 그의 팔꿈치 패치는 닳아 해졌고, 그의 인내심도 그렇게 한계에 다다랐다.

그는 점점 더 그의 가죽 소파에 국한되는 느낌을 받았다. 이제 그의 재료는 바닥이 났다. 졸업장은 빛이 바랬다. 그리고 그의 내담자들은 "나는 할 수가 없어요."라고 말하는 것을 멈추고, "나는 하지 않을 거예요."라고 말하기 시작했다. 많은 진척이 있는 것처럼 그에게 보이지 않았다. 그의 감옥의 벽은 점점 더 좁아져 자신에게로 다가왔다.

"우리가 있는 곳이 감옥이라면, 우리와 같은 의로운 조력자들은 무엇으로 기소 되었나요? 선을 행하려는 의도로 부수고 들어갔으므로? 무거운 개인적 책임감이나 소명 때문에? 아무것도 준 게 없으므로? 무엇으로 우리를 방어하나요? 초기 조건화? 사람들은 '남을 돕는 토끼(Helper Rabbit)'를 내가 여덟 살이 될 때까지 매일 밤 읽게 하였어요. 우리 집에서 '도와줘요!'라는 울부짖음은 간청이 아니라 명령이었어요."(Ram Dass & Gorman, 1985, p. 125)

감각 상실 실험에서 입증된 것처럼 권태에도 혜택이 있다. 철인 마라톤에서 한 번에 8시간 동안 달리거나 수영하거나 자전거를 타는 선수들은 끊임없이 계속되는 반복이 집중력이나 자기 절제력을 키울 수 있음을 증명한다. 우리는 지루해 하면서 "우리의 성격이라는 갑옷을 벗기고, 부과된 동기와 가치를 한 껍질 한 껍질 벗기며 우리의 본질에 근접하도록 하는"(Keen, 1977, p. 80) 시간이 있다. 벌거벗은 채로 서서 주의를 집중하여 고통에 맞서야 하는 시간이다. 세계 최상급의 선수들은 최상의 수행을 위해 완벽히 지루한 상태일 수 있다. 그들은 고통이 극심해질 때 환상에 빠지는 것을 거부하고, 대신에 불편함과 고통 가운데 머물러 있다. "나는 달릴 때 단지 나의 신체에만 주의를 기울이지 않고, 지속적으로 나 자신에게 긴장을 풀고, 평정을 유지하며, 스스로를 빡빡하게 조이지 않도록 상기시킵니다."(Morgan, 1978, p. 45) 매시간마다 1마일, 2마일 힘차게 나아가면서, 단지 여기의—발의 배치, 숨 쉬는 속도, 팔의 스윙 등—아무것도 없음에 집중한다. 그들은 어디로도 피할 곳이 없는 그곳에 기꺼이 자기 자신을 있게 하므로 뛰어나다.

권태에 대한 상담자의 취약성

부분적으로 따분함은 그의 시간 개념에 의해 영향을 받는다. 어떻게 시간이 지나가는지 지속적으로 알아차리며 시계만 들여다보는 사람들은(상담자도 그렇기 쉽다) 일어날 일을 더 자주 기다리고 있다. 삶에 대한 몰두는 시계의 지시에 따라 조절된다. 대화의 분 단위까지 정확한 타이밍을 필요로 하고, 시간을 자주 확인하는(시간당 5~10번) 직업의 특성상, 상담자들은 주관적인 시간의 흐름에 훨씬 더 취약하다. 권태는 시간이 느려지는 것처럼 보일 때 가장 일어나기 쉽다는 점에서 시계만 들여다보는 사람들은 타고난 성향과 훈련을 통해서 이 현상을 더욱 잘 알아차린다.

근본적으로 다른 시간 개념을 갖고 있는 곳—예를 들어, 라틴 아메리카—에서는 권태감을 덜 경험한다. 길에서 사람에게 몇 시인지 물어보라. 여러분은 디지털시계가 알려 주는 '8:48'이라는 정확한 음성을 듣기보다는 '대략 9시 정도'라는 태연하고 걸걸한 음성을 들을 것이다. 그러고는 '그게 어때서요?'라는 듯이 어깨를 으쓱해 보일 것이다. 라틴 문화에서는 미래에 관심을 덜 보이고, 현재를 더 크게 존중한다. 여러분이 지금 하고 있는 것—개에게 말을 걸고, 대화를 끝내고, 자주 일어나는 교통사고 중 하나를 지켜보는 것—보다 더 중요한 것은 아무것도 없다. 그러므로 시계가 무엇을 말하든 상관없이 여러분이 지금 개입하고 있는 것이 무엇이든 서둘러 해결되어서는 안 되는 것이다. 시간은 기다릴 것이다. 그렇지 않다 하더라도 누가 상관한단 말인가?

우리가 경험하는 가장 훌륭한 상담 몇몇은 상담이 자유로운 흐름의 상태에 도달했을 때, 힘들이지 않으면서 시간이 무관해 보이는 최고조의 집중 상태일 때 일어난다(Csikszentmihalyi, 1975, 1998). 하고 있는 일에 완전히 몰두하여 심지어 자기에 대한 의식조차 잃은 사람에게 권태감은 있을 수 없다. 전문 상담자에게 이것은 자유로운 흐름의 상태를 유지하기 위해 내적인, 그리고 외적인 방해를 차단하는 것을 의미한다. 초심 상담자들에게는 자기비판적인 말을 멈추는 것을 말한다(Williams, 2003). 이들 방해는 여러 형태— 침투적 사고(예: '우편물 집어 오는 것을 잊지 말아야만 한다.'), 신체적 재촉(예: 소화 불량, 배고픔, 불쾌, 피로), 시간 제약, 삶에서 지속되는 주의를 요하는 이슈 등—를 띨 수 있다.

우리가 하고 있는 것에 대한 도전 의식을 잃을 때, 그리고 상담이 어디로 가고 있는지 우리가 알고 있다고 생각할 때, 권태가 우리를 오염시킨다. 시간이 여전히 그 자리에 멈춰 있는 것처럼 보인다. 우리가 너무나 많이 시계를 바라본 횟수에 스스로 당황스러워진다. 어떤 재료가 남아 있는지 그려 보면서 머릿속으로 저녁 메뉴를 계획하고, 어떤 청구서를 내야 하는지 헤아려 보면서 환상의 나라로 날아가다가 깜짝 놀라서 누군가가 당신에게 이야기하고 있다는 것을 알아챈다. "지금 여기서 뭐하고 있어? 집에 가는게 어때?" 내담자가 하는 불평뿐만 아니라 우리가 전달하는 치료적 메시지에서 가장 참기 어려운 것은 반복성이다. 예를 들어, 어떤 상담 양식은 엘리스(1972, p. 119)가 인정한 것처럼 수행 과정이 반복적일 수 있다. "때때로 나는 동일한 것을 내담자와 반복해서 하고 있는 나 자신을 볼 수 있으며, 이는 내가 정말 좋아하지 않는 골칫거리 중 하나라는 것을 알고 있습니다."

버튼(Burton, 1972)은 상담자들은 특히 지루함을 다루는 데 어려움이 있으므로 다양한 업무가 가능하고, 문제의 핵심에 빨리 도달할 수 있고, 매우 흥미롭고 기이한 사람들과 일할 수 있는 생활양식을 선택했다고 지적한다. 그는 상담자들은 거의 따분함을 느끼지 않는다고 주장한다. 그 이유는 상담자를 즐겁게 해 주려고 매우 열심히 노력하는 내담자들로부터 흥미진진한 비밀을 듣기 때문이라고 한다. 우리의 상담실을 행진하는 사람들은 매우 독특하고 개별적인데도 수년간 상담한 후에는 대부분이 동일하게 말하는 것처럼 들린다.

부부 상담자: 나는 결혼 생활을 구하기 위해서는 무엇이든 하겠다는 또 다른 어떤 남편의 말을 듣고 있지만, 그는 이번 주에 약속을 잡을 수 있는 시간이 없다고 말한다…….

정신과 의사: 그들 모두는 약물을 원한다. 그들은 얼마나 아픈지 보여 주는 노래를 부르고 춤을 출 준비를 하고 들어온다. 그리고 내가 비축하고 있는 놀라운 알약으로 그들의 고통을 줄여 주기를 기대한다.

심리학자: 나는 지난 몇 년간 4,000명 이상의 아이들을 평가했다. 나는 잠자면서도 평가한다. 모든 아이가 다르다는 것은 분명하지만, 이 망할 질문은 결코 변하지 않는다.

사회복지사: 나는 학대당하는 아이들의 집을 얼마나 많이 방문했는지 모른다. 항상 똑같다. 들어가서 부모를 인터뷰하고, 그들은 아이가 욕조에서 미끄러졌다고 발뺌한다. 그러고 나서는 아이에게 교훈을 가르치려 했다고 인정하면서, 다시는 절대로 하지 않겠다고 한다. "이리저리 사방팔방으로 돌아다니면 안 된다고 아이에게 가르쳐야 하지 않나요?" "예, 그렇죠. 워커 씨. 그렇지만 당신 딸은 18개월이 잖아요? 그 갓난아이가 무엇을 했나요? 당신 주변을 이리저리 기어 다녔나요?" 그들은 결코 요점을 이해하지 못하며, 변화하지도

않을 것이다. 아이는 위탁 가정에 맡겨지고, 아마도 또 다른 누군가에 의해 매를 맞을 것이다. 오래전에는 아마도 이 사실이 흥미로웠던 것 같다. 그러나 이제는 단지 좌절스럽고 지루할 뿐이다.

잉글리쉬(English, 1972, p. 95)가 상담에서의 지루했던 경험에 대해 말해 준다. "내가 상대하기 좋은 내담자들이 있었고, 어떤 사람들은 나를 즐겁게 했으며, 또 어떤 이들은 내 정신을 산란하게 하고 지루하게 했어요. 어떤 이들은 나를 잠들게 만들었어요. 나는 잠을 잤다는 말 대신에 잠들게 했다는 표현을 사용해요. 왜냐하면 '왜 이렇게 졸리지? 내담자가 가면 낮잠을 꼭 자야겠어.'라고 생각하는 스스로를 발견하였기 때문이에요. 그러나 그가 상담실을 떠난 후에는 아무리 잠을 청하려 해도 잘 수가 없었어요."

상담에서 권태를 느낄 때는 보통 위협적인 이슈들로부터 자기 자신을 차단하려 하기 때문이었다고 지적했다. 나는 이 전제를 좋아한다. 이것은 어느 정도 우리 편의 통제력을 가정하고 있기 때문이다. 상담이나 회의가 따분하고 끊임없이 길어질 경우, 우리는 먼저 스스로를 살펴볼 수 있다. 무관심의 망토 안쪽에 우리는 무엇을 숨기고 있는가?

권태감을 설명할 수 있는 두 번째 가능성은 우리 주변에는 에너지와 정신이 객관적으로, 본질적으로 완전히 결여된 사람들이 있다는 것이다. 어떤 내담자들은 그들의 이야기에 귀 기울여 주는 사람을 찾을 수 없기 때문에 상담실에 찾아온다. 그들은 단조롭게 말한다. 내면의 생각이나 감정을 묘사할 수 없는 감정 표현 불능증일지도 모른다.

그들은 무엇을 할지, 어떻게 할지에 있어서 구체적이고, 반복적이며 너무나 예측 가능한 사람들이다.

다행히도 이런 사람이 많지는 않다. 그들은 상담자의 인내심과 동정심을 시험할 것이다. 그들은 좀 더 표현적이 되도록 시도하는 어떤 미묘한 터치에도, 핵폭발에도 잘 반응하지 않는다. 심지어 신경학적으로 그렇게 할 수 있는 능력이 있는지 약간의 의심이 든다.

상담에서의 권태감에 대한 세 번째 가능성은 내담자나 내담자가 보이는 특정 이슈보다는 우리 자신을 자극하는 자기도취적인 필요를 다루는 데 있다. 인정하고 싶지 않겠지만, 우리 대부분은 타인의 사적인 삶을 공유하는 관음증적인 즐거움으로 이 직업을 선택하였다. 마치 케이블 텔레비전과 같다. 각 채널은 다른 종류의 삶을 보여 주는 창이다. 하지만 한 채널은 우리가 시청할 때마다 바로 그 프로그램—아마도 낚시질 쇼—을 보여 준다. 그리고 우리는 사기당하는 느낌—'너는 너의 일을 하고 있지 않다! 세상으로 나가서 재미있는 일을 하고 돌아와서 그것에 관해 우리에게 말해 주어야 한다는 것을 알지 못하는가?'—을 받는다.

세 번째 경우의 권태감은 내담자가 우리를 위해 어떻게 수행해야만 한다는 우리의 기대에 원인이 있다. 이것은 우리가 가장 많이 하는 것이기도 하다. 만성적으로 지루해 보이는 사람들은 본질적으로 사랑스럽지 않다고 믿고 있으며, 다른 사람과 거리를 두는 매우 효과적인 방법을 알고 있다. 우리의 일은 우리에게 거리를 두려는 내담자들의 시도에도 불구하고 그들을 사랑하는 것이다. 행하는 것보다 말은 쉽겠지만, 그렇게 하기 위해 우리는 인내심과 집중력의 한계를 뛰어넘어야만 한다.

권태와 위험 회피하기

스펙트럼의 연속선상 한끝에 지루함에 푹 빠진 상담자—사기가 저하된, 만족스럽지 못하며, 쉼이 없고, 지쳐 버린—가 있다. 다른 반대쪽 끝에는 자신감이 없고, 우유부단하며, 위험을 감수하기 두려워하는 상담자가 있다. 다르게 행동하고 새로운 존재 방식을 실험하지 않으려 하는 것은 일부 내담자의 변화를 방해한다. 그와 똑같은 방식으로 어떤 상담자들은 자신의 성장을 희생하면서까지 안전과 보안, 예측 가능성을 추구하기 쉽다.

상담자들은 많은 방식으로 건설적인 위험 감수를 피할 수 있다. 건설적인 위험이란 무모하게 스릴을 추구하는 것이 아니라 때때로 알려지지 않은 길을 선택해 매우 색다른 장소에 이르는 기회를 갖는 것을 말한다. 지각되는 이득이 잠재적인 손실보다 작은 것처럼 보일 때, 자신을 위험에 노출하기를 꺼리는 것은 당연하다. 그러나 불필요한 위험에서 자신을 보호하고자 하는 지나친 욕구는 무능하고, 비효과적이고, 부적절함이 드러날지 모른다는 병적인 회피다. 어떤 사람이 안전하고 편안함을 느낄 때, 위험을 무릅쓰고 차가운 곳으로 나아가도록 확신을 주기 위해서는 진정한 인센티브가 필요하다. 그러므로 우리는 모든 가능성에도 불구하고 미지의 것을 피하면서 상황이 어쩔 수 없을 때까지 행동을 미루는 사람들만큼 죄책감을 느낄 수 있다.

안전한 상담을 추구하는 상담자는 기본적으로 보통의 소득에

만족해야 할지 모른다. 그들은 극적인 결과를 이루어 내기에는 충분치 않고, 단지 상담이 그저 마무리되기에 충분한 만큼만 할 것이다. 내담자의 안녕을 위해서라는 미명 아래, 그들은 직면이나 갈등을 회피하고, 대신에 지루함을 견디는 내담자의 참을성에 일치하는 속도로 나아가는 것을 선호할 것이다. 그들은 기다리고 기다린다. 기다림은 치료적 가치가 있고, 상담자가 무엇을 하든 대부분의 내담자는 스스로 호전될 것이라는 것을 알고 있다. 그들은 단지 전에 말했던 것들만을 말할 것이다. 그들은 단지 전에 그들이 시도했던 것들만 할 것이다. 이 공식에서 벗어나는 것은 무엇이든 그들의 권한에 따라야 한다.

분명 상담자의 따분함을 달래기 위해 위험한 치료적 개입을 하는 것은 적절하지도 유용하지도 않다. 이에 반해 개인적 삶에서 자극과 흥분을 충족할 수 있는 상담자들은 자신의 목적을 위해 실험적으로 내담자들을 실험 대상으로 사용하는 데 흥미를 갖지 않는다. 사실상 상담자들은 위험에 노출된 사람부터 불필요한 위험에 처할지도 모르는 사람까지, 위험에 처한 사람들을 보호할 의무가 있다. 상담자들이 안전하고 책임감 있게 내담자의 안전을 위협하지 않으면서, 새로운 치료 전략을 시도할 수 있는 많은 방법이 있다.

권태의 해독제

권태는 불청객처럼 불가피하다 할지라도 오래 머물도록 할 필요는 없다. 그럼에도 상담자가 무관심하고 무력감을 느낄 때, 권태는 영원한 주인이 될 수도 있다. 때때로 새롭게 변화하고자 하는 상담자의 열망에도 불구하고 권태는 물고 늘어진다.

자극과 흥분은 우리의 능력에 걸맞은 도전을 인식하는 데서 일어난다. 이것은 우리가 내담자에게 가르치는 주된 메시지 중 하나다. 모든 정서 상태, 무엇보다도 권태는 우리의 선택적 인지 활동의 논리적 결과다. 그러므로 상담에서 권태의 일차적인 치료는 각 사례의 독특성, 개별 내담자의 개인성 그리고 매번 마주하는 성장의 기회에 중점을 둠으로써 가능하다. 우리의 마음이 판에 박힌 듯 작용할 때, 치료적 개입은 기계적이 되고 우리는 지루함을 경험한다.

내담자와의 관계에서 발생하는 마술이 심드렁하게 느껴짐을 알아차릴 때, 나는 의도적으로 지각적 변화를 시도한다. 첫째, 의자에 앉아 있는 자세를 바꾸고, 숨 쉬는 것과 자세에 집중하거나 학생 때 배웠던 기본으로 돌아간다. 그러면 놀라운 일이 일어남을 발견한다. 내담자가 좀 더 특별해 보이고, 그의 말은 좀 더 힘이 있어 보이며, 모든 경험은 활기를 띤다. 나는 새로운 에너지를 느낄 수 있고, 내담자 역시 그럴 수 있다. 나의 새로워진 관심을 알아차리면, 그녀도 좀 더 흥미롭게 느끼고 행동하기 시작한다. 내담자가 나를 즐겁게 하고 지루함에서 구해 주려 하기 때문이 아니라, 내가 함께하는 시간에 더욱 가치를 두기 때문이다. 그녀는 자신이 좀 더 신이 난다고 믿기 시작한다. 처음에는 변화를 감지하기가 매우 어렵다. 나는 시계 바라보는 것을 잊어버리고, 상담 시간이 초과되었음을 알아차리지 못한다.

한 상담자가 상담이 진부해지는 것을 피하는 전략에 대해 말해 준다. "나는 결코 지루해한 적이 없어요. 나는 이와 같이 흥미진진한 일을 하게 되어 매우 운이 좋다고 생각하며, 특히 내담자와 어느 정도 사랑에 빠지는 경험을 할 수 있을 때 더욱 그렇습니다. 이것이 나의 혼인서약을 위협하지 않으며 오히려 부모, 형제들을 사랑하도록 결심하게 합니다. 어느 정도로 내담자와 더 이상 사랑에 빠질 수 없을 때, 나는 상담자로서의 활력을 거의 잃게 될 거예요." (Warkentin, 1972, pp. 258-259)

이와 같은 진술을 들을 때, 나는 즉시 감탄이 흘러나오며 어떤 부끄러움을 느낀다. 나의 경험과 너무나 달라 보이기 때문이다. 나는 나 자신에게 너무 지루해하기 때문에 적어도 몇 년 주기로 다른 모습을 보여 주기 위해 노력해야만 한다. 나 자신에게 귀를 기울이는 데, 나 자신의 이야기를 듣는 데, 똑같은 것을 반복하여 다시 체험하는 데 넌더리가 난다. 우리는 상담 중에 얼마나 자주 되풀이하는가, 얼마나 많이 내담자에게 똑같은 것을 말하는가, 심지어 똑같은 방법을 사용하는가? 이는 정말로 게으름의 문제다. 익숙한 치료적 개입을 선반에서 꺼내는 것이 새로운 어떤 것을 발명하는 것보다 훨씬 더 쉽다.

몇 년마다 이 책을 개정하는 한 가지 이유는 나는 이제는 더 이상 이전 판이 나올 당시의 그 사람이 아니라는 점이다. 나는 변했고, 나아졌으며, 새로운 것을 배웠다. 5년 전에 쓴 것을 읽고 나는 더 이상 그것을 믿지 않으며, 더 이상 그런 식으로 상담하지 않는다는 것을 깨닫는다. 만약 나의 두 내담자가 만나서 그들의 상담을 묘사한다면, 그들은 전혀 다른 사람을 만난 것처럼 묘사할 것이라고 상상해 본다. 왜냐하면 나는 내가 하는 것과 그것을 하는 방법을 계속하여 바꾸려고 시도하고 있기 때문이다. 이것이 30년이 지난 지금까지도 내가 활력을 유지하고 내 일을 사랑하게 하는 하나의 열쇠다.

이것은 또한 지루한 감정을 상담에 공개적으로 드러내도록 도와준다. 적어도 관계에서 더 진술하고 정직하려는 내담자들에게는 그렇다. 대부분의 상황에서 지금 이 순간을 선호하는 얄롬(Yalom, 2002, p. 66)은 그가 어떻게 이것을 불러일으킬 수 있는지 묘사한다. "지난 몇 분 동안 나는 당신과 단절된 것 같아요. 다소 거리감이 느껴지고…… 오늘 얼마나 나와 연결되는 느낌을 갖고 있는지 궁금합니다. 당신의 느낌도 나와 비슷한가요? 무슨 일이 일어나고 있는지 함께 살펴봅시다."

와이즈먼과 스코트(Wiseman & Scott, 2003)는 상담자의 권태와 연관된 많은 문헌을 요약하고, 활력을 유지하며, 관심을 집중할 수 있는 오직 한 가지 해결책은 없으며, 다양한 것을 시도하는 것이 현명하다고 결론짓는다. 좀 더 활동적이 되고, 관계를 더 많이 맺으며, 경험에서의 의미를 찾고, 진단 도구로 감정을 사용하고, 삶을 다양화하며, 일하는 방식을 바꿀 때가 되었음을 알아차림으로써 그렇게 될 수 있다. 어떤 상담자들은 느슨한 태도를 허용하지 않는, 도전을 요하는 사례를 맡음으로써 권태에 대항하여 성공적인 면역력을 키운다. 여러분을 균형 잃게 만들고, 겸손하게 만들며, 적당히 혼란스럽게 하는 사람의 슈퍼비전을 받는 것 또한 유용하다. 이와 같이 권태는 새로움을 유지하고자 의식적으로, 그리고 의도적으로 노력함으로써, 특히 여러분이 하는 것들에서 의미를 찾음으로써 예방할 수 있다.

소진에 관하여

소진은 단독으로는 가장 흔한 상담 수행에 따른 개인적 결과다. 다른 직업적 위험성(권태를 포함하는)을 피하는 데 얼마나 노련한지에 관계없이 상담 분야를 떠나려는 심각한 고려를 하게 되는 어떤 기간—하루, 일주일, 한 달 혹은 영원히 등—이 있을 것이다. 연속적으로 내담자가 오지 않는 데다 성난 비이성적인 부모에게 전화를 받는 여러 날 중에 아마도 하루일지도 모른다. 혹은 좋아하는 슈퍼바이저가 이직하고, 좋아하지 않는 동료가 그 자리로 승진한 것을 발견한 여러 주 가운데 한 주간일지도 모른다. 혹은 도움을 주었다고 생각하고 있는 이전 내담자가 타이어에 펑크를 내고, 여러분의 권위를 손상시키려는 동료에 의해, 나에 대한 확신이 없는 의뢰자에 의해, 여러분의 우수한 지적 능력에 위협감을 느끼는 슈퍼바이저에 의해, 전화에 더 이상 응답하지 않는 내담자에 의해 자아가 누차 난도질당하는 그 여러 달 중에 한 달일지도 모른다.

문제는 '누가' 소진을 경험하느냐 하지 않느냐에 있지 않고, '얼마나 오래' 이 소진 에피소드가 지속 되느냐에 있다.

사실상 전문가가 흥미와 효과성을 잃어버릴 때 일어나는, 서서히 악화되고 도외시되는 것을 묘사하기에 소진은 적절한 용어가 아닐지도 모른다. 부식이 더 좋은 표현일지도 모른다. 왜냐하면 상담자의 정신을 조금씩 갉아먹는, 일종의 천천히 일어나는 점진적인 과정을 더 잘 대변하기 때문이다(Gmelch, 1983). 어쨌든 환멸에 기여한 수백 번의 아침이 그저 천천히 흘러갔다기보다는 어느 날 아침 거의 일어나지를 못하고, 폭발하는 불꽃과 같던 불이 갑자기 다 타고 꺼져 버린 것 같은 자신을 발견할 것이다.

삶의 만족에 밀물과 썰물을 경험하는 것은 일반적인 인간 상태이며, 특히 상담자의 경우 더욱 그렇다. 상담은 기복이 많은 매우 정서적인 일이다. 때때로 우리는 어느 유한한 인간이 될 수 있는 최상의 상태인 신이 된 것—강력하고, 품격 있고, 우아한—같이 느끼기도 한다. 그리고 어떤 때는 상담을 계속할 수 있을지 의심스러울 정도로 완전히 부적절함을 느낀다. 얼마나 많은 사람을 도와주었는지에 상관없이 내면 깊은 곳에서 다시는 할 수 없을 것 같은 역겨운 느낌이 있다. 나는 지난번에 내가 무엇을 했는지 도무지 알지 못한다. 그리고 새로운 내담자가 들어와 자리에 앉고, 그의 이야기를 하고, 그러고 나서 나의 평가를 기대하며 기다릴 때, 항상 순간의 공황 상태를 경험한다. 나는 순간적으로 멈추어 '무슨 일이 일어나고 있는지 나도 모르겠다. 이 신사를 돕기 위해 무엇을 해야 할지 어렴풋이도 모르겠어.'라고 생각한다. 그러고 나서 나는 깊은 한숨을 쉬고, 뛰어들어 무엇이든 말한다. 심지어 "무슨 일인지 나도 아직은 잘 모르겠지만, 우리가 함께 알아낼 수 있을 것이라고 확신합니다."라고 말한다.

소진이나 부식은 내담자에게 무슨 일이 일어나고 있는지 모르고, 진정한 관심도 없을 때 일어난다. 역으로, 이 상태는 여러분이 무슨 일이 일어나고 있는지, 무엇이 모두를 위해 최선인지 너무 확신할 때, 그리고 다른 사람들이 여러분의 말에 귀를 기울이지 않아 좌절감을 느낄 때, 광범위하게 퍼질 수 있다.

상담을 처음 시작하므로 권태나 소진에 거의 관심이 없어 이 장을 대충 훑어보고 있는 초심 상담자들에게 모든 상담자가 처음에는 상담을 낙관적으로, 열정적으로, 믿을 수 없을 정도의 흥분으로 시작했었다는 것을 깊이 생각해 보라고 권하고 싶다. 여러분은 일부 나이 많은 베테랑에게서 관찰할 수 있는 정서적 짓무름의 희생자가 결코 되지 않으리라 맹세할지도 모른다. 그러나 수년간 최전선에서 일하는 것은 참으로 대가를 치르게 된다는 내 말을 믿으라. 이와 같은 부정적 효과를 예방하는 최선의 길은 초기 증상을 인식할 수 있는, 초기 경고 시스템을 개발하는 것이다.

소진의 징후와 증상

소진은 흔히 몇 가지 특징—① 정서적 소모 혹은 고갈, ② 내담자에 대한 부정적 태도(비인격화, 냉소, 비판적 판단 등), ③ 개인적 · 직업적 성취를 낮게 지각함(좌절, 비관, 허무 등)—으로 묘사된다. 많은 자료(Farber, 1990; Maslach, 2003; Norcross, 2000)가 이 상태의 증상을 분명히 보여 주고 있지만, 작업 환경, 내담자의 부담감, 보상, 자기 이미지, 동료나 가족의 지지와 같은 많은 요인으로 보이는 원인에 대한 의견은 상당히 일치하지 않는다(Rupert & Morgan, 2005).

나는 소진을 상담자의 상담에서의 기쁨과 만족을 방해하는 단순한 문젯거리만이 아니라 상담 효과의 심각한 저하와 윤리적인 불법 행위의 증가를 가져올 수 있는 상태로서 논의하고 있다(Corey, Corey, & Callanan, 2007; Remley & Herlihy, 2009; Welfel, 2002). 우리는 성적인 부적절한 행동을 하기 쉬운 위험에 처하기 쉽다. 내담자에 의해 일어나는 성적인 느낌이나 내담자의 필요에 의해서라기보다는 우리 자신의 흥미에 토대를 둔 성적인 이슈를 논의하는 것, 합법적으로 보이는 이유로 상담실 밖에서 내담자를 만나는 것 혹은 대리 만족을 위해 내담자에게 특정한 성적 행동에 관여하도록 요청하는 것 등(Poe & Bouhoutsos, 1986)이 이에 해당한다. 대부분의 상담자가 심각하게 소진한 동료를 알고 있다고 인정했으며, 전체 상담자의 1/3이 이를 개인적으로 경험했었음을 시인했다(Mahoney, 1997; Wood, Klein, Cross, Lammes, & Elliot, 1985).

소진 혹은 상담자 손상은 언뜻 보기에는 명백한 오래된 우울증처럼 보인다. 에너지와 동기의 손실과 무력감과 허무가 존재한다. 가장 분명하게 우울함이 있다. "한때 헌신적이던 사람들이 상담에 가졌던 선한 의도와 열정 그리고 의미를 점진적으로 잠식하는 환멸, 절망, 고갈이 밀려온다."(Wylie & Markowitz, 1992, p. 20) 우울이 전반적으로 고루 퍼져 있는 상태라면, 소진은 우리의 일에 의해 촉발되고 집중된다.

극심한 소진에 대한 상당히 많은 구체적인 행동 지수들이 몇몇 학자들에 의해 기술되었다. 몇몇 자료에서 온 정보가 소진의 증상, 원인 그리고 치료법에 대한 다음의 논의에 영감을 준다(Brems, 2000; Edelwich & Brodsky, 1980; Freudenberger, 1975; Maslach & Leiter, 1997; Norcross & Guy, 2007; Rupert, Stevanovic, & Hunley, 2009; Skovholt, 2001). 다음 증상들이 문제의 최초 초기 단계의 가장 명백한 조짐이다.

① 사회적·가족적 관계에서 일에 관해 논의하려는 의지가 없다. 상담에 뭔가 새로운 것이 있느냐는 친구의 물음에 상담자의 눈썹이 올라가고, 어깨를 으쓱해 보이지만 아무 말도 하지 않는다. 사실상 어떤 반응을 한다 하더라도 상담자는 코웃음을 치고, 그러고 나서는 화제를 다른 어떤 것이나 다른 사람에게 교묘히 돌리고자 그가 알고 있는 모든 치료 기술을 사용한다.

② 상담실로 온 음성 메시지, 이메일, 전화나 자동응답 메시지를 체크하는 것을 꺼리고, 답례 전화를 하려 하지 않는다. 흥분시킬 만한 어떤 메시지도 없는 것처럼 보인다. 가장 비관적인 상태의 소진된 상담자는 메시지가 단지 세 가지 가능성—첫째, 상담자 스케줄의 한낮 부분에 빈 공간을 만드는 누군가의 마지막 순간에 하는 약속 취소 전화이거나, 둘째, 이미 과부하된 바쁜 주간에 끼어들기를 원하는 새로운 의뢰 전화이거나, 셋째, 언제든지 예상할 수 있는 상담자의 죽음에 관하여 말하고자 생명보험 회사가 전화를 한 것—중 하나일 것이라고 생각한다.

③ 내담자가 취소하기 위해 전화했을 때, 상담자가 너무 열정적으로 축하한다. 복도에서 춤추며 노래하는 것은 세련된 하락의 위험한 징후다. '하나님 감사합니다!'와 같은 작은 속삭임이나 안도의 다른 표현은 분명 사회적으로는 적당할지 몰라도 확실히 전문적인 두려움을 보여 주는 것이다.

④ 상담자 소진의 가장 분명한 징후 중 하나는 일부 내담자들이 동일한 증상을 호소한다는 것이다. 상담 과정상에 무력감,

좌절, 비관, 의심에 관한 많은 불평불만이 있을 때, 상담자도 무언중에 동조하고 있는지도 모른다. 내담자는 우리의 믿음과 신념을 공명하기 때문에, 그들 또한 우리의 절망을 감지하고 모방하고 있는지도 모른다. 좌절감을 느끼고 동기가 없는 상담자는 내담자의 성장을 거의 촉진하지 못한다. 만약 내담자가 좋아진다면, 상담자의 도움 때문이라기보다는 상담자에 관계없이 광범위하게 변화가 있을 것이다. 사실상 어떤 내담자는 상담의 처벌적인 고역을 벗어나기 위해 더 호전될 것이다.

⑤ 자명종 소리는 실형을 계속 살라는 지시처럼 느껴지고 그다지 새로운 하루를 시작하는 신호가 되지 못한다. 마지못해 침대에서 일어난다. 시작을 피해 갈 변명이 아주 많다. 낮 동안 상담자는 일반적인 속도의 반 정도 느린 속도로 일하고, 무기력하고, 냉담하고, 단절되어 있다. 휴식 시간과 행동을 지연시킬 술책에 많은 시간을 쏟는다.

⑥ 오래 계속되는 스트레스의 모든 경우처럼 상담자들은 자가 처방 약으로 자신을 마비시키기 쉽다. 어떤 경우에는 합법적인 처방 약이 규칙대로 사용된다. 스트레스가 많은 상담자들은 오락용 물질들을 남용하기 쉽다. 일반 대중처럼 상담자도 다른 대처 방안—과식, 강박적 쇼핑, 도박, 운동 과다, 성적인 행위의 행동화, 중독, 파괴적인 위험 감수하기 등—과 더불어 자신에게 약물을 투여하는 경향이 있다.

⑦ 냉소주의는 여러 방식으로 나타난다. 내담자를 비난하는 많은 말을 동료나 친구들에게 할지도 모르며, 그들의 약점을

조롱할지도 모르고, 그들의 무력감을 웃음거리로 만들 수도 있다. 상담을 하는 동안 머릿속을 스쳐 지나가는 비평을 알 수도 있다. '당신이 얼마나 바보 같아 보이는지 알 수만 있다면…….' '당신은 너무 지루해. 아내가 당신을 떠날 만해.' '당신이 무엇을 하든 나는 관심이 없어. 나에게 무엇에 대해 묻고 있는 거야?'

⑧ 상담회기들은 불꽃, 흥분, 열정, 자발성을 잃는다. 웃음이 매우 줄어들고, 움직임도 없다. 방은 침체된 느낌이고, 목소리는 단조롭다. 많은 하품과 불편한 침묵이 흐른다. 회기는 일찍 끝이 난다.

⑨ 상담자의 문서 업무나 고지서 납입이 늦어진다. 경과 기록지, 수수료 용지, 치료 계획서, 분기별 요약서가 쌓인다. 가장 좋은 시간대에 앞에 언급한 잡무가 어떠한 기쁨도 없이 다루어진다. 소진된 상담자는 완성하는 것보다도 그것에 관해 불평하면서 더 많은 시간을 보낸다. 종종 기관의 규칙을 준수하도록 징계 처분을 내리기 위해 관리팀이 개입한다.

⑩ 여가 시간에 수동적으로 즐기는 오락을 분명 선호한다. 비디오, 텔레비전, 인터넷에 몰두하는 것이 세상 밖으로 나가 무언가를 하는 것보다 더 편하다. 한 상담자는 다음과 같이 언급했다. "다른 사람의 삶에 대한 책임감으로 너무 피곤해서 내 삶을 누군가가 돌봐 주었으면 해요. 그 밖에 다른 무언가를 할 에너지가 없어요."

⑪ 상담자가 너무 정서적으로 일에 묶여 있어서 활발한 사회생활을 온전히 하지 못한다. 통제감과 자신이 모든 것을 해야

만 한다는 느낌을 버리는 데 어려움이 있다. 성공하려는 과도한 압박감과 정체성을 잃을 정도로 내담자와의 지나친 동일시를 경험한다.

⑫ 상담자는 소진의 원인이나 치료법을 탐색하려 하지 않는다. 필요한 변화를 일으키거나 만족을 가로막는 정서적 어려움에 직면하기보다는 오히려 다른 사람들을 비난하고 변명하는 것을 더 선호한다. 상담자가 하는 일의 대부분은 다른 사람들 안에 있는 이 파괴적인 사이클을 중단시키는 것과 관련이 있다. 그러므로 소진의 한 증상은 치료적 지혜를 자신에게 기꺼이 적용하지 않으려 함과 적용하지 못함이다. 위선과 자기 무시의 정신으로 상담을 하는 사람들에게 그런 엄청난 손상이 생기는 것 같다.

⑬ 마지막으로 그러나 역시 중요한, 백일몽과 현실도피적 상상은 흔한 일이다. 상담을 하는 동안 상담자의 눈이 무심코 창이나 문 쪽으로 향한다. 내담자와 함께 머물기 위하여 끊임없는 각성이 필요하다. 선한 의도에도 마음은 다른 시대나 장소로 떠내려 가 버린다. 고난에 처한 왕자님을 구하고 있다거나 타이티 해변에 누워 있는 자신을 떠올리며 빈둥거리며 현실도피적인 생각은 계속된다.

판타지 정보 단서

상담 동안에, 그리고 그 밖의 삶에서 꿈꾸는 판타지의 내용과 패턴은 상대적으로 만연한 소진-손상 증상의 풍부한 단서를 제공한다. 상담자에게 다음 두 질문을 하는 것이 흥미로울 것 같다.

- 전형적인 상담회기 내에 몇 % 정도의 시간을 완전히 관여하고 전적으로 집중하는가? 다시 말해, 얼마나 자주 표류하지 않고, 환상을 꿈꾸지 않으며, 다른 것을 생각하지 않는가? 내담자가 무엇을 말하는지 의도적으로 주의 깊게 들으려고 하는가?
- 언제 머릿속에서 상담을 떠나는가? 어디로 가는가?

나는 이 질문들을 많이 한다. 첫 번째 질문과 관련하여 나는 20~75% 정도의 추정치를 들었다. 그 말은 상담자들이 실제로 내담자에게 약 1/5~3/4의 시간 동안 주의를 기울여 듣는다는 의미다. 우리의 내면에서 계속되는 너무 많은 것을 감안할 때, 실제로 상담 시간의 절반 정도를 귀 기울여 듣는 편이라고 나는 생각하고 있다. 내담자가 뭔가를 말하면, 그것은 우리 내면의 모든 불꽃 줄기를 촉발한다. 우리는 그것을 우리의 삶에 연결하고, 잠시 흘러가 환상에 빠지고, 다음 번 상담에서 할 계획을 세우고(혹은 나중의 삶에서), 그리고 나서 우리는 그 밖의 어떤 것이 우리를 촉발하여 잠시 동안 방을 빠져나가게 하기 전까지는 다시 청취한다. 이들 일부는 지루하기 때문이겠지만, 마음 여행의 많은 부분은 집약적인 대화를 나누는 동안 듣고 경험한 모든 것을 처리하는 과정에서 불가피한 결과다.

내 말의 요점은 얼마나 자주 상담 중에 집중 상태로 있느냐 얼마나 자주 자신의 세계에 빠지느냐가 일에 대한 상대적인 관여 정도를 나타낸다는 것이다. 이것은 내담자에 따라, 어떤 날인지에 따라, 상담자에 따라 다양할 것이다. 어떤 상담자는 상담 시간의 80~90% 정도 내담자에게 실제로 귀를 기울인다며 경이로운 집중력을 보고한다(나는 심지어 내 자신에게도 그만큼의 시간을 경청하지 않으므로 이를 믿기 힘들다). 우리 중 일부는 절반 정도나 그보다 약간 적은 정도의 훌륭한 치료적 상담을 한다. 우리는 이 반영적인 여행을 하는 동안 많은 창조적인 에너지를 발견할지도 모른다.

환상의 빈도뿐만 아니라 더 흥미로운 질문은 이것이다. '언제 여러분은 가장 좋아하는 환상에 빠지기 위해 상담을 떠나는가? 어디로 가는가?'

내가 20대였을 때, 강렬하고, 생생한, 믿기 어려울 정도로 상세한 성적 환상이, 상담 상황에서 그리고 상담 밖에서, 나의 내면세계를 장악하였다. 내담자와의 성적 환상에 대하여 말하고 있는 것이 아니라(비록 일부 내담자에게 가졌었지만), 과거의 로맨스나 매력적인 낯선 사람과의 상상 속 만남을 말하는 것이다. 그리고 나서 내 호르몬이 진정되었을 때, 내가 설계하기 원했던 미래 세계를 위해 상담을 떠났었다. 나는 현재의 고용 상황과는 다른 어떤 이상적인 일을 하고 있는 자신을 그려 보았다. 내가 말하고 싶었던 것을 리허설하면서 나와 갈등 관계에 있던 사람과의 대화를 다시 체험했다. 30대 후반쯤에 나의 상담은 안정되었고 성공적이었으며, 내가 사고 싶었던 모든 것, 가고 싶었던 여행에 관하여 생각하면서, 물질주의 환상으로 법석댔다. 음, 여러분도 알다시피…… 그리고 여러분도 여러분 자신의 것을 하나 갖고 있다.

다시 원래 질문으로 돌아가자. 여러분이 상담을 떠나갈 때 어디로 가는가? 마음속의 여행지는 어디인가? 그것은 무엇을 말해 주는가?

소진의 원인

면역 시스템, 회복력 그리고 작업 환경에 따라 상담자의 침체는 일시적인 골칫거리일 수도, 직업을 변경해야 할 정도의 비극적인 결함일 수도 있다. 몇 가지 영향력이 이 직업적·개인적 위기의 정도와 지속 기간을 결정한다.

소인적 요인

방향감각의 상실과 연이어 이어지는 성장 그리고 상대적으로 차분한 시기를 번갈아 가며 경험하는 것은 인간 삶의 주기의 특성이다. 발달을 연구하는 학자들은 성장과 진화가 이전의 적응적이었던 경험 위에 질서 있게 순차적인 단계를 따라 어떻게 진행되는지 증명하였다. 상담자의 경력에도 공식적인 훈련, 결정적인 사건, 이론이나 멘토, 경험에의 노출 같은 변인에 의해 촉진되는 예정된 성장의 단계가 있다. 직업적 성장의 발달적 개념에 따르면, 틀림없이 예측 가능한 핫스팟이 드러날 것이다. 상담자들은 삶의 주기의 이행 과정 동안에 혹은 가속되는 신진대사의 변화과정 동안에, 그리고 수십 년이 지난 후에 이론적 변화를 겪을 때 가장 취약해진다.

일부 상담자는 발달적 이행 때문만이 아니라 어떤 개인적 특성으로 인해 위험에 처한다. 좌절과 애매모호함을 잘 견디지 못하는 사람들, 인정이나 법적 규제에 대한 욕구가 높은 사람들, 경직된 사고 패턴을 갖고 있는 사람들은 더 큰 난기류에 봉착하기 쉽다. 예를 들어, 한 사회복지사는 지난 20년 동안 정통 정신분석을 해 왔다. 그는 모든 가능한 잡지를 구독하고, 학회에 어김없이 참석하고, 수십 년 전에 자신만의 분석법을 완성한 이래로 지금까지 스타일을 바꾸지 않은 사실을 자랑스러워한다. 심지어 그는 보호를 받고 있는 정신분석의 세계 안에서도 변화에 저항하고, 자아심리학이나 융 분석학을 심한 수정론자로 비난한다. 그는 상담에서 일어나는 마음을 사로잡는 모든 것에 관하여 동료들에게 몇 시간 동안 말할 수 있는데도, 실제 상담에서는 거의 말하지 않는다. 그는 거의 변화가 없는 내담자들을 보면서, 그리고 그에 대하여 어떻게 느끼는지 내담자들에게 거의 피드백을 얻지 못하므로 종종 좌절한다.

비록 내가 정신분석 상담자를 실례로 들었지만, 구체적이고 반복적인 수행을 명령하는 경직된 정통성을 지지하는 한 전문 상담자를 얼마든지 쉽게 선택할 수 있다. 마치 현실치료 상담자들이 선택의 결과에 관하여 사람들에게 묻는 것에 싫증 나듯이, 일부 인지 상담자들은 지루해지고, 의기소침해지며, 똑같이 케케묵은 비합리적 신념을 반복적으로 논쟁하는 데 탈진한다고 알려져 있다. 이야기 치료자들은 독특한 결과물을 찾느라 본래의 이야기에서 벗어났음을 발견할지도 모른다. 이와 같이 우리는 최근 이론과 연구에 일치하면서 동시에 충분한 융통성과 새롭고 신선한 것을 유지할 수 있는 창조성을 허락하는, 잘 구조화된, 신뢰할 만한, 편안한 상담 스타일을 개발하려고 고심하고 있다.

만약 비료를 주지 않는다면 대학원 과정에서 환멸의 씨앗이 뿌려질지도 모른다. 상담자들은 비현실적인 기대와 비합리적인 목표로 자신을 곤란에 처하게 할 수 있다. 교과서나 교수들이 뭐라 말하든 상관없이 여러분은 감정의 반영에 의하여 정신분열증을 치료할 수 없으며, 몇몇 비합리적 신념을 논박해서 만성적 우울증을 전멸시킬 수 없다. 순진한 초심 상담자들은 빠르게 변화를 보이며, 많은 수수료를 지불하고, 그리고 대단히 고마워하는 사람들과 10회기 혹은 그 이하의 말끔하고, 우아하며, 조직화된 상담을 수행할 채비를 갖춘 채 상담 현장에 입문한다. 일부 내담자는 여러분이 무엇을 하든지 항상 변함이 없고, 여러분은 결코 부유하거나 유명한 상담자가 되지 못하며, 대부분의 시간을 혹사당하고 인정받지 못하리라는 것을 깨닫는 데 몇 년 걸리지 않는다.

관료적 제약

대부분의 조직 구조에는 효율적인 운영, 행복한 경영진, 직원의 사기에는 거의 도움이 되지 않지만 균형 잡힌 예산을 가능케 하는 요인들이 있다. 문서 업무는 자금 요청이나 기관 승인에는 좋지만, 상담실 직원을 난감하게 만드는 하나의 실례다. 실시하는 매 상담회기에 대해 상담자는 진저리 날 정도로 자세하게, 내담자가 무엇에 관하여 말했는지, 어떤 치료적 개입이 사용되었는지, 특정 회기가 어떻게 전체적 치료 계획에 기여했는지, 그리고 내담자가 떠나 버린 후에는 어떻게 느꼈는지를 서술하면서 15분간을 소요한다. 일부 기관에서는 이 모든 자료 처리가 요약을 위해, 보험 양식을 위해, 사례 보고를 위해, 부서의 서류철을 위해 계속해서 다시 이루어져야 한다.

일부 정신건강 기관, 병원, 사회복지 부서, 대학 그리고 상담실은 정치전으로 악명이 높다. 권력 다툼이 부서장과 관리행정 직급 간뿐만 아니라 다른 직업군 간에도 계속해서 벌어지고 있다. 정신과 의사, 사회복지사, 가족치료사, 상담자, 심리학자, 정신과 간호사 그리고 정신건강 기능사들은 서로 각 집단의 편견을 보이며, 각각의 집단으로 뭉쳐 있다. 직원들이 통제력, 서열, 인정, 힘을 위해 겨루는 환경은 종종 이 격심한 경쟁의 결과다. 이 같은 상황에서 사람들이 떨어져 나가는 것은 놀라운 일이 아니다.

심지어 이전에 언급한 모든 함정을 성공적으로 피한 가장 헌신적이고 선의의 의도를 갖고 있는 상담자라 하더라도 다른 사람들의 환멸에 오염되지 않도록 버텨 내기가 쉽지 않다는 것을 발견할 것이다. 조직 규범이 음식에 관한 불평이라면, 식사를 즐기기는 어려울 것이다. 다른 직원들이 관리행정에 의해 어떻게 학대당하는지 마치 다른 사람들이 나의 안녕을 책임지 듯 남의 일을 하기는 어렵다. 가장 최악의 상황에서는 초심 상담자를 뽑겠지만 그가 벅찬 초기 열정을 잃는 데는 단 몇 주도 걸리지 않을 것이다.

정서적 스트레스

소진에 기여하는 대부분의 문제는 실제적인 매일의 상담보다는 상담자의 미해결된 정서적 어려움에 있다. 각각의 다른 상담자들이 동일한 내담자 혹은 동일한 불평에 놓일 수 있을 것이다. 그러면 일부는 절망을 내면화하는 반면, 다른 일부는 그것을 대수롭지 않게 취급할지도 모른다. 이는 상담 스타일, 인지 활동, 대응 기제

뿐만 아니라 기존의 스트레스 수준, 상담자의 삶에 있는 스트레스 요인과도 관련이 있다.

일부 상담자들은 내담자의 동기와 행동에 매우 많은 의존을 하는 그들의 상담 성과에 너무 열정적으로 자신을 투자한다. 그러므로 그들은 상담회기 동안 너무 많이 하려 할지도 모른다. 그들은 침묵을 채우고자, 즉각적인 증상 완화를 해 주고자, 내담자의 통찰력을 이끌어 내고자 지나친 책임감을 가진다. 상담자가 더 많이 통제할수록 내담자는 더 적게 책임을 질 것이다. 상담자가 더 많이 할수록 내담자가 할 수 있는 것은 더 적어진다.

나의 가장 큰 문제 중 하나는 상담에서(그리고 삶에서) 힘과 통제를 지나치게 나의 능력과 기술의 결과로 본다는 것이다. 이는 내가 결과물에 대하여 정당하게 차지해야 하는 것보다 더 많은 공을 차지하려 하고, 또한 실패에 대한 책임의 공정한 몫보다 더 많은 양을 받아들인다는 것을 의미한다. 나는 이를 오래전부터 알았고, 상담에서, 슈퍼비전에서, 동료와 상의하는 가운데 반복적으로 작업해 왔지만 여전히 이 행위 바꾸기를 거부하고 있다(그리고 그것은 고의적인 선택이다). 나의 슈퍼비전을 받는 사람들과 학생들에게 무엇을 말해야 하는지―내담자가 작업하도록 해야 한다는 것, 우리가 할 수 있는 일의 한계가 있다는 것, 그리고 나머지는 우리의 통제 밖의 요인에 달려 있다는 것― 나는 알고 있다. 그럼에도 나는 나의 통제 밖에 있는 어떤 것들을 지배할 수 있다는 힘에 대한 환상을 즐긴다. 나는 또한 이에 따르는 지속적인 성장을 좋아한다. 만약 무슨 일이 일어나고 있는지 내가 주의 깊게 모니터하지 않는다면, 나를 급속히 소진하게 만들더라도 말이다.

이 분야에서 나보다 더욱 진보된 상담자들이 내담자들이 목표 없이 버둥거리도록 수동적이고, 거리를 두는 관찰자 역할을 하는 것은 전혀 온당하지 않다. 분명히 우리는 상담 내용을 계획하고, 선택에 관여하며, 어느 정도의 이해와 그에 따르는 행동 조치를 취하도록 내담자를 돕는 데 있어서 내담자와 책임을 공유한다. 문제는 상담자가 자신의 중요감에서 벗어나서 내담자처럼 느끼고 빠르게 그것을 할 때 일어난다.

정서적 요인은 너무 열심히 하려는 상담자들뿐만 아니라 내담자의 상황을 자신과 너무 동일시하는 상담자들에게도 해당된다. 어린 내담자가 동료들의 놀림에 분노하고 좌절하여 울부짖는 소리를 얼마나 많이 들었는지에 상관없이, 나는 매번 너무 마음이 아프다. 어린 소년이 삼진 아웃 당한 뒤 동료들에게 야유받는 것에 대하여 들려줄 때마다 실제로 내 자신이 떨고 있는 것을 느낄 수 있다. 실제로 나도 야구 경기에서 우익수 자리를 맡다가 추방당한 소년 중 하나였다.

해묵은 상처를 꿰매고 있는 봉합선이 내담자가 드러내는 정서적 이슈의 맹공격에 버텨 내지 못한다. 때때로 우리가 바랄 수 있는 최선은 끊임없이 각성하는 것뿐이다. '이 내담자는 내가 아니다. 이 내담자는 내가 아니다. 나는 여기 더 안락한 의자에 앉아 있다. 내 문제를 위해서가 아니다. 나는 여기 앉아 듣고 반응하면서 돈을 받고 있다.'

마지막으로 언급할 가치가 있는 정서적 이슈는 가족의 지원이 부족한 상담자에 관한 것이다. 도움을 주는 직업을 갖고 있는 사람들은 많은 보살핌과 배려, 이해 그리고 애정 표현을 필요로 한

274

다. 하루 온종일 주고, 또 준 후에 상담자는 녹초가 되어 많은 필요를 가진 채 집으로 돌아온다. 그가 현실의 땅으로 돌아올 때까지 부드러운 애정 어린 보살핌이 필요하다. 특히 이것은 꽉 찬 상담 스케줄과 더불어 그들의 공정한 몫을 초과하는 가족과 많은 집안 일로 싸워야만 하는 상담 분야에 있는 여성의 경우에 더욱 그렇다. 편부모들은 또한 재정적 어려움, 합승으로 통근하는 문제, 세탁하기, 늦은 밤까지 집안 청소하기 등 불공평한 부담을 짊어지고 있다.

소진의 치료법

소진의 치료법은 없다. 어느 정도 계속되는 스트레스는 상담자가 되는 것이 무엇을 의미하는지를 보여 준다. 만약 이 고충이 손상의 지점까지 도달한다면, 다시 말해 증상이 날마다의 삶에 영향을 주기 시작하고 상담의 효과를 떨어뜨리기 시작한다면, 보통 법에 규정된 슈퍼비전이나 개인상담과 같은 치료적 개입이 필요하다. 소진한 상담자의 주요 문제는 일과 삶의 우선순위에 대한 태도에 달려 있다. 왓슨(Watson, 2000, p. 23)은 "상담자는 소진을 통제하기에 앞서 자기 보호와 자기 가치에 관한 태도를 관리할 수 있어야 한다."라고 말한다.

내담자들과 마찬가지로 우리에게도 부정은 소진을 성공적으로 치료하는 데 주요한 방해물이다. 과도한 스트레스를 받고 있는 정신건강 전문가, 의사, 치과의사, 간호사, 성직자, 약사, 경찰관에 관한 연구에서, 프로이든버거(Freudenberger, 1986)는 자기 삶이 통제 불능 상태임을 인정하지 않는 이들 전문가의 현저한 자기저항에 주목한다. 점점 줄어드는 담당 사례, 내담자 혹은 동료의 불평, 가족 문제 혹은 명백한 역기능적 행위(약물 남용, 우울증, 성적 문제, 재정적 무책임, 정신신체증)에도 문제가 스스로 개선될 것이라 여기면서 문제가 있다는 것을 인정하려 하지 않는다. 정말이지 그들은 좀처럼 인정하지 않는다.

소진에 기여하는 이들 요인은 상담자의 고립과 철회를 증가시키는 것으로 나타났다. 다른 해결책 못지않게 가족과 친구들의 도움을 구하는 것이 소진을 개선하는 데 절대적으로 중요한 것으로 발견되었다(Rupert et al., 2009). 도움을 주는 전문가들이 도움을 요청하는 것은 종종 어렵기 때문에 치료에 대한 자기 파괴적 패턴은 더욱 견고하고 저항적이다. 몇 가지 자기 관리 예방책과 치료법이 유용할 수 있다.

소진을 목격하거나 경험할 때 인정하라

동료가 소진되었을 때를 알아차리는 것은 어렵지 않다. 여러분은 매우 분명히 징후—상담자는 행동화하고, 우울증, 불안과 같은 고전적 징후를 보이며, 술을 너무 많이 마시고, 헌신을 영예롭게 여기지 않으며, 기진맥진해 보이고, 실수를 하고, 무엇보다도 어떤 문제도 없다고 부정한다—를 볼 수 있다. 여러분이 보이는 소진의 징후와 증상을 알아차리기가 훨씬 더 어렵다.

흥미로운 물음은 소진을 했느냐 안 했느냐에 있지 않고, 지금 현재 어느 정도로 소진을 했느냐에 있다. 어쨌든 우리 모두는 인간이다. 우리 모두는 물 위에 떠 있기 위해 몸부림치고 있다. 우리 모두는 우리 안의 나쁜 마음과 씨름하고 있다. 상담자가 되고자 각축전을 벌이고 있는 원형 경기장에서 숨을 수 있는 곳은 없다.

여기서 생각해 봐야 할 질문 몇 가지가 있다. 이 부분을 뛰어넘어 다음 부분으로 넘어가기 전에 내 비위를 맞추고(그리고 여러분에게), 무엇이 떠오르는지 살펴보면서 다음 질문들을 읽어 보라. 이들 질문에 의해 어떤 것이 활성화되는지 다루기 위해서 다른 사람들에게 말하거나 혹은 나중에 저널에 쓰는 것은 도움이 된다. 이것은 우리 직업의 특혜임을 기억하라. 우리에게 단지 허용될 뿐 아니라 다른 사람들에게(그리고 우리에게) 매우 정직하고 반성적이 되게 도와준다.

- 취약하고 정직해질 때, 무엇이 가장 뇌리에서 떠나지 않고 계속 떠오르는가?
- 할 수 있음에도 온전하고 효과적으로 기능하지 못하는 부분은 무엇인가?
- 특히 건강하지 못한 생활방식의 측면은 무엇인가?
- 가장 갈등을 일으키고 만성적인 역기능적 관계는?
- 고통을 어디에 간직하고 있는가?
- 어떤 식으로 자신을 위로하는가(약물로 혹은 어떤 특별한 행위로)?
- 자신에게 하는 거짓말은 무엇인가?
- 무엇을 회피하고 숨기기 위해 가장 많은 시간을 소비하는가?
- 여러분을 가장 괴롭히는 사람은 누구인가? 이것은 무엇을 의미하는가?

- 인생에서 성가시게 구는 미해결된 과제는 무엇인가?
- 이 모든 것이 어떻게 내담자와의 상담에 영향을 미치는가?
- 이들 질문과 관련하여 가장 위협을 느끼는 질문은 무엇인가?

이들 질문에 의해 각성된 이슈에 대해 스스로 인식하기는 어렵다. 때문에 그것들을 믿을 만한 동료나 친구와 논의하거나 슈퍼비전이나 개인상담을 받는 것이 매우 좋다. 이 마지막 선택은 거의 실행되지 않는다. 1% 이하의 상담자들이 그들의 담당 사례에서 자신도 모르게 불쑥 튀어나오는 이슈들을 위해 개인상담을 받는다(Norcross & Connor, 2005).

상담을 다르게 해 보라

불만족스러운 상담에 생기를 불어넣는 가장 단순하고 직접적인 방법은 그 밖의 뭔가를 하거나 이미 하고 있는 어떤 것을 조금(혹은 많이) 다르게 해 보는 것이다. 비록 효과는 오래가지 못하지만, 넘쳐 나는 워크숍이나 세미나들은 이 특수한 전략의 인기를 보여 준다. 워크숍이나 콘퍼런스에서 돌아와 초기의 솟구치는 열정이 식고 나면, 많은 상담자가 침체의 늪으로 빠져든다. 훌륭한 연설자가 그의 정신을 전염시킬 수는 있겠지만, 상담에서처럼 참가자가 그 아이디어를 일상에서 계속하여 적용하지 않는다면 제자리로 돌아가기 마련이다.

어마어마한 양의 이론적 경향, 치료 기법, 상충하는 주장을 자세히 살펴보며 다년간 갈등을 겪은 후에 여러분은 입증된 익숙한 레시피를 고수하는 것에 더욱 편안함을 느낄지도 모른다. 게다가 특별히 배우고 싶은 새로운 개념, 규칙, 어휘, 기법이 없을지라도 새로운 것을 시도하는 것은 옛것은 진부하다고 선고하는 것처럼 보인다. 여전히 도움이 되는 그 아이디어를 늘 간직하고 있는 동안 이런 일들이 일어나기는 어렵다. 상담자가 충분한 정도의 불편함을 마주할 때까지 그들은 근본적인 변화에 상당히 저항할 것이다. 그러므로 핵심은 한 번에 조금씩 변화에 자신을 허용하고, 실험하며, 좀 더 창조적이 되도록 하는 데 있다.

한 심리학자는 내담자들에게 이완 운동을 시켜서 수년간 커다란 성공을 거두었다. 그는 효과적이며 효율적인 절차, 생생한 이미지, 긍정적인 결과를 만들어 내는 입증된 공식을 발견하였다. 그의 내담자들은 여전히 호전되었지만(최근 몇 달간은 덜 그랬지만), 그는 더욱 나빠짐을 느끼고 있었다. 그의 상담이 매우 퀴퀴하고 지루하다는 모든 불평불만과 더불어 그의 행동치료 전략을 포기하려 할 정도의 심각성에도 이완 운동 지침을 단순히 변화시키기가 결코 쉽지 않았다. 그는 정말로 지침을 더 이상 읽을 필요가 없었다. 그러나 그는 읽었다. 왜냐하면 그는 자동적으로 상담을 하고 있는 자기 자신을 신뢰할 수 없었기 때문이다. 경직함에 대한 보기 드문 이 예는 그의 상담을 소생시키기 위해 정신분석학자가 롤핑요법의 전문가가 될 필요도, 게슈탈트 상담자가 행동수정을 채택할 필요도 없음을 강조한다.

상담을 다르게 한다는 것은 목적지가 잘 알려져 있지 않은 미지의 영역을 탐험하도록 자신을 밀어붙이는 것을 말한다. 영적인 경험이 가득한 긴 여정에 내담자의 동반자가 되는 것을 의미한다. 역설적이기는 하지만 더 이상 일로 여겨지지 않을 때까지 당초에 더욱 열심히 일함으로써 소진을 극복할 수 있다.

다른 사람들을 가르쳐라

왜 그렇게 많은 교수들이 부업으로 상담을 하는지, 그리고 상담자들이 가르치는 일을 하는지에 대한 매우 좋은 이유가 있다. 그것은 용돈을 벌려 한다기보다 열정을 되찾기 위해서다. 상담자들은 복음을 전파하고 의뢰 건수나 평판을 높이기 위해서만이 아니라 그들의 임상적 상담의 의미를 부여하기 위해서 가르친다. 다른 사람들에게 여러분이 무엇을 하는지, 어떻게 하는지, 왜 특정한 방식으로 그것을 하는지 설명해 줄 때, 모든 치료적 개입에 대한 근거를 충분히 생각하게 된다.

전직 상담자이자 교수였던, 지금은 대학 행정관으로 일하고 있는 한 상담자는 기술을 연마하고, 관점을 새롭게 하기 위해 여전히 소수의 내담자들과 상담을 계속하고 있다. 가욋일이지만 여전히 그녀는 매 학기 상담 과목 하나를 가르칠 수 있는 기회를 얻고자 애쓰고 있다. 직장에 결근하면서 가외의 보상도 받지 않고, 그녀의 우수함을 인정받지도 않는다. 그녀는 자신의 정신건강을 위해서 그것을 한다. "가르치는 것은 나로 하여금 더욱 정직해지고 자기비판적이 될 수 있게 해 줍니다. 좋은 상담자가 되는 것이 어떤 의미인지 이야기를 나눌 때, 나 자신을 더욱 그런 식이 되게 해 줍니다."

비록 매주 밤마다 집을 나서야 하고 차비 정도나 벌고 있지만, 또 다른 상담자는 대학원 코스를 가르치고 있다. "저는 보통 풀타임 교수들이 가르치지 않으려 하는 수업을 맡고 있어요. 그러나 상관없어요. 아직도 열성적이고 신선한, 현장에 있는 사람들과 이야기할 수 있는 길이니까요. 정말로 훌륭한 학생들과 일하는 것은 특권이자 영광입니다. 나는 공짜로 합니다. 나는 누구—교수들과 학생들 모두—도 결코 좋아하지 않는 이 기법을 배우는 수업을 맡고 있어요. 이것은 축어록을 쓰고 분석하는 것과 관련이 있어요. 아는 것이 거의 없는 것과 다름없는 초심 상담자들의 상담을 연구하기 시작하면서 내 상담은 매우 많이 달라졌어요. 그들은 낮은 수준의, 어색하지만 적극적인 경청 기술을 사용해요. 그럼에도 여전히 효과적이에요. 나의 상담이 기본으로 돌아가자 나는 다시 상담을 즐기게 되었고, 나도 놀랐어요."

한 풀타임 교수는 가르치는 활동이 자신의 상담에 미치는 영향에 관하여 말한다. "질문들이 나를 제정신이 아니게 합니다! 어떤 학생들이 했던 질문들은…… 한 수재가 나의 내담자들이 정말로 호전되고 있다는 것을 어떻게 아는지 물어보았습니다. 아마도 그들은 좋아지는 척하고 있을지도 모른다는 것입니다. 이 청년은 깊이 있게 알고자 하는 의도는 없었어요. 단지 우스꽝스럽게 하고자 하는 것이었죠. 나는 적절한 말로 그에 대한 답을 잠시 미뤘습니다. 그러고 나서 생각하기 시작했죠. 그냥 대충 가리려고 하는 게 아니라 내담자가 변하고 있다는 확신을 할 수 있는 이유에 관하여 정말로 생각하기 시작했습니다. 그것에 관하여 더 많이 생각하면 할수록 나는 더 나은 상담을 하고 있다는 느낌이 듭니다."

조사 연구를 하고, 대중을 상대로 강의를 하며, 기사를 쓰고, 책을 쓰는 상담자들도 유사한 경험을 보고한다. 가르치는 것은 우리의 영향력을 확대한다. 가르치는 것은 계속하여 순결한 사람의 관점으로 우리가 하는 것들을 평가하도록 한다. 우리는 호전되도록 돕는 그 삶에서뿐만 아니라 이들 삶이 우리로 하여금 변화의 과정을 이해하고 증진하도록 돕는 데서 더 큰 의미를 얻는다.

개인적 책임감을 가져라

세상 모든 도시의 모든 기관에는 소진에 상대적으로 면역성이 있는 상담자들이 있다. 그들은 울고 있는 아이를 미소 짓게 하고, 가짜 웃음을 짓고 있는 어른을 울게 하는 데서 짜릿한 흥분을 맛본다. 그들은 중상모략에 초연하고, 전문성, 믿음, 훌륭한 능력을 통하여 힘을 유지하고 있다. 그들은 자신은 물론 주변 사람들을 잘 돌본다. 그들은 다른 사람들의 정직함과 존중을 기대한다. 심지어 폐쇄된 사회에서도 우리는 이와 같은 동료들을 친구로 선택할 수 있다. 바로 인지된 통제력의 부족이 대부분 소진으로 이어지므로 우리는 우리가 일하는 방식에서 개인적 통제력을 발휘할 수 있는 길 또한 찾을 수 있다(Rupert & Morgan, 2005).

열성적인 동료들을 찾아내는 것은 다음을 포함하는 여러 실천적인 전략 중 한 가지일 뿐이다.

- 내담자의 성장에 대한 책임감 못지않게 자신의 성장을 위해 책임감을 가져라.
- 내담자의 솔직한 고마움의 표시만이 아니라 상담의 성공을 측정할 수 있는 다양한 측정 방법을 사용하라.
- 요구가 많은 내담자나 동료에게 기꺼이 해 주고자 하는 것과 할 수 없는 것의 한계를 정하라.

• 자기 회복을 위한 하나의 형태로 상담 밖의 흥밋거리—특히 상담 동안 쓰지 않는 몸과 마음의 부분을 훈련시키는 활동—를 개발하라.

일하는 중간에 휴식 시간을 만들라

일부 상담자들은 일손을 놓고 잠시 휴식을 취하는 것을 대단히 선호한다. 이는 스트레스에 대항하는 완충장치로, 긴장을 풀 시간과 장소를 제공하는 정서적 휴식으로 그리고 증기를 뿜어 낼 안전장치로 사용된다. 일부 상담자들에게 이는 단순히 너무 많은 약속을 연속적으로 만들지 않는 것을 의미한다. 어떤 상담자들은 좀 더 체계적인 노력을 한다. 한 상담자는 "저는 보통 오후가 되면 몸이 늘어지기 시작하고, 왜 여전히 이런 일을 하고 있는 건지 자신에게 묻기 시작해요. 나는 오후 2시부터 4시까지는 내 정신건강을 위해 사용하는 것을 배웠어요. 어디선가 이 시간은 대부분의 포유동물이 낮잠을 자고, 대부분의 산업재해가 일어나는 시간이라는 글을 읽었어요. 나는 그 말을 믿을 수 있어요. 어쨌든 산책을 하고, 소설을 읽기 위해 잠시 시간을 내요."라고 들려준다.

학교나 기관에서 일하는, 그래서 그의 시간을 구조화하는 데 개업 상담자보다는 상대적으로 융통성이 적은 상담자들도 있다. 그러한 상황에 있는 한 상담자는 자신이 어떻게 소진의 발생을 막는지 설명해 준다. "가능한 시간이 언제든 하루 중 휴식 시간을 만듭니다. 되새겨 보고 잡지를 읽기 위해 여기저기서 몇 분간을 훔치는지도 모릅니다. 가끔 예기치 않은 상담 취소가 있을 때(이곳에서는 매일 일어납니다) 나는 그 시간을 생산적으로 사용하지 않으려고 노력합니다. 상담실 문을 닫아 버리고 컴퓨터 게임을 합니다."

스트레스의 근원으로 과학기술의 영향을 검토하라

많은 경우에 일로 인한 스트레스는 구체적이고 인식 가능한 근원에서 생긴다. 물리적 환경이 한 요인—예를 들어, 동료와 공간을 나누어 사용해야 하는 것—일 수 있다. 직속 상사와 맺고 있는 관계가 분명 또 다른 가능성일 수도 있다. 다른 사람들을 좌지우지하는 것을 즐기는 무능한 상사보다 더 좌절스러운 경우는 없다. 가혹한 책임을 요구하고, 문서 업무를 좋아하며, 서로 상충되는 주문을 하고, 단지 좋을 때만 정직한 피드백을 구하며, 상담에 관해 이해가 매우 부족하다.

한 남성이 대학원을 마치고 첫 번째 직장에서 문도, 천장도 없는 좁은 방에서 어린 청소년 내담자와 했던 상담에 대해 들려준다. 그의 슈퍼바이저는 벽 쪽으로 귀를 기울여 들으면서, 그녀가 동의하지 않는 어떤 것을 그가 그 아이에게 말할 때마다 벽을 쿵쿵 치면서 "그렇게 말하면 안 되지!"라고 소리를 질렀다. 그러고 나서 놀란 아이와 초심 상담자가 숨죽인 채 소근소근 대화를 계속하자, 또 다른 쿵 소리와 함께 "너희 둘이 그렇게 비밀스럽게 하려면, 아무 이야기도 하지 마."라고 말하였다. 그 초심 상담자는 지금은 세일즈맨으로 일하고 있다.

현대 생활의 또 다른 주요 스트레스 근원은 과학기술을 통해 끊임없이 너무 많이 연결되는 데 기인하는 관계의 단절이다. 우리는 이동 기기, 전화, 페이스북, 블로그, 트위터, 문자 메시지, 노트북,

넷북, 개인 휴대 단말기, 블랙베리, 아이폰 그리고 곧 이식될 수도 있는 인공칩을 통하여 언제든지 접근 가능하고 이용 가능하다. 여러분은 지난 몇 년간 과학기술의 변화로 관계가 얼마나 많이 달라졌는지 알아챌 수밖에 없을 것이다. 이 같은 격변 중 일부는 매우 유용하고 흥미진진하지만, 동시에 일부 경험—영화관에서 몇 분마다 이메일 확인을 고집하는 사람이나 우렁찬 목소리로 휴대전화에 말하는 사람과 같은—은 우리를 아주 짜증 나게 한다. 이 시대에는 어디에 있든 상관없이(영화관, 쇼핑센터, 공항, 어떤 공공장소에서 서서 있든 앉아 있든) 누구나 자신의 이동기기에 몰두하고 있음을 목격할 수 있다. 저녁을 먹으며 식당에 앉아 있는 네 명의 가족이 각자 누군가에게 문자를 보내거나 전화를 하고 있는 것은 보기 드문 일이 아니다. 상담하고 있는 동안 휴대전화나 이메일에 답신하고자 하는 내담자도 드물지 않다(우리도 종종 그렇게 할 수 있기를 원하지 않는가!).

사실상 누구도 더 이상 온전히 현재에 머물러 있지 못하는 것 같다. 최근 수년간 주의는 산만해지고, 기술에의 중독으로 뉴스, 네트워크, 정보, 친구들에게 계속 연결되어 있지만, 정작 방 안에 있는 사람들과는 단절되어 있다. 요즘 누군가의 집중된 주의를 받기는 어렵다. 심지어 이 글을 읽고 있는 동안에도 여러분이 어떤 다른 것을 하고 있을 가능성이 매우 높다.

즐거움은 말할 것도 없고, 증가된 생산성과 효율성의 측면에서 기술적 진보에 가치를 부여하는 만큼이나 우리 삶의 다른 측면, 특히 관계의 측면에 미치는 영향이 있다. 이와 같이 빗발치는 자극은 모든 다채로운 상호작용으로부터 회복을 매우 어렵게 하며,

휴식 시간을 앗아 간다.

손상된 상담자

소진이나 손상과 같은 용어는 내가 보기에는 의미 있는 차이점이 있는데도 종종 문헌에서는 상호 교환하여 사용한다. 소진은 내담자에게 해를 끼치는 충분한 손상으로 필연적으로 이어지지는 않을지도 모른다. 소진된 상담자는 최상의 효과를 보이며 기능하고 있지 않으므로, 내담자에게 틀림없이 부당한 대우를 할지도 모른다. 그러나 손상된 상담자는 사실상 다른 사람들에게 상처를 줄 정도로 역기능적이다. 게다가 소진은 상담 장면에 국한될 수 있지만, 손상은 보통 상담자의 삶의 모든 영역에 영향을 끼친다.

소진이나 손상은 일을 하면서 언젠가 거의 누구나 경험하는 흔한 상태일 것이다. 아마도 심각한 손상은 만약 임상 우울증, 약물남용, 만성적 질병, 극심한 외로움, 경계 침해 등을 포함시킬 경우, 어느 한순간에 상담자의 10~20% 정도에 달한다(Bermak, 1977; Schoener, 2005; Thoreson, Miller, & krauskopf, 1989). 심각한 트라우마를 경험한 사람과 임상 상담자 중 무려 25%의 상담자들이 해당 2차적 외상이나 공감 피로—서서히 퍼지는 소진, 역전이 손상과 달리 매우 빠르게 개시되는 상태인—로 고심한다(Figley, 2002).

그다음에 자신을 '숨기기' 위해 이 직업으로 이끈, 흔한 각종 성격장애, 불안, 강박 신경증으로 고통당하고 있는 사람들이 있다. 심각한 정신장애가 있어서, 그리하여 성적 착취, 부적절한 가치의 세뇌 혹은 다른 병적인 조종과 통제를 통해 내담자를 먹이로 하는, 상담 분야에 있는 누군가를 우리는 알고 있다.

나르키소스(Narcissus)가 그런 사람이다. 적지 않은 매력적인 조종자와 같이 그는 상담은 그의 요구에 부응하도록 내담자들을 유혹할 수 있는 안식처라는 것을 발견하였다. 옛날 옛적에 그는 인류의 진정한 구세주가 되리라는 환상을 꿈꾸었다. 그는 빛나고 누구보다도 잘생겼으며, 특별한 재능을 부여받았기 때문에 내담자나 동료들에게 칭찬을 받을 만한 자격이 있다고 느꼈다.

초기에 내담자들은 그에게 충분한 존경을 표시하지 않았고, 돕고자 하는 그의 노력에 충분히 고마워하지도 않는 것 같았다. 심지어 어떤 사람들은 화를 내고, 그의 거만을 탓하며 만남을 취소하였다. 그는 지루하고 만족감을 주지 못하는 치료적 상담에 대해 알기 시작했다. 이용 가능한 다른 선택의 여지가 없어(심각히 고통받는 여느 사람처럼 그는 판단을 흐리는 지각의 왜곡으로 고통받았다), 그는 상담을 좀 더 만족스럽게 할 수 있는 방법을 실험하기 시작하였다.

처음에는 단지 내담자에게 아주 조금 더 감사하는 마음을 보여 달라는 요청으로 천진하게 시작하였다. 마침내 상황은 그들을 정서적으로 유혹하고, 몇 번 정도 성적으로 유혹하는 지점까지 확대되었다. 뛰어난 사람은 평범한 인간의 정상적인 법에서 면제된다는 『죄와 벌』에 등장하는 라스콜니코프의 훌륭한 변명으로, 그는 내담자들에게 서비스를 제공하고 있기 때문에 아무것도 잘못한 게 없다고 느꼈다.

문제를 터뜨리겠다는 내담자의 협박과 성적 착취가 소송으로 번질 아슬아슬한 분위기를 관찰한 후에, 그는 정서적으로 유혹하는데 국한하였다. 그는 할 수 있는 한 많은 내담자를 자신에게 완전히 의존하도록 조종하고 회유하였다. 그가 휴가를 갈 때, 내담자들 중 몇 명은 동시에 같은 리조트에 예약하였고, 그 결과 그는 계속하여 그들을 볼 수 있었다.

커다란 해를 끼치고 있는데도 계속하여 상담하고 있는 동료들을 잘 알고 있다. 만약 우리가 들은 소문에 대해 의혹을 갖고 직접 그들을 직면할 경우에 그들은 충격을 받고 분개할 것 같다. 그러나 어려움을 겪고 있다는 것이 반드시 상담자가 제 역할을 하지 못하고 있다는 의미는 아니다. 짐작건대, 그의 삶에서 어느 정도의 위기나 트라우마를 겪고 있지만, 여전히 최상은 아닐지라도 적어도 그만그만하게 상담을 하고 있을 수 있다.

아무것도 잘못된 것이 없다고 부인함으로써 소진이 의미 있는 손상으로 이어지는 것은 불행한 일이다. 상담자의 양심에는 반사회적 증거 혹은 너무나 자주 다른 사람들을 희생해서라도 나를 구하려는 눈먼 시도인 맹점이 있다. 더 이상 스트레스를 다룰 수 없고 소진의 증상을 통제할 수 없을 때, 상담자는 비윤리적 행위를 가장 하기 쉽고, 다른 사람들을 해치더라도 자기 잇속만 챙기는 결정을 가장 내리기 쉽다.

반면 이 책을 읽고 있는 사람은 누구도 심하게 손상되어 있을 것 같지 않지만(나는 이와 같은 사람은 자신의 상담의 개인적인 미묘한 차이를 직면하는 데 개방적이지 않을 것이라고 믿지 않는다.), 우리 중 많은 이는 계속되는 소진과 고통의 수렁으로 가차 없이 미끄러지는 것을 느낄 수 있다.

심리적으로 손상된 상담자들은 아마도 문제를 몇 달 동안 혹은 몇 년 동안 무시했을 것이다. 그의 에너지는 대폭 줄어들었고, 냉소적인 절망감이 박히기 시작했다. 이러한 질병은 그가 은퇴하거나 장애를 입거나 죽기 전까지는 내담자뿐만 아니라 많은 동료를 감염시킬 것이다.

상담자가 도움을 요청하기 더 쉽도록, 많은 주의 상담전문가협회는 손상된 상담자들을 위한 전화상담 서비스를 조직했다. 상담에서 행동화하는 상담자의 확산을 막고, 동료 간의 지나친 약물이나 알코올 중독을 통제하기 위하여 전문 상담자들이 언제, 어디서나 필요한 도움을 줄 준비가 되어 있다. 우리 모두는 내담자의 안녕이나 자신의 정신건강뿐만 아니라 동료의 기능을 촉진하는 데 의무와 책임이 있다. 우울증, 약물중독, 자살, 이혼, 상담의 효과를 와해시키는 것과 같은 좀 더 심각한 개인적 결과로 종종 이어지는 권태와 소진은 불가피하다. 우리 모두는 세상에 차이를 가져오고자 다른 사람들을 돕는 직업 세계에 입문하였다. 시작할 지점은 바로 우리 자신이다. 그러고 나서 우리와 같은 사람들에게로 나아가야 할 것이다.

아무도
이야기하지
않는 것

On Being a Therapist

아무도 이야기하지 않는 것

모든 직업이 그렇듯이 상담에도 우리가 하는 많은 일의 이면에는 비밀이 있다. 공개 토론회는 말할 것도 없고, 우리 가운데서도 거의 공개적으로 말하지 않는 이슈들이 있다. 나는 이들 몇 가지를 앞의 장에서 넌지시 내비쳤다. 그러나 이 장에서는 상담자의 삶에서 금기시되는 것과 금지된 것 등에 관하여 요약해 보고자 한다.

핵심 비밀

여러분은 이 모든 이슈에 어쩌면 동의하지 않을지도, 내 주장이

옳음을 보여 주기 위해 과장하고 있다고 굳게 믿을지도 모른다. 그러나 우리가 하는 일의 토대가 사실은 상당히 불안한 기반 위에 놓여 있다는 진실의 어두운 측면을 인정해야만 한다.

많은 경우 우리는 스스로 무엇을 하고 있는지 모른다

상담자들이 경험적 연구와 증거에 기초한 상담 경험에 토대를 두고, 무엇을 하는지, 왜 그것을 하는지에 대한 분명한 합리적 근거와 치료 계획을 갖고 있는 유능하고 노련한, 매우 훈련된 전문가가 아니라는 암시를 하는 것이 아니다. 내 말은 우리는 스스로 실제로 알고 있는 것보다 훨씬 더 많이 알고 있는 척하면서 어떤 주어진 순간에 내담자에게 정말로 무슨 일이 일어나고 있는지 전혀 알지 못하는 채 상담하고 있을 때가 많다는 말이다.

종종 상담하는 대부분의 기간 동안 효과성에 대해 약 25%가 의문을 갖는다고 인정했듯이, 오리무중인 데다가 무능한 것 같은 느낌은 대부분의 상담자에게 드문 일이 아니다(Theriault & Gazzola, 2006). 내담자만큼이나 길을 잃고 방황하며 때때로 횡설수설하는 것은 어떤 것이라도 옳지 않다는 말이 아니다. 우리는 종종 스스로 느끼는 것보다 훨씬 더 자신감이 있는 것처럼 행세하고, 가까스로 이해하는 질문에 대해 답을 해야만 한다. 우리는 그 순간에 관찰하고 경험하는 것을 이해하기에 때로는 그다지 유용해 보이지 않는 이론을 고집한다. 만약 내담자에 대한 자신의 진단이 얼마나 정확하다고 확신하는지, 내담자에 대한 이해가 얼마나 완전하고 종합적이라고 확신하는지, 그리고 선택한 치료 전략이 모든 가능한 선택 가운데 올바르고 또 가장 적절한 대안인지, 1~10의 척도를 가진 스케일에 정말로 정직하게 표시하라고 할 때 만약 5 혹은 6보다 더 높은 점수를 준다면, 나는 놀랄 것이다(그리고 의심할 것이다).

공황장애 증상을 보이는 카일(Kyle)은 나와 몇 달 동안 상담해 왔다. 그는 어떤 유발 사건도, 어떤 식별할 만한 신체기관의 원인도 결코 없었지만 심계항진의 갑작스러운 발작을 포함하여 호흡 곤란, 통제력의 상실, 끊임없는 불안, 종말이 다가왔다고 느끼는 등 보여 주는 분명한 내러티브로 인해 쉽게 진단을 내릴 수 있었다.

카일은 반응적이고 협조적인 매우 훌륭한 내담자였고, 내가 요청하는 모든 것을 했다. 그는 열심히 상담에 임했고, 삶에서 새로운 기술을 연습했으며, 자신의 문제와 개연성 있는 원인에 대한 놀라운 통찰을 갖고 있었다. 오직 한 가지 문제는 이 모든 시간에도 불구하고 그의 증상은 빈도와 강도에서 결코 줄어들지 않는 것이었다. 심지어 악화되는 것처럼 보였다.

서로 합의하에 우리는 잠깐 상담을 중단하고, 약으로 증상을 다스리기 위해 정신과 의사를 만나보기로 하였다. 그런데 이게 이야기의 끝이 아니다.

몇 달 후에 상담을 재개할 것이라는 짐작대로 카일은 상담 약속을 잡았다. 그는 익숙한 의자에 앉은 후에 최근 세밀한 점검이 필요했던 집을 팔았다고 말했다.

그가 왜 그 이야기를 내게 하는지 시종일관 궁금해하면서, 계속해서 말해 보라고 격려했다. 나는 카일이 전보다 더욱 편안해 보임을 알아차렸다. 나는 내가 가르쳤던 모든 것이 드디어 기능하기 시작했고, 그가 공황장애에서 꽤 멋지게 회복했다고 지레짐작했다.

그리고 나서 카일은 집을 점검하는 동안에 보일러 유출이 발견되었고 새어 나온 유해 가스가 사실상 그의 증상의 원인이었음을 설명해 주었다. 보일러 수리가 끝나자 소위 공황장애는 사라졌다. 그는 상담자가 필요한 것이 아니라 보일러 수리 기술자가 필요했던 것이다!

나는 내담자에게 무슨 일이 일어나고 있는지 매우 확신이 들고, 증상, 원인, 최선의 치료법에 관하여 매우 확신할 때, 카일에 관하여 많이 생각한다. 동료들이 콘퍼런스나 슈퍼비전 모임에서, 그리고 책에서 그들이 믿고 있는 것이 우리 분야에서 혹은 내담자의 경험 세계에서 진실인 것처럼 권위 있게 말하는 것을 들을 때, 우리가 아는 척하는 많은 것이 한낱 착각이나 지레짐작, 추정 혹은 근거 없는 믿음에 불과하다는 되새김의 지표로서 나는 카일을 기억하지 않을 수 없다.

무슨 일이 일어나고 있는지 우리가 알고 있다고 생각할 때조차도 다른 이들은 동의하지 않을 것이다

만약 앞서 말한 내용에 전혀 동의하지 않으며, 거의 항상 내담자에게 무슨 일이 일어나고 있는지 여러분의 의견을 뒷받침할 만한 강력한 증거에 기반한 접근을 하고 있다고 느낀다면, 반대로 해박한 지식을 갖추고 경험이 풍부한 많은 다른 전문가가 여러분과 의견을 얼마나 달리할지 고려해 보라. 어떤 특정 사례 개념화와 치료 계획에 대해 확신하면 하는 만큼, 적용하는 최선의 방법에 대해 확신하면 하는 만큼, 여러분이 취하는 방법에 강력히 반대하고, 심지어 완전 반대의 접근법을 추천하는 상담 분야의 주목할 만한 전문가들이 있다는 것을 인정하기는 매우 힘들 것이다.

얼마나 자주 다른 많은 동료들의 슈퍼비전을 구했을 때, 무엇을 해야 하는지 매우 모순되는 충고를 들었는가? 얼마나 자주 본질적으로 다른 행동 방침을 고수하는 존경받는 상담자들의 열띤 논쟁을 들었던가? 우울증을 보이는 내담자가 치료받으러 와서, 여러분도 알다시피, 각양각색의 정신건강 전문가들에게 최선의 치료법은 약물 혹은 운동이나 명상 혹은 단기 인지치료 혹은 장기 정신역동치료 혹은 체계적 가족치료 혹은……이라는 말을 들었다면 어떻게 조화시킬 수 있을까?

분명 (거의) 모든 상담자가 의견이 일치하는 지점은 있다. 예를 들어, 적용되는 치료적 개입이나 전략에 상관없이 대부분의 상담자는 관계가 모든 치료에서 결정적인 요인이라는 개념에 동의할 것이다. 또한 훌륭한 상담은 어느 정도의 통찰력의 증가와 건설적인 행동 개입, 특히 상담이 끝난 후에도 변화가 지속적으로 이루어져야 한다는 데 동의할 것이다. 이와 같은 공통 요인은 모든 훌륭한 상담에 내포되어 있다는 꽤 설득력 있는 증거가 존재한다. 몇몇 요인에 대한 동의에도 불구하고, 여러분이 확신하는 상당수의 아이디어는 열정적으로 반대 입장을 취하는 다른 사람들에 의해 반박—그들의 지지적인 증거에 의해—될 수 있다.

우리는 누군가를 실제로 도왔는지, 언제 도왔는지 결코 확신할 수 없다

이것이 정말로 나를 미치게 한다. 우리가 도움을 주었다고 생각되는 내담자들이 있다. 아니, 우리가 긍정적인지도 모른다. 그럼에도 나중에 내담자들이 우리를 바보로 만들었거나 그들의 변화가 몇 주도 지속되지 않았음을 발견한다. 내담자들은 그들이 변화되었다고 거짓말을 한다. 상담 중에서도 그들은 변화되었다고 거짓말한다. 심지어 그들은 결코 정말로 일어난 적도 없는 삶에 대한 전체적인 이야기를 꾸며 내기도 한다(Kottler, 2010).

내담자들은 기막힐 만한 도움을 얻고 있다고 말하지만, 모두 왜곡, 부인, 조작이었음을 나중에 알게 된다. 심지어 의미 있는 변화가 있었음을 상당히 확신한다 하더라도 우리는 그 변화가 지속되었는지 혹은 제자리로 돌아갔는지 거의 발견하지 못한다. 게다가 우리는 바람직한 결과를 어떻게 잘 측정해야 하는지, 내담자들의 자기 보고, 가족의 보고 혹은 상담 동안 이루어진 우리의 행동 관찰이 믿을 만한지 결정하는 데 어려움을 겪는다.

의심할 여지없이 변화가 있었으며, 도움이 성공적이었다고 확신하는 사례들을 생각해 보라. 이 평가에 기초를 둔 증거가 실제로 완전하고, 신뢰할 만하며, 타당하고, 정확하다고 어떻게 판단하는가?

그다음에 실제로는 성공적이었음을 나중에 알게 되는, 이른바 치료적 실패라는 것이 있다. 아무런 경고도 없이 내담자가 상담을 중단한다. 더 이상의 접촉도 없고, 어떤 후속 조치를 위한 시도에도 반응을 보이지 않는다. 이것은 무엇을 의미하는가? 그 사람은 상담의 결과가 불만족스러워 그만둔 것인가 혹은 목표가 이미 달성되었기 때문인가? 대부분 우리는 내담자에게 무슨 일이 일어났는지 실제로는 알지 못하는 현실에서 살아가고 있다.

심지어 우리가 누군가를 도왔다고 여길 때, 실제로 무엇이 변화를 일으켰는지 확신할 수 없다

여러분이 성공을 절대적으로 확신하는 한 사례를 찾았다. 어떤 의심의 여지도 없다. 증거를 갖고 있고, 그것은 반박될 수 없다.

그다음으로 해야 할 질문은 무엇이 이런 성공적인 변화를 일으켰으며, 이 성과를 가져왔느냐 하는 것이다.

어떠한 설명을 제시하든, 이 인과관계에 관해 어떤 생각을 갖든, 그 차이를 만든 것이 정말로 무엇인지 여러분은 어떻게 확신할 수 있을까?

분명한 해결책은 상담 마지막 회기나 추수상담으로 어느 정도 시간이 흐른 후에 무엇이 가장 도움이 되었는지 내담자에게 물어보는 것이다. 이 접근은 내담자는 실제로 해답을 알고 있다고 가정하고 있으며, 그 해답은 다른 질문을 불러 일으킨다. 우연히 혹은 조직적으로 내담자에게 이를 확인해 보면, 이것이 참으로 위험한 길임을 알게 될 것이다. 여러분이 얻게 되는 반응은 종종 예측 불가능하거나 거의 듣기 원치 않는 것들이다. 내담자는 여러분이 기억하지 못하는 여러분이 말한 온갖 것과 행한 것들을 말할 것이다. 그들은 변화의 원인을 상담과는 전혀 무관한 우연한 것이나 우연히 발견된 것에 돌릴 것이다. 그들은 심지어 지금 보기에도 사소하고 무관해 보이는 어떤 사건들을 들먹일 것이다. 혹은 그들은 진짜 모른다고 어깨를 으쓱해 보이고는 뭔가를 꾸며 댈 것이다.

그렇다고 해서 무엇이 가장 도움이 되었는지 내담자에게 묻지 말라고 제안하고 있는 것이 결코 아니다. 오히려 이와 같은 보고들은 불완전하고 종종 결점이 있음을 상기시키고 있다. 우리의 일 가운데 가장 중요한 일 중 하나는 우리의 서비스를 받는 고객들로부터 우리가 했던 가장 도움이 되었던 것과 도움이 되지 못했던 것에 관한 의미 있는 피드백을 받는 것이다. 그러나 우리가 하는 것과 그것이 어떻게, 왜 기능하는지에 관한 불확실성과 혼란은 존재한다.

우리는 무엇에 관하여 말하지 않는가

슈퍼비전이나 개인상담을 받는 것뿐만 아니라 우리는 종종 친구, 동료 그리고 가족에게 자신의 문제에 대하여 털어놓는다. 그럼에도 여전히 출입 금지 구역이 있다. 만약 우리가 그것들에 관하여 말한다 하더라도, 속삭임이나 농담 조로 할 것이다. 한 상담자는 "내가 그것에 관하여 생각하면 할수록 나만 알고 있는 나의 일과 삶이 얼마나 많은지 더욱 깨닫게 됩니다. 3,000명 이상의 내담자를 상담한 후에야 나는 비밀에 관해 말할 수 있게 되었습니다." 라고 털어놓았다.

그렇다면 상담자들이 많이 이야기하지 않는 것은 정확히 무엇인가? 이 영역을 조사한 몇몇 연구들이 있고(예: Freudenberger & Robbins, 1979; Guy, 1987; Henry, Sims, & Spray, 1973; Sussman, 1995; Pope, Sonne, & Greene, 2006; Schwartz & Flowers, 2006), 일부 핵심적인 금기시되는 주제들을 확인하였다. 우리가 부인하는 다양한 형태의 비밀 혹은 우리가 관여하지 않으려 하는 비밀은 무엇인가?

우리는 우리가 하는 척만큼 정말로 귀를 기울여 듣지 않는다

이론적으로 상담자들은 레이저 같은 강렬함으로, 절대적으로, 완전히, 지속적으로 상담에 집중하리라는 근거 없는 믿음이 있다. 우리는 음성으로 구현된 모든 말을 열심히 듣고, 내담자의 세계에 우리 자신을 온전히 담그며, 말하고 행하는 모든 것의 미묘한 의미를 면밀히 살펴보기 위해 필요한 일종의 끊이지 않는 관심을 보일 것이라고 가정한다. 우리는 늘 분석하고, 절차를 밟아 가며 해석하고, 연결하고, 가설을 세우며, 진행 상황을 추적 관찰하고, 진단을 수정하며, 치료 계획을 다시 세우고, 다음 번, 그다음 번, 그다음 다음 번 치료적 개입을 준비한다(마치 체스 게임에서 미리 여섯 개의 이동을 생각하고 있는 것과 매우 흡사하다).

믿기 어려울 정도로 상담이 몇 분 만에 끝난 것처럼 보이는, 매우 빠르게 지나가는, 우리가 온전히 주의를 기울이는 상담이 없다는 뜻이 아니다. 나는 앞서 우리 비밀 중의 하나가 많은 경우(종종 대부분의 경우), 우리는 거의 현재에 머물러 있지 못한다는 것임을 언급했다. 모든 대화에는 우리가 이야기하고 있는 사람과는 물론 자신과의 끊임없는 대화가 존재한다. 심리치료도 예외는 아니다.

때때로 우리는 상담에서 듣는 어떤 것에 의해 촉발된 생각으로 스스로 길을 잃었음을 발견한다. 우리는 끊임없이 내용을 개인적으로 인식하고, 그것이 삶에 어떻게 연결되는지 묻는다. 내담자가 말한 단어, 구절, 주제, 이미지는 우리로 하여금 짧은 머릿속 여행을 떠나게 하고, 오밀조밀한 환상 속에 빠지게 하며, 결코 내놓고 말한 적이 없는 것들을 생각해 보게 한다.

상담 동안 일어나는 상담자 내면의 대화를 함께 엿들어 보자.

뭐? 그게 어떤 의미지? 그 눈빛은? 그녀는 눈 맞춤을 피하고 있는 건가? 뭔가 숨기고 있는 건가? 아니면 단지 지루해서? 아마도 그녀는 시계를 보고 있는지도 모르지. 몇 시인지 그녀의 시계를 볼 수가 없군. 그녀가 눈치채지 못하게 내 시계를 훔쳐볼 수 있을까?

상담이 끝나면 그녀 자매들의 이름을 적어 놓아야 해. 캐리, 카일라, 메건. 메기였나? 제기랄. 또 잊어버렸네. 아니야, 내 생각에 메건이었어.

잊어버린 것에 관한 거라면, 아침에 온 전화에 답례 전화하는 것을 기억해야 해. 나는 아무것도 먹을 시간이 없었어. 이제 다시 배가 꼬르륵거리는군. 어디 가서 점심을 먹지? 나는 샐러드를 아주 좋아하는데.

오우! 내가 뭔가 말해 주기를 바라면서, 그녀가 날 보고 있잖아. 내가 주의를 집중하지 않았네. 상관없어. 그녀는 전 남자 친구에 대해 말하고 또 말하면서 계속 반복하고 있잖아. 흐느껴 울고 불평하고…… 관계가 끝났다는 걸 그녀는 전혀 알아채지 못하고 있어. 어쨌든 그녀는 내 말을 듣지 않을 테니까.

그녀에게 귀를 기울이기가 왜 이렇게 어렵지? 왜 이렇게 나는 계속 피하고 있는 거지? 내 문제인가, 아니면 그녀의 문제일까? 이것을 그녀와 솔직히 나누는 것이 안전할까? 아니야, 아마도 그녀를 놀라게 해서 달아나게 할 거야. 나중에 때가 되면 이 문제를 다루도록 기억해야겠다. 왜냐하면 계속해서 일어난다는 것을 알았으니까. 내가 보기에 다른 사람들도 틀림없이 그녀에게 귀를 기울이기 어려워할 것 같아. 그녀에게 확인해 봐야겠어. 그녀에게 물어봐야지.

"그러면, 그 모든 것의 의미가 뭐라고 생각하세요?"

휴. 이제 그녀가 잠시 동안 말을 이어가겠군. 어디까지 했더라? 아 맞아, 졸지 않고 깨어 있으려 했지. 커피가 필요해. 그렇지, 생각났다. 에스프레소 기계를 사야지. 틀림없이 종국에 가서는 돈을 아낄 수 있을 거야. 그녀가 떠나고 나면…… 22분 남았네…… 온라인으로 상품평을 살펴봐야지.

젠장, 오늘 그 모임이 있잖아. 왜 함께 머물기가 이렇게 어려운지 이 사례를 다루어 볼까? 그러면 내가 대답할 수 없는 많은 질문을 할 텐데. 그래도 왜 그녀와 머무를 수 없는지 알고 싶어. 내 문제인 것 같다는 생각이 이제야 들어.

이 단순한 의식의 줄기 가운데 상담자로 하여금 자신의 내적인 목소리와 그것이 특별히 의미하는 것에 직면하도록 한 것은 마지막 생각이다.

귀를 기울인다 하더라도, 우리는 종종 비판적인 귀로 듣는다

이론상으로 상담자들은 내담자와의 관계에서 동정심, 관심, 존중, 따뜻함, 솔직함을 보이리라 기대한다. 그것은 우리가 얻으려고 노력하는 것이며 보여 주고 대가를 받는 것이다. 그러나 특정 내담자와 상담을 하는 동안 현실적으로 우리 안에서 일어나는 것은 알려진 것과는 사뭇 다르다. 우리 머릿속에는, 소리 내어 말하지는 않지만 우리가 좀처럼 인정하지 않으려는 비판적인 목소리가 있다. 속삭이거나 때때로 비명을 지르는 다음과 같은 목소리다.

- 도대체 무엇에 관해 이야기하고 있는 거야?
- 제발 징징거리며 불평불만 늘어놓는 것 좀 그만할래요? 헛소리 듣는 데 진절머리가 나거든.
- 그만 좀 해! 네가 실제로 말했다고는 믿어지지 않아.
- 지금 당신 말이 어떻게 들리는지 당신이 들을 수 있다면, 이 말도 안 되는 소리를 그만두고 당신 인생을 잘 살 수 있을 텐데.
- 당신 귀 먹었어요? 내가 말한 것 하나도 안 들었어요? 내가 몇 번을 말해야 돼?
- 당신의 삶 가운데 있는 다른 사람들을 비난하는 것을 멈추기 전까지는 아무것도 변화하지 않을 텐데. 언제 당신이 그렇게 될까?
- 내가 당신을 좋아하는지 궁금해요? 놀리는 거예요? 나는 간신히 이 시간을 보내고 있어요.
- 그건 내가 들은 것 중 가장 역겨워. 당신이 했다는 게 믿어지지가 않아.
- 한 번만 더 같은 이야기를 하면, 맹세하건대 나는 당신 목을

조를지도 몰라.

그렇다. 이런 비판적인 사고는 상담자의 동정심과 공감 능력이 제대로 발휘되지 못하고 있다는 상당히 주목할 만한 증거다. 그러나 이들은 우리가 좀처럼 인정하지 않거나 말하려 하지 않는 비밀이라는 점을 기억하라. 그렇다고 하여 종종 꽤 비판적이고 판단적인, 내적으로 이루어지는 논평을 우리가 하지 않는다는 것을 의미하지 않는다. 사실상 매우 금기시되는 것처럼 보이기 때문에 이 책에 언급한 모든 주제 중에서 이것은 내가 인터뷰했던 대부분의 상담자가 가장 말하기 원했던 한 가지다. 이들 몇몇 이야기를 여러분과 나누고 싶다.

한 상담자가 비록 '내담자는 다소 이야기꾼'이었지만 상담하기 좋아했던, 꽤 오랫동안 만났던 한 내담자에 관하여 말하였다. 다시 말해 상담자에게 '이야기꾼 내담자'라는 것은 내담자는 두서없이 말을 많이 하고, 주제로 다시 돌아오도록 강제로 주지시킬 때까지 옆길로 새는 것을 의미한다. "그녀는 끊임없이, 때때로 내가 생각해 낼 수 있는 어떤 지점에도 결코 도달하지 못하며, 그냥 말하고, 말하고, 또 말했어요."

상담자는 특히 자신을 억누르기 힘들 만큼 좌절했다. "상담이 불가능했던 특별한 하루가 있었어요. 일부는 나의 이슈 때문이라는 것을 알아요. 왜냐하면 나는 기대가 있었고, 점점 더 참을성을 잃고 있었어요. 그래서 얼마 안 있어서 나는 그녀를 집중시키기 위해 할 수 있는 모든 것을 시도했어요. 그러나 전혀 아무것도 기능하지 않았어요. 나는 완전히 공감 능력을 잃어버렸죠. 그리고는 내가 들을 수 있는 것이라고는 머릿속에서 비명을 지르는 내면의 목소리뿐이었어요. '입 닥쳐! 닥쳐, 닥쳐, 닥쳐!' 그 이후 몇 분간 내가 들을 수 있는 모든 것은 그녀에게 단지 입 다물라고 비명을 지르는 나 자신의 내면의 목소리뿐이었어요. 심지어 나는 상담 내내 그녀가 무슨 말을 하고 있었는지 모릅니다."

상담자는 비판적인 목소리를 잠재우고 평정을 되찾고, 자신을 진정시키기 위해 정말로 열심히 노력해야만 했다. "나는 숨 쉬는 것에 집중하면서 공감 능력을 되찾기 위해 노력했어요. 그것은 정말 힘들었어요. 내가 어떻게 좌절해 가는지, 그것을 내 몸이 어떻게 느끼는지, 나는 내 몸에 정말 주목해야만 했어요. 얼마 동안 시간이 흘렀고, 마침내 나는 바닥에 내려왔죠. 나는 그냥 내버려 두기로 하고, 그녀가 어디에 있든 그녀의 안건이 무엇이든 받아들이기로 결정했어요. 그것을 할 수 있게 되자, 나는 다시 그녀를 받아들일 수 있게 되었어요. 그렇지만 이 모든 경험은 고통스러운 것이었어요."

또 다른 상담자는 도덕적인 이유로 강경히 내담자에게 반발했던 다른 종류의 내적으로 펼쳐지는 비판적인 목소리에 관하여 말해 주었다. 내담자는 그녀가 광신적, 성차별적, 억압적인 태도를 신봉하는 그녀의 한 가족 구성원에 관하여 이야기하고 있었다. "내담자가 그 사람에 대해 끔찍이 존경을 표하면서 말하는 것을 들으면서 나는 믿을 수가 없었어요! 이 사람은 내가 가장 좋아하는 내담자인데, 배신감이 들었어요. 나는 우리 둘 사이에 거리를 두고 있는 자신을 발견했어요. 이번이 내가 내담자의 가치에 따른 선택에 동의하지 않은 처음은 아니었어요. 그럼에도 이번에 그녀에게 매우 실망하고 있음을 느꼈어요."

이 상담자는 이 일로 특히 혼란을 겪고 있었다. 왜냐하면 그녀는 그것을 다룰 준비가 거의 되어 있지 않다고 느꼈기 때문이다. "우리는 훈련을 받을 때 내담자가 어떻게 우리를 받들어 모시는지 배웠어요. 그러나 이것은 그녀의 추락 지점에서 내가 그녀를 받들어 모시는 경우였어요." 상담자는 그녀의 내담자를 이상화하고 나서 자신의 핵심 가치의 일부가 도전을 받고 있음을 깨달은 후에 분명 방해가 될 정도로 매우 비판적이 되었음을 알아차렸다.

상담자의 비판적인 내적 목소리가 드러나는 세 번째 경우는 계속되는 다른 사람에 대한 부러움과 관련이 있다. 일주일 내내 이 상담자는 자신이 이룰 수 없을 정도로 재정적으로 안정된 성공적인 내담자들과 마주한다. 그럼에도 그들은 상처받았고, 역기능적이며, 상담자가 갖지 않은 어떤 특별한 것을 갖고 있지 않다. "나는 심지어 이를 아주 인색하게 인정하고 있는 사기꾼이나 위선자 같이 느껴집니다. 비밀에 대해 물어보셨죠? 나는 일부 내담자들이 모든 성취와 기회에 대해 말하는 것을 들을 때, 혼자 '왜 나는 아니야? 왜 나는 그것을 못하지?'라고 생각해 봅니다."

이 상담자는 부러움과 비판적인 목소리가 두 가지 방식에서 그녀에게 문제가 됨을 인정한다. "내가 내담자의 성공을 부러워함을 인정하는 것은 기분을 상하게 할 뿐 아니라 다른 사람들이 나의 성취를 기뻐한다고 말할 때 나는 그들의 말을 믿지 않게 됩니다. 다른 사람들을 위해 기뻐하지 못할 뿐만 아니라 나 또한 다른 사람들의 호의를 받아들이고 고마워할 줄 모르게 됩니다."

이 상담자가 만나는 대부분의 내담자는 사회적 혜택을 받지 못하는 계층임에도, 그녀의 비판적 목소리를 가장 활성화시키는 사람들은 상대적으로 혜택을 받은 소수의 사람들이다. "나는 정말로 그들이 운 좋게 충분히 소유하고 있으며, 나는 결코 접근할 수 없는 기회를 가진 것에 대해 온전히 축하하며 그들을 감싸 안기를 원합니다. 나는 내가 갖지 않은 것이 있거나 살 수 없는 것이 있을 때, 처음부터 그것을 원하지 않았다고 스스로에게 확신시킵니다. 여러분도 상상할 수 있듯이 이것은 '말해지지 않은 것들'이라는 그 자체의 세계를 만들어 냅니다."

때때로 우리가 내담자들에게 듣는 내용은 성인군자라 해도 역겨움으로 움츠러들 만한 매우 충격적인 것이다. 한 상담자가 새 내담자로부터 그의 알코올 문제가 어떻게 늘 잔소리를 해대는 부인 탓인지 한 시간 이상 계속해서 쉬지 않고 말하는 것에 귀를 기울이고 있었다. "그는 나에게 충격을 주려 했는지 아니면 뭔가 하려 했는지 모르지만, 그가 얼마나 평화롭고 조용한 삶을 원했는지에 관해 이야기 하나를 해 주었어요. 그래서 그가 무엇을 했는가 하면…… 그는 권총을 꺼내 이마에 대고 방아쇠를 잡아당겼대요. 두 번을! 그는 부인의 입을 막기 위해 자신의 이마에 권총 방아쇠를 두 번이나 잡아당겼대요!"

이야기를 듣는 내내 상담자는 고개를 끄덕이며 무표정한 얼굴로 적절히 동정 어린 반응을 했지만, 마음속으로는 혼자 생각하고 있었다. '도대체 이런 바보 같은 사내가 있나? 정말 바보잖아? 이 사람과 한방에 있는 것조차 참기 어렵군. 정말 여기서 내보냈으면 좋겠어. 수용하고 공감하려고 최선을 다하고 있지만, 정말 못하겠어. 남은 인터뷰 시간 동안 내가 생각할 수 있는 것이라곤 두 번 다

권총이 발사되지 않았으니 얼마나 운이 좋은가 하는 것뿐이야. 정말 인정하고 싶지 않지만, 그랬다면 그의 부인은 분명 형편이 더 좋아졌을걸.'

각각의 예들의 경우에 상담자들은 그들 역시 인간이고 그들이 듣는 것에 개인적 반응을 보이며, 때때로 틈을 보이고 있음을 인정하고 있다. 이는 무척 놀랍고 예기치 못할 일이 전혀 아니다. 슈퍼바이저에게 압력을 받을 때나 비판적인 태도가 도움을 주는 데 방해가 된다는 것을 발견할 때를 제외하고는, 그것에 관하여 종종 말하지 않는 것이 중요한 문제가 될 만큼 그렇게 큰 비밀도 아니다.

우월감

우리는 적합한 겸손을 보이고 절제 있는 행동을 할지 모르지만, 종종 마음속 깊은 곳에는 매우 특별하다는 느낌이 있다. 우리가 특별한 기술과 지식이 있다고 가정할 때, 그와 같은 믿음은 분명 이해할 만하다. 우리는 인간이 결코 파악할 수 없는 것들을 실제로 이해한다. 우리는 다른 사람들이 알아차리지 못하는 언어의 미묘한 의미를 알아듣고, 훈련받지 않은 눈으로는 볼 수 없는 행동의 미묘한 차이를 관찰한다. 심지어 강화된 민감성 그리고 숨은 의도와 동기를 식별할 수 있는 능력으로 마음을 읽고, 무의식적 사고를 밝히며, 사람들이 다음에 무엇을 말할지 혹은 행할지 예측하는 것처럼 보일 수 있다.

한 상담자가 하루 종일 다른 사람들의 문제에 귀를 기울이는 것이 어떻게 자신을 기분 좋게 하는지 장황하게 말해 주었다. "나는 연애 관계의 실패 경험이 아주 많아요." 그녀는 "그래서 유명 인사가 깨졌다거나 내담자가 관계 문제로 어려움을 겪고 있다는 것을 들을 때, 나는 그 정도의 실패자는 아닌 것처럼 느껴져요. 물론 나 또한 다른 사람들의 문제에 관해 듣기를 좋아해요. 왜냐하면 내 자신의 문제에 관해 잊도록 도와주니까요."라고 말했다.

이 경우에 상담자는 자신이 결코 처하지 않을 최악의 상황에 내담자들이 있기 때문에, 부분적으로 내담자와 함께하는 것을 어떻게 즐기고 있는지 자세히 말해 주고 있다. "나는 우월감을 느낍니다. 이유도 있어요. 내가 상담하는 내담자 중 일부는 간신히 기능하고 있어요. 여러 가지 점에서 그들은 나에게 상처를 줄 수 없으므로 나는 그들 가운데서 안전함을 느낍니다. 그들은 나의 의견에 따릅니다. 나는 자신감이 들고, 강함과 안전함을 느낍니다."

역기능적인 동료들

우리 분야에서 가장 잘 지켜지지 못하는 비밀 중 하나는 우리가 상담해 왔던 어떤 내담자보다도 더 정상이 아닌 동료들이 있다는 것이다. 그들은 사람들을 돕는 것과는 무관한 이유로 상담 분야에 입문했을지도 모른다. 그들은 다른 사람들을 조종하고 통제하는 것을 즐긴다. 왜냐하면 그들은 자신을 너무 통제할 수 없다고 느끼기 때문이다. 그들은 다른 사람들을 이용하는 데서 유능감을 느끼며, 많은 경우에 그들 자신을 이롭게 하지 않는 것처럼 보인다. 그들은 다른 사람들에게 피해를 입히는 일종의 정신장애—심한 우울증, 성격장애, 공황 발작, 정신분열증 등—의 희생자들이다.

절반을 훨씬 넘는 임상상담자들이 한 차례의 심각한 우울증이나 개인적 어려움을 겪었음을 인정하며(Deutsch, 1985), 90%가 정신적으로 문제가 있는 동료들을 알고 있다고 답한 것(Bermak, 1977)은 매우 흥미롭다. 비록 이 연구가 오래된 것이기는 하지만, 오늘날에도 이러한 경향이 없다고 생각할 만한 이유는 없어 보인다.

우리는 분명 적지 않은 심리적으로 문제가 있는 동료들을 갖고 있다. 일부는 중독으로 어려움을 겪고 있거나 해로운 방식으로 자신이나 다른 사람들에게 행동화하고 있다. 앞서 논의했듯이 사람들은 다른 사람들을 돕는 것과는 무관하고 오히려 자신을 돕기 위한 다양한 이유로 이 분야를 선택한다. 그들은 그들이 하는 일을 통해 평생 동안 지속되어 온 자신의 우울증, 불안, 역기능적 성격을 안정화하려 하는지도 모른다. 그들은 다른 사람들을 통제하고 조종할 수 있게 해 주는 권력과 권위의 자리를 즐기고 있는지도 모른다. 그들은 유사한 이슈를 갖고 있는 다른 사람들을 도움으로써 자신의 문제를 다루려 하는지도 모른다. 그들은 너무나 심각하게 자기 자신에게 집착하는 데 기인하는 심한 나르시시즘을 보일지도 모른다.

게다가 상담자가 보이는 역기능적 대처 유형이 어떤 것이든 일과 관련된, 상담자를 막다른 골목으로 몰아가는 내담자의 유독성 자료에 지속적으로 노출됨으로써 생기는, 상담자들의 시스템을 마모시키는 스트레스 또한 존재한다(Rothschild & Rand, 2006). 간접적 트라우마, 동정심 감퇴, 투사적 동일시, 관계 갈등, 동료 간 논쟁, 지지의 부족, 재정적 어려움, 가족 문제 그리고 단순히 일이 고단한 것 또한 파괴적인 자가치료의 다양한 형태로 이어질 수 있다. 약물이나 알코올 남용이 흔히 일어날 수 있다.

대중매체는 절대적으로 상담자를 비윤리적이고(Barbara Streisand in Prince of Tides), 아주 별나고(Mel Brooks in High Anxiety, Bob Newhart or Frazier from their television shows), 불안정하며(Billy Crystal in Analyze This), 자기 멋대로이며 가학적이고(Nurse Ratched in One Flew Over the Cuckoo's Nest), 개인적으로 결함이 있거나(Dr. Melfi in The Sopranos or Paul Weston from In Treatment), 심각하게 상처를 입은(Robin Williams in Good Will Hunting, Tom Cruise in Eyes Wide Shut, or Richard Dreyfuss in What About Bob?), 심지어 그들의 내담자를 죽이는 연쇄살인범으로(Hannibal Lecter in Silence of the Lambs) 조롱하기를 매우 좋아한다. 상담자가 등장하는 1,500편이 넘는 영화에 관한 한 연구에 의하면 그들 중 80%가 상담자를 비윤리적이고, 조종을 잘하며, 무능력하고, 악하다는 부정적인 시각으로 묘사하였다(Flower & Frizler, 2004).

나는 우리 직업 분야의 꽤 별난 사람들 가운데 특별히 내가 순진하다고는 생각하지 않는다. 거의 대부분의 상담자가 매우 도덕적이고 전문적이다. 뿐만 아니라 개인적인 삶에서도 매우 유능함에도 우리 가운데는 내담자들을 길들이는 것처럼 보이는 별난 행위에 연루된 소수의 사람들이 존재한다. 이들 중 일부는 그 특이한 언행이 사랑스러워 상대적으로 해가 되지 않지만, 매우 위험한 경우도 있다.

완전한 정신장애는 아니지만 상담 분야에 있는 적잖이 특이한 누군가를 알고 있다면 손을 들어 보라.

너무 불안하고 취약해서 방문을 열어 놓은 채 맞은편에 앉기를 고집했던 한 상담자를 슈퍼비전한 적이 있다. 한번은 내가 펜을 바닥에 떨어뜨려서 그것을 줍기 위해 몸을 엎드리자, 그녀는 내가 자신을 어떤 식으로든 해치려 한다는 두려움으로 거의 제정신이 아니었다. 그녀는 권력이 있는 누군가에게 학대를 당했을 것이라 추정되지만, 그녀는 결코 그것에 관하여 말하려 하지 않았다. 사실상 그녀는 거의 말하지 않았다.

정말로 놀라운 것은 그녀의 내담자들은 그녀의 개인적 문제에도 불구하고 호전되는 것처럼 보인다는 사실이다. 그들은 매우 취약한 사람 앞에서 안전함을 느끼는 것 같다. 이는 치료적 상담의 정수는 우리가 개인적인 효율성을 보여 주기 때문에 일어난다는 나의 소중한 믿음을 확실히 날려 버렸다.

나는 내담자에게 소리를 지르고, 윽박질러 진술하게 하는 상담자들을 알고 있다. 너무 별나고 부적절해 보여 그들에게 상담받기 위해 누군가가 다시 돌아온다는 것이 너무 놀라워 보이는 사람들에 대해서도 들었다. 그들은 여전히 상담을 잘하고 있다!

나는 얼마 전에 새로운 건을 맡게 되었는데, 나에게 무엇을 기대하는지 내담자에게 물어보았다. 그녀는 내가 그녀에게 주의를 기울였으면 한다고 말했다.

"무슨 말인가요?" 나는 물었다.

"그러니까……." 그녀는 "나를 쳐다보면서 말해 주세요."라고 말했다.

"그 밖에 또 내가 어떻게 해 주길 바라나요?" 나는 적지 않게 당황하면서 말했다.

그녀의 이전 상담자는 상담을 하는 동안 손톱을 다듬고 매니큐어를 칠했다고 나에게 말해 주었다. 한 달에 한 번, 대화를 주고 받는 동안에 상담자는 자신의 방의 먼지를 털고 청소기로 청소를 했다.

"그럼 얼마나 오랫동안 그것을 참으신 겁니까?" 나는 물어보았다.

"그렇게 길지 않아요, 몇 년 정도요."

거의 이즈음에 한 친구가 자신의 상담에 관하여 질문 하나만 하자며 다가왔다. 물론 나는 연관되는 것이 내키지 않았다. 그러나 그는 정말 질문 하나만 하기를 원한다고 확실히 말했다. 그는 지난 15년 동안 같은 상담자를 만나고 있으며, 그 상담자는 어느 정도 도움이 되는 것 같지만, 최근에 그녀의 접근법에 약간의 의심이 들기 시작한다는 것이었다.

조심스럽게 나는 그들이 무엇을 함께하고 있는지 물어보았다. 그는 이 상담자가 그와 그의 아내, 그리고 장성한 두 아이들(30대인)을 일주일에 한 번 개인상담으로 만나고, 뿐만 아니라 가족상담으로 그들 넷 모두를 만나고 있다고 하였다. 이것은 수년간 계속되었고, 그에게 모든 문제의 책임이 있기 때문에 모든 사람의 치료 비용을 그가 지불해야 한다고 상담자가 고집했다는 것을 털어놓을 때까지도 불합리해 보이지 않았다. 그는 줄잡아 1억 이상을 그녀에게 지불하였다. 심지어 더욱 충격적인 것은 상황은 더욱 나빠지기만 하였다는 것이었다.

나는 계속해서 예를 들 수 있지만 (그리고 그렇게 할 것이지만), 누구라도 누군가를 돕기는커녕 그들의 삶 가운데 간신히 기능하고 있는 기이하고 역기능적인 상담자들의 예들을 들 수 있을 것이다. 이것이 우리 직업의 가장 추하고 어두운 비밀—우리 중에는 다른 사람들의 약점을 이용하는 포식자가 아니라면, 심각하게 장애를 입은 사람들이 있다는 것―일지도 모른다. 우리 직업은 심리적으로 불구이고 손상된 사람을 훌륭한 이유로 끌어들인다. 우리 중 일부는 어릴 때 학대를 받았고, 무시당했으며, 피해를 입었다. 다른 일부는 도움을 찾도록 이끈, 아마도 궁극적으로는 우리의 경험을 최대한 활용하는 방안으로 상담 훈련을 받도록 이끈, 우울증, 불안, 중독 그리고 다른 정서적 어려움으로 고통받고 있다. 이와 같은 고통스러운 시험과 시련은 유사한 방식으로 어려움을 겪고 있는 내담자에게 진실함과 더 많은 공감을 제공할 정도로 우리의 삶에서 의미와 가치를 갖게 되었다. 상처를 입은 것은 우리의 자격을 박탈한다기보다는 오히려 우리에게 다른 사람에 대한 특별한 이해와 동정심을 갖게 해 준다. 만약 우리가 이들 이슈를 자각하고 슈퍼비전이나 개인상담을 통해 이들을 개선하고 해결하려는 노력을 한다면 말이다.

정신분열증 어머니와 끔찍한 어린 시절 경험으로 성격적으로 손상을 입었다고 생각하는 셔브(Shub, 1995)는 이제는 자신의 어려움을 내담자와의 상담의 자원으로 본다. 지속되는 정서적 이슈를 갖고 있는 그에게 그리고 우리 일부에게 핵심은 우리의 한계를 자각하고, 우리의 행동과 그것이 미치는 영향에 관하여 처절할 정도로 정직해지는 것이다.

통제를 벗어난 동료들에 맞서는 것을 주저하게 하는 것은 무엇이 정상인지 혹은 손상된 것인지에 관한 다양한 견해에 우리가 너무나 익숙하기 때문일지도 모른다. 우리는 역기능적인 동료들에 맞설(그리고 신고할) 윤리적 의무가 있는데도, 이것은 거의 일어나지 않는다. 예를 들어, 한 연구는 심각한 약물 혹은 알코올 중독 문제를 가진 상담자들의 약 1/3만이 동료들에 의해 적법성에 대한 이의를 제기받았다고 보고한다(Good, Thoreson, & Shaughnessy, 1995).

상담자의 불편하고 부정적인 측면을 꺼내는 나의 의도는 우리의 더러운 비밀을 드러내려는 것이 아니라, 오히려 더 정직하고 건설적인 방법으로 이 이슈에 관하여 서로 더 쉽게 이야기할 수 있도록 하기 위함이다. 다음 장을 좀 더 자세히 말하면, 그것은 우리의 진실성과 일치성을 조금씩 갉아먹는 우리가 하는 거짓말에 대한 것—우리 자신에게 그리고 다른 사람들에게—이다.

10

우리 자신과
다른 이들에게
하는 거짓말

우리 자신과 다른 이들에게 하는 거짓말

상담자가 되는 데 따르는 일부 부정적인 개인적 결과들은 내담자나 슈퍼바이저 혹은 상담 스케줄보다는 자기기만 형태에서 비롯된다. 속임수의 복잡한 그물망은 전문적인 진리 탐구자의 우아한 표면 아래 깊이 파묻혀 있을지도 모른다. 그것들 중 대부분은 우리가 이미 깨닫고 있지만, 무시하고 싶은 것들, 그리고 해롭지는 않지만 약간 각색된 것들이다. 하지만 어떤 것은 매우 깊이 묻혀 있어서 우리도 의식하지 못하며, 우리의 부인 체계나 합리화, 왜곡의 일부를 형성하고 있다.

아주 작은 선의의 거짓말도 있고 큰 악의의 거짓말도 있다. 너무나 명백한 거짓이어서 누군가를 속이기 위해 만들어 낸 것이라고 정말로 믿기 어려운 거짓말도 있다. 거짓말은 우리 주변 어디에나 있다. 그것은 우리 기관의 헌장이나 정책, 지침 안에, 이사회나 공적 자문위원회의 의사록 안에, 기관의 목표 안에 있다. 사람들을 돕고 더 좋은 세상을 만들기 위해서뿐만 아니라 돈을 벌고, 세금 감면을 받고, 정치적 청탁을 하고, 일부 사람들의 자부심을 유지하고 배를 채우고자, 관료주의를 만족시키고자 존재한다.

우리는 특히 내담자들이 매일 들려주는 거짓말과 함께 살고 있다. 정말로 정직한 내담자는 그들의 꾸밈을 가장하지 않는다. 우리 또한 그들이 행복한 어린 시절을 보냈다고 믿는 척하면서, 상담은 즐거운 것인 척하면서, 그들이 지불해야 할 수표가 배달 중에 있다고 믿는 척하면서 맞장구를 친다.

거의 모든 초기의 상담은 거짓말로 시작된다. 내담자는 실제로는 '난 당신이 나를 고쳐 주기를 원해요.'라고 말하고 싶을 때, "나는 도움을 원해요."와 같이 말한다. 내담자가 정말로 정직하다면, 상담을 시작하는 말은 다음과 같을 것이다.

이봐요, 나는 정말로 여기 있기를 원하지 않아요. 진실을 알고 싶다면, 나는 정말 문제가 없어요. 누구나 다 하는 것이죠. 여기 있어야 하는 사람들이 있죠. 나는 아니죠. 내가 이 상담에서 무엇을 원하는지 당신이 물으니 하는 말인데, 그것은 아주 쉬워요. 내가 원하는 것은 당신이 나에게 동의하는 것이에요. 만약 그것이 가능하지 않다면, 차선은 당신이 날 고치기 위해 당신이 할 수 있는 무엇이든지 하는 거예요. 그러나 나는 어떤 것도 하기를 원치 않아요. 그리고 무엇보다도 절대적으로 아프지 않게 해 주세요! 조금 공손하지 않은 대화는 상관없지만, 나를 몰아붙이지 마세요. 나와 논쟁하지 마세요. 그리고 내가 틀렸다고는 절대 말하지 말아요.

내담자가 거짓말을 한 다음에는 우리가 거짓말로 대응한다. 만약 우리가 정말로 어떻게 생각하는지, 그리고 무엇이 그들에게 닥칠지 솔직하게 내담자들에게 말한다면, 어느 누가 다시 찾아오겠는가?

이봐요, 내가 했으면 하고 당신이 바라는 것을 나는 하고 싶은 의향이 없어요. 무엇보다도 나는 어떤 것도 고칠 수 없어요. 당신만이 그것을 할 수 있죠. 둘째로, 당신이 문제예요. 단지 5분 동안 당신을 만났지만, 나는 벌써 당신을 좋아하지 않게 됐어요. 왜냐하면 당신은 당신 인생이 잘못되어 가는 것에 대해 모든 사람과 모든 것을 비난하면서 일말의 책임도 지려 하지 않고 있기 때문이죠. 셋째로, 나는 당신에게 무슨 일이 일어난 것인지 실마리를 찾지 못하겠고, 내가 당신을 정말로 도울 수 있을지도 전혀 모르겠어요.

이렇게 시작하는 것은 틀림없이 받아들이지 않을 것이므로 우리는 내담자가 듣기 원하는 것을 더 많이 말한다(어쨌든 첫 번째 회기에서는). 그렇지 않으면 그들은 다시 오지 않을 것이다. 우리는 그들이 우리에게 와서 매우 기쁘고(약간의 거짓말, 왜냐하면 우리는 아직 그렇게 확신하지 못하고 있으므로), 그들은 우리의 상담으로 틀림없이 이득을 얻을 수 있으리라 말하며(좀 더 큰 거짓말, 왜냐하면 우리는 일이 어떻게 될지 아직 아무것도 모르므로), 그들은 상황을 잘 이해하고 있다(훌륭한 칭찬이지만 심히 과장된 칭찬)고 생각한다.

우리는 내담자의 노출과 보고에 따른 이와 같이 믿을 수 없는 부정직을 수용한다. 그것 중 일부는 무의식적으로 생략하는 것이지만 어떤 것은 의도적으로 곡해하는 것들이다. 우리는 때때로 어린 시절 기억과 마음의 여과체에 여러 해 걸러진 반복된 기억이 서로 정확히 일치하지 않음을 잊어버린다. 말해진 진실과 역사적인 진실 사이의 이 차이점은 내담자를 편견 없는 보고자로, 상담자를 편견 없는 청취자로 보는 믿음이 완전히 틀렸음을 나타낸다. 이 아이디어를 뒷받침하기 위해 스펜스(Spense, 1982)는 상담의 과정을 검토하였다. 내담자는 실제로는 매우 헝클어진 기억을 의미와 전환 그리고 완성을 창출하여, 미완성의 이야기를 완성된 형태로 들려준다. 이미지를 말로 바꾸는 과정에서 역사적 진실은 더욱 훼손된다. 마지막으로 상담자는 공백을 채우기 위해 맥락과 관련된 가정을 제공하므로 실제로 일어난 진실을 더욱 왜곡한다. 상담이 세워진 전반적인 토대는 내담자의 삶에 일어났던 어떤 것과는 거의 닮지 않은, 매우 왜곡되고, 기만적이며, 부정확하고, 과장된 주관적인 정보에 기초하고 있다(Kottler, 2010). 그다음으로 이 왜곡은 얼마나 많이 정말로 문제가 되는가에 대한 의문이 생긴다. 예를 들어, 상담 내의 구성주의자(Neimeyer & Mahoney, 1999)와 사회적 구성주의자(McNamee & Gergen, 1992) 운동은 진실과 같은 개념을 객관적 실재라기보다는 오히려 개인적인 이해로 본다.

불가능하지는 않을지라도, 내담자의 삶에 정말로 무슨 일이 일어났는지 알아내기는 어려우므로—주어진 기억의 흐름, 언어의 한계, 지각의 주관성, 문화적 영향 가운데—우리는 일정 수준의 속임수나 왜곡 그리고 반쪽 진실에 편안해한다. 우리는 우리의 내담자 안에서, 그리고 우리 안에서 진실의 근사치를 받아들인다. 진리와 정의의 환상 가운데 살고 있는 상담자는 복잡한 합리화와 지성화를 탐지하도록 훈련된 마음과 결부된, 이 상황의 결과물이다. 할퀴면 우리는 피를 흘린다. 보이는 것이 우리의 전부는 아니다.

상담자가 연출하는 게임

우리는 속이기 위해서가 아니라 우리의 영향력을 증가시키기 위해 의도적으로 신비롭고 전능한 기운을 북돋운다. 어느 자존심이 강한 마법사나 마술사 혹은 그 문제의 전문가라 하더라도 만약 그가 자신의 속임수를 누설했다면 유능하다고 기대할 수는 없다. 그리고 우리는 『오즈의 마법사』의 도로시와 허수아비에게 우리가 참으로 강력한 마법사임을 확신시킬 만한 특별한 기술을 갖고 있다.

예를 들어, 우리가 미묘한 시간의 변화를 감지하는 특별한 내적 기제를 갖고 있는 것처럼 시간이 다 됐을 때를 어떻게 정확히 아는지 내담자들은 끊임없이 놀라워한다. 우리는 내담자가 일시적으로 주의가 산만해질 때 내담자의 등 뒤에 걸려 있는 시계를 힐끗 쳐다보는데 수년간 상담을 한 결과 좀처럼 들키지 않는다.

우리는 내담자들이 강력한 치료자로서의 우리의 이미지를 해칠 것이라 당연히 믿기 때문에 우리의 불완전함과 실수를 위장한다. 예를 들어, 우리는 하품을 위장하는 다수의 인상적인 대안을 발달시켰다. 지루하고 지쳤음을 내담자가 눈치채지 못하게 우리는 손을 입가에 대고 깊은 생각에 잠긴 듯한 자세를 취한다.

하품의 유혹에 대응하는 다른 정교한 상담자 기법은 개인적인 공상에 빠진 가운데 주의를 기울이는 것처럼 보여 주는 능력이다. 우리는 졸음과 싸우는 바로 그 순간에도 고개를 끄덕이고, 이마에 주름을 잡으며, '음'이라는 소리를 낼 수 있다. 물론 때때로 들키며, 내담자가 "내 말의 의미를 아시겠어요?"라고 물으면서 우리의 집중력을 분명 시험할 수 있다. 그것은 노련한 상담자에 대한 진정한 시험으로, 내담자가 말한 것을 듣지 못했을 때 어떻게 해야 하는지 우리를 전혀 다른 새로운 술책을 필요로 한다. 가장 지시적인 상담자조차도 자신의 최상의 로저스식 반응—"당신에게 내 견해가 정말로 중요하지요."—으로 되돌아갈 것이다. 훌륭한 대안은 이와 같은 것이다. "이 이슈와 관련하여 좀 길게 말하셨는데, 당신이 보기에 무엇이 가장 중요한지 본질을 요약해 주실 수 있는지요?"

다 아는 듯한 신비스러운 자세는 좀 더 수용할 만한 반응을 제시할 때까지 지연 전술을 쓰는 데 종종 도움을 줄 것이다. 실수를 하는 것은 인간일지 모르지만, 상담자에게는 그렇게 고귀한 것이 아니다. 그의 영향력은 실수에 의해 약화될 수 있다. 예를 들어, 우리의 해석이 과녁을 벗어날 때와 같이 (그 상황을) 빠져나가기 위한 방어적인 계책이 종종 필요하다. 우리는 항상 철회할 수 있고, 그릇된 판단을 '단지 하나의 작업 가설'이라거나 '하나의 가능한 이론'으로 재정립할 수 있다. 그러나 분명히 내담자는 신뢰를 잃을 것이다. 하나의 영리한 대안은 해석이 실제로는 반작용을 이끌어 내기 위해 특별히 디자인된 자기모순적인 조치였다고 마지못해하며 설명하는 것이다.

이 주제에 관한 두 가지 다른 형태는 유사한 반응을 일으킨다. 우리가 말한 것을 내담자가 이해하지 못했을 때나 혹은 내담자가 말한 것을 우리가 이해하지 못했을 때 어느 경우든지 우리는 마치 그것은 내담자의 실수인 것처럼 행동할 수 있다. 돌처럼 차갑고 당혹해하는 얼굴은 위기일발의 상황에서 상담자를 유리하게 하는 데 꽤 효과적이다. 이 암묵적 경험 법칙은 다음으로 우리가 무엇을 해야 할지 모를 때 또한 조용히 앉아 있을 수 있게 해 준다. 내담자는 이야기를 이어가야 할 것 같은, 그리고 정서적이거나 지적인 뭔가를 말해야 할 것 같은 책임감을 느낄 수 있다.

이들 게임은 상담자의 위상이나 무한한 힘, 영향력을 증가시키기 위해 아마도 필요할지도 모른다. 그러나 내담자와 함께하는 데 매우 결정적인 진실성이나 인간성, 현존을 언제나 훼손한다. 사람들은 전문적인 유능함 때문만이 아니라 우리의 독특한 개인적 기운에 또한 반응한다. 우리가 미소 짓고, 웃고, 사랑하고, 주는 방식이나 눈을 깜빡이는 방식이 가장 정교한 치료적 개입 못지않게 내담자들에게 자신에 관하여 알게 해 준다. 유사하게 드러난 우리의 인간됨, 당혹스러움, 무지는 좀 더 개방적이고 솔직한 관계에서 그들이 유사한 것을 할 수 있음을 알게 해 준다.

가짜 지성

자기 속임은 상담자 기만의 가장 보편적인 형태다. 우리는 졸업장과 기념품 가운데 우리가 마치 무엇을 하는지 정확히 알고 있는 것처럼 앉아 있다. 수집된 책들과 전문성 분위기는 우리의 전문지식을 입증한다. 내담자는 불안정하고 균형을 잃은 채 찾아와서 무엇을 알게 되는가? 보통의 내담자가 자신의 입장을 파악하는 데 몇 회기 안 걸리는데, 하물며 강력히 추천받은 이 전문가가 경량급 권투 선수임을 알아채는 데는 몇 회기도 걸리지 않는다.

나는 프로이트나 에릭슨, 로저스, 엘리스, 그 밖에 어느 전문가들의 책에 있는 장이나 구절을 인용할 수 있다. 나는 상담자와 같이 행동하는 방법—즉, 관통할 듯한 응시, 단음절로 된 '으응' 소리, 매력적인 미소, 현명한 처신 등—을 정확히 알고 있다. 나는 어떻게 지적인 물음을 하는지, 대화가 자연스럽게 흘러가도록 하는지, 그리고 이따금씩 상당히 지적인 뭔가를 어떻게 말하는지 알고 있다. 굳이 해야 한다면, 나는 끈질긴 내담자에게 내 생각에 그녀의 문제가 무엇인지, 그리고 상황을 개선하기 위하여 무엇을 할 필요가 있는지 말할 수 있다. 만약 그녀가 내 지침을 따른다면, 대부분의 경우 그녀는 기분이 좋아질 것이다(그리고 기대하건대 더욱 효과적으로 행동할 것이다). 그러나 많은 만남을 통하여 사실상 나는 매우 혼동되고, 불확실하며, 결단을 내릴 수 없고, 어색함을 느끼는 것이 사실이다. 무대에서나 혹은 상담자의 방에서 청중은 수행에서의 이러한 실수를 거의 발견하지 못한다.

20년 경험의 매우 잘 알려진 성공한 한 정신분석 상담자는 "나는 스스로에게 나는 경험이 매우 많기 때문에 상담실에 찾아오는 누구든지 다 다룰 수 있다고 말합니다. 그러나 내가 할 수 있을지 아니면 하지 못할지 나는 몰라요. 나는 나 자신에게 그리고 내담자들에게 전문적인 상담을 어떻게든 할 필요가 있다고 확신을 주는 거짓말을 합니다. 실은 새로운 내담자를 만날 때마다 매우 걱정이 돼요. 나는 그를 이해할까? 나 자신을 바보로 만들지는 않을까? 판단에 심각한 오류를 범하지는 않을까? 나는 어떻게 해야 할지 알 수 있을까? 아니요, 아니요, 아니요. 그러나 나는 자신과 내담자에게 심지어 내 생각에 할 수 없을 때조차도 '물론 나는 당신을 도울 수 있어요'라고 말합니다."라고 인정한다.

내담자에게 우리가 그들을 도울 수 있다고 말하는 것은 비록 그것이 절대적으로 사실은 아니라 할지라도 분명 도움이 된다. 긍정적인 기대와 위약 효과는 상담자 안에 있는 그의 믿음과 상담 과정에 의해 주로 수립된다. 거짓을 느낄지라도 신뢰를 주고받음으로써 우리는 내담자 안에 희망과 동기를 부여한다. 만약 엉망진창인 해석이나 그릇된 판단을 한 후에 낮은 소리로 그러나 알아들을 수 있게 "이크, 망쳤군." 하며 투덜거린다면 내담자들을 매우 신속히 잃게 될 것이다. 첫 번째 회기에서 내담자를 전적으로 정직하게 대한다면 그들은 결코 다시 돌아오지 않을 것이다.

다시 말해 좋아지기 위해서는 내담자는 이 거짓말과 우리가 살펴볼 다른 사실들을 신뢰해야 할지도 모른다. 제정신이라면 의사들은 자신의 불확실성을 무심코 드러내지 않을 것이다. 의료 과실 소송에서 자신을 보호할 필요가 있기 때문만이 아니라 사람들은 치료자에 대한 믿음이 있어야만 하기 때문이다. 수술을 받고 있는 중간에 "이크!"라고 의사가 말하는 소리를 우연히 듣게 될 경우를 상상해 보라.

믿음이 없다면 마법은 있을 수 없다. 그러므로 어떤 거짓말은 치료적이지는 않을지 몰라도 필요할지도 모른다. 만약 거짓말은 속임수와 사기를 조장하기 때문에 내담자에게 고의든 고의가 아니든 거짓말하는 것은 비윤리적이라 생각한다면, 그것은 아마도 완벽히 정직한 것은 비윤리적이므로 (그것이 내담자의 최상의 관심사든 아니든) 상담자는 완벽하게 순수할 수 있다는 것과 마찬가지일 것이다. 전략적인 속임은 아직 마주할 준비가 되어 있지 않은 현실로부터 내담자를 보호해 주고, 평범한 통상적인 공격에 저항적인, 완고하고 파괴적인 패턴을 깨뜨리는 역설적인 치료적 개입을 가능케 한다. 거짓말이 매우 효과적인 전략일 수 있고, 향상을 이루는 데 매우 도움이 된다 할지라도, 그것은 보통 첫 번째 선택은 아니다. 우리의 힘과 자신감을 과장하는 것이든 거짓말의 필요성을 우리가 어떻게 합리화하든 상관없이 어느 정도의 상당한 주의와 겸손 그리고 불확실성은 우리로 하여금 지나치게 건방지지 않도록 많은 도움을 준다. 왜냐하면 우리가 내담자를 돕기 위하여 우리 또한 믿음을 가져야만 하는 것을 의미하지 않기 때문이다. 상담자가 도울 수 있음을 믿든 믿지 않든 내담자를 도울 수 있게 된다.

완벽주의의 가장

가짜 전문지식의 표현은 거짓 자신감의 투사와 밀접하다. 이는 우리가 정말로 모르면서 뭔가를 어떻게 하는지 아는 척할 때 일어난다.

- 내담자가 자신이 이해하는 것처럼 말하더라도 상담자인 당신은 정작 이해하지 못했음을 얼마나 자주 말했나?

- 무엇을 해야 할지 알아내기 위해 의미심장한 침묵 가운데 얼마나 많이 자신을 숨겼는가?
- 얼마나 자주 내담자에게 "저는 지난 회기에 선생님께서 무엇을 했었는지, 그리고 그것은 무엇을 의미하는지 마침내 알게 되었어요."라는 반응을 그다음 주에 들었으며, 당신은 발달시키고 있던 심오한 통찰력이 어떤 것인지 얼마나 자주 알지 못하였는가?
- 상담 의뢰를 받거나 동료나 내담자가 특정 장애를 다룰 수 있는지 물어보고, 또 그 내용을 대충 훑어보기 위해 책장이나 인터넷을 뒤적거리면서 얼마나 자주 그렇다고 대답하였는가?
- 꼬치꼬치 캐어묻는 내담자에게 어떻게 되어 가고 있는지, 얼마나 많이 질문을 받았으며, 뭔가 대답을 찾을 때까지 그에게 되물었는가?

완벽주의는 내담자의 이익을 위한 것이지만, 상담자에게도 역시 영향을 끼친다. 만약 내담자에게 보여 주는 이미지처럼 우리가 여유롭고 유능하다고 정말 믿고 있다면, 우리는 견딜 수 있을 것이다. 만약 알고 있는 것, 이해하고 있는 것, 그리고 할 수 있는 것과 관련하여 끊임없이 자신에게 정직해진다면, 우리는 자기 회의로 가득 차서 거의 아무 일도 할 수 없게 될 것이다. 절충적 입장은 우리는 역량을 과장하고 있으며, 이런 곡해는 때때로 내담자를 위해 필요하지만, 단지 가장하고 있다는 것을 결코 잊지 말아야 한다는 것을 받아들이는 것이다. 밀턴 에릭슨(Milton Erickson)은 만약 매우 설득력 있게 가장할 수만 있다면, 내담자는 그들의 삶에서 변화를 이루는 척할 것이라고 말하기를 좋아한다. 그리고 일정 기간이 지난 후에 모든 것이 잘되어 감에 따라 그들은 가장하고 있다는 것을 잊을 것이다.

지나친 중요감

내담자의 성장을 촉진하려는 것이 아닌 다른 이유로 행동할 때마다 우리는 정직성을 퇴색시킨다. 이는 이따금, 특히 얼마 동안 우리와 알고 지내 온 내담자와 더욱 친숙해질 때 일어난다. 우리는 내담자를 돌보고 있는 동시에 우리 자신 또한 돌보고 있다. 이는 내담자의 초대로, 또 우리 자신의 주도로 때때로 일어난다.

내담자에게 안녕을 고하는 것은 너무 씁쓸하면서도 달콤해 많은 상담자들이 내담자를 떠나보내는 데 어려움을 겪는다. 내담자는 교훈을 잘 배웠고, 목표를 성취했으며, 고통을 잊고, 그리고(희망하건대) 상담 과정에서 상담자에 대한 의존성에서 벗어났다. 그녀는 강하고, 자신감 있고, 통찰력이 있으며, 남은 삶을 잘 살아갈 수 있도록 동기화된 듯하다. 그녀는 도움을 준 상담자에게 매우 고마움을 느끼며, 이 관계가 끝나는 것이 슬프고, 긴장되며, 양가감정을 느낀다. 상담자도 내담자의 많은 감정을 공유한다. 그는 흥분되고, 해방감을 느끼며, 아마도 혼란스러움 역시 느낄 것이다.

내담자를 사회에 내보내는 것은 상담자의 스케줄과 삶에 빈 공간을 남긴다. 그것은 수입의 손실과 몇 년이 아닐 경우 몇 달간 반복되었던 주중 스케줄이 변화되는 것을 의미한다. 그것은 또한 사랑스럽고 신뢰할 만한 친구에게 안녕을 고하는 것이다.

심지어 상담을 마치는 것이 내담자의 최고의 관심사이고, 상담자는 자율성의 촉진을 돕고자 모든 힘을 다하고 있다고 주장할 때조차도, 그의 행동은 무척 다른 의도를 나타내 보일 수도 있다. 어쨌든 탈출에 대한 희망이나 소원을 갖지 못하도록 내담자를 치료 가운데 가두는 것은 상담자에게 평생 수입을 보장할 수 있다. 규칙을 알고 있고, 자신의 시간이나 돈에 대해 많이 까다롭지 않은 '좋은' 내담자를 대체하는 것은 번거로운 일이다.

우리 모두 수십 년간 내담자들을 자신에게 의존적이 되게 한 상담자들을 알고 있다. 그들은 사람들이 일주일이나 하루 동안 기능할 정도의 교정을 받도록, 자신을 필요로 하도록 가르친다. 물론 일부 심한 정신장애가 있는 사람들은 퇴원 상태를 유지하려면 평생 동안 상담을 필요로 할 것이다. 그러나 여기서 나는 내담자에게 어떤 선을 행하는 지점을 벗어나 여전히 내담자를 붙잡고 있는 상담자들에 관하여 언급하고 있다. 한 정신과 의사는 수십 년간 20명의 동일한 내담자를 일주일에 2~4번 상담한다. 그의 내담자들은 무척 돈이 많아(그리고 그는 수입을 잃게 될까 봐 주저한다) 상담자는 카리브해 지역으로 연차 휴가를 계획할 때 내담자들이 그와 합류하여 계속 치료를 받을 수 있도록 모텔의 한 동을 예약한다. 이것은 그의 의견이며, 내담자들은 선뜻 동의한다. 그들은 의사 없이는 단 2주도 기능할 수가 없다.

덜 심한 경우, 개업 상담을 하고 있는 상담자들은 언제 내담자를 내보내야 하는지 고심한다. 내담자들이 상담에 계속 올수록 경험을 통해 뭔가 얻을 것임에 틀림없다고 말하기는 쉽다. 내가 공공 기관에서 일했을 때 내담자를 가장 오래 만난 것은 15~20회기 정도였다. 생계가 상담 스케줄을 꽉 채우는 내 능력에 달려 있던 전업 개업 상담 시절에 내담자를 만났던 나의 평균 상담회기 수가 약 10~30회기였다는 것은 거의 우연의 일치가 아니다. 당연히 나는 장기 회기—그것은 더 강렬하고, 더 포괄적이며, 더 품격 있고, 더 만족을 주며, 더 효과적이고, 당연히 더 돈이 되는—가 내담자에게 훨씬 더 좋을 것이라고 확신했다.

심지어 단기상담이 대세인 관리의료방식하에서도 임상가들은 작업 환경에 따라 다른 치료적 결정을 내린다. 만약 여러분이 담당 건수가 수백 명에 달하는 공공기관이나 학교에서 일하고 있다면, 여러분의 임상적 결정은 스케줄이 비어 있고 개인 수입으로 생계를 유지하는 동료들과는 사뭇 다를 것 같다.

재정적인 독립을 추구하면서 또한 다른 사람들을 돕는 데 매우 헌신적인 한 개업 상담 심리학자는 "나는 하루에 13명의 내담자를 상담하면서 효율성을 잃지 않을 수 있다고 나 자신에게 거짓말을 합니다. 나는 내가 내 삶이라고 부르는 이 혹독한 스케줄을 계속할 수 있다고 자기 최면을 겁니다. 특히 많은 돈을 벌기 위해 이렇게 하고 있는 것이 아니라고 말하면서 거짓말을 합니다. 왜냐하면 나는 많은 돈을 벌기 위해 이렇게 하고 있으니까요."라고 말하며 큰 불편감을 인정한다. 이는 분명 많은 개업 상담자를 동기화하는 것 중 한 부분이다. 단지 자유를 만끽하기 위해서뿐만 아니라 벼락부자가 되기 위하여 하는 이런 태도는 우리가 하는 일의 속도와 스타일에 영향을 끼친다.

상담자에 관하여 많은 것—우리는 아는 것이 많고, 헌신적이며, 동정적이라고—을 말할 수 있다. 그러나 적어도 역사적으로 방법론에서는 우리가 신속하다고 묘사되지는 않는다. 단기상담과 매뉴얼화된 치료법의 대중성에도 불구하고, 우리는 문제의 핵심에 다가가는 데 우리의 달콤한 시간을 보내고, 시나 이야기로 통찰을 윤색하면서 내담자의 근본적인 두려움에 다다르는 우여곡절이 많은 길을 따라간다. 우리는 내담자와 우리 자신에게 할 수 있는 한 빨리 그들의 증상을 제거할 것이라고 거짓말한다. 만약 여러분이 내담자가 나타내는 불평불만을 너무 빨리 없애 준다면, 그는 쇼의 정수 부분을 보기 위해 계속 머물지 않을 것이라는 것을 심지어 1년차 인턴도 알고 있다.

절대적 요소

한 심리학 교수는 "내가 거짓말한다고 인정하기 어렵군요. 어떤 것도 정말로 생각할 수 없지만…… 글쎄, 아마도 이것이겠군요. 나는 학생들에게 인간의 치료적 능력을 믿으라고 말해요. 나는 그것이 절대적인 것이라고 말하지만, 그건 진정 절대적이지 않아요. 내가 믿지 못하는 혹은 자기 자신을 돌볼 수 없는 많은 사람이 있어요. 그들의 본능 자체가 잘못되었어요."라고 밝히고 있다.

우리의 이론과 실제 행동 간에는 엄청난 차이가 존재한다. 대중들에게, 내담자들에게, 동료들에게, 우리는 인간의 행동 방식이 어떤 방식으로 작용하는지에 관해 정돈되고 논리 정연한 작은 모델을 보여 준다. 대부분의 임상가는 인간 발달, 정신병리학, 성격 발달, 심리치료에 관한 상세한 이론을 꽤 분명히 표현할 수 있다. 우리는 이 이해의 틀을 구체적인 논리론, 도덕론, 인식론의 결과로 본다. 마지막으로 우리는 우리가 충실히 따를 개념 틀을 간추리기 위해 자신에게 타이틀—인본주의자, 행동주의자, 인지행동주의자, 실존주의자, 구성주의자, 여성주의자, 구조주의자, 아들러학파, 프로이트학파, 정신역동주의 등—을 부여한다. 그리고 그 안에 거짓을 숨긴다.

진실을 이야기하자면, 여러 훌륭한 이유로 상담자들이 항상 그들의 상담에 그들의 정통 이론을 적용하는 것은 아니다. 누구든 다른 사람이 발명한 방법을 적용하자마자 그것은 색다른 방법이 된다. 각각의 상담자는 너무나 다르다(구별되는 가치, 성격, 태도, 목소리 등등). 게다가 내담자와의 상호작용은 우리가 받은 훈련에 관계없이 순간적으로, 본능적으로, 빠른 결정을 내릴 것을 강요한다. 만약 우리가 우리 이론을 되새겨 보기 위하여 멈춰서 생각한다면, 복잡함으로 마비될 뿐만 아니라 행동의 자연스러운 흐름을 방해할 것이다. 다른 말로 하자면, 우리는 우리가 한다고 말하는 것처럼 혹은 우리가 한다고 생각하는 것처럼 전문적으로 정말로 기능하지 못하는 것이다.

사회복지사, 심리학자, 상담자, 가족치료사 혹은 정신과 의사라는 우리의 상표에도 불구하고, 특정 이론들의 지지에도 불구하고, 우리는 내담자의 필요와 자신의 직관에 부합하여 행동한다. 우리가 따른다고 말하는 대부분의 절대적 요소나 규칙은 적절하거나 편리할 때만 사용된다. 가장 비지시적인 상담자도 가끔 충고를 한다. 최고의 정통 분석가도 의심할 나위 없는 인간의 성격을 드러낸다. 가장 엄격한 인지 상담자도 정서를 다룰 것이다. 가장 열정적인 이야기 치료자도 여전히 지배적인 이야기와 독특한 결과 외의 요소들도 살펴볼 것이다. 우리 모두가 어떤 경우에 무시하는, 직업상 절대적으로 긴요한 것들이 있다.

- 충고하지 마라. 우리가 느끼기에 내담자가 파괴적인 뭔가를 막 하려 할 때마다 우리는 항상 충고를 한다.
- 직접적 질문에 대답하지 마라. 그러나 우리는 게임을 하는 데 지치거나 혹은 대답을 알고 있어 누군가에게 너무나 말하고 싶을 때 그렇게 한다.
- 자신에 관하여 말하지 마라. 이것이 바람직할지는 몰라도 그것은 이상주의적이며 근본적으로 불가능하다.
- 내담자의 치유력을 믿어라. 그들이 자신에게 무엇이 최선인지 온전한 판단을 내릴 수 있다면, 그들은 결국 상담만으로 끝나지 않을 것이다. 삶에서의 진정한 변화라든지 성장이라든지 뭔가 결과물이 있을 것이다.
- 내담자의 삶에 관여하지 마라. 이것은 상담 중에 잠을 잘 때만 가능하다.
- 내담자를 돕기 위하여 그들을 좋아해야만 한다. 그러나 오랫동안 그들 중 일부는 진심으로 호감이 가지 않는다.
- 여러분의 전문성과 전문지식을 벗어나는 내담자를 다른 상담자에게 의뢰하라. 만약 이렇게 한다면, 우리는 매우 적게 성장할 것이고 아주 적은 수의 내담자를 갖게 될 것이다.
- 내담자가 상담을 이끌어 가도록 하라. 내담자가 그의 삶을 이끌어 갈 수 없다면 어떻게 그의 치료를 책임질 수 있겠는가?

이 절대적 요소들 각각에 대하여 예외가 존재한다. 상담의 표준으로 받아들이는 많은 규칙과 윤리 규정에 대하여 내담자와 그들의 최선의 이익을 위해 우리 스스로 결정해야만 하는 때가 있다.

중립성의 신화

우리 일의 한 토대는 우리는 판사나 중재자처럼 객관적이고, 거리를 유지하며, 편향이나 편견에서 자유로우며, 정신적으로 중립적인 전문가이자 달인이라는 것이다. 대대로 상담자와 내담자는 도움에 중립성이 유지될 것—그것이 바람직할 뿐만 아니라 또한 얻을 수 있는 것으로—이라 현혹되어 왔다. 우리는 우리의 독특한 영향력으로 다른 사람에게 우리의 도덕률을 부과하지 않도록, 우리의 진정한 감정, 선입견, 신념, 가치관을 드러내지 않도록 주의를 받는다. 반면에 목회상담을 하는 사람은 그들의 도덕적 의제를 가장하는 체하지 않으며, 세속적인 상담자 또한 그들 자신의 가치를 갖고 있다. 그것은 특정 생활양식이거나 생각하고 느끼는 방식 혹은 정치적 성향이거나 특정 이론에 대한 선호일 수 있다. 그러나 본질적으로 우리는 건강이나 위험 감수, 정직함, 정서적 건강, 자율성, 독립성 그리고 사회정의와 같은 가치를 팔고자 한다. 이들은 '훌륭한' 가치로 여기며, 중립성이라는 함구령에서 면제된다. 그러나 의존성, 안전 추구와 같은 '나쁜' 가치는 심지어 기생 관계에 기꺼이 빠져 있는 두 사람에게 어떤 것이 대단히 잘못된 것인지 궁금할 때조차 주고받지 말아야 한다. 여기에 많은 철학적 논쟁의 여지가 있다. 그리고 정확히 그게 핵심이다. 상담자들은 사랑과 결혼, 헌신, 성적 취향, 관계에 대해 다르게 느끼므로, 그들은 상담을 다르게 할 것이다. 일부 내담자들은 이를 매우 잘 이해하므로 그들은 우리의 거짓을 무시한다.

전화벨이 울린다.

"부부상담을 하시나요?"

"예, 합니다."

"결혼을 찬성하는 사람이세요, 아니면 반대하는 사람이세요?"

"그것은 결혼에 따라 다릅니다."

"달리 말해 볼게요. 당신 커플은 대부분 함께 살고 있나요, 아니면 이혼했나요?"

일부 지각 있는 내담자들은 목표를 정확히 겨누는 질문을 한다. 참으로 이혼보다는 서약을 지키는 것을, 성적 탐색보다는 자제를, 지루함보다는 성적 불륜을, 교육보다는 종교를, 정원 관리보다는 여행을, 텔레비전 시청보다는 운동하는 것을, 커피보다는 차를 강조하는 상담자들이 있다. 비록 의견을 내지 않으려 해도 우리는 거의 중립적이지 못하다. 내담자가 하는 모든 말이나 행동에 대해 우리는 의견을 갖고 있다. 소위 말하는 수용, 무조건적인 긍정적 존중, 중립성의 자세를 취하는 가운데 우리는 때때로 당신이 하지 않았으면 하고 바란다고 나는 생각한다.

런던(London, 1985)은 신화에도 불구하고 상담자들은 거의 가치에서 자유롭지 못하고, 좀처럼 객관적이지도 중립적이도 않으며, 사실상 자신의 신념에 따르는 도덕적 행위자라고 믿는다. 인간으로서, 사회 구성원으로서, 상담자들은 도덕적으로 많이 전념한다. 런던은 도덕적 중립성 자체가 자유, 민주주의, 독립성, 책임성, 생산성에 대한 상담자의 선호를 정당화하는 하나의 도덕적 자세라고 지적한다. 게다가 우리 역할의 일부는 정치적 행동주의(Roy, 2007), 사회정의(Aldarondo, 2007; Doherty, 2008; Gerber, 2007; Kottler & Marriner, 2009), 남녀 차별주의(Ballou, Hill, & West, 2008; Brown, 2004; Enns, 2004), 인종차별 철폐(Comas-Diaz, 2007; Watts-Jones, 2004)를 옹호하는 것이라고 믿는 상담자가 많다.

심지어 우리의 가치를 더욱 강요하고, 도덕적으로 중립을 덜 지키며, 적어도 가식을 버려야만 하는 사례가 있을 수 있다. 만약 자살을 하려는 내담자가 상담실에 찾아온다면, 우리는 최선을 다해 삶에 대한 존중을 내담자도 개발하도록 설득할 것이다. 잔꾀를 부리며 사는 사람, 도박꾼, 위험을 무릅쓰는 사람, 무모한 감각적 쾌락을 추구하는 사람이 상담을 원할 경우에, 그녀는 아마도 더 책임감 있게 사는 것에 대해 강의를 듣게 될 것이다. 우리는 우리의 삶의 철학과 가장 일치하는 책을 추천한다. 마음속으로 우리에게 좋은 것이 모든 사람에게 좋은 것이라고 믿는다. 여행을 좋아하는 상담자는 내담자에게 더 많이 여행하도록 설득한다. 시골길을 달리면서 혹은 교회에서 예배를 드리며 평안을 발견한 사람들은 아마도 내담자에게 동일한 것을 하도록 할 것이다.

만약 우리가 어떤 특정 가치를 전해 주지 않으려 한다면, 우리는 큰 가치들을 밀어내게 될 것이다. 그 가치들은 훌륭한 가치이거나 혹은 그 상담은 누구나 공유해야 할 놀라운 경험일 것이다. 대부분의 상담자가 지지하는 다른 본질적인 가치들이 명백히 있다(Corey, Corey, & Callanan, 2007; Goldberg, 2007; Gross & Kahn, 1983; Miller, 1999; Strupp, 1980). 상담자들은 자기 존중, 우정, 개인적 즐거움, 개개인의 자유 그리고 사회 기관이나 종교 기관을 넘어서는 보편적인 사랑에 의견의 일치를 보였다. 우리는 우리의 사고와 행동에 대해 책임을 지는 것에 강한 편향을 갖고 있다. 우리는 지배나 조작, 강요에 발끈한다. 우리는 통찰은 아름다운 것이며, 그것은 어떤 고통을 가져와도 상관없다고 생각한다. 사실상 우리는 고통 역시 훌륭한 것이라고 생각한다(특히 그것이 누군가에게 속한 정신적인 종류의 것일 때).

상담을 하는 동안에 우리의 가치를 투사한다면, 내담자와 상담자에게 어떤 개인적 영향이 있을까? 우리는 우리의 임상적 판단과 전문적 기술에 의존하는 것뿐만 아니라 내담자들이 우리의 가장 개인적인 신념을 받아들이는 것을 감수해야만 한다. 우리의 삶의 방식이 나머지 세상에 그만큼 대단하다고 정말로 확신하는가? 전형적인 상담자의 가치를 취하는 것이 누구에게나 최선의 이익이 될지 이유 있는 우려를 할 수 있다. 내담자들의 일부는 순진하고 아무 걱정이 없는 채로 숨김없이 솔직한 사람들로서 상담실을 찾아온다. 그러나 천진함을 희생한 대가로 그들은 깨우침을 받을지도 모른다.

상담자의 개인적 기술

우리가 엄격히 따르지 못하는 앞서 제시한 절대적 표본은 우리가 말하는 것과 행하는 것 사이의 불일치를 분명히 보여 준다. 더군다나 이 속임수들은 상담자의 스트레스와 혼란에 기여한다. 아마도 이것은 잠재력을 확장하고, 더욱더 정직해지려고 노력하며, 개인적 효율성을 증가시키라고 내담자를 밀어붙이면서 정작 우리는 때때로 평범한 삶을 지속하는 위선의 극치일지도 모른다. 상담실에서 우리는 정력적이고, 유능하며, 창의적이고, 영향력이 있는 스타다. 우리는 가방을 꾸려 사기를 치는 영웅의 세계로 나아간다.

내담자가 알고 좋아하는 우리와 세상에 알려진 우리 사이에는 종종 커다란 차이가 있다. 우리는 우연한 사회적 접촉을 하게 될 때, 내담자와 거리를 유지하라고 배웠다. 우리가 내담자의 삶에 관해 매우 밀접하게 알고 있기 때문에 아마도 그들이 당황하지 않도록 하기 위해서일 것이다. 거리 유지의 다른 이유는 내담자들이 우리가 정말 지극히 평범한 한 인간임을 발견하고 실망하지 않도록 보호하기 위해서다. 우리는 수줍음을 많이 타고 서툴다. 우리의 영역 밖에서는 재치 있고 현명한 것 같지 않다. 누구나 마찬가지인 것처럼 우리도 어색한 상황에서 위협을 느낀다.

그럼에도 우리는 우리가 영구화하는 개인적 유능감에 대한 근거 없는 믿음을 의식하고 있다. 내담자가 어떤 자기 패배적인 행동이나 다른 행동에 대해 불평불만을 늘어 놓으면, 우리는 다 알고 있다는 듯이 미소를 지으며, "그럼 그렇게 제 기능을 못하는 채로 어떻게 살 수가 있어요?"라고 소리 내어 말하지 않으려 생각에 잠긴다. 그러나 우리는 우리도 아직 통달하지 못한 기술을 숙달하라고 혹은 아직도 해결하지 못한 문제를 직면하라고 내담자에게 얼마나 많이 요청하는가? 한 카리스마 있는 상담자가 그의 가장 고통스러운 거짓말을 드러내 보여 준다.

내담자에게 하라고 하는 것과 내 삶 가운데서 할 수 있는 것 사이에는 큰 불협화음이 존재합니다. 관계를 예로 들자면, 사람들에게 덜 방어적인 의사소통을 하고, 배우자에게 더 많은 공감을 보이라고 격려하는 반면, 나는 내 삶 가운데서 그런 것들을 전혀 이행하지 않음을 알고 있습니다. 나의 사적 자기와 훨씬 더 건강한 전문적 자기 간에 거대한 분열이 존재합니다. 나는 나의 두 부분을 통합하고자 애쓰고 있습니다. 만약 내가 상담자가 아니라면, 내가 되고자 하는 이상적인 자기에 덜 밝으므로 아무 문제가 없었을 겁니다. 그러나 나는 상담자입니다. 상담을 할 때 나는 매우 자주 나의 이상적인 자기에 접촉합니다. 그리고 상담 밖에서 자주 그것을 하려고 매우 열심히 노력합니다.

상담자는 무엇보다도 다른 사람들이 따를 만한 온전히 기능하는 모델이어야 하며, 개인적으로, 전문적으로 능수능란한 사람이어야 한다. 상담 동안에는 접하지만, 사용하기 꺼려 하거나 할 수 없는 우리의 이상적인 부분은 무엇인가? 많은 전문적 기법이 개인적 영역까지 이어진다. 예를 들어, 대부분의 상담자는 다양한 사람의 취약성을 알아채고, 그것들을 정리하여 차후에 자신의 이익에 사용하는 데 전혀 빈틈이 없다. 상담자들은 또한 일상의 상호작용 가운데서 방어적이지 않은 직면 기술을 사용하거나 요약하는 데 매우 능숙하다. 반면 우리는 어떻게 하는지 알고 매일 하고 있지만, 우리의 삶이나 주변 사람들의 삶을 풍요롭게 할 만큼 사용하고 있지 않은 것도 많다.

한 상담자가 자신의 삶에서 그다지 잘할 수 없는 것들을 다른 사람들에게 가르쳐야 하는 위선에 관하여 말해 준다. 그녀는 세

살 난 아이를 데리고 갓 이혼한 채로 상담 분야에 첫발을 내디뎠던 20대 초반을 회상했다. "답할 수 있는 전문가가 거의 없는, 많은 질문을 제기하는 것처럼 보였던, 부모-자녀 이슈의 전문 분야에 막 뛰어들었어요. 나는 긍정적 부모교육에 대한 라디오 토크쇼를 개발했고, 부모면서 충고를 해 주는 칼럼니스트, 즉 내가 필요하다고 지역 신문을 어렵게 설득했어요. 빌어먹을! 부모교육에 관해 내가 무엇을 안단 말인가요?"

그녀의 직업은 부모교육의 국가적인 전문가 중 한 사람이라는 평판을 받을 정도로 전국적으로 알려졌다. 그녀는 두 명의 학령기 아이들이 있는 남자와 재혼하였고, 다시 자신의 삶에 지식을 적용할 수 없는 모순적인 전문가에 직면하게 되었다. "갑자기 나는 세 아이가 있는 가족이 되었어요. 우리는 분명 단란한 가정이 아니었어요. 새 가족은 두 가족이 합쳐질 때, 무엇을 하지 말아야 하는지를 보여 주는 한 예였어요. 나의 가장 큰 성공은 우리 가족을 대중의 눈에 띄지 않게 하는 데 있었어요. 심지어 나는 가장 친한 친구에게도 나의 실패감을 숨겼어요. 비록 사기꾼에 위선자 같은 기분이 들었지만, 수익성이 좋고 번창하는 내 직업을 계속했어요. 나는 아이를 양육했던 시간 이상으로 많은 상담자를 만났고, 결국 나는 상담자들이 실패자로 언급하는 그런 유형의 내담자라고 결론을 내렸어요."

그녀는 결국 내담자들이 그들의 성공을 드러냄으로써 그녀가 찾고 있던 해답을 제공해 주기를 희망했지만, 그렇게 되지 않았다. 비록 다른 사람들에게 부모교육을 하고 있지만, 지금까지도 그녀는 부모로서 자신이 얼마나 부적절한지 무척 부끄럽게 여긴다.

주의 집중

여러분의 시간에 대해 금전적 보상을 받고 있을 때, 다른 사람에게 훨씬 더 성실하게 임하고 기꺼이 주의를 기울일 것이다. 몸짓, 눈 맞춤 그리고 다른 주의를 기울이는 행동을 통하여 내담자가 말하고 있는 것은 어떤 것이나 여러분의 온전한 관심을 나타낼 것이다. 모든 말에 주의를 기울이고, 비언어적 단서의 가장 미묘한 차이를 기록하며, 심지어 그녀의 삶의 가장 무의미한 세세한 사항까지 받아 적는다. 여러분은 적절한 질문을 던지고, 더 나아가 들은 것을 내담자에게 자주 반영함으로써 열정적인 관심을 보여 준다. 이 모든 것은 무척 놀랍다. 내담자는 감사함을 느끼고, 어디서도 받지 못했던 방식으로 이해받고 있음을 느낀다.

몇 시간 후에 여러분은 가로세로 낱말 맞추기 게임을 하면서 가장 친한 친구와 전화통화를 하며 앉아 있다. 어머니가 부를 때 편지를 뜯으면서 설렁설렁 듣는다. 텔레비전이나 컴퓨터 앞에 앉아 있을 때 아이들이나 배우자는 여러분의 관심을 끌기 위해 다툼을 벌인다. 누군가에게 문자를 보내거나 이메일을 하는 동안 사랑하는 사람들에게 건성으로 귀를 기울인다. 내담자들에게 기꺼이 팔려 하는 주의 집중을 가장 관심이 있는 사람들에게는 하지 않을 것이다.

동정심

내담자가 얼마나 기이하고 모욕을 하든 상관없이 우리는 보통 기꺼이 참는다. 온전한 관심과 최대한의 공감으로 내담자의 어떠한 상황에라도 기어들어 가 그가 느끼고 있는 것을 느낀다. 우리는 그가 경험하고 있는 고통을 완전히 이해하고 있기 때문에 받아들일 수 있고, 그의 괴로움에 방어적이지 않을 수 있다. 우리는 그의 분노에 수그릴 수 있고, 반격을 가하지 않으면서 좌절을 억누를 수 있다.

한 학생이 과제물에서 받은 점수 때문에 매우 속상해하며 찾아온다. 그는 분명 매우 화가 나 있다. 점수로 인해 혹은 내가 쓴 어떤 논평으로 인해 그 안에서 뭔가가 활성화되었다. 그는 내가 분명 움찔할 정도로 나에게 큰 소리를 질렀다. 그는 나에게 욕을 하고, 나는 가치가 없고, 무능하며, 그에게 편견을 갖고 있다고 말한다. 그리고 나는 그 모든 것을 받는다. 나는 꾹 참고 오로지 침착하게 듣기만 한다. 나는 나 자신을 방어하지 않는다. 나는 듣고 있다는 것을 알 수 있도록 고개를 끄덕거리는 것을 제외하고는 반응하지 않는다. 갑자기 말 그대로 그는 의자에 털썩 주저앉아 흐느끼기 시작한다.

이 주고받음 내내 나는 언어적 학대를 멈추게 하고자 하는, 존중하도록 하고자 하는, 반격을 가하고자 하는 욕구를 견뎠다. 나는 즉각적으로 무슨 일이 벌어지고 있는지 이해했기 때문에 이렇게 하였다. 이 감정적 폭발은 실제로는 과제물이나 심지어 나에 관한 것이 아니라는 것을 알아차렸다. 그리고 나는 상담자이기 때문에 건설적으로 이슈를 다루고자 시도하기 전에 되는 대로 내버려 둘 수 있었다.

우리 모두는 내담자나 학생에게 이와 같은 자선적인 자세를 보인 후에 자기 만족감을 느낀다. 우리는 증오 대신에 사랑을 드러낸다. 평온함, 명료함 그리고 자기 절제를 보여 준다. 처벌을 가하고자 하는 욕구를 견디고, 심지어 자신을 방어하지도 않는다. 그러고 나서 집으로 가기 위해 차에 올라탄다. 고속도로 위에서 이유가 무엇인지 알 수 없는 불평불만이 가득한 누군가가 우리를 방해한다. 우리는 외설스러운 말에 비명을 지르고, 무례한 자세를 취한 다음 응징하고자 3분 동안 나쁜 놈을 바짝 따라붙는다.

참을성

연이어 몇 시간 동안 여전히 의자에 앉아 있을 수 있는 것과 대조하여 상담자는 분명 줄지어 기다리는 데 어려움을 겪는다. 내가 그렇다. 나는 다른 구성원들이 내가 벌써 오래전에 깨달은 뭔가를 이해하기까지 오래도록 상담 집단을 인도하며 앉아 있을 수 있다. 내담자가 필요한 변화를 이루어 낼 동기를 발견할 때까지 몇 달, 심지어 몇 년을 기다릴 수 있다. 나는 몇 시간 동안 의자에 앉아 있을 수 있고, 때때로 휴식 없이 연이어 5회기를 할 수 있으며, 집중력과 참을성을 잘 유지할 수 있다. 그럼에도 상담실 밖에서 줄을 서서 기다려야 할 때는 거의 제정신이 아니다. 나는 교통체증에 짜증이 난다. 식당에서 테이블을 얻기 위해 10분 이상 기다리지 않는다. 영화관에서 줄서서 기다리지 않을 것이다. 어찌된 일인가?

우리는 일을 하는 동안에 매우 인내심 있게 기다려야만 하기 때문에 자신을 위한 시간에는 그렇게 하기 싫어하는지도 모른다. 우리가 개발해야 하는 모든 자질 중에서 인내—사람들이 그들의 속도로 움직이도록 기다리는 것, 내담자의 행동에서 현저한 차이를 볼 수 있기까지 때때로 몇 년을 기다리는 것—가 가장 어렵다. 이 기다림의 전문가를 사람들로 가득 찬 방 안에 있게 하면, 그녀는 밀어젖히고 앞으로 나아가 관심을 받을 수 있는 곳이 아니라면 뷔페의 맨 앞줄로 나아갈 것이다. 한 상담자가 털어놓은 이야기다.

나는 정말 이해가 안 돼요. 나는 상담할 때 매우 참을성이 있어요. 건강을 위해 침묵이 흐르는 동안 보다 오래 참는 것을 연습하곤 했죠. 상담자로서 나의 가장 큰 강점은 내담자에게 그들이 필요로 하는 시간을 갖도록 허락하는 것이라고 생각하고 있어요. 나는 가끔 그들을 밀어붙이지만, 오직 그들이 주도권을 잡기 시작한 후에 합니다. 나의 해석은 보통 미묘하고 절제되어 있어요. 나는 내담자들이 준비되어 그것들을 듣게 되기를 기다립니다. ……그렇지 않다면(어깨를 으쓱한다), 우리는 아무것도 얻은 게 없이 시간만 낭비한 거죠. 정말 이상한 점은 사람들은 내가 항상 서두르고 있어서 그들을 긴장하게 만든다고 말한다는 거예요. 나는 전형적인 A형 성격이에요. 상담실 밖에서 나는 매우 빠른 오직 한 속도로만 행해요. 전화상에서 30초 이상 기다리지 않아요. 그게 나의 규칙이에요. 차라리 전화를 끊고 다른 것을 해요. 상담하는 동안 나는 손목시계를 보는 나쁜 버릇을 갖게 되었죠. 나는 어디를 가든 시간을 잽니다. 사람들은 내가 살아 있는 가장 인내심이 없는 사람이라고 생각해요. 오직 나의 내담자들만이 내가 정말 어떤지 알아요.

영 성

상담회기들은 신비주의, 높은 자각, 존재론적 의미, 초월 상태, 마음 문제 그리고 우주와의 일치 같은 고귀한 아이디어로 꽉 차 있다. 상담자는 3개의 '마음의 눈'을 갖고 일한다. 바깥세계를 지각하는 육체의 눈, 감각에서 온 자료들을 범주화하고 분석하는 추론의 눈, "초월적 현실에 이르게 하는"(Willber, 1983, p. 3) 명상의 눈이 그것이다. 명상의 눈은 특히 가장 치료적인 이슈들과 관련이 있다. 왜냐하면 그것은 주관적이고, 직관적이며, 정신적인 모든 것을 보기 때문이다. 상담자는 "자기중심주의나 개인적 힘의 한계를 넘어선 인간 존재의 시야"(Hayward, 1984, p. 285)를 갖고 일한다. 내담자는 사고, 감정, 행동뿐만 아니라 내면에 있는 마음과 정신을 부드럽게 하는 것에 관하여 배운다. 우리가 다른 사람들의 정신을 교육하는 데 무척 관심을 갖는다면, 왜 우리 자신의 정신을 소홀히 하겠는가?

역사적으로 상담자들은 항상 가난하다. 그들은 불교의 승녀, 철학자, 성직자, 방랑자, 치유자다. 그들은 물질적으로 풍요롭지 못한 것을 지혜와 영혼의 깨끗함으로 만회한다. 그들은 최상으로 맑아지기 위하여, 만물의 성질을 이해하기 위하여, 다른 사람의 영혼에 들어가기 위하여, 고통을 없애 주기 위하여, 우선 물질 세계에 대한 애착에서 벗어나야 한다고 느꼈다. 오직 지난 한 세기 동안 상담자들은 정신적인 힘과 더불어 물질적 보상을 획득하였다.

넉넉한 수입을 즐기고 있는 개업상담 분야의 많은 사람이 있다. 그러나 학계나 공공 서비스와 사회 서비스, 단체나 기관에서 일하고 있는 사람들은 돈을 최대한 이용함에도 봉급이 변변찮다. 그건 그렇고, 돈을 벌기 위해 매우 열심히 일한 후에 우리는 스스로를 채우고, 즐겁게 할 만한 가치가 있다고 느낀다. 그 결과 육체는 살찌고, 마음은 자극을 받지만 존재에 의미를 주는 세 번째 명상의 눈을 갈망하는 우리의 정신은 영양실조에 걸린다.

우리의 부인에도 일부 사람들은 상담자들은 정신건강 전문가일 뿐만 아니라 영적인 치유자(Faiver, Ingersoll, O'Brien, & McNally, 2000; Miller, 1999; West, 2000), 혹은 대화를 통한 지적 치료를 초월하는 수준에서 일하는 주술사(Keeney, 1996, 2003)라고 말한다. 의도적으로, 그리고 전략적으로 우리 일의 영적인 면에 접근하든 하지 않든 우리는 여전히 우리가 상상할 수 있는 것보다 훨씬 더 깊은 수준에서 사람들에게 영향을 미칠 잠재력을 갖고 있다(Kottler가 mind, heart, spirit, soul을 섞어 가며 사용해서, mind는 마음, heart는 가슴 혹은 마음, spirit은 정신 혹은 영혼, soul은 영혼으로 번역하면서 문맥상 적절히 바꾸었다. 보통 사람은 육체, 정신, 영혼으로 구성되어 있다고 보고, mind, heart는 정신 부분이고, spirit, soul은 영혼 부분으로 보았다—역자 주).

우리 자신의 삶을 돌보기

이 장은 여러분이 읽기에 불편했던 만큼 나 또한 쓰기 힘겨웠다. 내가 할 수 있는 한 최선을 다해 요점을 말하자면, 우리는 우리가 다른 사람들과 하고 있는 것을 우리 자신의 삶에 적용할 수 있는 놀라운 기회―더 체계적이고 일관성 있게 할 수 있는―가 있다는 것이다. 우리가 자신에게 하는 거짓말은 끔찍한 자기기만이 아니라 오히려 많은 모순과 복잡성을 띤 우리 분야에서 우리가 일할 수 있게 하는 전략이다.

상담자들이 자기 절제를 할 수 있다는 것은 명백하다. 우리는 부글거리는 배를 무시할 수 있고, 하품을 참을 수 있으며 '나요, 나를 보살펴 줘요.' 하며 징징거리는 소리를 견딜 수 있다. 우리는 껴안고 싶고, 악수하고 싶고, 키스하고 싶고, 내담자를 한 대 때리고 싶은 충동을 억제할 수 있다. 우리는 몇 시간이나 계속해서 부동자세로 앉아 있을 수 있다.

그렇다면 집에서의 잦은 자제력 부족은 어떻게 변명하겠는가? 과식하지 않으려는 의지력이 사라졌다. 성질을 죽이는 능력도 없어졌다. 운동과 식이요법을 지속하려는 결의도 없다. 방금 몇 시간 전까지 분명히 보여 주던 자제력은 다 어디로 사라졌단 말인가? 정신적 소진이나 통제에서 벗어나고자 하는 욕구로 변명할지도 모른다. 아이스크림 한 사발과 함께 텔레비전 앞에서 휴식을 취할 시간이라고 말이다. "얘들아, 입 좀 다물고, 나에게 평화를 다오!"

우리 자신을 위한 시간에는 하지 않지만, 일하는 동안에는 규칙적으로 하는 많은 것이 있다. 아마도 다를 수는 없을 것이다. 거짓말은 우리의 모순에 있지 않고, 우리의 게으름이나 방종에도 있지 않으며, 우리의 취약성을 신화로 영속화하는 데 있다. 많은 경우에 내담자들이 이 신화를 고수하는 게 도움이 된다. 그것은 모델로서의 우리의 역할에 권한을 부여해 준다. 내담자들이 주의를 기울이게 하고 희망을 갖게 한다. 그러나 비밀스러운 신분을 가장하면서 이중적인 삶을 살아가야 하는 상담자에게는 많은 혼란을 야기한다.

이 책을 쓰기 위해 오랫동안 인터뷰하는 동안에 한 상담자는 거짓말과 속임수에 관한 질문을 받고 흠칫했다. 몇 분간 생각한 후에 그는 어깨를 으쓱해 보이며 자신이 알아챌 수 있는 어떤 자기기만에 대하여 정말로 생각할 수 없다고 말했다. 그는 매우 정직한 사람이고, 수년간 상담과 슈퍼비전을 하면서 자신이 분명히 자각하고 있다고 느낀다고 했다. 나는 녹음기를 끄고 짐을 싸기 시작하다가 그가 목청을 가다듬고 소곤거리는 소리를 들었다. "당신에게 말한 모든 것이 거짓말입니다. 좋게 들리고 좋게 보이는 것이 나에게는 너무나 중요하므로, 나는 늘 어느 정도 의심합니다. 나는 최선을 다하지만, 여전히 다른 사람들의 인정을 받을 만한 말이나 행동을 하고자 하는 욕구를 극복할 수가 없어요. 특히 내가 이야기하고 있는 것을 마치 알고 있는 것처럼 행동할 때마다 나는 사기꾼 같습니다. 심지어 이것도 거짓말입니다."

상담자를 위한
대안 치료

상담자를 위한 대안 치료

상담자가 직면하는 일부 문제 영역은 오랜 상담 경험의 결과로 인한 예측 가능한 결과다. 일부는 자기기만, 그리고 자기 파괴성의 결과이며, 다른 것들은 상담자가 되는 데 있어서 생기는 불가피한 부작용이다. 물론 이들은 모든 인간이 마주하는 통상적인 위기에 더해지는 것들—흔히 있는 각양각색의 개인적인 갈등, 불안, 기분 변화, 초조, 재정 압박, 가족 문제, 우유부단, 침체, 사랑과 죽음 그리고 삶에의 두려움—이다. 그러나 대체로 일반 대중과 달리 상담자들은 치료적 경험—우리 자신을 상담하는 것이든 아니면 누군가에게 도움을 받는 것이든지 간에—을 회피하는 방법에 매우 능숙하다.

사실상 개인적 성장을 삶의 중요한 우선순위로 두는 상담자들은 그 이슈들을 다루는 여러 가지 시도에 대해서 자세히 살펴볼 것이다. 예를 들어, 더 큰 자각과 명료함을 추구하는 상담자들에게 가장 인기 있는 대안 중 하나는 수련 과정의 하나로 정신분석을 받는 것이었다. 불행히도 상담자들은 대체로 끔찍한 내담자들이다. 우리 자신의 행동을 변화시켜야 할 지점에 다다르면 우리는 변한 척하며 연기하는 데 매우 능수능란하다.

한 고참 정신분석가는 이와 같이 인정한다. "나에게 하는 가장 큰 거짓말은 나는 정신분석을 받았다고 말하는 거예요. 비록 칠 년 반 동안 분석을 받았지만, 나는 끔찍한 내담자였어요. 내 삶의 중요한 몇몇 영역이 분석되는 것을 허락하지 않았기 때문에 상상의 나래를 펴지 않는다면 그것은 성공적이었다고 말할 수 있을 거예요. 비록 나는 항상 사람들—내담자들, 동료들—에게 분석을 받았다고 말하지만, 진짜는 아니에요. 분석받아야 할 영역이 많이 있거든요."

우리 자신을 돌보는 것은 선택 사항이 아니라 우리의 윤리 규정에 의한 명령이다. 만약 우리가 최적의 상태로 기능하지 못한다면 다른 사람에게 그다지 도움이 될 수 없을 것이라는 것은 널리 알려진 사실이다. 슈퍼비전, 지지집단 혹은 정신분석의 정규 과정을 통해 상담자가 깨달음을 추구하든 혹은 하지 않든지 간에 필연적으로 성공적이지는 않을지라도, 대부분의 상담자가 자기 자신을 위한 상담을 하고 있다. 우리 자신이 말하는 것을 조금도 듣지 못하면서 하루 종일 다른 사람들과 이야기할 수는 없다. 우리 자신도 그렇게 하지 않으면서 다른 사람들에게는 그렇게 하라고 가르칠 수는 없는 노릇이다.

상담자의 발달적 변화

어느 내담자나 삶을 통해 혹은 상담 과정을 통해 발달 단계를 거치는 것과 마찬가지로, 틀림없이 우리도 경력을 쌓아 가는 동안에 일련의 예측할 만한, 순차적인, 논리적 변화를 경험할 것이라는 것을 우리는 알고 있다. 어떤 경우에 이들 변화는 갑작스러운 것일 수 있으며, 위기나 결정적 사건 혹은 삶을 변화시킬 만한 다른 일들에 의해 일어날 수 있다(Ronnestad & Orlinsky, 2005).

몇몇 결정적인 사건들이 일반적으로 상담자의 발달을 형성하며, 그들 중 가장 분명한 것은 상담자들이 이 분야에 입문한 진짜 이유에 있다. 어딘가에서 논의했듯이, 보통 공개적으로 표명하는 동기들과(세상을 구하고자 하는 주제의 일부 변형) 사적인, 아마도 무의식적인 이유들 간에는(나를 구하기 위한 것의 일부 변형) 유사점이 거의 존재하지 않는다. 우리 모두는 대학원을 졸업한 이후로 지속적으로 추구해 온 다른 사람들을 돕는 현장에 머물도록 우리를 밀어붙인 내적인 힘에 응하는 모호하고 사적인 안건을 갖고 있다. 그 안건은 어린아이로서 익숙했던 구조자의 역할을 하는 것일 수도 있고, 상담자를 만나야만 하는 불편함과 비용을 지불하지 않으면서 우리 자신을 위한 상담을 받고자 하는 의도일 수도 있다. 우리는 앞서 상담자가 되고자 하는 것은 사람들이 그들의 권력과 통제에 대한 욕구를 채우고자 하는 하나의 방편인지 탐색하였다. 어떤 사람들은 최소한의 개인적 관여로 성공적인 관계를 가질 수 있는 기회에 매료된다. 또 일부 바보처럼 느끼는 사람들은 현명할 수 있을 것 같아서, 이기적인 사람들은 이타주의적인 것처럼 행세할 수 있어서, 그리고 소심한 사람들은 자기주장적일 수 있을 것 같아서 매료되었다. 다음은 한 상담자의 이야기다.

> 사실을 말하자면, 저는 돈이나 지위에 전혀 개의치 않습니다. 저는 많이 소비하지도 않아요. 심지어 실내에서 일하는 것을 좋아하지도 않아서 내담자를 만나는 것은 거의 위안을 주는 요인도 아닙니다. 그러나 나는 사람들이 나에게 의존하게 되는 것을 정말 좋아합니다. 진짜 좋아해요. 누군가에게 필요한 사람이 되는 것에 저는 정말 열광합니다. 어린 아이인 저를 누구도 필요로 하지 않았어요. 아마도 나는 누구나 원했던 어떤 것도 결코 가질 수 없었기 때문일 거예요. 이제는 다릅니다. 사람들은 먼 거리를 운전해 오고, 돈을 지불하며, 무엇이든 내가 가진 것을 위하여 시키는 대로 합니다. 나는 이 느낌을 좋아해요. 아니, 이 느낌을 사랑해요.

상담 분야에 입문하게 된 동기에는 기능적인 동기도 있지만, 역기능적인 동기도 있다. 건강한 측면에는 이상주의와 이타주의의 태도—~에 대한 재능, ~에 대한 관심, 사람들에게 귀를 기울이는 것, 지적인 호기심, 성장에 대한 욕구, 어느 정도의 따뜻함과 동정심, 친밀감을 얻기 위한 인내, 애매모호함을 견디는 것, 자기부정에의 저항 등—가 있다. 이 자질들은 때때로 매우 개인적인 그리고 신경증적으로 작동하는 숨은 동기—권력에 대한 욕구, 자신의 미해결 이슈나 충족되지 않은 외로움, 고독을 다루기 위해 다른 사람들을 이용하고자 하는 점, 심지어 금전적이거나 개인적인 이득을 착취하려는 의도—에 의해 균형 잡히게 된다. 여기에 일부 상담자들이 기꺼이 밝힌 몇 가지 정직한 내용이 있다.

관음증　사실대로 말하자면, 내 삶은 지루한 편이에요. 나는 친구들과 어울리고 텔레비전을 보는 정도 외에 정말로 아무것도 하지 않아요. 그러나 나는 내담자들이 말해 주는 정신 나간, 웃긴 이야기들을 듣는 것을 무척 좋아해요. 그들의 기분을 상하게 하지 않으면서, 다른 상황에서는 결코 물을 수 없었던 개인적인 질문을 할 수 있어서 너무 좋아요. "그렇다면 당신의 성 생활은 어떤가요?" "왜 그와 같은 것을 하셨나요?" "누구에게도 이전에 털어놓지 못한 가장 깊고 어두운 비밀은 무엇인가요?" 사람들의 마음과 가슴 속의 창을 통해 안쪽을 자세히 들여다보는 것을 나는 정말로 즐깁니다. 내 삶의 모든 것은 그에 비해 무미건조해요.

구원하고자 하는 욕구　나는 나 자신에 대해 매우 좋다거나 중요하다고 느끼지 못하면서 자랐어요. 누구에게도 특히 나 자신에게 쓸모 있다고 느끼지 못했어요. 그러나 이제 나는 사람들을 구할 수 있어요. 그렇게 말하거나 믿어서는 안 된다는 것을 나도 알아요. 하지만 그렇게 느낍니다. 누군가가 비참한 가운데 들어와 상황이 호전되어 나갈 때마다 내가 뭔가 도왔기 때문이라고요. 혹은 나는 그렇게 생각하기를 좋아해요. 이와 같이 사람들을 구할 수 있는 것을 즐겨요. 내가 중요한 것처럼 느끼게 해 줘요.

전지한 사람처럼 보이기　사람들이 나를 우러러봅니다. 내담자들이 이런 공경과 감탄, 존경으로 나를 바라보고 있음을 나도 압니다. 때때로 나는 가장 평범한 것들을 말하는데도 그들은 나를 일종의 어떤 신처럼 바라봅니다. 나는 사람들이 알기 원하는 것들을 압니다. 사람들이 매우 복잡하다고 여기는 것들을 나는 단순해 보이도록 만듭니다. 이는 내가 똑똑한 것처럼 느끼게 합니다. 비록 나도 다른 누군가와 다를 게 없다는 것을 알면서도 말이죠.

통제 욕구　　나는 내 삶에 통제력을 갖고 있다고 결코 느껴 보지 못했어요. 나는 적지 않은 관계에서 상처를 받았습니다. 사람들과 가까워지고, 그러고 나서 어떤 일이 생기고 관계는 끝났죠. 나는 비탄에 빠집니다. 나는 얼마간도 좋은 관계를 유지하지 못해요. 물론 내담자와의 관계는 제외죠. 그것이 중요한 점입니다. 그들은 나에게 상처를 줄 수 없어요. 내가 그 관계의 완전한 통제자예요. 우리는 나의 기반에서 만납니다. 내가 인도자예요. 나에 관해 많이 나누어야 할 필요도 없고, 나는 듣고 싶은 것은 어떤 것이든 물어볼 수 있어요. 어떤 것에도 상처받지 않으면서 사랑받고 있고 진가를 인정받는 것처럼 느껴지는 최상의 종류의 친밀감이 그 안에 있어요.

존중받고 싶은 욕구　　나는 내 자매만큼 많은 돈을 벌지 못합니다. 화려한 사무실이나 스포츠카도 없어요. 그러나 사람들은 나를 우러러봅니다. 내가 상담자임을 알아채면, 그들은 내가 하는 일이 사람들에게 중요하듯 나를 중요하게 대합니다. 나는 존경을 받는데, 나는 그것을 매우 좋아해요. 세상에서는 돈이 최고 가치가 있죠. 그러나 그거 아세요? 나는 나 자신을 존중합니다. 내 자매들과 친구들이 돈을 긁어모으며 사업에 성공했을지는 몰라도, 나는 내가 하는 일이 정말로 중요하다고 생각해요. 밤에 나는 아기처럼 잡니다. 왜냐하면 더 좋은 세상을 만들기 위해 나는 내 임무를 다하고 있다는 것을 알기 때문이죠.

자기치료에 대한 욕구 정말로 고통스러워 상담자를 만날 필요가 있었지만, 너무 쑥스러워서 만나지 못했던 때가 있었어요. 상담은 약한 사람, 줏대 없는 사람, 스스로 문제를 생각해 낼 수 없는 매우 어리석은 사람을 위한 것이라 생각했어요. 그래서 나는 차선의 선택을 했어요. 나는 상담자가 되는 훈련을 받았어요. 나를 두렵게 하는 문제들을 다루는 앙큼한 방법이라는 것을 나도 알아요. 아무튼 나는 더 잘 알게 되었지만, 내담자와 상담하면서 매일 자기치료를 너무 많이 하고 있다는 것 또한 알아요. 나는 매일 아주 많이 배웁니다.

다른 사람들을 돕고자 하는 이유 말고, 여러분이 상담자가 된 진짜 이유는 무엇인가? 뭔가 다른 것을 시도하는 게 더 쉬울 수도 있는데도 왜 이 분야에 계속 남으려 하는가? 이런 책에서 무엇을 찾고 있는가? 이들 물음에 대한 답변이 여러분의 발달을 형성하고, 지속하게 했던 결정적인 사건에 대한 첫 번째 단서를 제공할 것이다. 이들은 바로 우리를 이 분야로 이끌었을 뿐만 아니라 내담자가 되어 자신을 위한 상담을 받게 했던 부분이다. 이들은 우리 자신을 늘 상담받게 하는 지속되는 동일한 이슈일 것이다.

우리 중 많은 이들이 자라면서 가족 안에서 우리의 초기 상담 훈련을 많이 받았다. 우리는 중재자로서, 갈등 조정관으로서, 그리고 조력자로서 행동했다. "부모님이 다툴 때 우리는 평화를 유지했다. 아픈 다른 가족 구성원들을 돌보았다. 다른 가족 구성원들이 고통을 피하도록 도와주었다."(Anderson, 1987, p. 19) 이 형태가 우리 직업군의 모든 구성원에게 적용되지는 않는다 할지라도, 구조자 역할의 시나리오는 흔한 경우다.

자신의 이전 상담 경험이 종종 내담자의 위치에서 조력자로 전환하게 되는 최초의 동기요인이다. 많은 상담자는 현재 그들의 상담 스타일뿐만 아니라 상담 분야에 대한 그들의 최초의 관심을 고통스러운 이슈를 해결하는 데 중요한 인물이었던 상담자와의 동일시까지로 거슬러 올라간다. 너무나 잘 이해하는 이 영향력 있는 사람에 대한 존경심이 있다. 감사하는 마음과 다음 세대에 전해 줌으로써 이 인도에 대한 은혜를 갚고자 하는 바람이 있다.

그들의 종결 이슈를 결코 완전히 다루지 못했기 때문에 일부 내담자들은 자신을 위한 상담을 지속하기 위하여 상담자가 되었다. 한 초심 상담자가 이에 대해 들려준다.

나의 부모님은 너무 부주의해서 나는 열네 살 때부터 상담자들에 의해 컸어요. 차례차례로 그들 모두는 나를 돕고 가르치고자 시도했죠. 그들 중 일부는 매우 형편없었어요. 나에게 소리를 지르며 성장하라고 했죠. 또 다른 이들은 기가 막히게 좋았고 큰 영향을 주었어요. 여기 지난 25년 동안 상담을 하다 쉬다 하며 장성한 여인이 있어요. 나는 상담자가 되는 훈련을 받기 시작했어요. 왜냐하면 나와 상담할 남아 있는 사람이 없다는 것을 발견했기 때문이죠. 내가 나를 돕기 시작할 때인 것 같다고 느꼈어요. 그리고 아마도 상담하는 과정에서 누군가 다른 사람들을 도울 수 있을지도 모르죠.

상담자의 삶 가운데 자기치료를 가장 필요로 하는 문제들은 훈련 기간 동안에 처음으로 보이기 시작하는 문제들이다. 마치 상담 분야에 입문하게 된 동기나 내담자로서의 이전 상담 경험이 최종적으로 여러분이 어떤 사람이 될지, 어떤 교육과 슈퍼비전을 받게 될지 매개변수가 되듯 크게는 여러분의 전문적인 스타일의 매우 구체적인 형태의 매개변수가 된다.

수습 기간 동안에 인턴은 이론과 기법의 숙달과 관련된 단지 적은 부분에서 근본적인 변화를 겪는다. 대부분의 변화는 그의 사고와 자기개념의 근본적인 변화와 관련이 있다. 다른 사람들의 삶에 진정한 변화를 일으키는 것이 무엇과 같은지 그가 경험하기 전까지 그는 자신이 유능한 사람이라고 좀처럼 느끼기 어렵다. 내담자와의 상담으로 혼란스럽고 도전을 받을 때마다 그는 더 큰 자신감으로 그의 판단과 기법을 신뢰할 것과 그의 삶의 다른 측면에 영향을 미치는 효과에 관해 배운다.

상담자로 훈련을 받는 동안에 초심 상담자들은 긍정적인 모델과 부정적인 모델 둘 다에 노출된다. 운이 나쁠 경우, 그녀는 영향을 주는 팀들 간의 당쟁적 줄다리기 가운데 자신이 놓여 있음을 발견할 것이다. 자기 보호를 위하여 그녀는 이쪽이나 저쪽과 동일시할 것이다. 그녀는 멘토의 그늘 가운데 보호구역을 찾을 것이고, 그녀에 대해 이야기하는 책들에서 위안을 발견할 것이다. 그녀는 동료들과 지도자들의 인정을 받기 위해 열심히 일할 것이고, 그렇게 하는 가운데 자신을 상담해야만 하는 외적 통제 문제를 일으킬 것이다. 그녀의 나머지 삶을 위하여 지위를 얻고 확증을 얻기 위해 수년간 노력하는 가운데 만들어진 자신을 구속하는 것들과 대항하여 싸워야 할지도 모른다. 얼마나 그녀가 유명하게 되었는지에 상관없이 그녀는 어린 시절부터 중독된 외적인 인정을 갈망할지도 모른다. 그녀는 자신이 얼마나 잘하는지 내담자들이 알아차리기를 기대할지 모르며, 그녀의 성공을 수입이나 예약이 꽉 찬 스케줄로 측정할지도 모른다. 아주 오랫동안 그녀는 승인에 대한 욕구로 씨름할 것이다. 이것은 그녀가 얼마나 잘하고 있는지 깨닫도록 해 주는 점수, 평가, 논평, 인정에 의존하도록 가르친, 그녀의 지도자들에게 얻은 선물이다.

상담자가 겪는 많은 내적인 변화들은 외적인 승인에 대한 욕구와 결부된다. 삶의 철학이나 가치, 상담 스타일의 변화를 이루는 데 머리카락이 희어지고, 속이 불편하며, 잠자는 습관이 변하고, 기억을 신뢰할 수 없게 될 것이다. 매일같이 다른 사람들의 허약한 건강 상태, 활력의 감소 그리고 발달상의 위기를 다루며 시간을 보내는 것이 상담자들로 하여금 자신의 것을 다루는 데 더 잘 준비하도록 도움을 주어야만 한다.

그럼에도 어떤 면에서는 더 나쁘다. 왜냐하면 상담자는 누군가의 중년의 위기를 천 배나 겪어야만 하기 때문이다. 비록 대리이기는 하지만 우리는 폐경기와 전립선 문제를 반복하여 경험한다. 우리는 빈 둥지 증후군, 청소년기의 시작, 시댁 식구들의 간섭을 수없이 겪는다. 이들 동일한 문제를 마주해야 할 즈음 우리는 벌써 지쳐 있다. 우리는 무엇을 기대하는지 알고 있지만, 부모와 자녀 간의 이 흔한 갈등을 예방할 수 있는 방법을 아직도 찾을 수 없다.

화인(Fine, 1980)은 잠시 상담을 했던 많은 상담자에게 영향을 미친 중년의 위기—절망의 출현—에 대해 서술한다. 체스식

(Chessick, 1978)에 따르면, 이 영혼의 슬픔은 상담자의 자기애적인 취약성과 "심리치료적인 고르곤의 머리로, 너무 멀리, 너무 오래, 너무 깊이 바라보는 데 기인하는 것으로"(Fine, 1980, p. 393) 아픈 영혼에의 장기적인 노출로 발생한다고 분석하였다. 중년의 위기로 막을 내리는 의지의 누적되는 약화와 정신의 고갈이 종종 있다. 어느 나이든, 인생의 어느 단계든, 우리가 마주해야만 하는 발달 과제가 있다.

'일반 사람들'은 쉽게 피할 수 있지만, 상담자들은 매일 마주해야만 하는 끊임없는 실존적 대면을 통해 우리 자신을 상담해야만 한다. 자기 슈퍼비전은 우리가 무엇을 하는지, 우리가 어떻게 기능하는지와 관련된 필수 불가결한 부분이다. 이는 우리보다 훨씬 아는 것이 많고, 경험 많은 다른 전문가에게 받는 슈퍼비전과 불가피한 모니터링을 분명 대체할 수는 없지만, 이 훈련의 분명한 한 가지 이점은 우리가 내담자와 하는 것을 우리 자신의 삶에서 할 수 있게 해 준다는 것이다. 자기 돌봄을 보여 주는 핵심 수단인 것이다(Morrissette, 2001).

자기 슈퍼비전과 자기 모니터링은 다른 많은 방식으로 일어난다(Kottler & Jones, 2003). 내담자들의 자기 패배적인 행동에 관하여 그들에게 말을 걸 때마다 언제든지 우리는 우리의 것들을 살펴보지 않을 수 없다. 우리가 수행하는 각각의 회기는 우리가 다르게 했을지 모르는 것들과 나중에 바꾸리라 결심하는 것들로 우리의 머리를 빙빙 돌게 한다. 사례들을 기록할 때마다 전략과 방향을 조정하면서, 우리는 우리의 치료적 결정과 개입 방안에 관해 되돌아보지 않을 수 없다. 그보다도 더욱 우리는 방해가 되는 개인적 편향, 편견, 미해결된 이슈, 그리고 개선하려 노력 중인 임상 기법을 끊임없이 모니터해야만 한다. 현명한 멘토와의 슈퍼비전이 이 시도에 결정적인 역할을 할 수 있는가? 절대적이다. 방해가 될지도 모르는 자신의 문제를 살펴보는 데 개인상담이 바람직한가? 거의 확실하다. 이전 모든 멘토와 슈퍼바이저의 지도를 내면화하는 것은 우리의 상담에서 그리고 우리의 삶에서 배운 것들을 우리가 경험하는 매일의, 시시각각의 과정에 적용하는 것이다.

　　나는 때때로 내담자들이 무조건적인 충동으로 발코니를 뛰어내리는 공상을 한다고 고백하는 것을 들은 후, 나중에 난간을 보면 무릎이 후들거리는 것을 느낀다. 아무 이유도 없이 나 역시 뛰어내리게 될까? 우리는 커다란 문제—죽음, 미칠지 모른다는 두려움, 죽음 그리고 또다시 죽음—에 봉착한다. 늘 목전에 불안—끈질기게 괴롭히고, 잡아당기며, 악착같이 들러붙는—이 놓여 있다. 불안은 깨달음에 전념하는 삶에 동반되는 두려움이다. 어떤 종류의 상담을 받지 않는다면, 가슴, 마음, 정신을 오염시킬 수 있으며, 영구적인 환멸을 느끼는 희생자로 남을 수 있다. 그럼에도 죽음을 직면하여 반복적으로 똑바로 보는 이 기회야말로 삶을 좀 더 강렬하고 열정적으로 살아가도록 할 뿐만 아니라, 궁극적으로는 죽을 수밖에 없는 운명을 마주할 수 있도록 우리에게 용기를 북돋워 준다(Yalom, 1980, 2008).

상담자는 어떻게 자신을 돌봐야 하는가

이 장의 후반부에서 상담자가 개인적 이슈를 짚어 보기 위해 상담과 슈퍼비전을 받는 것을 언급할 것이다. 우리는 누구나 그렇듯이 우선은 자신의 자원에 의존하여 문제를 다루려 시도한다. 여러 가지 면에서 우리는 다른 사람들의 성장을 촉진하기 위해 받은 훈련에서 갖춘, 더할 나위 없는 자기 돌봄을 위한 준비가 되어 있다. 여기에 일부 상담자들이 규칙적으로 하고 있는 실례들이 있다.

나에게 치료는 상담을 하는 겁니다. 내담자와 함께할 때 제 자신이 될 수 있어요. 나는 일정 정도 다른 사람들과의 접촉을 필요로 합니다. 그렇지 않으면 나는 홀로 지냅니다. 내담자들은 나를 시험해요. 그들은 나에게 도전을 줍니다. 그들에게 연락하도록 나를 몰아붙입니다.

나는 동료와 예정된 스케줄에 따라 규칙적으로 만나서 내담자와 상담자 역할을 서로서로 번갈아 가며 합니다. 내가 내담자 차례가 되어 내 위기를 관리할 수 있는 동안은 모든 것이 잘되어 갑니다.

나의 상담은 아내에게 이야기하는 겁니다. 두려움을 그녀와 나눕니다. 그녀의 피드백에 마음을 터놓아요. 언제든 어디서든 자기 개방이 나에게는 치료적이라고 생각합니다. 나는 두려울 때 사람들에게 말해요. 내가 느끼고 있는 것에 관하여 정직해지도록 자신을 몰아세웁니다.

나는 자신에게 활력을 불어넣기 위해 여행을 많이 해요. 여행을 떠나 멀리 있으면, 심지어 아이들 생각도 하지 않아요. 하물며 내담자들을 생각하겠어요? 어떻게 그럴 수 있는지 모르지만 그렇게 해요. 한번은 모든 것을 손에서 내려놓고 공항으로 가고 있었어요. 지리적으로 거리가 멀면 심리적으로도 멀어져요. 나는 상담자에서 탈피하여 움직이는 한 인간이 됩니다.

나는 너무 의욕이 넘치고 야심이 많아서 자신을 늦출 방법을 찾아야만 했어요. 단지 나를 위해서—청중을 위해서가 아니라, 이력서를 위해서가 아니라, 심지어 성취감을 얻기 위해서도 아닌—뭔가를 할 필요가 있었어요. 2년간 기타를 치고 있는 것이 그 이유예요. 아무도 내가 하는 것을 듣지 못했죠. 음악에 집중할 때 나는 전혀 아무것도 생각할 수 없어요. 몇 분간 나의 숨소리, 나의 손가락, 내가 듣고 느끼고 있는 소리 말고는 아무것도 존재하지 않죠.

달리기는 내게 치료가 되기 시작했어요. 밤에 자는 데도, 고통을 잊는 데도, 자신을 위해 뭔가 좋은 것을 할 수 있게 해 주었어요. 그러고 나서 나는 강박적이 되었고, 치료법이 문제로 변했죠. 마라톤 훈련을 받는 동안에 나는 관절과 허리 문제를 갖게 되었어요. 얼마 후에 나는 내가 하는 다른 모든 것처럼 달리기에 접근했어요. 경쟁적이 되고, 엄격해졌죠. 더 이상 탈출구가 아니라 또 다른 하나의 의무가 되었죠. 이제는 단지 하루에 몇 마일로 달리는 양을 줄였고, 이것은 나 자신이 중심이 되도록 하는 데 많은 도움을 줍니다.

내게 치료는 흙을 파고 정원을 만들고, 식물이 자라는 것을 지켜보는 것입니다. 나의 상담은 골프를 치는 것입니다. 나의 상담은 가로세로 낱말 맞추기입니다. 나의 상담은 친구와 함께 지내며, 놀고, 외출하는 것입니다. 그리고 때때로 나의 상담은 단지 아무것도 하지 않는 것, 전혀 아무것도 하지 않는 것입니다.

상담자가 되는 것은 내가 무엇을 필요로 하는지, 나 자신에게 많은 질문을 하게 합니다. 내 속에서 불편함을 느낄 때, 나는 운동을 하러 가거나 잠시 동안 덮어 두어야 할 때라는 것을 압니다.

남편이 나에게 큰 도움이 돼요. 그는 나에게 매우 민감해요. 그는 심지어 내가 알기도 전에 내가 무엇을 필요로 하는지 알아챕니다. 그는 언제 나를 감싸 주어야 할지, 언제 나를 돌보아야 할지 알아요. 나는 하루 온종일 사람들을 돌보았으므로 집에 도착하면 내려놓을 필요가 있어요.

다음 파도를 기다리면서 파도타기를 할 때 나는 세상에 아무 걱정이 없어요. 돌고래들이 내 주변에서 놀고 있고, 나는 경이로움 가운데 앉아 있어요. 나는 펠리컨이 물고기를 잡는 것을 바라봅니다. 나의 삶을 다시 살 수 있게 해 주거나 혹은 벌레와 같이 웅크리게 만드는 놀라운 힘, 대양의 맥박을 느낍니다. 그곳에 있을 때 아무것도 생각할 수 없는 그와 같은 완전한 집중이 있어요. 우연히 해변을 만날 때까지 나의 팔은 국수가락 같고 나의 발은 흔들립니다. 하루 종일 코에서 물이 뚝뚝 떨어질 때, 나는 파도를 타며 느꼈던 그 평화를 다시 한 번 떠올립니다.

나만의 특별한 규칙에 따라 삽니다. 하루에 8명 이상의 내담자를 결코 만나지 않아요. 연속적으로 두 개의 약속을 만들지 않으려 노력합니다. 일주일에 걸쳐 그것들을 분배하고, 의도적으로 하루의 중간에 빈 공간을 만들어 나 자신에게 먹이고, 다시 채웁니다. 휴식 기간 동안 책을 읽고, 산책하고, 친구와 이야기합니다. 나의 상담은 나 자신을 계획하는 데 있어요. 그리하여 나는 과중한 부담을 느끼지 않아요.

이들 치료적 대안은 전문적인 조력자들을 위한 자양분으로 무엇이 가능한지 보여 준다. 협의, 동료 지지, 신체운동, 다양한 취미, 자기 슈퍼비전 등의 다양한 형태를 띠고 있든지 간에 대안적 상담은 거리를 두기 위해 우리에게 필요하다. 치료 자체의 과정은 현재의 순간에 집약적인 집중을 하는 명상적인 무아지경의 상태에서 일어난다(Simpkins & Simpkins, 2009). 우리의 삶에 명상과 다른 형태의 자기 이완을 결합하는 것은 우리가 다른 사람들을 돕기 위해 배운 것을 우리에게 적용하는 여러 방식 중의 단지 하나다.

자기치료

다음의 자기 관리 상담은 임상가들이 정서적으로 건강하고, 정신적으로 활력을 유지하기 위하여 종종 하고 있는 예들이다. 단 하나의 경우가 스스로 변화를 일으켰다고 볼 수 없음을 명심하라. 건강한 기능 정도를 유지하기 위하여 지속적으로 수행되는 많은 전략이 있다(Norcross & Guy, 2007).

상담자가 혼잣말을 할 때

상담자들이 불안에 대처하고, 도움을 주는 생활양식의 일부분인 변화를 이루어 내는 많은 방법이 있다. 내담자에게 하듯 우리 자신에게 말하는 것은 가장 직접적이고 효과적인 치료법이다. 이 자기 관리 상담은 특히 내담자에 관해 불필요하게 걱정하거나 혹은 다른 사람으로부터 우리 자신을 분리하는 데 어려움을 겪는 경우에 많은 도움이 된다. 하루 중 이상한 순간에 혹은 침대에 아무렇게나 드러눕는 동안에 우리 일을 손에서 내려놓을 수가 없음을 발견한다면, 다음과 같은 자기 대화를 시작할 수 있다.

"내담자의 안녕에 관해 걱정하며 시간을 보낸다고 내담자를 도울 수 있을까? 도움을 주지 못한다면 이 걱정은 나를 위한 것인가? 나 자신의 가치감을 부풀리기 위해서? 예측하므로 비극을 막기 위해 마법적인 사고를 하고 있는 것인가? 내 안에 있는 어떤 것으로부터 딴 데로 주의를 돌리려는 것인가?"

상담자들이 성공과 완벽에 대한 비합리적인 노력을 논박하기 위하여 자기 대화를 사용하는 것은 인지상담에 국한되지는 않지만 그것과 일맥상통한다. 대체로 내담자의 행동에 가장 극적인 영향을 주는 직면, 해석, 도전이 우리에게도 동일한 효과를 줄 것이다. 어쨌든 우리는 사람들에게 고통에서 벗어나라고 말하는 전문가들이다. 우리는 내담자들이 두려움을 극복하도록 동기화하는 격려의 말을 한다. 우리는 설득력 있게 도움이 안 되는 신념을 내려놓도록 그들에게 도전한다. 내담자들이 어디를 가든 우리 목소리를 간직할 수 있게 내담자들에게 혼잣말하는 것을 가르친다.

때때로 그들이 멈칫하거나 더듬거릴 때, 우리는 그들에게 격려의 말을 한다. 우리는 우리가 가장 좋아하는 자기 대화 전략을 너무 자주 반복한 결과 그것들은 우리의 사적인 기도가 되었다. 스트레스를 받거나 어려움을 겪을 때, 그것들은 우리에게 돌아와 뇌리에서 떠나지 않고 계속 떠오른다. 상담자 자신이 자기연민을 느끼고 있음을 알아차리고, 비슷한 상황에서 내담자에게 말했던 것과 똑같이 메아리치는 그 자신의 말을 자기 마음속에서 듣는 것만큼 상담자를 불편하게 하는 것도 없다.

특정한 치료적 개입을 자신에게 테스트해 봄으로써 우리는 처음으로 상담에서의 그것의 가용성을 발견한다. 어려운 내담자에 대한 좌절감으로 이를 갈고 있는 상담자는, "이것은 돈을 받고 하고 있는 것이다."라고 상기할 때, 자신이 무척 진정됨을 깨닫는다. 이 자기 대화는 단지 그녀를 진정시킬 뿐만 아니라 나중에 비슷한 내담자에게 이 동일한 전략을 사용할 수 있게 해 준다. "당신은 구입한 물건에 대해 불평하는 고객들 때문에 너무 화가 났고, 그래서 그 대신에 당신의 적대감을 나에게 전이하고 있군요. 홍보 관련 일을 하면서 어떤 소리를 듣게 될 것이라 기대하세요? 소비자들은 당신에게 소리칠 수 있습니다. 그들의 불평이 당신에게 영향을 줄 때마다 불평하는 것은 그들의 일이고, 나의 일은 방어하지 않으면서 듣는 것임을 기억하세요."

우리는 끊임없이 사람들에게 어떻게 자기 자신에게 혼잣말을 하는지 알려 주고 있다. 여자 친구를 잃고 실의에 빠진 청소년에게 그의 아픔은 불가피하고, 그가 얼마나 많은 사랑을 느낄 수 있는지에 대한 하나의 조짐이라고 혼잣말을 하도록 가르쳐준다. 공황 상태에 빠지기 직전인 여성에게는 들이닥칠 발작은 그녀가 지금 어디에 있는지, 그녀 주변에서 정말로 무슨 일이 일어날지 스스로 상기한다면 진정될 것이라고 설득한다. 비만인 남성은 음식에 손을 뻗을 때마다 그는 그럴 필요가 없으며, 자신의 고통을 외면하고 있다고 자신에게 말해야만 한다고 경고한다. 의지적으로 자신을 상담하도록 다른 사람들을 가르침으로 상담자도 동일한 치료적 메시지를 내면화한다.

내담자에게 자기 대화를 사용하라고 권고했던 것과 같은 유사한 상황에서 우리도 스스로를 상담할 필요가 있을지도 모른다.

- 사회적 상황에서 우리가 불편함을 느낄 때('이 사람들을 가까이 함으로써 나는 정말로 무엇을 잃게 되었나?')
- 자동차 시동이 걸리지 않을 것 같을 때('지금 당장 화를 낸다고 시동이 걸리지는 않을 것이다.')
- 욱하고 화가 나려 할 때('이게 그렇게 중요한 것은 아니야.')
- 우리가 원하는 것을 얻지 못할 때('그럴 수도 있지.')
- 많은 골칫거리에 빠지게 될지도 모르는 뭔가를 막 하려 할 때('그만한 가치가 있는 것인가? 그렇다면 그 대가를 기꺼이 치를 것인가?')

또한 자기 대화 전략의 사용이 상담자의 전문적 삶에 특별히 도움이 되는 다수의 예가 있다.

- 치료적 개입 후에 내담자가 더 나빠질 때('내 생각에 이것은 완

전하지 않으며, 내담자는 아직 변화를 위한 준비가 되어 있지 않음을 의미하는 것 같다. 다른 계획을 시도할 때.')

- 상담을 하는 동안 마음이 다른 데로 떠다닐 때('집중, 집중!')
- 내담자가 상담 중에 말하지 않을 때('긴장을 풀어. 심호흡을 해. 뭔가 말할 것이 있으면 내담자는 말할 거야.')
- 내담자가 약속 시간에 나타나지 않을 때('사적인 것으로 받아들이지 마. 화를 내는 것은 내담자에게 도움이 안 돼. 분명 나에게도 도움이 안 돼. 대신 이 시간에 무엇을 할 수 있을까?')
- 누군가가 문을 두드려 상담이 방해를 받을 때('별것 아냐. 가서 해결하고 다시 일을 시작하면 돼.')
- 내담자가 상담료를 내지 않을 때('얼마나 골칫거리인가? 더 이상 이에 관해 생각하지 않으려면 이를 어떻게 다루어야 하지?')
- 해야 할 일이 충분하지 않을 때('내 생각에 어떤 일을 빨리 해치울 때인 것 같아. 한 해 중 이 시기는 항상 부진해.')
- 해야 할 일이 너무 많을 때('내가 오늘 이 일들을 다 끝내지 않는다고 세상에 종말이 오지는 않아.')
- 내담자가 모욕적으로 대할 때('이런, 그가 나를 괴롭히도록 내버려 두었군.')
- 내담자와의 소통이 막힌 듯 느껴질 때('무엇이 나의 도움을 방해하고 있는가?')
- 최선의 노력에도 내담자가 좋아지지 않을 때('나는 매번 모든 사람을 도울 수는 없어.')

우리 자신의 치료법에 귀를 기울이고, 그것들을 자기 대화를 통해 우리 자신에게 적용할 때, 우리는 우리가 가르치는 것이 정말로 효과적임을 입증해 보인다. 자기 대화를 우리 자신에게 말하고, 그 결과를 주목한 후에 우리는 내담자들에게 더 큰 확신을 갖고 말하게 된다. 다시 말해, 우리는 상담자로서의 삶에서 사적인 삶과 전문적인 삶 사이의 상호작용에 주목한다. 상담을 하는 동안에 동기를 부여하거나 통찰력을 주는 아이디어를 표현하는 방법을 우연히 발견할 때, 다른 내담자들이나 혹은 우리 자신에게 반복해서 그것을 사용할 수 있음을 알고 있으므로 우리는 신이 나서 두 손을 만지작거린다. 그리고 사교적인 대화나 영화를 보다가 혹은 숲 속을 산책하다가 특별한 시적인 표현을 접하면, 우리는 마음속으로 미소를 지으며 나중에 사용하기 위해 그것을 비축해 둔다.

상담자가 자신의 문제를 해결할 때

자기치료 상담자를 위한 두 번째 전략은 우리의 삶을 풍요롭게 하기 위하여 우리의 치유 능력, 영양분, 통찰력, 동기를 사용하여 우리 자신을 우리의 내담자로 대접하는 것과 관련이 있다. 이는 단순히 위협적인 상황에서 우리의 방어 체계에 주목하는 것에서부터 장·단기 목표, 우연성, 강화, 행동 전략을 포함하는 정교한 문제해결 패키지까지 다양하다. 치료적 지혜와 기술을 자신에게 적용하여 우리의 가장 심한 잔소리꾼에게 최고의 치료법을 테스트함에 따라 우리는 개인적 효과성을 증진시킨다.

행동주의 경향을 보이는 상담자들은 문제를 규정하고 해결하도록 마음대로 사용할 수 있는 매우 다양한 기술을 갖고 있다. 주로 통찰을 사용하고 결정하는 데 체계적인 훈련을 하는 것을 개탄하는 상담자들조차도 내담자들을 괴롭히는 문제의 원인을 알아내고, 그리고 나서 상황을 짚어 보도록 도와주는 데 매우 능숙하다. 문제해결 기술을 직접적으로 가르치든지 혹은 그것들을 다른 치료적 개입과 결합하든지 간에 우리는 왜, 어떻게 문제가 생겼는지, 그리고 해결하기 위해 무엇을 행해야 할지, 적어도 그것들과 어떻게 살아가야 할지 이해하는 데 전문가들이다.

한 심리학자는 자신의 문제해결 시스템을 자신에게 사용하게 될 때 자기 자신의 가장 훌륭한 내담자가 되는 듯 느낀다. "나는 내담자에게 사용하는 모델을 꾸준히 나에게 적용하고 있어요. 나는 구체적인 기능적 용어로 내가 경험하고 있는 문제들을 규정하고자 노력합니다. 촉발하는 인자들과 기여하는 인자들, 개입하는 변인들, 그 문제는 왜 계속 지속되는지를 살펴봅니다. 그리고 내가 원하는, 그리고 행할 필요가 있는 것들에 기초하여 계획을 수립합니다."

모든 분야의 전문가들이 건설적인 사고 과정을 하는 데 매우 친숙한 것은 아니다. 응용 철학자로서 우리는 복잡한 논리, 윤리, 형이상학, 인식론을 이해할 뿐만 아니라 일상의 문제를 해결하는 데 그것들의 방법론 또한 손쉽게 사용할 수 있다. 우리는 사람들에게 어떻게 합리적으로 사고하는지, 더 적당하게 느끼는지, 더 건설적으로 행동하는지를 가르친다. 우리는 우리가 정서장애라고 부르는 그 혼란의 복잡한 특징을 가려 낼 수 있다. 우리는 어떻게 가장 중요한 이슈를 간소화하는지, 집중을 방해하는 요소를 제거하는지, 그리고 핵심 이슈에 집중하는지 알고 있다. 우리는 바람직한 목표와 관련하여 우선순위를 정하는 데 전문가다. 우리는 행동 방안을 결연히 밀고 나가는 동안에도 설명되지 않는 다른 부분을 곡예하듯 다룰 수 있으며, 남겨진 어떤 관련 주제들로 다시 돌아올 수 있다.

우리는 연역적 추리와 귀납적 추리의 달인이며, 고기 사이의 연골을 발라 내고, 문제의 진정한 골자를 파악할 수 있는 실용적인 철학자일 뿐만 아니라 훈련받은, 그리고 그런 성향을 지닌 과학자이기도 하다. 우리는 어떤 변인이나 치료적 개입의 효과를 객관적으로 검증하기 위하여 경험적 방법론을 사용한다. 우리는 상담을 통해 정밀하게 가정을 테스트한다. 우리는 체계적으로 특정 사례에 적합한 데이터를 수집하고, 종속변인을 제거하고, 그리고 나서 융통성과 완고함을 발휘하여 많은 치료적 변인을 시험적으로 사용해 보면서 그것들의 내담자에 대한, 우리에 대한, 상담의 흐름과 움직임에 대한 영향을 면밀히 조사한다.

우리가 논리 정연한 문제해결 시스템에 많은 기술과 다양한 지식 체계를 통합할 수 있다는 것은 이상적으로 건강한 존재일 수 있음을 보여 주는 증거다. 앞서 말했듯이 곤란한 부분은 우리가 내담자들의 문제해결을 도우면서 온통 우리 자신의 문제해결을 할 수 있다는 점이다. 심지어 방어적이고 주관적이며, 연구의 대상으로서 자신을 사용하는 데 따른 한계에도 불구하고, 우리는 분명 현재 우리 대부분이 하고 있는 것보다 더 많은 성취를 이룰 수도 있다.

여기 한 사회복지사의 이야기를 들어 보자.

나는 일에 꼼짝없이 갇혀 빠져나갈 길을 찾을 수가 없었어요. 친구에게 말해 보고, 심지어 잠시 동안 자기치료도 시도해 보았지만 변화를 피하기 위한 더 큰 변명과 더 좋은 합리화를 제외하고는 별로 달라진 것이 없었어요. 때때로 나는 바로 그 이유 때문에 상담자가 되는 것을 싫어합니다. 왜 나는 더욱 순진하게 있는 그대로 믿을 수는 없는 것일까? 모든 것을 분석하는 대신에 그냥 되는 대로 내버려 두지 못할까? 아무튼 오래전에 나는 포기했어요. 내가 아는 모든 것을 다 시도해 보았지만, 나는 나 자신의 내담자로서 실패자였어요. 혹은 그 문제에 대한 누군가의 내담자로서 말이에요. 그리고 나서 나는 그냥 내버려 두었어요. 내담자와 수없이 나는 그렇게 했어요. 사람들이 반격을 가하거나 방어적이거나 나는 그냥 내버려 둡니다. 나는 사람들에게 그들의 비극이 그렇게 좋으면 계속 유지하라고 말해요. 그들은 단지 아직 변화를 위한 준비가 되어 있지 않다고요. 지난달 40번째로 다시 그것을 한 내담자에게 말할 때, 나도 나 자신에게 그렇게 할 수 있음을 떠올렸어요. 실제 나도 그렇게 했어요. 그것이 내가 새 직업을 갖게 된 이유입니다.

이 사회복지사가 그녀의 내담자와 하는 것을 자신의 삶에 적용한 것과 마찬가지로 우리는 항상 일반인에게는 대체로 가능하지 않은 선택인, 그와 같은 선택권이 있다. 우리는 대부분의 사람이 모르는 것을 알고 있다. 우리는 대부분의 사람이 이해하지 못하는 것을 이해한다. 우리는 대부분의 사람이 할 수 없는 것을 할 수 있다. 단지 하나의 작은 예로, 대부분의 상담자는 재구성 기법을 사용하는 데(전략적 치료로부터), 긍정적인 측면을 강조하는 데(해결중심 치료), 독특한 결과를 밝히는 데(이야기 치료) 매우 노련하다.

이 모든 전략은 문제의 부정적이고 사기를 떨어뜨리는 측면을 벗어난 대신에 잘 기능하는 것에 집중하라고 공통적으로 강조하고 있다.

우리는 상담자로서 역설적인 상황에서 일해야만 한다는 것을 잘 알고 있다. 행복과 삶의 만족도는 삶의 가장 긍정적인 측면에 주목하는 것과 관련이 있다는 것을 알고 있지만, 우리는 끊임없이 사람들에게 무엇이 잘못되어 있는지 조사하라는 강요를 받는다 (Frederickson, 2001; Seligman, 2002; Seligman, Rashid, & Parks, 2006). 이는 매일 맞닥뜨리는 절망의 폭격에도 여전히 긍정적이고, 낙관적인 채로 남아 있으라는 도전을 준다. 우리의 일로(혹은 우리가 듣는 우울한 이야기들로) 낙담하거나 좌절할 때, 우리 자신을 어떻게 도울지 알고 있고, 우리가 하는 일의 가장 긍정적이고 성취감을 주는 측면에 집중하고자 마음대로 기어를 바꿀 수 있다는 것은 매우 좋은 현상이다.

일기 쓰기

아나이스 닌, 존 스타인벡, 토마스 울프, 버지니아 울프, 앙드레 지드, 알베르 카뮈를 포함하는 지나칠 정도로 자기 성찰적인 많은 작가들이 작품에 자신을 너무 많이 쏟아부은 후에 온전한 정신과 명료함을 유지하기 위한 방편으로 평생 일기를 썼다. 칼 융이 현역 상담자들에 대한 일기의 가치를 인정한 첫 번째 사람이다. 융은 '검은 공책(Black Book)'에서 그의 이론들을 처음으로 전개—그의 꿈, 공상, 상징을 분석했고, 삶의 사건을 기록했으며, 그의 무의식과 가상적인 대화를 나누었다—하였다. 라이너(Rainer, 1978)는 융의 실례가, 특히 여성, 상담자, 작가로서 심리적인 주제를 탐색하는 데 일생을 전념했던 아나이스 닌(Anais Nin)의 창의적인 자기치료와 통합될 때 고무적임을 발견하였다. 칼 로저스(Carl Rogers)와 같이 잘 알려진 상담자도 평생 일기를 썼다.

친구나 동료에게 편지나 이메일을 쓰는 것 또한 자기치료의 한 형태이며, 이는 새로운 아이디어나 통찰 혹은 개인적 고통으로 어려움을 겪고 있는 상담자에게 카타르시스를 줄 수 있다. 프로이트는 그의 급성장하는 이론들을 탐구하고, 자기분석을 촉진하기 위하여 절친한 친구 빌헬름 플라이스(Wilhelm Fleiss)와 5년간 서신을 주고받았다. 융과 같이 믿을 만한 동료들과도 그렇게 하였다. 이들 초기 개척자들은 다른 사람들에게 절친한 친구가 되는 가운데 상담자는 자기 자신에게 절친한 친구가 되어야 함을 곧바로 발견하였다. 체계적으로 일기를 쓰는 것은 여러 가지 다양한 방식으로 상담자의 기능을 도와준다.

① 특정 사례들로 어려움을 겪을 때 자신을 슈퍼비전하는 한 방법이다. 많은 내담자 저항은 부분적으로 상담자 안에서 일어나는 막힘 현상으로 인한 것이라고 볼 수 있다. 일기는 내담자와 진전을 이루지 못하는 역동을 탐색하는 수단을 제공한다. 상담 내용물에 의해 감정이나 생각이 유발될 때 우리는 그것을 검토할 수 있다. 우리는 주어진 상황에서 내담자에게 사용한 치료적 개입을 체계적으로 추적할 수 있고, 그것들의 구체적인 효과를 기록할 수 있다. 또한 대안적 치료 계획을

세우기 위하여 사례의 사실과 느낌을 개략적으로 서술할 수 있다.

일기는 시간을 초월하여 상담자들의 전문적 행동을 살펴보는 데 유용하다. 우리가 과거에 성공적으로, 혹은 성공적이지 못하게 상담했던 사람들과 유사한 내담자를 접할 때, 우리는 실패를 반복하지 않도록 전에 시도했던 치료적 개입법을 검토할 수 있다. 자연스럽게 일기를 쓰는 것은 내담자와의 역전이를 거치는 데 가장 유용한 방법 중 하나다.

② 자기분석의 한 방법이다. 자기성찰의 위대한 시기 동안에 자신의 감정을 쏟아붓고자 하는 프로이트의 욕구는 가속화되었다. "나 자신을 분석하는 것은 끊임없이 지속되고, 그것은 나의 주된 관심사다. 문제의 본질을 포함하여 여전히 모든 것이 깜깜하지만, 나는 동시에 내가 가장 편한 때 필요한 것을 얻을 수 있도록 단지 손을 찬장에 놓기만 하면 되는 것 같은 편안한 마음이 들었다"(Freud, 1897/1954, p. 227).

만약 물건들이 비축되어 있는 저장소가 있다면 필요한 것을 얻는 것은 훨씬 쉬운 일이다. 일지는 상담자가 그녀의 마음을 쏟아붓는 장소가 된다. 그녀의 숨은 동기, 무의식적인 욕구 그리고 미해결된 과제를 탐색하는 장소가 된다. 꿈이 표현되고, 분석되며, 그녀의 삶의 패턴과 양식이 분명해지는 자유연상과 정화 작용이 일어나는 장소다.

③ 아이디어를 개발하고 기록하는 수단이다. 많은 소설가가 복잡한 계략을 만들어 내고, 인물들을 묘사하며, 나중에 사용할 아이디어를 기록하기 위하여 일기를 사용하였다. 토마스

울프(Thomas Wolfe)는 일기에서 전임자의 일을 다루며, 나중에 그에 관하여 쓸 핵심을 규정하고자 시도하면서, 주도면밀하게 그와 동시대인을 고려하였다. "어떤 의미에서 문학은 삶을 비판하는 것입니다. 이 비판은 사실적인 것일 수도 혹은 암시적인 것일 수도 있지요. 특히 이는 드라마와 딱 들어 맞습니다. 만약 우리가 정말로 문학을 하고자 한다면, 작가는 재능을 발휘할 수 있는 완전한 시야를 갖고 있어야 합니다. …… 대중에게 지나치게 민감한 사람이 되는 것은 그와 그의 작품을 말살할 거예요. 만약 우리가 이 상황을 기꺼이 접하려 하지 않는다면, 우리는 문학을 할 준비가 되어 있지 않아요. 우리는 문학을 할 만한 가치가 없어요."(Kennedy & Reeves, 1921/1970, p. 7)

모든 상담자는 이론가다. 우리는 세상이 어떻게 돌아가는지, 그리고 상담은 어떻게 수행되어야 하는지에 관한 독창적인 아이디어를 확장시킨다. 어떤 이론을 공개적으로 지지하든지 상관없이 우리는 어떻게 가장 잘 기능하는지에 관한 개인적인 관념을 갖고 있다. 일지는 이들 아이디어를 분명히 표현하고, 우리의 이론을 만들어 내고, 생각하는 존재로서 성장하기에 가장 적합한 곳이다.

④ 중요한 사건들의 기록이다. 상담자는 현재와 미래를 이해하기 위하여 사람들의 과거를 알아보는 것이 많은 가치가 있음을 훨씬 더 잘 알고 있다. 내담자의 발달적 역사를 살펴봄으로써, 그리고 내담자의 삶에서 결정적인 사건을 연구함으로써 우리는 무엇이 현재의 문제를 만들어 냈는지 발견하게 된

다. 우리의 일지도 우리에게 이와 같은 것을 할 수 있도록 도와준다.

사람들의 삶에서 기록할 만한 가치가 있는 지표석—출생, 죽음, 직업의 변경, 순수함의 상실, 성공 그리고 실패 등—이 있다. 일기를 쓰는 것은 우리가 어디에 있는지, 그리고 어디로 가고 있는지 균형 감각을 유지하도록 도와준다. 우리가 경험하는 것을 기억하는 하나의 방법이다. 무엇보다도 우리로 하여금 미래의 목표에 전념하도록 하는 체계다. 이들 목표를 향하여 노력하면서 그 과정에서 우리 자신을 상담함으로써 우리는 개인적으로, 그리고 직업적으로 더욱 효과적일 수 있다.

신체운동

상담자들은 지능과 목소리를 사용하여 의자에 앉아 상담을 한다. 마음은 진단과 추론을 하느라 활동적인 반면, 몸은 어떤 부분에서는 쇠약해지고, 또 어떤 부분에서는 등한시하므로 강해진다. 그래서 우리 중 많은 이가 신체적 운동을 함으로써 해소하려 한다.

상담자들이 운동 열풍에 편승하는 것은 놀라운 일은 아니다. 온전한 건강은 몸과 마음의 상호작용이 필요하다는 것을 이해하고 있는 우리는, 병든 뇌가 어떻게 건강한 몸을 파괴시킬 수 있는지, 그리고 허약한 건강이 어떻게 의지를 약화시키는지 가까이에서 관찰하는 우리는, 온전한 존재가 되도록 힘써야 한다고 느낀다. 유산소 운동, 미적 감성 활동, 여가 활동, 재활 훈련, 오락 활동 등 무엇이든지 간에 규칙적인 운동 프로그램은 상담자의 요구에 이

바지한다. 이와 같은 프로그램을 시작하는 이유—몸무게를 조절하기 위해, 수면을 향상시키기 위해, 자존감을 높이기 위해, 스트레스를 줄이기 위해, 자기 수양을 위해 그리고 수명 연장을 위해—는 전체 인구의 수만큼이나 다양할 수 있다. 그러나 우리는 다른 이유들—비언어적인 것에 관여하기 위하여, 우리 자신에게 깨달음의 상태인 침묵의 시간(하루를 보내기 위한 시간, 진정하기 위한 시간, 다른 사람들의 문제를 마주하는 하루를 시작하는 혹은 끝내기 위한 시간)을 위하여—로 운동을 한다.

나는 자전거를 탈 때 바람이 나를 깨끗하게 씻어 주는 듯하다. 이전에 내가 젖어 있던 모든 것, 모든 불만과 고통 그리고 압박감이 나의 구멍을 통해 흘러나온다. 언덕을 오를 때, 나는 오직 다리와 세차게 펌프질하는 허파의 아픔만을 느낀다. 그리고 나서 다음번 모퉁이에 무엇이 있는지 결코 알지 못한 채, 내가 할 수 있는 한 빠르게 내리막길을 미끄러져 간다. 한두 시간 동안 나는 더 이상 다른 사람들이 그들의 고통을 갖다 버리는 장소가 아니다. 어느 누구도 자전거를 타고 있는 나를 잡지 못한다. 생각할 시간도 없이 나는 움푹 팬 곳을 지나칠 것이다. 차들의 왕래를 지켜볼 틈도, 나의 속도를 조정할 사이도, 기어를 바꿀 새도, 기법에 공을 들일 틈도, 나의 힘을 아낄 틈도, 내 몸 밖의 어떤 것을 고려하여 천천히 숨을 내쉴 새도 없다. 시골길을 따라 자전거를 탄 후에 나는 내담자들을, 나의 과거를, 그리고 나의 불확실한 미래를 다시 마주할 준비가 된 듯하다.

집단의 지지

마음의 평정과 깨달음을 촉진하기 위하여 상담자는 어떤 형태의 자기치료를 시도할 뿐만 아니라 더 쉽지만 여전히 활기 있는 삶을 위하여 많은 변화를 시작할 수 있다. 예를 들어, 마슬라쉬(Maslach, 1982)는 상담자를 위한 영양분으로 집단의 사용을 제안한다. 만약 집단 구성원들이 끝없는 불평과 비난(많은 선생님들의 휴게실에서 일어나는 것과 같은)을 현저히 감소시킬 만한 어떤 원칙을 도입한다면 비공식적으로 모이는 모임은 특별한 에너지 원천이 될 수 있다. 모스(Moss, 1981)는 유대감과 공동체 의식이 있는 집단이 상담자에게 엄청난 치유력―관계의 수용, 누구나 자신의 존재를 안으로 끌어당길 수 있는 보편적이고, 역동적이며, 집중된 에너지―이 있음을 발견하였다. 물론 이는 일반적으로 집단을 변화시키는 힘인 집단 내의 응집력과 친밀감이 공동체 의식, 소속감, 연대감을 만드는 의미 있는 역할을 하는 것에 추가되는 것이다. 모스는 특정한 핵심 요소들―몇몇 다차원적으로 깨어 있는 사람들, 고조된 과정으로 이끌 만한 환경(혹은 장소), 옛 패턴을 벗어 버리고, 신뢰하며, 함께하려는 참가자 편의 전념, 사랑의 주입, 은혜 등―이 이와 같은 변화를 이루어 내는 집단의 부분이어야 한다고 본다.

어떤 모양과 형태든 이와 같은 지지집단들은 조직 내에서 자생적으로 생겨난다. 하나의 방, 나무, 벤치가 임상가들이 휴식 시간이나 상담회기 사이에 만날 수 있는 비공식적인 만남의 장소일 수 있다. 이 안식처는 휴식을 취하거나 사례에 관하여 이야기하는 곳이다. 이전 상담을 하는 동안에 쌓였던 부정적 에너지를 내려놓고 방출하는 안전한 곳이다. 고립된 상황에서 일하는 상담자들은 종종 상담실 밖에서 매주 가슴과 마음으로 만나는 모임을 만든다.

뉴질랜드 원주민인 마오리 부족에는 가문 혹은 대가족이라 불리는 협력 체계가 있다. 이는 어느 공동체 혹은 전문가 집단에나 있는 연대감에 대한 모델이거나 아니면 혈연관계를 뛰어넘어 가족의 개념이 확장된 것이다. 북쪽 섬 마오리 부족 지도자 빌 앤더슨(Bill Anderson)에 따르면, "가문을 뭉치게 하는 것은 과거의 전통과 우리 조상의 역사 혹은 마라에(marae, 모임 장소)의 규정 혹은 수년간 가꾸어 온 서로 간의 연계뿐만 아니라 집단 내 사람들이 상호 간에 갖고 있는 사랑과 존경입니다."(Anderson, Kottler, & Montgomery, 2000, p. 254)

너무나 자주 우리의 모든 동료는 지지의 원천이 되고 서로를 돌봐 주기보다는 가장 화나게 하는 존재가 된다. 우리는 서로의 신경을 건드리고, 서로 사기를 꺾으며, 자료를 얻기 위해, 승진하기 위해, 이목을 끌기 위해 다툰다. 서로의 능력과 진실성에 이의를 제기하고 정책 조정을 위해 정치적 싸움을 한다. 기저에 깔려 있는 긴장, 갈등 그리고 일터에서 벌어지는 공공연한 언어 폭력으로 인해 얼마나 많은 직장을 옮겨 다녔는지 기꺼이 인정하고 싶지 않다. 이 일은 생활비도 되지 못하면서 그 자체만으로도 충분히 어려우며, 동료들의 경우에는 세력 다툼과 상대적으로 무의미한 이슈들로 일어나는 사소한 말다툼으로 더 비참하다. 동료 가운데 가문과 같은 공동체를 형성하는 것—가급적 일터에서나 공동체 내에서 선택한 사람들 가운데서—은 우리의 정신을 온전하게 하고 중심성을 유지하도록 하는 데 결정적이다.

친구들과 가족은 많은 상담자에게 손색이 없는 지지의 원천이다. 우리 모두는 우리를 정화하기 위해 갈 수 있는 장소, 우리의 관심에 관하여 말할 수 있는 장소, 우리의 지적인 기능과 정서적인 기능을 조율할 수 있는 장소를 필요로 한다. 나는 학생들과 수련생들에게 항상 수련을 받고 있는 것은 그들만이 아니라고(그들의 가족 또한 받고 있다) 말한다. 만약 우리 모두가 우리의 고통을 가족에게 알릴 준비가 되어 있지 않고, 상담자가 되는 여정에 그들을 참여시킬 준비가 되어 있지 않다면 그들은 뒤처질 것이다.

심지어 규칙적인 상담과 슈퍼비전을 받아도 임상가들은 여전히 날마다의 지지를 필요로 한다. 이는 종종 하루를 마치면서 배우자와 특별한 친구 혹은 동료들과 함께 보고하는 형태로 이루어진다. 어떤 상담자는 이렇게 말한다.

> 나는 심지어 일주일에 한 번 상담자를 만나고, 일주일에 두 번 슈퍼비전을 받지만 여전히 뭔가 필요함을 느꼈어요. 매일 밤 아내에게 이야기하고 가끔 정신과 의사 친구와 이야기하여 조금은 압박감을 벗어 버릴 수 있었지만 충분치 않았어요. 그때가 내가 동료들에게 낮에 비공식적인 모임을 하자고 했던 때였어요. 이전에는 함께 모여 대부분 욕을 했던 것—문서 업무, 의료보험공단, 일부 이직한 동료들에 관하여—과 달리 나는 그들에게 도움을 요청했어요. 머지않아 곧 우리 모두는 우리가 가진 문제들과 그것들에 대해 무엇을 할 수 있을지에 집중하게 되었어요. 상담 집단이라기보다는 무슨 일이든 일어난 일을 공개하는 다수

의 사람들로 모인 모임 같았어요.

상담자들을 위한 지지집단에서 각각의 참여자들은 상담자 소진이라는 주제에 서로 다른 뉘앙스를 제공한다.

탄야(Tanya)는 경험적으로 내담자와 일하고 있으며, 따라서 그녀의 내면의 감정으로 내담자의 세계를 더 깊이 이해하고자 마음을 터놓는다. 이 무척 개인적이고 직관적인 스타일은 그녀의 일에 꽤 효과적이지만 그녀는 자신이 마주하는 아픔과 고통을 온전히 소화하고 없앨 수 없는 큰 대가를 치르고 있다. 그녀는 매주 그녀의 내부에서 곪아 터지고 있는 상처—구급차에 실리면서 배신당했다고 소리 질렀던, 그녀가 본의 아니게 병원에 입원시켰던 내담자, 아직까지도 자신의 트라우마를 다룰 수 없는 사탄 숭배의식의 희생자였던 어린아이—를 절개하기 위하여 모임에 온다.

케빈(Kevin)은 많은 양육권 분쟁을 중재하고 있다. 그가 어떤 편을 지지하기로 결정하든지 혹은 그가 어떤 것을 추천하든지 누군가 항상 그가 내린 결정에 무척 마음이 상한다. 그는 자신감의 전형으로서 판사, 변호사, 동료들 앞에 출두해야 하는 반면, 속으로는 가득 찬 회의감으로 괴로워한다. 그는 옳은 일을 했는가? 누가 그에게 거짓말을 했는가? 그는 마음을 바꾸어야만 하는가? 그는 더 빈틈없이 했어야만 했는가?

케빈은 누군가에게 가급적이면 동료 집단에 그의 의구심에 관하여 말할 필요가 있다. 지지집단은 그가 얼마나 공부를 했든지 얼마나 열심히 일했든지 얼마나 경험을 했든지 간에 상관없이 여전히 그는 결코 완벽할 수 없다는 깨달음을 갖도록 도와준다.

프레드(Fred)는 사례에 대한 조언을 얻기 위해 집단에 온다고 말한다. 아마도 다른 사람들은 그가 무심코 지나쳤을지 모르는 어떤 것을 생각할 수도 있다. 실제로 그렇다. 그가 고심하고 있는 모든 내담자는 그가 온전히 해결하지 못했던 것들과 매우 유사한 이슈들을 보인다. 내담자에게 충고하고, 책을 추천하는 그의 습관은 내담자의 필요에 근거한다기보다는 그의 부적절감, 상담자로서 그가 정말로 아무것도 하고 있지 않다는 그의 신념에 근거하고 있다.

파울라(Paula)는 최근 자신이 남성 내담자들을 유혹하고 있었음을 깨달았다. 그녀는 사랑에 빠진 남성들의 숫자에 어리둥절했고, 집단 구성원들은 이 많은 상사병에 걸린 내담자들이 그녀의 이혼소송과 더불어 거의 같은 시기에 생겨난 것은 아마도 우연의 일치가 아닐 것이라고 지적하였다.

투이(Thuy)는 개선하고자 노력하고 있는 사적인 이슈들은 없다. 그녀는 '조율'—그녀의 균형을 유지하기 위한 일종의 예방 차원—하기 위해 집단에 온다. 알프레도(Alfredo) 또한 사적으로 그리고 전문적으로 모든 것이 꽤 잘되어 가고 있다고 느낀다. 그러나 그는 과거 경험에 기초하여 이따금 거슬리는 게 아닌, 누군가의 고통의 소용돌이에 다가가는 이런 타입의 극심한 일을 할 수 없다는 것을 알고 있다.

더 비공식적인 토대에서 여러 기관에서 온 일부 상담자들이 매주 금요일에 있는 점심 모임에 성실히 참여하였다. 처음 몇 달 동안 그들은 단지 난관에 부딪힌 사례들에 관하여 말하거나 그들의 행정 직원에 대한 불평을 늘어놓았다. 그리고 나서 그들은 점심 시간 토론을 서로 활력을 주는 주제로 국한하고, 서로 더욱 창조적이고 혁신적이 되도록 하는 데 주력하자는 규칙을 만들었다.

모험과 탈출

많은 임상가가 자신에게 새로운 활력을 불어넣기 위하여 사용하는 상담 형태 중 하나는 간접적으로나 직접적으로 하는 모험이다. 저녁 동안 텔레비전 앞에 진을 치고 있거나 두 시간 동안 영화에 넋을 잃고 있는 것은 자신의 뇌 신경을 끊고 수동적으로 앉아 다른 사람들이 여흥을 돋우도록 하는 하나의 훌륭한 방법이다. 소설에 빠지는 것은 훨씬 더 좋은 방법이다. 왜냐하면 책은 끝내기에 더 오래 걸리고, 그 '치료법'은 필요에 따라 자기 관리를 할 수 있기 때문이다. 내가 보기에 소설가들이 적지 않은 상담자들을 권태나 절망에서 구제하였다.

유사한 현상이 우리의 직업을 설명해 주는 영화를 좋아하는 임상가들에게도 나타난다. 주인공으로 상담자가 등장하는 텔레비전 쇼나 영화만을 의미하는 것이 아니라 우리의 일과 관련된 핵심 주제로 가득하거나 이들 동일한 이슈로부터 우리를 가능한 멀어지게 하는 것들이다. 물론 내담자의 삶의 가장 중요한 이슈들을 살펴보도록 유사한 목적으로 내담자에게 영화 같은 것을 직접적으로 처방할 수 있다.

많은 상담자는 더 적극적인 형태의 모험을 즐기며 여행을 떠난다. 상담실, 집, 내담자 그리고 동료와 멀리 떨어져서 우리는 무엇이 중요한가에 대한 새로운 관점을 갖게 된다. 여행을 계속하다 보면 마침내 지치는 때가 오며, 우리가 일이라고 부르는 것으로 돌아갈 준비가 되었음을 간절히는 아닐지라도 느끼게 된다. 특정한 형태의 변화를 가져오는 여행은 훌륭한 상담의 요소들과 유사한 점이 있다(Guay, 2009; Kottler, 1997; Kottler & Marriner, 2009; Schaler, 2009; Wilson & Harris, 2006).

- **변화하기 쉬운 심적 경향** 우리가 새로운 경험에 더 개방적이고 사물을 새로운 방식으로 돌이켜 보기 쉬운 때는 여행을 할 때다.
- **일상적인 영향에서의 분리** 삶의 일상적인 일과와 사람들에게서 벗어나게 될 때, 우리는 대안적인 존재 방식을 훨씬 더 실험하기 쉽다.
- **길을 잃음** 여행 중 따르는 어려움은 우리에게 기지를 발휘하고 새로운 방식으로 문제를 해결할 기회를 제공한다.
- **정서적 각성** 상담에서처럼 어떤 모험 여행은 우리를 각성시키고, 더욱 원색적이고, 유약하게 만들어 변화를 흔쾌히 받아들이도록 자극한다.
- **상태의 변화와 감각의 고조** 새로운 환경에서 시간을 보낼 때 모든 감각은 더욱 민감해진다. 우리는 보통 때는 지나칠 수도 있는 것을 보고, 듣고, 느끼고, 감지한다.
- **시간, 공간, 장소의 이동** 그 밖의 어떤 것도 할 수 없는 방식으로 우리를 자극하는 집에서 떠나 여행 중에 있는 것과 관련된 뭔가가 있다.

- 두려움에 직면하기 변화를 수반하는 여행은 반드시 편안하고 편리한 여행이 아니다. 오히려 우리가 피하고 싶어 하는 것들을 종종 다루어야만 한다.
- 의도의 공개적 표명 집단상담 참여자들처럼 우리가 무엇을 하려는지 다른 사람들에게 말할 때 우리는 약속을 더욱 완수하기 쉽다.
- 경험의 체계적 처리 변화를 지속시키기 위하여 우리는 무슨 일이 일어났는지 되돌아보고, 그 경험을 이해하는 방법을 찾아야만 한다.
- 배운 것의 전환 마지막으로 최상의 상황에서 여행을 통해 배운 것을 삶의 다른 측면에 일반화한다.

나 자신을 상담실에 끌어들이기 위해 몸부림치던 시기가 어땠는지 앞서 언급했었다. 나는 내담자에게 지쳐 있었고, 그들의 징징거림에 화가 났으며, 그들의 너무나 느린 변화에 참을성을 잃고 좌절했었다. 나는 돌봐야만 하는 일부 동료 때문에 마치 혼란에 빠진 듯했다(나는 기관의 임상 책임자였다). 나는 이직을 심각하게 고려하고 있었으나, 대신에 상황을 전환하려는 시도로 여행을 하기로 결정하였다. 나는 허허벌판의 눈 속에서 캠핑을 하고, 로키 산맥을 가로지르며 스키를 타고, 이글루에서 잠을 자면서 매일 밤 동행자들과 경험을 나누며 일기를 쓰면서 열흘을 보냈다. 이와 같은 여행에서 돌아와 변화되지 않기란 매우 어려울 것이다. 물론 가장 어려운 부분은 이전의 삶으로 돌아왔을 때 그 탄력을 계속하여 유지하는 것이었다.

나는 나 자신을 상담하고 내가 배운 것에 관하여 친구들과 상의하였다. 나의 결단을 마음에 굳건히 하고 사랑하는 사람들에게 큰 소리로 내가 하려는 것을 알린 이후에, 나는 일하는 방식에 극적인 변화를 이루었다. 나는 반항적인 다른 상담자 무리를 더 이상 책임지기 원치 않음을 깨달았다. 나는 내가 해 왔던 방식으로 더 이상 상담하기를 원하지 않았다. 나는 상담하는 방식, 상담하는 장소, 내가 상담했던 사람들을 바꿀 필요가 있었다. 내가 허허벌판에서 배운 것을 완수하자 안정을 찾을 수 있다.

그때 이래로 나는 상담자들과 도움을 주는 직업을 가진 사람들의 삶과 경력에 새로운 활력을 주는 방법을 다시 생각하게 되었다. 변화를 수반하는 여행을 계획하고 이행하라고 그들을 거들고 있다(Kottler, 2008). 지난 10년 동안 상담자들과 인턴 집단을 네팔에 있는 외딴 마을에 데리고 갔다. 우리는 그곳에 있는 노예로 팔릴 수 있거나 그렇지 않다 해도 학교에 결코 다닐 수 없는 낮은 계급의 위험에 처해 있는 소녀들에게 장학금을 준다. 공식적으로 언명된 목표는 소외된 아이들과 가족들을 보호한다는 것이지만, 팀 구성원들의 삶이 주목할 정도로 경험에 의해 현저하게 변화되는데 나는 놀라지 않을 수 없다. 일부 상담자들은 그들의 일, 생활방식, 관계 그리고 자신과 세상을 보는 방식에 중대한 변화를 할 준비를 갖추고 돌아온다. 이 여행은 변화의 주체로 내가 하고 있는 것의 토대를 재개념화할 정도로 엄청난 영향을 나에게 주었다(12장에서 그것에 대해 더 자세히 다룰 것임).

변화를 수반하는 여행 계획하기

내담자들을 위해서뿐만 아니라 여러분의 원기 회복을 위해서
변화를 동반하는 여행을 계획하는 데에는 몇 가지 비밀이 있다.
지속되는 변화를 이끌 만한 치료적 과업을 구조화하는 것을 이미
알고 있듯이, 앞서 열거한 요소들을 고려하여 몇 가지 명심할 것
이 있다. 다음 제안은 그들이 했던 여행으로 삶을 어떻게 해서든
영구적으로 바꾸었던 사람들과의 인터뷰를 토대로 한 것이다.

- 떠나기 전부터 시작하라. 무엇을 하려 하는지 사람들에게 말하
  라. 치료적 요소를 최대화하는 방식으로 여행을 계획하라(예:
  길을 잃거나 새로운 환경을 탐색하거나 새로운 방식으로 문제를 해
  결하는 방식).
- 현지인처럼 행동해 보라. 편안한 지대를 벗어나 현지 풍습을 받
  아들여라. 새로운 기능 방식을 실험해 보기 위하여 가장 자연
  스럽지 않은 것을 해 보라.
- 염탐꾼이 되라. 궁금한 질문을 서술적 생각으로 보여 주는 상
  담자 기술을 사용하라. 그 안에서 여러분의 세상과는 매우 다
  른 세상에서 사는 것은 어떠할지 가장 깊은 수준에서 탐색하
  게 된다.
- 주의 깊게 지켜보고 들어라. 우리는 이미 너무나 분석적이고 반
  영적이므로 자신을 벗어나 주위의 세상을 지켜 보라.
- 판단을 유보하라. 가장 친숙하지 않은 것을 사람들이 하는 기
  이하고 놀라운 방법을 접할 때, 여러분의 견고한 패턴을 깨뜨

리는 데 그것을 사용하라.

- 길을 잃어라. 내담자에게 위험을 감수하고, 익숙하지 않은 길을 택하라고 격려했던 것처럼 자신도 그와 동일한 것을 하라. 행동 조치는 계획대로 일이 되어 갈 때가 아니라 기대하지 못했던 일을 맞닥뜨릴 때 일어난다.

- 재발에 대한 계획을 세워라. 여행 중에 무슨 일이 일어났던 간에 원래의 환경으로 다시 돌아가는 데 그리 오래 걸리지 않을 것이다. 이것이 내담자들이 처한 바로 그 어려움이다. 불가피하게 일어나는 퇴행을 어떻게 극복할 것인가?

변화를 수반하는 여행을 하는 상담자들이 주로 보고하는 것 중 하나는 귀환해서 그들의 시간을 어떻게 사용할지 새로운 결정을 내리게 된다는 것이다. 무엇이 가장 의미 있고 중요한지 정리하는 것은 일반적인 환경과 영향에서 벗어날 때 종종 일어난다. 이전에 우리가 도입하거나 혹은 실시하지 않았던 한계를 설정하는 것이 중요함을 쉽게 깨닫게 된다.

한계를 설정하기

운동하기, 관계에의 투자, 자기 대화, 휴식 취하기 등 지금까지 보여 준 여러 가지는 일종의 또 하나의 의무인, 지속적으로 계속하여 뭔가를 하는 것과 관련이 있다. 지나치게 자극을 받고 압도당하는 사람들의 경우 기꺼이 하고자 하는 것과 마지못해 하는 것 사이의 분명한 경계를 정하는 것이 매우 중요하다. 이는 여러분의 한계가 무엇인지 우선 아는 것과 그것을 계속 고수하겠다는 다짐으로 시작된다. "나는 일주일에 최선을 다해 17시간 정도 일할 수 있음을 알았어요." "그 이후로는 나는 매우 지치고 짜증 나고 심란해지기 시작해요." 코졸리노(Cozolino, 2004, pp. 188-189)는 이렇게 털어놓는다. 그렇지만 일주일에 50명의 내담자들을 즐기면서 효과적으로 만날 수 있는 상담자도 있다.

한계를 정하는 방법들로는 다음과 같은 것이 있다.

- 지불해야 할 대가에도 불구하고 더 많은 일과 새로운 의뢰 건수를 줄이기
- 중대한 우선 사항이 아닌 과외의 요청에 '아니요.'라고 말하는 것을 배우기
- 직접적으로 내담자와 접촉하는 시간을 줄이고 상담회기 중간에 더 많은 휴식 시간을 만들기
- 상담 전문 분야와 전문 지식을 구체화하기
- 업무 이후에 내담자와 동료가 여러분을 만날 수 있는 시간을 제한하기
- 더욱 일관성 있는 한계를 유지하기 위해 상담 방식을 바꾸기
- 유쾌하지 않은 사회적 의무와 상담실 밖의 흥미를 제한하기
- 덜 일할 수 있는 자유를 얻기 위하여 경비와 비용 줄이기
- 계속 연결되어 있어야 할 정도로 반드시 중요한 경우가 아닐 경우 휴대전화를 끄거나 남겨 두기
- 지정된 시간을 제외하고는 이메일을 확인하는 것을 피하기,

특히 잠자리에 들 때는 결코 하지 않기

이 각각의 예에 되풀이되는 중심 주제는 사적인 그리고 전문적인 삶에서 행사하는 통제량을 조절하는 것이다. 지나치게 느슨한 경계를 갖고 있는 사람의 경우에 이는 더 많은 자기 돌봄의 시간을 위해 보호벽을 강화하는 것을 의미할지도 모른다. 경계가 너무 단단한 사람의 경우에는 융통성을 발달시키는 것이 적절한 해결책일 수도 있다. 원하는 바와 상관없이 견고한 패턴은 전문적인 도움 없이는 변화하기 어렵다는 것을 우리는 너무나 잘 알고 있다.

모든 것이 실패로 돌아갈 때: 정신분석을 모색하는 상담자들

많은 상담자가 자기 자신을 위한 상담을 모색하는 데 뚜렷한 자기 저항을 보인다. 문제해결을 위한 그들의 기술의 가치에 대한 상담자들의 태도에 관한 한 오래된 조사에서 1/3의 임상가들이 가족, 친구, 동료와 상의할 수 있는 반면, 상담자를 찾지는 않을 것이라고 진술하였다(Deutsch, 1985). 보다 최근의 조사에서는 50~75%의 상담자들이 전문적인 도움을 모색한다는 낙관적인 조짐을 보인다. 정신분석 전문가들의 경우는 98%에 달한다(Norcross & Guy, 2005).

자기 자신을 위해 상담을 찾지 않는 25~50%의 상담자들에 관하여 궁금할 수 있다. 도움을 주느라 바쁘게 일생을 보내는 많은 사람들이 자신을 위하여 도움을 청하는 데 많은 저항을 보이는 듯하다. 이 책을 위해 인터뷰했던 몇몇 상담자들이 자신의 문제를 해결하는 방법에 관해서는 논평을 거부하였다. 인터뷰를 막 끝내려 할 때, 갑자기 한 응답자가 이 이슈가 자아내는 적대감과 방어를 분명히 드러내 보였다. "당신은 내가 개인적인 문제를 접할 때 어떻게 하는지 물었지요. 내가 절대로 하지 않을 한 가지는 다른 상담자를 만나는 것입니다. 나는 우선 스스로 그것을 해결하고자 노력하고 그리고 나서는 아내에게 말하지만, 결코 그 외의 누군가에게 가지는 않을 거예요. 그 이유는 단지 다른 전문가들을 신뢰하지 않기 때문이에요. 설령 신뢰한다 할지라도 가야 할 이유가 전혀 없어요."

이 반응이 우리 직업의 전형적인 것은 아니지만, 좀 더 검토가 필요할 정도로 종종 발생한다. 우리 모두가 이 상담자만큼 융통성이 없고, 위협을 느끼며, 믿지 못하지는 않지만, 우리 중 많은 이들이 상담은 다른 사람들을 위한 것이라고 보는 듯하다. 자그마치 12명의 상담자들이 개인적 문제에 관한 질문에 "어떤 것도 생각할 수 없어요."라고 단순하게 응답하였다.

나는 처음에는 죽을 수밖에 없는 존재의 문제를 초월한 정서적 · 행동적 기능의 완벽한 표본인 열반의 상태에 이른 이들이 우리 중에 정말로 있는지 궁금해했다. 상담자에게 그들의 취약성을 살펴보도록 하는 질문은 분명 그들이 내담자 안에서 끌어내는 것과 동일한 반응을 이끌어 낼 것 같다. 우리는 우리가 문제를 갖고 있다는 것을 부인한다. 마지못해 인정한다 해도 우리는 스스로 다룰 수 있다고 생각한다. 우리는 방어적으로 변하고 짜증이 많아진다. 우리는 과대망상을 더 좋아한다.

내담자에게 하는 것과 같은 비판적이고 진단적인 눈으로 자신을 점검하지 않으려 하는 저항은 철저한 위선에 이르게 한다. 만약 우리 직업의 치료적 수단이 우리에게 기능할 수 있다고 진실로 믿고 있지 않다면, 우리는 누구에게도 그것을 실행할 수 없을 것이다.

동료에게 상담을 받기로 결정한 상담자 중에서 90%의 상담자들이 치료에 매우 만족했음을 보고했으며, 80%의 상담자들은 그 경험이 이후에 그들이 하는 상담 방법에 중대한 영향을 주었다고 진술하였다(Orlinsky, Norcross, Ronnestad, & Wiseman, 2005). 대부분 우리는 스트레스, 관계 문제, 우울, 불안, 갈등 해결과 관련된 사적인 문제로 도움을 구하지만, 직업상담과 약물중독으로는 많이 찾지 않는다(Norcross & Connor, 2005).

요청했던 도움을 받았을 뿐만 아니라 상담 참여자들은 그들의 일과 관련된 다른 많은 혜택 또한 발견했다. 내담자의 자리에 앉아 있는 것이 어떠한지 배우게 되었고, 조력 관계의 힘을 직접 체험으로 깨닫게 되었으며, 전이 감정을 다루는 것의 중요성을 더 알게 되었고, 상담에 상담자의 자아를 사용하는 힘의 진가를 알게 되었으며, 상담과 연관된 스트레스를 줄이고, 개인적 변화를 이루는 것이 얼마나 고통스럽고 어려운지 깨닫게 되었다(Orlinsky et al., 2005).

상담자는 그 자리에 있으면서 마법사의 커튼 뒤에 있는 것도 보기 때문에 우리는 자신을 위한 상담치료에 특별히 어려운 내담자일 수 있다. 우리는 덜 세련된 내담자에게는 기능할지도 모르는 일반적인 상담을 참기 어렵다. 항상 치료 방법을 비판적으로 관찰하고, 기법에 이름을 붙이며, 취한 선택을 궁금해하면서 상담 과정의 참여자 못지않게 구경꾼으로 행동하게 하는 우리 뇌의 한 부분이 있다. 게다가 만약 게임을 하고자 한다면 우리만큼 노련한 사람도 없다.

대부분의 효과적인 상담의 공통 요인에 대한 초기 연구에서 나는 상담자가 되고자 했던 내 이야기로 조사를 시작하였다.

나는 단 한 명의 상담자와 상담하는 것을 만족스럽게 여기지 않아서 같은 주에 세 명의 서로 다른 상담자들과 약속을 잡을 정도로 대단한 소비자였다. 나는 일로 탈진했고, 내 상황에 우울해졌다. 대부분의 예비 내담자들처럼 나의 개인적 자원과 이 장에서 언급한 대처 전략이 이미 고갈된 상태였다. 아무것도 기능하지 않았다. 나는 절망감과 무력감을 느꼈다. 짧은 기간 동안에 어느 것도 내 잘못인 것처럼 보이지 않는 두 번의 심각한 자동차 사고를 당한 후에 나는 도움을 구해야만 한다고 깨닫게 되었다.

나와 상담을 한 첫 번째 상담자는 심술궂은 못된 놈―직설적이고, 무디며, 내 생각에 무정한―이었다. 그는 나의 가장 초기 기억, 즉 동생이 태어나자마자 무릎에 안고 병원에서 집으로 돌아온 것에 관해 물어봄으로써 첫 만남을 시작하였다.

"동생을 안고 있는 것은 어떤 기분이었나요?" 그가 물었다.

솔직히 나는 정말 기억나지 않았지만, 그가 너무 겁을 주어서 적절한 대답을 제시하고자 최선을 다했다. "나는 겁이 났어요."라고 말했다.

"겁이 났다고요?"

"네. 내 말은, 나는 단지 세 살이었는데 부모님은 갓 태어난 신생아를 나에게 안기셨어요. 나는 그를 떨어뜨릴까 봐 두려웠어요."

"알겠군요." 그가 나에게 말했다. 그러고 나서 긴 침묵이 흘렀다. "그것이 정말 당신의 문제가 아닌가요?"

"내 문제요?" 우리는 전부 합해 20분간 상담을 했고, 그는 벌써 나를 진단했다. 그것은 참으로 인상적이었다. 지금까지 나는 내가 상담자가 되는 것에 싫증이 났고, 가르치는 일이나 혹은 다른 곳으로 이직을 고려하고 있다고 말했다.

"당신은 분명 책임감과 관련된 문제가 있는 것 같군요." 그는 우쭐해 보이는 미소를 띠며 나에게 말했다.

"내가요?" 놀라웠다. 왜냐하면 나는 내가 아는 가장 책임감이 강한 사람 중 하나였기 때문이다.

"확실해요. 당신은 동생을 안고 있는 것을 두려워했어요. 그리고 지금은 상담자가 되는 것의 어려움을 두려워하고 있어요. 당신은 일생 동안 해 왔던 것처럼 책임감에서 벗어나고 싶어 하죠." 그러고 나서 그는 팔짱을 끼고 내가 감히 그의 판단에 대응할 수 있는지 쳐다보았다.

나는 그 상담이 끝난 후에 차에 앉아 흐느끼면서 상담에서 내담자가 되는 것이 정말 어떨 것 같은지, 다른 교통사고를 무릅쓰더라도 어려움을 참는 것이 좋을 것 같다고 생각했다. 나는 만나러 갈 두 명의 다른 상담자를 기대해 보며 희망을 가졌다.

첫 번째 상담자는 잔혹하고 무정했다면, 두 번째 상담자 글린다(Glinda, 『오즈의 마법사』에 나오는 좋은 마녀)는 따뜻하고, 잘 돌봐 주며, 지지적이고, 세심하며, 수용적이었다. 그녀는 모든 것이 다 잘될 거라며 나를 안심시켰다. 나는 내가 느꼈던 식으로 느낄 권리가 있다고 말해 주었다. 첫 번째 상담자가 주제넘은 짓을 했다고 내 말에 동의하였다. 그녀는 내가 말한 거의 모든 것에 나와 의견이 같은 것처럼 보였다. 그래서 나는 그녀 역시 해고했다.

이 이야기는 상담자가 어려운 내담자라는 주의를 환기시켜 주고 있다. 그렇지 않은가? 나는 마법에 영향을 받지 않을 정도로 상담이 작용하는 방식에 관하여 너무 많이 알고 있음을 알아차렸다. 내 기준은 너무 높다. 나는 내가 만날 거의 모든 사람을 실격시킬 만한 이유—너무 못된 혹은 너무 친절한—를 갖고 있다. 나는 내가 어떤 도움을 요청하고자 한다면, 태도를 바꾸고 나의 통제 욕구를 내려놓는 편이 나을 것이라는 것 또한 알아차렸다. 나는 상담 과정을 신뢰한다고 말하고 있다. 이제 그것을 입증할 때다.

첫 번째 상담자가 너무 차가웠다면, 두 번째는 너무 뜨거웠고, 세 번째는 딱 맞았다. 아마도 그가 아니라 오히려 좋은 내담자가 되고자 무엇이든 하려는 나의 자발성 때문일지도 모르겠다. 나는 내 마음속에서 메아리치는, 이 책에서 지속적으로 반복했던 위선에 대한 책망 소리를 들을 수 있었다. 나 자신은 도움을 요청하는 데 매우 저항하면서 내담자들은 도움을 구하고 있다고 매우 열정적으로 믿는 나에게 무엇이 잘못된 것인가? 혹은 나는 내가 결코 받아들일 수 없는 방식으로 도움을 요청하고 있는 것인가?

만약 여러분의 경험이 상담자들을 위한 상담 주제의 연구들로 가득할 경우, 여러분은 이것이 개인으로서, 그리고 상담자로서 여러분의 발달에 얼마나 중요했는지 잘 알게 된다. 많은 이들이 그것이 그들의 준비 과정과 훈련에 가장 중요한 기여를 한다고 말했다.

회복 탄력성 키우기

경력을 쌓아 가는 어느 시점에서 권태를 느끼고, 소진하리라는 것은 거의 의심의 여지가 없다(벌써 그렇지 않다면). 그것에 반드시 문제가 있는 것도, 그 자체가 문제인 것도 아니다. 오히려 모든 전문적인 상담과 연관된 정상적인 발달 과정의 한 부분이다. 상담자들은 때때로 '치유에 관여'하는 상태와 '스트레스를 받는' 상태 사이를 번갈아 경험한다. 처음 상태는 최상의 수준에서 기능하는 높은 열의, 공감, 자기 효능감, 자연스러운 상담의 흐름 등과 관련이 있고, 스트레스를 받는 상태는 참여의 이탈, 의구심, 어려움으로 특징지을 수 있다(Orlinsky & Ronnestad, 2005).

우리뿐만 아니라 내담자들을 위하여, 우리 일에 불가피한 밀물과 썰물을 다루는 충분한 회복 탄력성을 키우는 것이 매우 중요하다. 스코브홀트(Skovholt, 2001)의 경우 이는 다른 사람들을 돌보는 것과 자기 자신을 돌보는 것 사이의 균형을 의미한다. 그는 가능한 한 경력 초기에 자신의 일의 즐거움을 극대화하고, 자신을 고갈시키는 요인을 최소화하는 행동 방안을 개발할 것을 주장한다. 일이 더 이상 노력을 기울일 가치가 없는 것처럼 느껴지기 시작하는 것은 상담자들이 문서 업무에 파묻히게 될 때, 관리의료와 관료주의로 사기가 꺾일 때, 비협조적인 내담자들과 지지적이지 않은 동료들로 인해 좌절감을 느낄 때다.

이 장에서 다룬 모든 대안 상담이나 12장에서 기술할 다른 창의적인 시도들은 도피의 수단으로써 그리고 상담자의 역할로부터 분리할 수 있도록 도와준다. 우리의 비축된 에너지는 선택이 아니라 필요가 될 때까지 우리가 수행하는 매 회기마다 조금씩 줄어간다. 여러분이 교회에서, 회교 사원에서, 절에서 혹은 유대교 회당에서, 극장에서, 정원에서, 경기장에서 혹은 여행 중에 평화를 발견한다 할지라도 핵심에서는 벗어난다. 중요한 것은 당신 자신을 위해 무언가를 하는 것, 그래서 상황을 덜 사적으로 받아들이고, 기대치를 현실적인 수준에 맞추며, 필요로 할 때 거리를 두는 것, 그리고 여러분이 내담자에게 하듯이 자신에게 말하는 것이다. 무엇보다도 자신을 위해 뭔가를 함으로써 당신이 내담자의 성장을 위해 행하는 만큼 진지하게 자신의 성장을 위해 노력하고 있음을 보여 주게 된다.

창의성과 개인적
성장을 향하여

창의성과 개인적 성장을 향하여

내담자에게 다가가려고 매우 특이한 행동을 한 저명한 상담자들에 대한 오래된 유명한 이야기들이 있다. 밀튼 에릭슨(Milton Erickson), 칼 휘태커(Carl Whitaker) 그리고 프리츠 펄스(Fritz Perls)의 이야기—펄스의 경우에는 내담자를 손바닥으로 철썩 때린 것, 휘태커의 경우에는 상담 중에 내담자에게 젖을 물리거나 혹은 잠을 잔 것, 에릭슨은 창의적인 치료적 개입에 관해 너무 많은 책을 써서 그것들을 목록으로 작성하지 못할 정도였던 것—가 매우 이목을 끈다. 좀 더 최근의 경우에는, 저항하는 내담자들에게 다가가기 위하여 온갖 혁신적인 방법에 기대는 해결 중심의 상담자들과 전략적 상담자들을 통해 이런 전통이 계속 이어지고 있다.

하나의 직업으로서 상담은 교육학, 보건학, 사회복지학, 의학 혹은 교양학 대신에 연극학에 소속되는 것이 도리에 더 맞는 것 같다고 믿는 학자들이 있다. "이와 같은 장면에서 상담자들은 직업적인 회화나 전략적인 호언장담, 심지어 관객과 상호작용하는 형태의 기교를 부릴 수 있을 겁니다."(Keeney, 1991, p. 1) 상담하는 것을 창의적인 예술로 간주하는 것은 분명 응용과학으로 보는 것 못지않은 큰 가치가 있다. 과학은 상담자의 뇌에 있다면 창의성은 상담자의 가슴에 있다. 창의성은 직감의 원천이자 혁신적인 모델을 야기하는 융통성이며, 우리의 가장 영감 있는 발명을 이끌어 내는 에너지다. 그것은 우리 각각을 독특한 형태로 매우 힘 있고 영향력 있게 하는 본질이다.

우리가 행하는 많은 것은 마음에서 우러나야 하고, 즉석에서 행해야 하기 때문에 상담자는 창의적이어야만 한다. 우리는 순간적으로 일어나는 것에 반응해야 하고 대응해야 한다. 우리는 필요하면 꺼내 쓸 수 있도록 지식과 연구 결과를 조직화하는 방식에서 창의적이다. 우리는 내담자의 문제를 이해하는 틀을 형성하는 데 있어서, 상담 스타일을 정교화하고 변경하는 데 있어서, 그리고 분명 불가피하게 발생하는 교착상태를 다루는 방법에 있어서 창의적이다. 창의성은 또한 관점을 새롭게 하고, 활력을 유지하며 계속 성장하고, 배우고, 효과성을 증진시키는 데도 한몫한다. 최종적으로 우리는 창의적으로 때때로 기발한 방법을 사용하여 내담자들로 하여금 그들의 엄격한 자기 패배적인 패턴에서 벗어나 다르게 생각하고, 느끼고, 행동하도록 돕는다.

모든 것이 우리에게는 창의적인 과정으로 한데 모아진다. 중대한 통찰의 경험은 권태, 소진 그리고 그 외 다른 직업상의 위험을 상쇄시킨다.

새로운 이해를 위한 창의적인 여정은 친숙한 것에서 알려지지 않은 것으로의 이동에 의해 일어난다. 이 길을 가는 동안 안정된 기반으로부터 혼동과 좌절 그리고 자기 의심의 상태로의 이동이 일어난다. 우리는 신기원을 이루고 있거나 혹은 전에 시도한 적이 없는 뭔가를 실험하고 있다는 것을 고려할 때, 창의적이기 위해서는 용기가 있어야 하며, 어느 정도의 위험을 감수해야만 한다. 점진적인 진전이든 혹은 뜻밖의 통찰이든 창의적인 돌파구가 우리가 이 일을 지속해 나갈 수 있도록 하는 최고의 요인이다.

창의적인 욕구

적어도 이론적으로는 상담자들은 자아실현을 하는 사람들이다. 매슬로(Maslow, 1968)는 이 내재적 성장 동기를 창의적인 욕구와 연결한다. 그는 이론 개발과 연구를 거의 하지 않는 정신과 의사이자 순수한 임상가인 한 내담자를 다음과 같이 묘사했다. "이 남자는 전문 용어도 사용하지 않고, 기대도 예상도 하지 않고, 천진난만하고 순진한, 그럼에도 매우 지혜롭게 도교풍으로 그가 세상에 오직 하나밖에 없는 사람인 것처럼 내담자에게 접근하였다." (p. 136)

개인적 성장과 창의성은 상담자의 삶에서 같은 의미다. 상담 과정 자체는 사람들의 경험 속에서 의미의 새로운 패턴을 발견하고 만들어 내는 것과 관련이 있다. 이상적으로는 깨달음을 얻기 위해 우리의 창의적인 사고를 사용하는 것이 가능하다. 우리는 이를 상담실에서뿐만 아니라 집에서도 한다. 아동 상담자는 혼자서 하는 상담을 하지만 결코 고독이나 고립감을 느끼지 않는다. 대신에 그녀는 자기 뜻대로 여러 가지를 더 시도할 수 있음을 알게 된다.

> 처음에 나는 창의적인 것을 정말 많이 하지 않는다고 생각했다. 책을 쓴다거나 하는 것과 같은 것들 말이다. 그러나 나는 진짜 흔하지 않은 많은 것을 한다. 내가 하는 상담 방식은 항상 변한다. 나는 내가 상담을 하는 시기에 나에게 감동을 주는 미술이나 음악 혹은 동작과 같은 어떤 것이든 사용한다. 나는 나의 이런 측면을 신뢰한다. 내 생각에 내 삶의 방식은 상당히 창의적이다. 아이스크림을 사러 차를 몰고 시내로 가기 위해 새벽 2시에 아이들을 깨웠던 적이 있었다. 혹은 때때로 남편이 일을 마치고 집에 돌아올 때 숨어 있다가 갑자기 뛰어나와 그를 놀래키는 장난을 하기도 했다.

왜 우리는 창조에 대한 충동을 경험하는가? 단순한 수준에서 모든 인간의 가장 기본적인 추동은 유전자 공급원을 지속하기 위하여 우리 자신의 이미지를 가진 또 하나의 다른 생명을 만들어 내려는 것이다. 하나의 종으로서 우리의 생존은 단지 우리 자손이 지속되는 것뿐만 아니라 다재다능하고, 정교하며, 창의적인 문제 해결자로서 우리의 능력에 달려 있다.

상담자들은 창의적인 에너지를 공유하는 정도가 아니다. 우리의 아이디어는 우리가 돕는 각각의 내담자들을 통해 세대를 걸쳐 살아간다. 사람들은 가게 주인이나 4학년 때 선생님 혹은 그들의 이웃을 잊을지는 모르지만 결코 그들의 상담자를 잊지 않는다. 내담자가 상담자에 관해 기억하는 것은 아마도 소개받은 특별히 새로운 아이디어이거나 유익한 방법으로 제시된 친숙한 개념일 것이다. 이런 이유로 상담자는 그의 아이디어가 살아 있는 한 살아 숨 쉬는 존재인 것이다.

창의성에 대한 저항

창의적인 행동은 언뜻 보기에는 일탈의 형태처럼 보이기도 한다. 우리 분야의 역사를 언뜻 살펴보면, 초기에 멸시받고 조롱받았던 많은 이론을 볼 수 있다. 프로이트 이후로 이 분야에 온 모든 이들은 도움을 주려는 그들의 급진적인 접근법을 지지하는 청중을 발견하기 쉽지 않았다.

칼 로저스(Carl Rogers)가 시카고 대학에 재직 중일 때는 충고상담과 생활지도운동의 창시자 윌리엄슨(Williamson)의 본거지인 미네소타 대학에서 강의하는 것을 수락하였다. 그 당시 이 직접적인 치료 형태와 함께 지배적인 상담이론들은 미국에서 굳게 자리매김을 했던 스키너 행동주의자들과 프로이트의 정신분석주의자들이었다. 몇몇 순진한 학자들과 함께 로저스는 과거보다는 현재에 초점을 두고, 행동이나 사고보다는 감정의 표현을 강조하는 상담 진영의 새로운 모험을 감행하였다. "나는 이 말이 불러일으킨 반향에 전혀 준비되어 있지 않았어요." "나는 비판받았죠. 창찬도 받았어요. 공격도 받았죠. 완전히 어리둥절했어요."라고 로저스는 기술하고 있다. 그럼에도 그의 관심을 끌고, 아이디어를 좀 더 발달시키도록 영감을 준 것은 바로 이 논란이었다. "내담자 중심 치료가 탄생한 날을 정할 수 있다고 하는 것이 매우 터무니없어 보일 수 있습니다. 그러나 나는 그날을 정하는 것이 가능했어요. 그것은 1940년 12월 11일이었어요."(Kirschenbaum, 2009, p. 109에서 인용)

사람들은 그들이 이미 알고 있다고 생각하는 것에 대항하는 새로운 아이디어에 위협감을 느낀다. 창의적인 사고에 저항하는 것도 예외가 아니라 극히 정상이다. 특히 과학의 진화론적 입장을 취하는 전문 사상가들은 현실의 혼돈에 대한 그들의 생각에 미학과 대칭적인 균형을 유지하는 것을 매우 선호한다. 불스테인(Boorstein, 1983)은 필요한 기술을 오랫동안 갖고 있던 탐험가들이 지리적 세계를 찾아 땅을 구획하는 데 왜 그렇게 오래 걸렸는지에 관해 언급한다. "지구와 대륙 그리고 대양의 모양을 발견하는 데 가장 큰 장애물은 무지가 아니라 이미 알고 있다는 착각입니다. 지식은 반박 자료와 함께 천천히 증가하여 진보하는 반면, 착각은 즉각적으로 희망과 두려움을 제공하며 입지를 굳혀 갑니다. 산 정상에 오르기를 두려워한 마을 사람들은 갈 수 없는 저 높은 곳에서 그들의 조상들을 찾았습니다."

왜 그렇게 많은 사람이 그렇게 일찍 세상을 떠났는지 스스로 알아내고자 산에 오르려 했던 한 과학자가 이그나즈 제멜바이스(Ignaz Semmelweiss)였다. 코에스틀러(Koestler, 1964)는 우리의 사고에 대변혁을 일으키는 창의적인 행동에 수반되는 언제든지 예상할 수 있는 완고한 저항의 한 예로 이 경우를 들었다. 1847년에 제 멜바이스는 수술이 끝난 후 더욱 악화되는 환자들의 감염 원인이 외과의들의 손에 묻어 있는 오물, 박테리아, 잔류 사체 물질에 있음을 발견하였다.

> 비엔나에 있는 종합병원의 조수였던 제멜바이스는 수술 구역에 들어 가기 전에 염소 처리된 석회수로 손을 깨끗이 씻어야 한다는 엄격한 규 칙을 소개하였다. 이 획기적인 제안이 있기 전에는 이 병동에서 8명의 여성 환자 중 한 명이 산욕열로 사망했었다. 그 이후에 30명 중 한 명 꼴로 사망이 줄어들었고, 다음 해에는 100명 중 한 명이 되었다. 제멜바 이스가 받은 보상은 의료 분야 종사자들에 의해 비엔나 밖으로 쫓겨나 고 괴롭힘을 당하는 것이었다. 어리석음은 그렇다 치고 누군가의 죽음이 그들의 손에 의해 일어났을지도 모른다는 제안에 분개하는 움직임이 일 어났다. 그는 부다페스트로 갔으나 그의 신조는 진척을 이루지 못했으 며, 그의 반대자들을 살인자로 몰아세운 가운데 완전히 미쳐 버려 억압 가운데 있다가 정신병원에서 사망하였다(pp. 239-240).

더 극적이지는 않지만 유사한 배척을 여러 다른 천재들—대표 적인 사람들을 거론하자면, 코페르니쿠스, 갈릴레오, 다윈, 모차 르트, 그리고 반 고흐—도 경험하였다. 대부분의 경우에서 창의 적인 아이디어는 처음에는 의혹과 분개를 일으킨다. 아마도 이 시험적인 기간은 많은 가치 없는 기이한 것들을 걸러 낸다는 점 에서 바람직하다고 볼 수 있다. 시험의 시기와 동료들의 비난에 서 있을 수 있는 혁신가들은 지속될 것이다.

창의성은 보통 규칙을 깨는 것과 관련 있기 때문에 상담에서 종종 저항을 받는다. 우리 문화는 창의적인 아이디어를 공개적으로 지지할지 모르지만, 분명 이전 아이디어를 쓸모없게 만드는 새로운 아이디어를 포용하지는 않는다. 블룸(Bloom, 1975)은 어떻게 우리 분야의 창의적인 행동이 종종 현재 권력을 쥐고 있는 사람들에 의해 세워진 조직에 대항하여 버티는지 언급한다. 불가피하게도 새로운 아이디어가 수용되기 전에 긴장과 갈등이 존재할 것이다. 내담자의 문제에 대한 새롭고 성공적인 해결책을 찾기 위하여 규칙을 깨야 할 때, 블룸은 다음 사항을 기억하라고 제안한다.

① 모든 규칙은 결국은 깨질 것이다.
② 새로운 아이디어를 소개한 후에 닥칠 결과(긴장과 분노)를 대면할 준비를 하라.
③ 공적인 발표를 하기 전에 이전 것과 새로운 것의 효과성을 비교하라.
④ 모든 내담자는 창의적인 문제해결을 필요로 하는 독창적이고, 개별적인 도전을 받을 만하다는 것을 상정하라.
⑤ 모든 창의적인 아이디어가 좋은 아이디어는 아니다. 어떤 것은 실용적이지 않을 수 있고, 또 어떤 것은 유용하지 않을 수 있으며, 어떤 것은 도움을 주기보다는 오히려 더 많은 해를 줄 수 있어 더 위험할 수 있다.
⑥ 창의성은 위험을 감수하는 것과 관련 있다.

위험 감수와 창의성

초심 상담자들은 누군가에게 해를 끼칠지도 모른다는 두려움으로 창의적인 행동이나 위험을 감수하는 행동을 피하는 경향이 있다. 어느 정도 경험이 있는 상담자들은 시도해 본 것에 따라 그것들을 피할지도 모른다(Millon, Millon, & Antoni, 1986). 둘 다의 경우에서 상담자는 평범한 결과지만 일관성을 가져오는 안전하고 예측 가능한 상담 양식에 갇혀 있다.

위험과 두려움은 불가피하다. 잃을 가능성이 없이 얻을 가능성은 없다(얼마나 주의 깊게 예측하고 준비하느냐와는 관계없다). 위험을 감수한다는 것은 어느 정도는 잘못된 선택을 할 가능성이 있음을 의미한다. 거의 모든 경우에서 그것은 현재의 상황을 벗어나는 것을 의미한다. 그것은 또한 알 수 없는 결과를 다루어야 함을 의미한다.

상담에서 새로운 어떤 것을 시도하는 데 있어서의 어려움은, 그럴 법하지 않다면, 처음 몇 번의 시도로 기능하지는 않을 것이라는 점이다. 우리는 우리의 길을 잃어버리는 위험을 무릅쓴다. 워크숍에 참석하거나 새로운 책을 읽은 후에 새로운 아이디어를 적용하고자 하는 흥분이 보통 초기에 일어난다. 처음 몇 번 배운 것을 실행해 보고 나서 우리는 어색하고 부자연스러움을 느낀다. 일정 기간이 지난 후에 우리는 그것을 상당히 매끈한 스타일로 다듬을 수 있다. 결국 마지막 단계에서 우리는 어느 누구에게도 해당되지 않는 방식으로 그것을 우리의 일부로 만들어 그 기법을 내면화할 수 있다.

상담을 하는 과정은 탐험가와 같은 우리의 존재감을 우리 안에 일깨운다. 우리는 다른 사람들로 하여금 미지의 영역을 발견하고, 생존 기술을 익히며, 그것을 극한 스트레스 상황에서 적용할 수 있도록 가르친다. 우리는 사람들에게 그들의 한계와 능력을 알도록 가르친다. 우리는 사람들이 많은 위험이 따를 수 있는 위험을 조심스럽게 감수하도록 도와준다.

성공이 어떤 의미가 있을 때, 위험—실패나 상실의 가능성—을 회피해서는 안 된다. 솔직히 자발적으로, 감정을 표현하고, 두려움을 인정하며, 사랑한다고 천명하는 데는 정서적인 위험성이 있다. 통제하기를 그만두고, 자신이 되고자 전에 한 번도 시도한 적이 없는 뭔가를 시도하는 데는 성장의 위험성이 있다. 연약함, 질투, 신뢰를 다루는 데는 친밀감의 위험성이 따른다. 의존성을 중단하고 더욱 책임감을 갖는 데는 자율성에 따른 위험성이 있다. 그리고 오래된 규칙, 패턴, 습관을 깨뜨리고 미지의 세계로 나아가는 데는 변화의 위험성이 있다.

창의적인 문제해결

창의적인 문제해결의 가장 좋은 예들을 엄격한 권력 서열과 어떤 치료적 개입도 물리치는 악순환을 끊고자 애쓰는 가족치료 상담자들에게서 찾을 수 있다.

- 내담자로 하여금 인지하는 절망적인 상황에서 벗어나는 새로운 방법을 찾도록 도움으로써
- 어떤 한 가지 이론에 갇히지 않도록 함으로써
- 예상 밖의 미지의 자원에 접근하도록 함으로써
- 가족 문제에 내재하는 복잡성과 모순성을 받아들이도록 함으로써
- 갈등을 해결할 수 있는 방법에 유연해지도록 함으로써
- 항상 모든 것에, 그리고 왜 그것들이 그런 식으로 되었는지 의문을 제기함으로써
- 무엇이 아마도 적절할 것이라는 전통적인 틀을 벗어나 생각하게 함으로써
- 즉흥적인 것을 하게 하고, 자발적이게 함으로써
- 상호작용에 유머와 농담을 사용하게 함으로써
- 논리뿐만 아니라 직감을 신뢰하도록 도움으로써

혁신과 실험은 어려운 내담자를 변화시키기 위하여 낯설고, 새롭고, 때때로 아주 재미있는 방법에 의지하는 전략치료 상담자들의 전형적인 특징이다.

직감과 창의성이 경험주의의 본래적 유산, 철학적 탐구, 그리고 과학적 방법론의 엄격한 적용과 합해질 때, 우리는 마음껏 창의적이며 신중한, 급진적이며 책임감 있게 할 수 있다. 내담자들은 매우 전통적이며 명백한 문제해결 전략에 이미 지친 상태에서 우리에게 온다. 그들은 약물이 항상 그리 오랫동안 작용하지 않는다는 것을 알고 있으며, 다른 사람들을 비난하지도, 문제가 마법처럼

사라질 것이라 바라지도 않는다. 시트 아래에 숨기는 것은 시트를 갈아 끼워야 할 때까지만 안전하다. 그들은 더 이상 갈 곳이 없고, 다른 어떤 선택의 여지도 없을 때 패배 당한 채 상담실로 걸어 들어온다. 분명 치료는 내담자가 아직 시도하지 않았던 것에서 혹은 매우 어려운 내담자의 경우에는 아직 다른 상담자는 만나 보지 않았다는 점에서 찾을 수 있을 것이다.

창의적인 사고

창의성은 갖고 있거나 혹은 갖고 있지 않은 어떤 타고난 특질이라는 일반적인 믿음에도 불구하고, 그것은 기능상 우리가 매일 하는 일종의 정신 과정으로 여길 수 있다(Gilhooly, 1999; Kottler & Hecker, 2002). 판에 박힌 듯한 개념적 틀에서 벗어나 서로의 복제품처럼 사고하는 경향을 피하는 것에 관한 연구자들을 위한 글에서, 위커(Wicker, 1985)는 상담자의 창의성을 촉진하는 데 동일하게 유용할 몇 가지를 충고한다.

- 색다른 비유를 탐색하므로 장난기 있는 엉뚱한 태도를 취하라.
- 작동 원리, 특히 가장 신성시하는 원리의 가정을 끊임없이 다듬어라.
- 사건이 일어나는 과정에 대한 인식을 높임으로써 숨은 가정을 드러내도록 시도하라.

상담자는 많은 시간을 탐정으로 보낸다. 우선 마땅히 벌 받을 만한 매우 나쁜 짓을 했다고 내담자가 느끼고 있는 '범죄'를 알아내려 한다. 그녀는 용의자를 인터뷰하고, 범죄를 재구성하며, 주의 깊게 증거를 수집한다. 그녀는 증상이 왜, 그리고 어떻게 나났는지에 관한 동기, 가설을 세운다. 그녀는 수법, 범죄 패턴 그리고 최근 증상이 내담자 특유의 스타일에 맞는지 추론한다. 그녀는 지속된 자기 처벌적 욕구를 바닥낼 자백을 받기 위하여 내담자를 부드럽게 추궁한다. 이 경우에 상담자는 기꺼이 내담자의 세계에 들어가 이용 가능한 모든 정보를 꼼꼼히 추려 내고, 마침내 사건들을 연결지어, 직관적으로 문제해결을 가능케 하는 의미를 해석한다. 이 임무를 완수하기 위해서 상담자는 창의적인 탐정이어야만 하며, 명백하게 보이는 것이 전부가 아니라 내담자의 행동에 박혀 있는 미묘하게 변장된 단서까지도 볼 수 있어야만 한다.

창의적인 상담의 차원

상담의 창의적인 과정에 관한 몇몇 저자들의 연구를 검토하고 (Beaulieu, 2006; Carson & Becker, 2003; Gladding, 2005, 2008; Kottler, Carlson, & Keeney, 2004; Rosenthal, 2001) 그들의 가장 창의적인 돌파구가 어떤 것이었는지 유력한 상담자들을 인터뷰한 결과, 나는 상담을 혁신적으로 이끄는 가장 의미 있는 것으로 다음과 같은 주제를 발견하였다.

길을 잃었음을 인정하기

새로운 것을 발명하기에 앞서 우선 여러분이 할 수 있는 모든 방법을 사용하였다는 것을 기꺼이 인식해야 한다. 여러분은 이미 알고 있는 것에 지쳤고, 가장 좋아하는 방법을 반복했으며, 이 미로를 빠져나갈 길을 찾기 위해서는 전에 결코 시도하지 않았던 뭔가를 시도해야만 한다는 것을 알고 있다. 그것은 짜릿하지만 때때로 두렵기도 하다.

소중한 신념과 사회적 통념에 의문을 제기하기

대부분의 사람처럼 여러분은 여러분이 할 일을 하고, 여러분이 좋아하는 방식대로 한다. 왜냐하면 그것이 우리가 늘 해 왔던 방식이기 때문이다(적어도 최근에). 우리는 일하고 생활하는 힘이 들지 않는 방식을 습관적으로 고수한다. 우리는 익숙한 장소에 도달하기 위해 같은 길을 운전해 간다. 메뉴에 상관없이 동일한 것을 주문하고, 동일한 방식으로 식사를 준비한다. 상담을 할 때, 우리는 안정감, 예측 가능함, 동일함을 유지하고자 동일한 자리에 앉고, 동일한 방식으로 상담을 시작한다. 우리는 절차상 우리가 왜 이런 식으로 하는지, 왜 우리는 조정할 수 없는지, 혹은 근본적인 전환을 이루어 내지 못하는지 거의 묻지 않는다. 만약 목표가 내담자를 위해 상담을 종종 대대적으로 개혁하는 것이고, 새롭고 기억할 만한 학습 경험을 제공하는 것이라면, 참여자들이 매 회기마다 다른 자리에 앉을 수 있지 않겠는가? 혹은 가구 위치를 바꾸거나 매 회기마다 장소를 바꾸는 것이 왜 더 좋지 않겠는가? 변화 자체가 목적이 아니라 내담자로 하여금 경계 상태를 유지하고 (상담에) 관여하도록 하기 위해 우리가 하는 것을 변경할 수 있는 무한한 방법이 있다.

미스터리와 혼란을 감싸 안기

전형적으로 상담은 내담자로 하여금 그들의 삶을 더 잘 이해하도록 돕는 일로 규정된다. 우리가 하는 것은 이해와 통찰을 촉진하고 의미를 찾거나 만들도록 하는 게 전부다. 그럼에도 세상의 치료자들은 그들의 일을 삶의 미스터리에 경의를 표하는 것으로 본다. 상황을 이해하려 하기보다는 오히려 계획적으로, 그리고 체계적으로 혼란스러운 상황을 고안해 낸다. 그들의 목표는 분석적인 뇌를 잠재우고, 대신에 불확실함, 혼동, 힘으로 이루어진 직접적 경험을 수용하도록 하는 데 있다. 그러므로 치료적 과업과 시련은 제시된 문제를 논리적으로 따지는 것이 아니라 오히려 직감에서 나오는, 그리고 무엇이 유익한가에 대한 느낌을 갖도록 설계된다.

자기 존중적인 주술사는 여러분에게 창의성에 관한 말을 읽기보다는 그 대신에 여러분이 해야 할 것—① 이 장을 찢어라. ② 모서리 공간에 이 장까지 읽으면서 떠오른 자유연상 단어와 이미지를 적어라. ③ 주의 깊게 종이를 반으로 접고, 다시 반으로 접어라. ④ 접은 종이를 베개와 베갯잇 사이에 넣어라. ⑤ 베개 속에 넣고 잠자리에 들면서 이 절차에 의해 유발되는 무슨 꿈이든 꾸게 하라. ⑥ 여러분이 꾼 꿈을 이해하려 하지 마라.—을 말할 것이다(그리고 이 지침을 따르는 데 부담을 갖지 않아도 된다고 할 것이다). 꿈이 이끄는 곳이 어디든 단지 따라가라.

좋다. 아마도 내가 여러분에게 졌는지도 모른다. 아무튼 창의성은 착각을 통해 신비와 혼란을 없애려 하는 것이라기보다는 오히려 종종 신비와 혼란을 야기하도록 설계된 것을 하는 것과 관련이 있다. 이는 내담자들을 위해서뿐만 아니라 우리가 모호함, 복잡함, 혼란—삶이 어떠한지 더 잘 말해 주는—을 참고 견디는 힘을 기르도록 도와준다.

인지적 융통성과 능숙함

창의성에 대한 대부분의 연구는 그것을 문제에 대한 해결책을 가능한 많이 만들어 낼 수 있는 능력으로 규정한다. 내담자들이 곧바로 깨닫는 것 중의 하나는 그들이 상황을 다룰 수 있는 선택안을 많이 가지면 가질수록, 그들은 더욱 권한을 가진 것처럼 느끼기 쉽다. 치료적 상담도 이와 비슷하다. 우리가 문제를 살펴볼 수 있는 다양한 방법이 많으면 많을수록 다양한 관점으로 더욱 융통성 있게 그것을 다룰 수 있게 된다. 이것이 외견상 매우 다루기 힘들어 보이는 문제들을 더욱 창의적인 다양한 방법으로 재구성하는 기본적인 것이다. 또한 일종의 해결 중심 상담에서 우리는 뭔가를 시도한 다음에 만약 그것이 기능하지 않으면, 다른 뭔가—이미 하고 있는 것이 아닌 다른 어떤 것—를 시도하라는 것을 배운다. 이것은 우리가 내담자들에게 가르치고 있지만, 우리가 할 수 있는 만큼 종종 우리 자신의 행동 가운데 실습하지 않는 것이다.

이것은 창의성을 흔히 묘사하는 것이지만, 이와 같은 사고는 우리가 상자 안에 있을 때 종종 생각해 내기 어렵다. 인터뷰하는 동안 우리는 창의적인 돌파구에 대해 물어보았고(Kottler & Carlson, 2009), 이 현상에 대한 몇 가지 눈에 띄는 예들이 있었다. 에릭슨 학파의 마이클 얍코(Michael Yapko)는 결코 주지 않을 무엇인가—이 경우는 아버지의 승인—를 누군가에게 계속 요구하는 것이 얼마나 비현실적인지 보여 주기 위하여 내담자에게 10억을 달라고 요구했었는지 묘사하였다. 이야기 치료자 스티브 매디건(Steve Madigan)은 딸의 죽음으로 큰 슬픔에 빠져 병원에 입원한 환자와 상담하는 방법에 관하여 말해 주었다. 매디건은 그 남성의 모든 친구와 친척을 불러 모아 지지의 글을 써 주도록 하였다. 여성주의 상담자 로라 브라운(Laura Brown)은 내담자가 상자에 갇힌 느낌이라고 말하는 것을 듣고는 실제로 내담자가 커다란 상자 안에 앉아 있을 수 있도록, 그녀가 준비되면 돌파해 나오도록, 몇 회기를 그와 같이 구조화하였다. 이들과 또 다른 많은 사례에서 상담자들은 이전에 상상할 수 없었던 것들을 시도하였다. 그들은 전에 전혀 고려하지 않았던 새로운 전략을 실험하는 용기를 가졌다.

불확실성과 모호함

대부분의 정의에 따르면 창의적이 되는 것은 친숙한 표식이나 안내를 받지 못하는 가운데 미지의 세계에서 기능하고 있는 것을 의미한다. 우리가 불확실성을 견디는 것을 배우면 배울수록 내담자와의 상담에서 기꺼이 더 많은 새로운 영역을 방문하기 쉬울 것이다.

한 상담자가 그녀가 할 수 있는 한 창의적으로 앞으로 여전히 계속해서 나아가게 하는, 우리 상담에 진정한 영향을 주는, '알지 못함'의 경험을 어떻게 감수하는지 말해 준다.

기숙학교 학생들인 내담자들과 함께 살 수 있어서 나는 운이 좋은 편입니다. 그들이 서로 이야기하는 것을 들을 수 있고, 그들의 환경 가운데서 그들을 관찰할 수 있어요. 나는 그들의 세계로부터 오는 경험에 몰두할 수 있어요. 마치 100여 명의 선생님들에게 둘러싸여 있는 것 같습니다. 협력적으로, 실험적으로, 창의적으로 일할 수 있는 완벽한 환경이에요. 나는 카누를 타며 해변가에서 캠프파이어를 하면서 일할 수 있어요. 나는 가족과 친구도 만납니다. 그러나 내가 변화를 일으키고 있는지 말하기는 매우 어렵습니다. 한편으로는 직감적으로 그들은 이런 종류의 치료적 개입을 할 때 잘 자란다고 나는 믿습니다(치료적 개입을 하려 하지 않고, 초청하는 형태의). 또 한편으로는 그들 중 한 명이 휘청거릴 때마다 내가 충분히 하지 않았나 하고 불안해합니다. 그래서 때때로 전통적인 인지전략 상담으로 돌아갑니다. 나는 과정을 신뢰하지 못하고, 나약해지거나 혹은 두려워해요. 이것은 거의 역효과를 가져옵니다. 감정은 악화되고(혹은 감정을 거두어들이게 되고), 완강히 버티다가 신뢰를 잃게 됩니다. 심지어 훌륭한 치료적 개입(초청)을 한 하루 혹은 이틀 안에 새로운 위기를 맞게 됩니다. 그래서 나는 완성했다는 느낌이나 효능감 혹은 승인감을 전혀 갖지 못해요. 나는 성장이 내담자의 손에 있다고 알고 있으므로 유능감이나 균형감을 결코 얻지 못할 것 같아요. 이 균형을 잃은 듯한 기분이 항상 맴돌아요.

경험과 연습

창의적인 돌파구에 대한 논의에서 종종 무시되는 한 요인은 누군가 새로운 전략을 발명할 수 있게 하는 경험의 역할이다. 무엇이 보기 드문 혁신을 이끌어 내는가에 관한 연구에서 글래드웰(Gladwell, 2008)은 '만 시간'의 법칙—누군가가 돌파구를 찾을 정도의 충분한 전문 기술을 획득하기까지는 그만큼의 시간이 필요하다는 것—을 언급한다. 참으로 훌륭한 상담자들이 상담회기 가운데 실제로 하고 있는 것은 상담회기 사이사이에 사례에 관해 창조적으로 생각하면서 시간과 에너지를 소비하는 만큼은 아닐지도 모른다(Miller, Hubble, & Duncan, 2007). 그러므로 더욱 창의적이 되는 것이 목표라면, 한 가지 방법은 창의적이려고 열심히 애쓰고, 삶과 일에서 그것을 우선순위로 두라는 것이다. 이는 임상적 상담뿐만 아니라 더 큰 세상을 변화시키고자 우리의 기술을 사용하려 할 때도 마찬가지다.

전체적인 변화를 촉진하기

사회정의를 고취하고, 사회적 약자와 억압받는 사람들을 대변하는 상담자의 역할과 책임에 관한 많은 논란이 있다(행동은 많지 않지만). 대부분의 상담자는 매일매일의 일과로 너무 바쁘고 압도되어 더 전체적인 수준에서 창의적인 치료적 개입을 할 시간을 찾기 어려운 실정이다. 그럼에도 상담자들은 지역 공동체와 세계 문제에 점점 더 많이 관여하고 있으며, 삶의 가장 큰 만족감을 이들에서 찾고 있다. 상담자들은 지역 공동체의 관심 있는 시민으로서 (Norcross & Gyu, 2007; Rojano, 2007), 사회 변화의 기폭제로서 (Doherty, 2008), 사회정의의 옹호자로서(Aldarondo, 2007; Bemak & Chung, 2008), 세계 인권(Kottler, 2008; Kottler & Marriner, 2009)과 정치기관(Roy, 2007)의 혁신적인 변화 주체로서의 정신적인 탐색을 하면서 그들의 역할을 재정립하고 있다. 빈곤, 박탈, 불공평, 인종차별, 억압, 폭력, 집단학살, 기아, 학대, 참사에 대한 상담자의 책임과 관련하여 점점 더 많이 논의되지는 않으나, 이들에 대한 행동 조치는 점점 더 늘어 가고 있다.

내가 이 영역을 경험하게 된 것은 순전히 우연이었다. 나는 여성의 건강에 관한 문제로 연구하고 있던 박사과정 학생과 네팔에서 일하고 있었다. 우리는 네팔의 외딴 지역에 사는 초보 엄마들에게 분만 경험을 물어보면서 질적 인터뷰를 하였다. 네팔은 산모 사망률이 세계 최고이고, 인구의 90%가 어떠한 의료 서비스도 이용하지 못한다.

진료소나 병원이 이용 가능해도, 놀랍게도 여성들은 시설을 거의 이용하지 않는다는 것을 알게 되었다. 여성들 자신의 선택이 아니라, 그들의 시어머니가 가정의 모든 의사 결정을 하기 때문이다. 그들은 며느리가 문제가 있는 경우, 며느리가 신을 노엽게 하는 뭔가를 했기 때문이며, 그러므로 그들이 죽는 것이 더 낫고, 그들의 아들은 더 강한 아내를 얻을 수 있다고 믿었다. 나는 이를 알고 큰 충격을 받았다. 그러나 다른 폭로, 특히 여덟 살쯤 되는 여자아이들이 '사라지고 있다'는 것과 비교하면 아무것도 아니었다. 내가 그것이 무슨 의미인지, 어찌 된 일인지 알아내려 하자, 지역

학교 교장이 가난한 계급의 가족들은 너무 가난해서 모든 아이를 다 먹여 살리거나 학교에 보낼 수 없다고 설명해 주었다. 일부의 경우에 여자아이들은 직업을 주겠다고 약속한 인도의 '고용주들'에게 팔려 간다. 대개 매매춘을 하는 집이며, 여자아이들은 강제로 성 노예로 살다가 에이즈에 감염되면 집으로 보내지며, 이곳에 질병이 퍼지게 된다.

"저기 저 소녀 보이세요?" 교장이 친구들과 이야기하고 있는 열두 살짜리 소녀를 가리키며 말했다. "이름이 이누예요. 다음번에 사라질 거예요."

"뭐라고요?" 나는 놀라움을 금치 못하며 말했다. "저 소녀가 팔려갈 거라는 말인가요?"

"네. 매우 슬픈 일이죠. 그녀는 학교의 가장 훌륭한 학생 중 하나로, 좋은 학생이에요."

내가 무엇을 하고 있는지 생각할 겨를도 없이 나는 교장에게 이누가 팔리지 않도록 학교에 일 년간 더 머물 수 있도록 하려면 비용이 얼마나 드는지 물어보았다.

"매우 비싸요."라고 그는 대답했다. "누구나 3년째 되는 해에 내야만 하는 학비를 내야 하고, 책과 학용품도 필요할 거고, 겨울과 봄철에 입을 교복도 두 벌 필요할 거예요. 그리고 또……."

"얼마예요?" 나는 참지 못하고 가로막았다. "이 모든 비용이 얼마나 하나요?"

교장은 마음속으로 모든 숫자를 더하고 나서 고개를 흔들었다. "그 가족에게는 너무 많은 돈이죠. 3,000루피 정도 될 거예요."

나는 머릿속으로 계산하기 시작했다. "그렇지만 그건 50달러 정도인데요? 그거면 이누가 학교에 머물 수 있을 거라는 말이에요?" 나는 3,000루피의 지폐를 떼어 내서 교장에게 건네주었다. 그는 "이누는 학교에 머무를 겁니다."라고 말한 후에 얼굴에 함박웃음을 지으며 떠났다.

나는 내가 한 일이 매우 자랑스럽게 느껴졌다. 사실상 한 끼 식사 값으로 한 생명을 구했다. 나의 네팔 학생에게 걸어가 내가 한 일을 말하자, 그녀는 고개를 끄떡이더니 생각에 잠기는 듯했다.

"뭐가 잘못되었나요?" 나는 물었다. "내가 뭔가 잘못했나요?"

"아니에요, 제프리. 매우 훌륭한 일을 했어요. 그러나 이제 어떻게 할 건가요? 한 소녀를 학교에 일 년간 더 머물도록 한 후에 그냥 떠나 버릴 수 있어요?"

대부분 팔려 갈 위기에 처해 있는 낮은 계급의 소녀들에게 장학금을 지급하는 재단을 세우게 된 것은 이 단순하고 충동적인 행동에서 비롯되었다. 그렇게 쉽게 이루어졌다(비록 요즘에는 전국적으로 여러 마을에 후원하는 소녀가 100명 이상이 되어 전혀 단순하거나 쉽지는 않지만). 그다음에 동료와 나는(Kottler & Marriner, 2009) 전혀 아무런 훈련이나 준비 없이 오로지 창의적인 에너지에 의지하여 이타주의 혹은 사회정의의 실현을 위해 노력을 기울였던 사람들을 인터뷰하기 시작했다. 우리는 어린이들에게 사진 찍는 것을 가르쳐 주는 영화 〈꿈꾸는 카메라: 사창가에서 태어나〉로 아카데미상을 받은 자나 브리스키(Zana Briski)를 인터뷰하였다. 우리는 맨발로 살고 있는 사람들의 마을에 신발을 가져다주는 탐스슈즈의 블레이크 마이코스키(Blake Mycoskie)를 인터뷰했다. 아리안 커틀리(Arianne Kirtley)는 물을 찾기 위해 왕복 12마일 이상을 걸어야만 하는 아프리카의 오지 마을에 우물을 파기 위한 기금을 조성하였다. 그리고 내가 가장 좋아하는 사례인 열세 살의 나이에 에이즈의 희생자가 되는 아이들을 위한 고아원을 아프리카에 세우기 위해 50만 불을 조성한 오스틴 구트와인(Austin Gutwein) 또한 인터뷰했다.

지역공동체 내에서 혹은 국제적인 수준에서 창의적으로 가동하고 있든 못하고 있든 핵심은 전체적인 변화를 촉진할 수 있는 새로운 방법을 생각해 내는 데 있다. 이것이 전에는 결코 고려해 보지 않았던 모든 형태의 방법으로, 일을 본질적으로 재미있고 활기차고 생생하게 하는 방책이다.

창의적인 기획자로서 상담하기

상담을 수행하는 데 근본적으로 서로 다른 관점이 있다. 한 접근법은 치료의 신뢰성과 일관성을 강조한다. 어떤 사람은 우연 변인을 최소화하고 의도성을 최대화하기 위해 상담자들이 그들이 하는 것을 반복 검증할 수 있어야만 한다고 믿는다. 이 접근법에 따르면 기능하는 뭔가를 발견할 경우(특별한 일화나 은유, 체계나 치료법, 해석이나 기법), 그것을 계속하여 사용해야만 한다. 그렇게 하지 않는 것은 효과가 경험적으로 입증된 치료 방법을 내담자에게서 박탈하는 것이다.

예를 들어, '나는 더 나아지지 않고 있어요.'라는 내담자의 불평에 대한 하나의 규준화된 신뢰할 만한 반응은 '그럼 상담이 기능하고 있음에 틀림없습니다. 왜냐하면 상담이 당신을 불편하게 하므로 변화하고자 더욱 동기화될 것이기 때문입니다.'다. 이 진부한 치료법에 의존하는 것은 일관성 있게 효과적일지는 모르지만, 그것을 사용하는 상담자는 버튼을 누르면 시간에 맞춰 자동으로 응답하는 컴퓨터처럼 느껴지기 시작한다.

일부 헌신적이고 매우 성공적인 상담자들도 내담자에게 말하기 위해 그들이 백여 명의 사람들에게 말했던 것을 자발적으로 새로이 바꾸려 하지 않는다. 한 상담자가 치료적 공식을 바꾸려 하지 않는 이유를 설명해 준다. "보세요. 나는 내가 가장 좋아하는 은유를 완벽하게 오랫동안 다듬었어요. 단지 내 즐거움을 위해 아직 입증되지도 않은 실례들과 그것들을 맞교환할 권리가 내게는 없어요. 물론 모든 내담자에게 똑같은 것을 말하는 건 싫증이 나지만, 그게 내가 돈을 받고 하는 일인걸요."

또 하나의 관점은 각각의 상담회기를 개별적인 걸작으로 이해하는 것이다. 동일한 종류의 다른 많은 예술 작품이 공통 요소를 포함하고 있을 수 있다(아마도 포함하고 있을 것이다). 일반적으로 변화의 과정은 내담자의 개인 발달사와 상담자의 스타일이 다양함에도 예측 가능한 패턴을 따른다. 이런 상담자는 개별적 매력을 지닌 치료적 예술 작품을 창조하기 위하여 매 회기마다 진정으로 에너지를 쏟으려 시도한다. 한 상담자의 말을 들어 보자.

나는 반복하지 않는 규칙을 갖고 있습니다. 혹은 적어도 내가 전에 했던 것을 똑같은 방식으로 표현하지는 않아요. 만약 이야기를 고칠 수 없다면, 나는 그것을 다른 방식으로 말하거나 그것을 특정한 내담자의 삶에 좀 더 구체적으로 결부시킵니다. 나는 내담자들이 언젠가 내가 말한 내용을 서로 주고받으리라는 공상을 해 봅니다. 내가 똑같은 말을 했다는 것을 그들이 발견할지 모른다는 생각을 하면 참을 수가 없어요. 곰곰이 생각해 이해시킬 만한 새로운 방법을 고안해 내는 것이 쉽지는 않습니다만, 그것은 가치가 있어요. 나는 항상 배우고 점점 더 좋아집니다. 나는 전혀 지루하지 않아요.

참으로 상담은 창의성을 연습하는—특히 우리가 언어로 놀이를 한다는 점에서—것일 수 있다. 우리는 자발적으로 창작하고, 대화를 연출하며, 양육하는 사람, 권위 있는 사람 혹은 내담자의 삶 가운데 있었던 특정한 인물의 다양한 역할을 수행하는 극작가다. 우리는 아이디어를 묘사하기 위한 이미지와 은유를 만들어 내는 시인이다. 대부분의 상담자는 머릿속에 수년간 그들이 빌리거나 만들어 낸 도움을 주는 이야기들과 치료적 일화들로 채워진 도서관을 갖추었다. 이야기와 일화는 상담자의 필생의 작업을 대변한다. 우리가 삶을 살아가면서 매우 잘하는 것 중 하나는 나중에 상담을 할 때 유익할지도 모르는 것들을 수집하는 것이다.

창의성을 본질적으로 다중평면을 연결하는 유사점을 발견하는 것으로 볼 때, 상담자는 최고의 독창적인 사상가다. 우리는 내담자의 긴장을 완화시키고, 덜 위협적인 방법으로 내담자를 직면시키며, 직접적으로 다루기 어려운 금기시되는 주제들을 논의하기 위하여 유머와 패러디를 사용한다. 주요한 통찰의 핵심이 급소를 찌르는 고통스러운 진실을 고려하기 전에 웃을지도 모르는 익살스러운 일화나 말장난에 있을 수 있다.

우리는 웃음 자체가 정화 작용의 효과가 있음을 알고 있다. 절망으로 굳어진 얼굴을 미소 띠게 하기 위해 애쓰는 궁중 광대와 같은 상담자의 역할은 유머가 치료적 상담에 쓰일 수 있다는 단지한 가지 방법을 나타낸다. 코에스틀러(Koestler, 1964, pp. 91-92)는 유머가 창의적인 마음이 어떻게 기능하는지 보여 주는 가장 좋은하나의 보기임을 발견하였다. "놀라게 하려면 약간의 독창성—전형적인 사고의 틀에서 벗어날 수 있는 능력—이 있어야만 합니다. 풍자 만화가, 풍자 작가, 난센스 유머 작가, 심지어 전문적으로웃기는 사람들은 한 방면 이상으로 기능합니다. 그의 목적이 사회적 메시지를 전달하는 것이든 단순히 즐겁게 하려는 것이든 그는양립할 수 없는 매트릭스들의 충돌로 발생하는 정신적 요동 상태를 제공해야만 합니다."

앞서 기술한 유머에 대한 이론이 또한 상담 자체에 대한 묘사—정형화된 틀에서 벗어나도록 사람들을 돕고, 정신적 요동 상태를 제공하고, 특히 여러 수준에서 사고하도록 격려한다는 점에서—일 수 있다. 이런 틀에서 상담자는 매우 뛰어난 독창적인 학자이자 임상가다. 각각의 모든 내담자는 삶을 위협하는 위기에 대한 지각 혹은 해결책이 없는 심각한 문제를 우리에게 선사한다. 왜냐하면 우리는 많은 수준에서 어떤 행동이라도 볼 수 있고, 내담자처럼 갇힌 듯한 느낌을 동일하게 경험하지 않기 때문이다. 우리는 문제를 다른 관점에서 재구성할 수 있고, 더 쉽게 풀 수 있는방식으로 그것의 모양을 바꿀 수 있다. 종종 오래된 동일한 문제를 다른 각도에서 바라보는 단순한 조치만으로도 즉각적인 해소를 가져올 수 있다.

상담자의 놀이성은 그녀의 치료적 접근을 매우 활력 있게 할 뿐 아니라 갇힌 듯한 내담자들을 돕는 데 큰 효과가 있다. 그렇지만 워터스(Waters, 1992)는 비록 적당한 시간, 장소, 상황 속에서 놀이가 변화의 과정을 촉진하지만 단순히 상담자의 변덕에 따라 이용된다면 그것은 최악의 경우에도 위험하고, 최선의 경우에는 주의를 산만하게 할 수 있다고 경고한다.

독창성은 상담자의 사고와 행동에서 다른 방식으로 또한 입증된다. 창의적인 행동을 낳기 쉬운 상태—즉, 허용, 외부 비판의 부재, 새로운 경험에의 개방, 참신함의 수용, 내적 통제와 개인의 자율성 강조, 유연한 문제해결, 인지·정서 차원의 통합 그리고 심리적인 안전과 지지—를 고려하지 않을 때, 우리는 우리가 상담의 경험을 묘사하고 있음을 깨닫는다. 내담자와 상담자는 창의적인 사고를 최대한 촉진하도록 설계된 환경 가운데서 상호작용한다. 각각은 상대방에게 새로운 아이디어와 독창적인 문제해결 접근법을 실험하도록 허용한다. 내담자는 그녀의 삶과 목표를 바라보는 새로운 방식을 고려해 보고, 그녀가 있고자 하는 곳에 도달하는 방법을 생각해 보도록 격려받는다. 내담자가 이전에 규정한 한계와 선택을 넘어서고자 시도하는 동안에 상담자는 제시된 모든 정보를 처리하느라 바쁘다. 상담자의 두뇌에 내담자의 과거사, 현재의 기능 수준, 불평불만과 증상 그리고 상호작용 양식이 수집되어 마침내 깜짝 놀라는 순간이 온다. 모든 자료를 독특한 조직화된 방식으로 결합하여 상담자는 내담자의 행동에 대한 창의적인 해석을 만들어 낸다. 내담자의 통찰을 촉진하는 최선의 방법을 알아내고, 나중에 내담자로 하여금 건설적인 방식으로 지식에 따라 행동하도록 돕기 위해서는 더 많은 혁신이 필요하다.

창의성을 그들의 상담의 가치 있는 것으로 여기는 상담자에게 혁신적인 전략은 제2의 천성이다. 더 중요한 것은 이러한 상담자들은 이미 자신이 알고 있는 것들을 덜 확신한다는 것이다. 수 세기 동안 도움을 주는 직업을 가진 사람들은 정신적으로 고통당하는 사람들을 쫓아내야만 하는 악귀에 사로잡혀 있는 사람으로 확신했었다. 그것은 암흑시대를 초래한 지식인들의 오만이었다. 오늘날 수정이나 진화를 생각하지 않고 한 가지 방법에만 집착하는 외골수 상담자는 상담의 진보를 이루기 매우 어려울 것이다.

창의적인 상담자는 그들의 내면의 소리에 귀를 기울인다. 그들은 심지어 항상 그런 식으로 상담을 하였을지라도 이치에 맞지 않는지 주의를 기울인다. 그들은 건설적으로 규칙을 깨는 사람들이다. 그들은 자신을 불편하게 만드는 사례를 받아들인다. 그들은 각각의 사례들을 마치 독특한 하나의 사례인 것처럼 다룬다. 무엇보다도 그들은 자신의 아이디어에 이의를 제기하는 다른 사람들과의 교제를 즐긴다. 그들은 자신의 창의성이 동료나 내담자와의 상호작용을 통해 잘 육성된다는 것을 알고 있다.

상담자와 내담자가 대면할 때 조성되는 창의적인 에너지는 상호작용으로 인한 최종 부산물이다. 부젠탈(Bugental, 1978)에게 상담자가 되는 것은 돈을 벌거나 명망있는 직업을 얻게 되는 것 이상이었다. 그것은 "나의 창의성을 위한 무대이고 그것을 만족시키기 위한 무한한 원자재가 있는 곳입니다. 그것은 괴로움, 아픔 그리고 불안의 원천이에요. 때때로 상담 자체에서, 그러나 더욱 빈번하게는 나 자신 안에서, 그리고 대립 가운데 있는 내 삶의 중요한 사람들과 관계 속에서, 내담자들과의 관계와 상담에 의해 직접적으로 혹은 간접적으로 촉진되었어요."(pp. 149-150) 부젠탈에 따르면, 창의적인 상담자가 되는 것은 더욱 자각하는 과정과 연관이 있다. 우리가 우리 자신에게 무엇이든 해야 하는 것도, 우리의 삶에 있는 무엇이든 바꿔야 하는 것도, 도움을 주는 스타일을 바꿔야만 하는 것이 아니다. 오히려 우리는 있는 모습 그대로의 우리 자신을 더욱 자각할 수 있게 되는 것이다. 이 과정은 우리 자신의 경험에 의해 충분한 영향을 받은 게 아니라 우리의 멘토들에 의해 지나치게 영향을 받은 우리의 비전을 회복하는 것과 관련된다.

창의적인 과정은 상담자 되기의 필수 불가결한 부분으로, 우리가 상담에서 배운 것을 개인적 삶에 통합하지 않기는 매우 어렵다. 내담자들은 우리가 그들을 변화시키는 만큼이나 거의 우리를 참으로 변화시킨다. 우리가 원칙을 알고, 이해하고, 집행하며, 내담자에게 감염되지 않으려 경계하며, 심지어 우리는 영향을 받는데 비전문가라 할지라도 내담자들처럼 염려하고 주의가 산만한만큼은 아닐지라도 전혀 영향을 받지 않을 수는 없다. 우리는 그들의 선함과 기쁨 그리고 한 인간의 영혼에 매우 가까이 다가갈수 있도록 허락받은 특권에 의해 감동을 받는다. 그들의 악의적이고 파괴적인 에너지에 의해 해를 입는다. 큰 고통 가운데 있는 다른 삶과 함께 상담실에 들어갈 때마다 우리는 절망에서 벗어날 길을 찾지 못할 것이다. 또한 다른 사람들의 변화를 목도한 목격자로서 느끼는 큰 기쁨을 억제할 어떤 방법도 찾지 못할 것이다. 마치 우리가 우리 자신의 촉진자인 것처럼 말이다.

참고
문헌

Aldarondo, E. (2007). Rekindling the reformist spirit in the mental health professions. In E. Aldarondo (Ed.), *Advancing social justice through clinical practice* (pp. 3-18). Mahwah, NJ: Erlbaum.

Alexander, F. G., & Selesnick, S. T. (1966). *The history of psychiatry.* New York: Mentor.

Anderson, B., Kottler, J. A., & Montgomery, M. J. (2000). Collegial support from a Maori perspective: A model for counsellor kinship. *Canadian Journal of Counselling, 34,* 251-259.

Anderson, C. (1987, May/June). The crisis of priorities. *Family Therapy Networker,* pp. 19-25.

Ballou, M., Hill, M., & West, C. (Eds.). (2008). *Feminist theory and practice.* New York: Springer.

Bandura, A. (1977). *Social learning theory.* Upper Saddle River, NJ: Prentice Hall.

Barnett, M. (2007). What brings you here? An exploration of the unconscious motivations of those who choose to train and work as psychotherapies and counselors. *Psychodynamic Practice, 13,* 257-274.

Beaulieu, D. (2006). *Impact techniques for therapists.* New York: Routledge.

Bemak, F., & Chung, R. (2008). New professional roles and advocacy strategies for school counselors: A multicultural/social justice perspective to move beyond the nice counselor syndrome. *Journal of Counseling and Development, 86,* 372-381.

Bermak, C. E. (1977). Do psychiatrists have special emotional problems? *American Journal of Psychoanalysis, 37,* 141-146.

Beutler, L. E. (1983). *Eclectic psychotherapy: A systematic approach.* New York: Pergamon Press.

Bloom, M. (1975). *The paradox of helping.* Hoboken, NJ: Wiley.

Bloomgarden, A., & Mennuti, R. B. (Eds.). (2009). *Psychotherapist revealed: Therapists speak about self-disclosure in psychotherapy.* New York: Routledge.

Boorstein, D. (1983). *The discoverers.* New York: Random House.

Boynton, R. S. (2003, January). The return of the repressed: The strange case of Masud Khan. *Boston Review.*

Brems, C. (2000). *Dealing with challenges in psychotherapy and counseling.* Pacific Grove, CA: Brooks/Cole.

Brown, L. S. (2004). *Subversive dialogues: Theory in feminist therapy.* New York: Basic Books.

Bugental, J. F. T. (1976). *The search for existential identity: Patient-therapist dialogues in humanistic psychotherapy.* San Francisco: Jossey-Bass.

Bugental, J. F. T. (1978). *Psychotherapy and process.* Reading, MA: Addison-Wesley.

Burton, A. (1972). Healing as a lifestyle. In A. Burton & Associates (Eds.), *Twelve therapists: How they live and actualize themselves.* San Francisco: Jossey-Bass.

Carson, D. K., & Becker, K. W. (2003). *Creativity in psychotherapy.* New York: Haworth.

Celenza, A. (2007). *Sexual boundary violations.* Northvale, NJ: Aronson.

Chessick, R. (1978). The sad soul of the psychiatrist. *Bulletin of the Menninger Clinic, 42*(1), 1-10.

Clark, J. Z. (1991). Therapist narcissism. *Professional Psychology: Research and Practice, 22,* 141-143.

Comas-Diaz, L. (2007). Ethnopolitical psychology: Healing and transformation. In E. Aldarondo (Ed.). *Advancing social justice through clinical practice* (pp. 91-118). Mahwah, NJ: Erlbaum.

Corey, G., Corey, M. S., & Callanan, P. (2007). *Issues and ethics in the helping professions* (7th ed.). Pacific Grove, CA: Brooks/Cole.

Corey, M. S., & Corey, G. (2007). *Becoming a helper* (5th ed.). Belmont, CA: Wadsworth.

Cozolino, L. (2004). *The making of a therapist.* New York: Norton.

Csikszentmihalyi, M. (1975). *Beyond boredom and anxiety: The experience of play in work and games.* San Francisco: Jossey-Bass.

Csikszentmihalyi, M. (1998). *Finding flow: The psychology of engagement with everyday life.* New York: Basic Books.

Deutsch, C. J. (1984). Self-reported sources of stress among psychotherapists. *Professional Psychology: Research and Practice, 15,* 833-845.

Deutsch, C. J. (1985). A survey of therapists' personal problems and treatment. *Professional Psychology: Research and Practice, 16,* 305-315.

Doherty, W. (2008, November/December). Beyond the consulting room. *Psychotherapy Networker,* pp. 28-35.

Edelwich, J., & Brodsky, A. M. (1980). *Burnout.* New York: Human Sciences Press.

Elkind, S. N. (1992). *Resolving impasses in therapeutic relationships*. New York: Guilford Press.

Ellis, A. (1972). Psychotherapy without tears. In A. Burton & Associates (Eds.), *Twelve therapists: How they live and actualize themselves* (pp. 103-126). San Francisco: Jossey-Bass.

Ellis, A. (1984). How to deal with your most difficult client—you. *Psychotherapy in Private Practice, 2*(1), 25-34.

English, O. S. (1972). How I found my way to psychiatry. In A. Burton & Associates (Eds.), *Twelve therapists: How they live and actualize themselves*. San Francisco: Jossey-Bass.

Enns, C. Z. (2004). *Feminist theories and feminist psychotherapies* (2nd ed.). New York: Routledge.

Faiver, C., Ingersoll, R. E., O'Brien, E., & McNally, C. (2000). *Explorations in counseling and spirituality*. Belmont, CA: Wadsworth.

Farber, B. A. (1990). Burnout in psychotherapists: Incidence, types, and trends. *Psychotherapy in Private Practice, 8*(1), 35-44.

Farber, B. A. (2006). *Self-disclosure in psychotherapy*. New York: Guilford Press.

Farber, B. A., & Heifetz, L. J. (1981). The satisfaction and stress of psychotherapeutic work. *Professional Psychology, 12,* 621-630.

Figley, C. (2002). *Treating compassion fatigue*. New York: Routledge.

Fine, H. J. (1980). Despair and depletion in the therapist. *Psychotherapy: Theory, Research, and Practice, 17*(4), 392-395.

Fish, J. M. (1973). *Placebo therapy: A practical guide to social influence in psychotherapy*. San Francisco: Jossey-Bass.

Fish, J. M. (1996). *Culture and therapy*. Northvale, NJ: Aronson.

Flowers, J. V., & Frizler, P. (2004). *Psychotherapists on film*. Jefferson, NC: McFarland & Co.

Frank, J. D. (1993). *Persuasion and healing* (3rd ed.). Baltimore: Johns Hopkins University Press.

Frank, R. (1979). Money and other trade-offs in psychotherapy. *Voices, 14*(4), 42-44.

Frederickson, B. (2001). The role of positive emotions in positive psychology. *American Psychologist, 56,* 218-226.

Freud, S. (1912). The dynamics of transference. In *Collected papers,* Vol. 8. London: Imago.

Freud, S. (1954). *The origins of psychoanalysis.* New York: Basic Books (Original work published 1897).

Freud, S. (1955). Letter to Ferenczi, Oct. 6, 1910. In E. Jones, *The life and work of Sigmund Freud* (Vol. 2, pp. 221-223). New York: Basic Books.

Freudenberger, H. J. (1975). The staff burn-out syndrome in alternative institutions. *Psychotherapy: Theory, Research, and Practice, 12*(1), 73-82.

Freudenberger, H. J. (1986). The health professional in treatment: Symptoms, dynamics, and treatment issues. In C. D. Scott & J. Hawk (Eds.), *Heal thyself: The health of health care professionals* (pp. 185-193). New York: Brunner/Mazel.

Freudenberger, H. J., & Robbins, A. (1979). The hazards of being a psychoanalyst. *Psychoanalytic Review, 66,* 275-296.

Gabriel, L. (2005). *Speaking the unspeakable: The ethics of dual relationships in counseling and psychotherapy.* New York: Routledge.

Gelso, C. J., & Hayes, J. A. (2007). *Countertransference and the therapist's inner experience: Perils and possibilities.* Mahwah, NJ: Erlbaum.

Gerber, L. A. (2007). Social justice concerns and clinical practice. In E.

Aldarondo (Ed.), *Advancing social justice through clinical practice* (pp. 43-61). Mahwah, NJ: Erlbaum.

Ghent, E. (1999). Masochism, submission, surrender: Masochism as a perversion of surrender. In S. Mitchell & L. Aron (Eds.), *Relational psychoanalysis: The emergence of tradition* (pp. 211-242). Hillsdale, NJ: Analytic Press.

Gilhooly, K. J. (1999). Creative thinking: Myths and misconceptions. In S. D. Sala (Ed.), *Mind myths: Exploring popular assumptions about the mind and brain* (pp. 138-155). Hoboken, NJ: Wiley.

Gladding, S. T. (2005). *Counseling as art: The creative arts in counseling.* Alexandria, VA: American Counseling Association.

Gladding, S. T. (2008). The impact of creativity in counseling. *Journal of Creativity in Mental Health, 3*(2), 97-104.

Gladwell, M. (2008). *The outliers.* New York: Little, Brown.

Gmelch, W. (1983). Stress for success: How to optimize your performance. *Theory into Practice, 22*(1), 7-14.

Goldberg, A. (2007). *Moral stealth: How correct behavior insinuates itself into psychotherapeutic practice.* Chicago: University of Chicago Press.

Good, G. E., Thoreson, R. W., & Shaughnessy, P. (1995). Substance use, confrontation of impaired colleagues, and psychological functioning among counseling psychologists: A national survey. *Counseling Psychologist, 23,* 703-721.

Greenberg, R., Constantino, M., & Bruce, N. (2006). Are patient expectations still relevant for psychotherapy processes and outcomes? *Clinical Psychology Review, 26,* 657-678.

Griswell, G. E. (1979). Dead tired and bone weary. *Voices, 15*(2), 49-53.

Groman, M. (2009). *Lowering fees in hard times: The meaning behind the money.* Available: http://www.psychotherapy processes and outcomes? Clinical Psychology Review, 26, 657-678.

Gross, D., & Kahn, J. (1983). Values of three practitioner groups. *Journal of Counseling and Values, 28,* 228-333.

Guay, H. (2009). *Women's experiences with transformative travel: Implications for the practice of counseling.* Unpublished master's thesis, California State University, Fullerton.

Guy, J. d. (1987). *The personal life of the psychotherapist.* Hoboken, NJ: Wiley.

Hamman, J. J. (2001). The search to be real: Why psychotherapists become therapists. *Journal of Religion and Health, 40,* 343-356.

Hayward, J. W. (1984). *Perceiving ordinary magic.* Boulder, CO: New Science Library.

Healy, S. D. (1984). *Boredom, self, and culture.* Madison, NJ: Fairleigh Dickinson University Press.

Henry, W. E., Sims, J. H., & Spray, S. L. (1973). *Public and private lives of psychotherapists.* San Francisco: Jossey-Bass.

Herlihy, B., & Corey, G. (2006). *Boundary issues in counseling: Multiple roles and responsibilities* (2nd ed.). Alexandria, VA: American Counseling Association.

Herron, W. G., & Rouslin, S. (1984). *Issues in psychotherapy.* Washington, DC: Oryn.

Herron, W. G., & Welt, S. R. (1992). *Money matters: The role of the fee in psychotherapy and psychoanalysis.* New York: Guilford Press.

Jackson, H., & Nuttal, R. L. (2001). A relationship between childhood sexual abuse and professional sexual misconduct. *Professional Psychology: Research and Practice, 32,* 200-204.

Keen, S. (1977, May). Boredom and how to beat it. *Psychology Today,* pp. 78-84.

Keeney, B. P. (1991). *Improvisational therapy.* New York: Guilford Press.

Keeney, B. P. (1996). *Everyday soul: Awakening the spirit in daily life.* New York: Riverhead.

Keeney, B. P. (2003). *Ropes to God: Experiencing the Bushmen spiritual universe.* Philadelphia: Ringing Rocks Press.

Kennedy, R. S., & Reeves, P. (Eds.). (1970). *The notebooks of Thomas Wolfe.* Chapel Hill: University of North Carolina Press(Original work published 1921).

Kierkegaard, S. (1944). *Either/or.* Princeton, NJ: Princeton University Press.

Kiesler, D. J. (2001). Therapist countertransference: In search of common themes and empirical referents. *Journal of Clinical Psychology, 57,* 1053-1063.

Kim, E. (2007). Occupational stress: A survey of psychotherapists in Korea and the United States. *International Journal of Stress Management, 14*(1), 111-120.

Kirschenbaum, H. (2009). *The life and work of Carl Rogers.* Alexandria, VA: American Counseling Association.

Knox, S., Hess, S. A., Petersen, D. A., & Hill, C. E. (1997). A qualitative analysis of client perceptions of the effects of helpful therapist self-disclosure in long-term therapy. *Journal of Counseling Psychology, 44,* 274-283.

Koestler, A. (1964). *The act of creation.* New York: Dell.

Kopp, S. (1985). *Even a stone can be a teacher.* Los Angeles: Tarcher.

Kottler, J. (1990). *Private moments, secret selves: Enriching our time alone.* New York: Ballantine.

Kottler, J. (1991). *The compleat therapist.* San Francisco: Jossey-Bass.

Kottler, J. (1992). *Compassionate therapy: Working with difficult clients.*

San Francisco: Jossey-Bass.

Kottler, J. (1993). Facing failure as a counselor. *American Counselor, 2*(4), 14-19.

Kottler, J. (1997). *Travel that can change your life.* San Francisco: Jossey-Bass.

Kottler, J. (2008, September/October). Transforming lives. *Psychotherapy Networker,* pp. 42-47.

Kottler, J. (2010). *The assassin and the therapist: An exploration of truth and its meaning in psychotherapy and in life.* New York: Routledge.

Kottler, J., & Blau, D. (1989). *The imperfect therapist: Learning from failure in therapeutic practice.* San Francisco: Jossey-Bass.

Kottler, J., & Carlson, J. (2002). *The mummy at the dining room table: Eminent therapists reveal their most unusual cases and what they teach us about human behavior.* San Francisco: Jossey-Bass.

Kottler, J., & Carlson, J. (2006). *The client who changed me: Stories of therapists personal transformation.* New York: Brunner/Routledge.

Kottler, J., & Carlson, J. (2007). *Moved by the spirit: Discovery and transformation in the lives of leaders.* Atascadero, CA: Impact.

Kottler, J., & Carlson, J. (2008). *Their finest hour: Master therapists share their greatest success stories.* Bethel, CT: Crown.

Kottler, J., & Carlson, J. (2009). *Creative breakthroughs is therapy: Tales of transformation and astonishment.* Hoboken, NJ: Wiley.

Kottler, J., Carlson, J., & Keeney, B. (2004). *An American shaman: An odyssey of ancient healing traditions.* New York: Routledge.

Kottler, J., & Hecker, L. L. (2002). Creativity in therapy: Being struck by lightning and guided by thunderstorms. *Journal of Clinical Activities in Psychotherapy Practice, 2*(2), 5-21.

Kottler, J., & Jones, W. P. (2003). *Doing better: Improving clinical skills and professional competence*. New York: Brunner/Routledge.

Kottler, J., & Marriner, M. (2009). *Changing people's lives while trans-forming your own: Paths to social justice and global human rights*. Hoboken, NJ: Wiley.

Kottler, J., & Shepard, D. (2010). *Introduction to counseling: Voices from the field* (6th ed.). Belmont, CA: Wadsworth.

Kovacs, A. L. (1976). The emotional hazards of teaching psychotherapy. *Psychotherapy: Theory, Research, and Practice, 13*(4), 321-334.

Livingston, M. (2006). Discussion: Vulnerability, charisma, and trauma in the training experience. In R. Raubolt (Ed.), *Power games: Influence, persuasion, and indoctrination in psychotherapy training* (pp. 83-91). New York: Other Press.

London, P. (1985). *The modes and morals of psychotherapy* (2nd ed.). Bristol, PA: Hemisphere.

Lowen, A. (1983). *Narcissism*. Old Tappan, NJ: Macmillan.

Luchner, A. F., Mirsalimi, H., Moser, C. J., & Jones, R. A. (2008). Maintaining boundaries in psychotherapy: Covert narcissistic personality characteristics and psychotherapists. *Psychotherapy: Theory, Research, and Practice, 45*(10), 1-14.

Maeder, T. (1989, January). Wounded healers. *Atlantic Monthly,* pp. 37-47.

Mahoney, M. J. (1997). Psychotherapists' personal problems and self-care patterns. *Professional Psychology: Research and Practice, 28,* 14-16.

Maslach, C. (1982). *Burnout: The cost of caring*. Upper Saddle River, NJ: Prentice Hall.

Maslach, C. (1986). Stress, burnout, and workaholism. In R. R. Kilburg, P. E. Nathan, & R. W. Thoreson (Eds.), *Professionals in distress* (pp. 53-75). Washington, DC: American Psychological Association.

Maslach, C. (2003). *Burnout: The cost of caring*. Cambridge, MA: Malor

Books.

Maslach, C., & Leiter, M. P. (1997). *The truth about burnout.* San Francisco: Jossey-Bass.

Maslow, A. (1968). *Toward a psychology of being.* New York: Van Nostrand Reinhold.

May, R. (1983). *The discovery of being.* New York: Norton.

McConnaughy, E. A. (1987). The person of the therapist in psychotherapeutic practice. *Psychotherapy, 24,* 303-314.

McNamee, S., & Gergen, K. (Eds.). (1992). *Therapy as social construction.* London: Sage.

Mellan, O. (1992, March/April). The last taboo. *Family Therapy Networker,* pp. 40-47.

Miller, S., Hubble, M., & Duncan, B. (2007). Supershrinks: What's the secret of their success? *Psychotherapy Networker,* pp. 26-35.

Miller, W. R. (1999). *Integrating spirituality into treatment: Resources for practitioners.* Washington, DC: American Psychological Association.

Millon, T., Millon, C., & Antoni, M. (1986). Sources of emotional and mental disorders among psychologists: A career perspective. In R. R. Kilburg, P. E. Nathan, & R. W. Thoreson (Eds.), *Professionals in distress* (pp. 119-134). Washington, DC: American Psychological Association.

Morgan, W. P. (1978, April). The mind of the marathoner. *Psychology Today,* pp. 38-47.

Morrissette, P. J. (2001). *Self-supervision: A primer for counselors and helping professionals.* New York: Brunner/Routledge.

Moss, R. (1981). *The I that is we.* Berkeley, CA: Celestial Arts.

Myers, D., & Hayes, J. A. (2006). Effects of therapist general self-disclosure and countertransference disclosure on ratings of the therapist and the session. *Psychotherapy, 43,* 173-185.

Neimeyer, R. A., & Mahoney, M. J. (Eds.). (1999). *Constructivism in psy-chotherapy.* Washington, DC: American Psychological Association.

Norcross, J. C. (2000). Psychotherapist self-care: Practitioner-tested, research-oriented strategies. *Professional Psychology: Research and Practice, 31,* 710-714.

Norcross, J. C., Bike, D. H., & Evans, K. L. (2009). The therapist's therapist: A replication and extension 20 years later. *Psychotherapy: Theory, Research, Practice, Training, 46*(1), 32-41.

Norcross, J. C., & Connor, K. A. (2005). Psychotherapists entering personal therapy. In J. D. Geller, J. C. Norcross, & D. E. Orlinsky (Eds.), *The psychotherapist's own psychotherapy* (pp. 192-200). New York: Oxford University Press.

Norcross, J. C., & Guy, J. D. (2005). The prevalence and parameters of personal therapy in the United States. In J. D. Geller, J. C. Norcross, & D. E. Orlinsky (Eds.), *The psychotherapist's own psychotherapy* (pp. 165-176). New York: Oxford University Press.

Norcross, J. C., & Guy, J. D. (2007). *Leaving it at the office: A guide to psychotherapist self-care.* New York: Guilford Press.

Olarte, S. W. (1997). Sexual boundary violations. In *The Hatherleigh guide to ethics in therapy* (pp. 195-209). New York: Hatherleigh Press.

Orlinsky, D. E., Norcross, J. C., Ronnestad, M. H., & Wiseman, H. (2005). Outcomes and impacts of the psychotherapist's own psychotherapy. In J. D. Geller, J. C. Norcross, & D. E. Orlinsky (Eds.), *The psy-chotherapist's own psychotherapy* (pp. 214-230). New York: Oxford University Press.

Orlinsky, D. E., & Ronnestad, M. H. (2005). (Eds.). *How psychotherapists develop: A study of therapeutic work and professional growth.*

Washington, DC: American Psychological Association.

Pope, K. S., & Bouhoutsos, J. C. (1986). *Sexual intimacy between therapists and patients.* New York: Praeger.

Pope, K. S., Sonne, J. L., & Greene, B. (2006). *What therapists don't talk about and why.* Washington, DC: American Psychological Association.

Rainer, T. (1978). *The new diary.* Los Angeles: Tarcher.

Ram Dass, & Gorman, P. (1985). *How can I help? Stories and reflections on service.* New York: Knopf.

Remley, T. P., & Herlihy, B. (2009). *Ethical, legal, and professional issues in counseling* (3rd ed.). Upper Saddle River, NJ: Prentice Hall.

Robbins, J. M., Beck, P. R., Mueller, D. P., & Mizener, D. A. (1988). Therapists' perceptions of difficult psychiatric patients. *Journal of Nervous and Mental Diseases, 176,* 490-496.

Rogers, C. R. (1972). My personal growth. In A. Burton & Associates (Eds.), *Twelve therapists: How they live and actualize themselves* (pp. 28-77). San Francisco: Jossey-Bass.

Rojano, R. (2007). The practice of community family therapy. In E. Aldarondo (Ed.), *Advancing social justice through clinical practice* (pp. 245-264). Mahwah, NJ: Erlbaum.

Ronnestad, M. H., & Orlinsky, D. E. (2005). comparative cohort development: Novice to senior therapists. In D. E. Orlinsky & M. H. Ronnestad (Eds.), *How psychotherapists develop* (pp. 143-157). Washington, DC: American Psychological Association.

Rosenberg, V. (2006). Countertransference: Whose feelings? *British Journal of Psychotherapy, 22,* 471-476.

Rosenthal, H. (Ed.). (2001). *Favorite counseling and therapy homework assignments: Leading therapists share their most creative strategies.*

New York: Routledge.

Rothschild, B., & Rand, M. L. (2006). *Help for the helper: The psycho-physiology of compassion fatigue and vicarious trauma.* New York: Norton.

Rowan, J., & Jacobs, M. (2002). *The therapist's use of self.* Philadelphia: Open University Press.

Roy, B. (2007). Radical psychiatry: An approach to personal and political change. In E. Aldarondo (Ed.), *Advancing social justice through clinical practice* (pp. 65-90). Mahwah, NJ: Erlbaum.

Rupert, P. A., & Morgan, D. J. (2005). Work setting and burnout among professional psychologists. *Professional Psychology: Research and Practice, 36,* 544-550.

Rupert, P. A., Stevanovic, P., & Hunley, H. (2009). Work-family conflict and burnout among practicing psychologists. *Professional Psychology: Research and Practice, 40,* 54-61.

Schaler, K. (2009). *Travel therapy: Where do you need to go?* Berkeley, CA: Seal Press.

Schoener, G. R. (2005). Treating impaired psychotherapists and wounded healers. In J. Geller, J. C. Norcross, & D. E. Orlinsky (Eds.), *The psychotherapist's own psychotherapy* (pp. 323-341). New York: Oxford University Press.

Schor, J. B. (1992, March/April). Work, spend, work, spend: Is this any way to live? *Family Therapy Networker,* pp. 24-25.

Schwartz, B., & Flowers, J. V. (2006). *How to fail as a therapist.* Atascadero, CA: Impact.

Seligman, M. (2002). *Authentic happiness.* New York: Free Press.

Seligman, M., Rashid, T., & Parks, A. (2006). Positive psychotherapy. *American Psychologist, 61,* 774-788.

Shub, N. F. (1995). The journey of the characterologic therapist. In M. B. Sussman (Ed.), *A perilous calling: The hazards of psychotherapy practice* (pp. 61-80). Hoboken, NJ: Wiley.

Simpkins, A. M., & Simpkins, C. A. (2009). *Meditation for therapists and their clients.* New York: W. W. Norton.

Skovholt, T. M. (2001). *The resilient practitioner: Burnout prevention and self-care strategies for counselors, therapists, teachers, and health professionals.* Boston: Allyn & Bacon.

Smith, E. W. L. (1995). On the pathologization of life: Psychotherapist's disease. In M. B. Sussman (Ed.), *A perilous calling: The hazards of psychotherapy practice* (pp. 81-88). Hoboken, NJ: Wiley.

Spense, D. P. (1982). *Narrative and historical truth.* New York: Norton.

Stewart, R. E., & Chambless, D. L. (2008). Treatment failures in private practice: How do psychologists proceed? *Professional Psychology: Research and Practice, 39,* 176-181.

Strean, H. S. (2002). *Controversies on counter-transference.* Northvale, NJ: Aronson.

Strupp, H. H. (1980). Humanism and psychotherapy: A personal statement of the therapist's essential values. *Psychotherapy: Theory, Research, and Practice, 17*(4), 396-400.

Sussman, M. B. (1995). *A perilous calling: The hazards of psychotherapy practice.* Hoboken, NJ: Wiley.

Sussman, M. B. (2007). *A curious calling: Unconscious motivations for practicing psychotherapy.* New York: Aronson.

Theriault, A., & Gazzola, N. (2006). What are the sources of feelings of incompetence in experienced psychotherapists? *Counseling Psychology Quarterly, 19,* 313-330.

Thoreson, R. W., Miller, M., & Krauskopf, C. J. (1989). The distressed psychologist: Prevalence and treatment considerations. *Professional Psychology: Research and Practice, 20,* 153-158.

Treadway, D. (2000, November/December). How involved is too involved? *Psychotherapy Networker,* pp. 32-35.

Turner, J. A., Edwards, L. M., Eicken, I. M., Yokoyama, K., Castro, J. R., & Tran, A. N. (2005). Intern self-care: An exploratory study into strategy use and effectiveness. *Professional Psychology: Research and Practice, 36,* 674-680.

Wang, S. S. (2008). *Ethics lapses usually start small for therapists.* Health Blog. Available: http://blogs.wsj.com/health/2007/10/17/ethics-lapses-usually-start-small-for-therapists.

Warkentin, J. (1972). Paradox of being alien and intimate. In A. Burton & Associates (Eds.), *Twelve therapists: How they live and actualize themselves.* San Francisco: Jossey-Bass.

Waters, D. (1992, September/October). Therapy as an excellent adventure. *Family Therapy Networker,* pp. 38-45.

Watkins, C. (1985). Countertransference: Its impact on the counseling situation. *Jouranl of Counseling and Development, 63,* 356-359.

Watson, M. F. (2000, November/December). Learning to heal the healer. *Psychotherapy Networker,* pp. 23-24.

Watts-Jones, D. (2004, March/April). Social justice or political correctness: Confronting racist language in the consulting room. *Psychotherapy Networker,* pp. 27-28.

Welfel, E. R. (2002). *Ehtics in counseling and psychotherapy.* Pacific Grove, CA: Brooks/Cole.

Welt, S. R., & Herron, W. G. (1990). *Narcissism and the psychotherapist.* New York: Guilford Press.

West, W. (2000). *Psychotherapy and spirituality.* Thousand Oaks, CA:

Sage.

Wicker, A. W. (1985, October). Getting out of conceptual ruts. *American Psychologist,* pp. 1094-1103.

Wicks, R. J. (2008). *The resilient clinician.* New York: Oxford University Press.

Wilber, K. (1983). *Eye to eye.* New York: Anchor Books.

Williams, E. (2003). The relationship between states of therapist self-awareness and perceptions of the counseling process. *Contemporary Psychotherapy, 33*(3), 177-186.

Williams, E., Polster, D., Grizzard, M., Rockenbaugh, J., & Judge, A. (2003). What happens when therapists feel bored or anxious? A qualitative study of distracting self-awareness and therapists' management strategies. *Journal of Contemporary Psychotherapy, 33*(1), 11-18.

Wilson, E., & Harris, C. (2006). Meaningful travel: Women, independent travel and the search for self and meaning. *Tourism, 54*(2), 161-172.

Wiseman, S., & Scott, C. D. (2003). Hasta la vista baby, I'm outta here: Dealing with boredom in therapy. In J. A. Kottler and W. P. Jones (Eds.), *Doing better.* New York: Brunner/Routledge.

Wishnie, H. A. (2005). *Working in the countertransference: Necessary entanglements.* Lanham, MD: Rowman & Littlefield.

Wood, B., Klein, S., Cross, H. J., Lammes, C. J., & Elliot, J. K. (1985). Impaired practitioners: Psychologists' opinions about prevalence, and proposals for intervention. *Professional Psychology: Research and Practice, 16,* 843-850.

Wright, R. H. (2005). The myth of continuing education: A look at some intended and (maybe) unintended consequences. In R. H. Wright and N. A. Cummings (Eds.), *Destructive trends in mental health:*

The well-intentioned path to harm (pp. 143-151). New York: Taylor and Francis.

Wylie, M. S., & Markowitz, L. M. (1992, September/October). Walking the wire. *Family Therapy Networker,* pp. 19-30.

Yalom, I. D. (1980). *Existential psychotherapy.* New York: Basic Books.

Yalom, I. D. (2002). *The gift of therapy.* New York: HarperCollins.

Yalom, I. D. (2008). *Staring into the sun: Overcoming the terror of death.* San Francisco: Jossey-Bass.

Yapko, M. (2009). *Depressions is contagious.* New York: Free Press.

Zelen, S. L. (1985). Sexualization of therapeutic relationships: The dual vulnerability of patient and therapist. *Psychotherapy: Theory, Research, and Practice, 22*(2). 178-185.

Zur, O. (2005). The dumbing down of psychology: Faulty beliefs about boundary crossings and dual relationships. In R. H. Wright & N. A. Cummings (Eds.), *Destructive trends in mental health: The well-intentional path to harm* (pp. 253-282). New York: Taylor and Francis.

찾아
보기

저자 소개

Jeffrey A. Kottler

미국 캘리포니아 주립대학교 상담전공 교수다. 뉴욕타임스의 베스트셀러 *The Last Victim*, *Divine Madness*, *Creative Breakthroughs in Therapy*, *Changing People's Lives while Transforming Your Own*을 포함한 8권 이상의 책을 썼다. 또 네팔의 위기 소녀들에 대한 장학금을 지급하는 Madhav Ghimire Foundation의 대표이기도 하다.

역자 소개

이지연(Lee Jeeyon)

이화여자대학교 심리학과에서 상담심리 전공으로 박사학위를 받았고, 서강대학교 상담교수, 이화여자대학교 심리학과 전임강사를 지냈다. 국가공인 자격인 청소년상담사 1급 자격과 한국심리학회, 상담 및 심리치료학회의 상담심리전문가 자격을 가지고 있으며, 현재 인천대학교 창의인재개발학과 교수이며, 교육대학원과 일반대학원 상담심리전공 주임교수를 맡고 있다.

역서로는 『대상관계이론과 실제』 『심리치료에서 대상관계와 자아기능』 『대상관계이론입문』 『애착과 심리치료』 등이 있다. Salt Lake City에서 열린 The 38th Annual Conference of The Association for Women in Psychology, 2013년 미국 하와이에서 개최된 Annual APA Convention에서 학술발표를 했으며, 그 외 다수의 논문이 있다.

황진숙(Hwang Jinsook)

서울대학교 농과대학을 졸업한 후, 만 10년이 되던 해에 인간의 심리와 행동 그리고 신앙에 관한 깊은 관심으로 다시 배움의 전당으로 돌아가서 이화여자대학교 심리학과 및 동 대학원을 졸업하였다. 현재는 남편과 캐나다에 거주하고 있으며, 슬하에 아들을 하나 두고 있다.

상담자가 된다는 것
On Being a Therapist (4th ed.)

2014년 9월 25일 1판 1쇄 발행
2023년 3월 20일 1판 6쇄 발행

지은이 • Jeffrey A. Kottler

옮긴이 • 이지연 · 황진숙

펴낸이 • 김 진 환

펴낸곳 • (주) **학 지 사**

　　　　04031 서울특별시 마포구 양화로 15길 20 마인드월드빌딩 5층

대표전화 • 02) 330-5114　　　팩스 • 02) 324-2345

등록번호 • 제313-2006-000265호

홈페이지 • http://www.hakjisa.co.kr
페이스북 • https://www.facebook.com/hakjisabook

ISBN 978-89-997-0319-5 03180

정가 **17,000원**

■ 출판미디어기업 **학 지 사**

간호보건의학출판 **학지사메디컬** www.hakjisamd.co.kr
심리검사연구소 **인싸이트** www.inpsyt.co.kr
학술논문서비스 **뉴논문** www.newnonmun.com
원격교육연수원 **카운피아** www.counpia.com